国家科技支撑计划项目"小城市（镇）组群智慧规划建设和综合管理技术集成与示范"（2015BAJ05B00）研究成果

国土空间规划
技术操作指南

主　编　黄经南　李刚翊

副主编　张金亭　周　俊　周　恒　郭丽华

编　委　唐锦明　杨婉萍　丁　莹　杨石琳

　　　　张健成　周玉婷　于光平　晏轶凡

　　　　刘　娜　李雷蕾　朱志宏

WUHAN UNIVERSITY PRESS
武汉大学出版社

图书在版编目（CIP）数据

国土空间规划技术操作指南/黄经南,李刚翊主编.—武汉:武汉大学出版社,2022.3

ISBN 978-7-307-22840-5

Ⅰ.国…　Ⅱ.①黄…　②李…　Ⅲ.地理信息系统—应用—国土规划—中国—指南　Ⅳ.F129.9-39

中国版本图书馆 CIP 数据核字（2022）第 018618 号

责任编辑：王　荣　　　责任校对：汪欣怡　　　版式设计：马　佳

出版发行：**武汉大学出版社**　　（430072　武昌　珞珈山）

（电子邮箱:cbs22@ whu.edu.cn 网址:www.wdp.com.cn）

印刷:武汉图物印刷有限公司

开本:787×1092　1/16　印张:31.5　字数:744 千字　　插页:1

版次:2022 年 3 月第 1 版　　2022 年 3 月第 1 次印刷

ISBN 978-7-307-22840-5　　定价:79.00 元

序

国土空间规划是国家空间发展的指南、可持续发展的空间蓝图，是各类开发保护建设活动的基本依据。它承载着对未来美好生活的向往，与国家发展规划一道构成我国顶层规划体系，成为党和政府治国理念及其贯彻落实的主要方式之一。毫不讳言，不懂"国空"，将难懂中国。

回溯我国空间规划的发展历程，先后经历了"多规并行、交叉重叠"的窘境，到2014年国家发展改革委、国土资源部、环境保护部和住房城乡建设部为破解"九龙治水、多头共治"的问题开展"多规合一"试点工作，再到如今开始建立国土空间规划体系并监督实施。新时期，深入贯彻理解习总书记提出的"规划科学是最大的效益，规划失误是最大的浪费，规划折腾是最大的忌讳"，整合原来各部门规划的编制管理职责，建立融合主体功能区规划、土地利用规划、城乡规划等的国土空间规划则顺利成章。按照《中共中央国务院关于建立国土空间规划体系并监督实施的若干意见》，编制国土空间规划要求坚持新发展理念，坚持以人民为中心，坚持一切从实际出发，按照高质量发展要求，发挥国土空间规划在国家规划体系中的基础性作用，为国家发展规划落地实施提供空间保障。健全国土空间开发保护制度，体现战略性、提高科学性、强化权威性、加强协调性、注重操作性，实现国土空间开发保护更高质量、更有效率、更加公平、更可持续。

现阶段，虽然国土空间规划体系顶层设计和"四梁八柱"（"五级三类四体系"）基本形成，但组织编制"多规合一"的国土空间规划，在我国尚属首次。规划编制审批、实施监督、法规政策和技术标准"四体系"正处于探索阶段；"五级"中，基层规划尤其是乡镇、村级之间的层级关系尚不明晰；"三类"规划之间编制内容界线亟待厘清，总规与专规之间存在数据壁垒。此外，城乡规划学科和土地规划学科长期分离，统一的国土空间规划学科尚未形成，规划编制队伍隶属不同部门，规划编制技术参差不齐，这些都对规划编制带来巨大的挑战，但同时也带来了空间信息技术革新、交叉学科融合的大好机遇。

与以往城乡规划编制相比，本轮国土空间规划的突出特点在于特别强调国土空间基础信息平台在规划全过程的重要作用，这一点也是规划"管用、好用"的根本保障。在这里，以天、空、地一体的测绘遥感地理信息技术将发挥至关重要的作用。无论在基础数据采集及规划底数底图制作阶段、资源环境承载力和国土开发适宜性评价及其他规划基础分析阶段、全国国土空间规划"一张图"方案编制阶段，还是在规划传导、实施监管阶段和规划监测评价及考核阶段，地理信息技术均将贯穿其中。在规划走向智慧规划的今天，借助AI技术来改进地理信息技术的智能性，基于地理空间的智能感知、智能认知与智能决策为代表的地理空间智能（Geopatial Intelligence，GeoAI）必将在国土空间规划中大放异彩，值得广大国土空间规划编制从业者和政府规划管理人员深入探索、学习。

1

　　本书作者发挥武汉大学在测绘遥感地理信息领域的学科(国家级重点学科,"双一流"学科,"双万"专业)优势,整合武汉大学在城乡规划学科(国内规划新技术应用的领先者)和土地资源管理学科(全国学科评估仅有的 2 个 A+学校之一,"双万"专业)的技术力量,结合项目组在全国多地的规划编制实践,以图文并茂的形式展示国土空间规划编制过程的技术流程和具体操作细节,具有相当高的操作性和实用价值。

　　很高兴看到我校年轻学者自发地优化整合资源,为推动国土空间规划学科发展所做的努力,也呼吁在更大范围内,优化高校学科专业布局,建立以地理学、生态学等学科为基础支撑,以城乡规划、土地规划、海洋科学等为主要依托的多学科交叉融合,以探索建立体现国土空间规划体系及其监督实施要求的综合性新兴学科——国土空间规划学科专业。

　　希望更多年轻规划学人为国家"两个一百年"奋斗目标贡献智慧,祝愿国土空间规划事业蒸蒸日上!

国际欧亚科学院院士,武汉大学博士生导师

刘耀林

2021 年 10 月于珞珈山

前　言

从 2012 年中共十八大提出大力推进生态文明建设、优化国土空间格局，到 2019 年中央全面深化改革委员会(简称"中央深改委")通过《中共中央 国务院关于建立国土空间规划体系并监督实施的若干意见》(中发〔2019〕18 号)，国土空间规划编制工作在全国各地如火如荼地展开。国土空间规划作为融合了原城乡规划、土地利用规划、主体功能区规划等众多空间规划的一种全新类型的规划，在实际工作中并无成熟的经验可循，因此各规划编制单位都在摸索中前进，参与其中的各从业人员也都不同程度地感到有困难——传统城乡规划的人员，由于以前的规划编制以创意为主，软件工具也主要是计算机辅助制图软件如 CAD，以及图形图像处理软件如 Photoshop 等，对于国土空间规划中应用到的新技术以及新的基础工作平台，通常为地理信息系统软件(GIS)如 ArcGIS，一时难以上手；对于组织编制国土空间规划的政府职能部门来说，如各地自然资源局的工作人员，由于上级不断下发各种指导文件，随时需要上交规划编制成果，即使一个小小的改动也需要把全部工作委托给专业的国土空间规划编制团队，结果往往是时间上赶不上上级要求的进度，而若自己动手操作，又因前期没有系统介入学习，不知如何下手；对于传统的土地利用规划编制人员，即使比较熟悉 GIS 软件本身，但是新的国土空间规划编制过程中，由于国家以及各地不断出台最新的指导文件，对于这些新文件中的新要求的理解、掌握也需要有一个过程。

在这一轮国土空间规划工作中，笔者也有幸参与了三个省的四个(区)县的国土空间总体规划的编制，对于以上的种种不适应，可以说是感同身受。笔者的本科专业为城市规划，硕士研究方向是地理信息系统，对于 GIS 在城乡规划中的应用具有一定的基础。即便如此，在这一轮国土空间规划编制过程中，笔者还是感觉原有的专业知识储备和软件操作水平不够，不足以应对这项全新的工作。对于其他专业或者传统城乡规划专业人员来说，这项工作的难度更是可想而知。国土空间规划的核心是"三区三线"，即城镇空间、农业空间、生态空间三种类型的空间，以及对应划定的城镇开发边界、永久基本农田保护红线、生态保护红线三条控制线。对于县市级国土空间规划的编制，永久基本农田涉及的工作主要是在 2017 年建立的全国统一数据库基础上进行核实整改补划；生态保护红线一般由省级自然资源部门在原生态环境保护主管部门划定的原始生态红线基础上统一下发应划尽划图斑，县市级规划编制的主要工作是举证核减矛盾冲突的地方；城市开发边界划定工作一方面承载着地方发展的诉求，另一方面必须坚守国家底线约束的战略要求，因此城镇开发边界的划定成了当前县市级国土空间规划编制中矛盾最突出的工作内容。与以往各自为政的规划编制体系不同，国土空间规划的编制不仅是三条控制线的划定，更重要的是"三线"之间的协调，尤其是城镇开发边界与其他两条线的反复协调，以及上下级部门之间的"上下联动"，因此城镇开发边界的划定已经历了多轮的试划。中间涉及了许多的内容，如基数转换、管理数据(即批而未用、农转用已批未用等的情况)的核实、现状城镇范围的

1

认定等，都是原来的规划编制工作中没有的。对于这些内容，各地的要求也不相同，使得国土空间规划编制过程中遇到的问题更加复杂。从这一点出发，笔者深感有必要把参与编制这一轮国土空间规划中的各种过程和步骤记录下来，给参与其中的各从业人员共飨。因此，本书的目的，不是探讨国土空间规划中的理论，而是从实践出发，从具体的操作入手，让这一轮国土空间规划编制人员快速掌握规划的编制过程和具体应用。这本书既适用于传统的城乡规划编制人员，也适用于自然资源部门的管理人员，对于传统的土地利用规划从业人员也可以提供必要的指导和借鉴。同样，它既适用于希望从事国土空间规划编制工作的新人，也适用于已经在国土空间规划编制工作中积累了相当经验的专业人员。

由于当前的国土空间规划编制以县市级的为主，因此本书涉及的内容也多以此为例。本书由与黄经南一同参与区县级国土空间规划的团队成员共同完成，大致分为五个部分。第一部分为规划背景，主要为第 1 章，重点阐述国土空间规划产生的背景、意义，国土空间规划的内涵、体系、特点、核心任务等。第二部分为基础数据准备，包括第 2~5 章，主要讲述国土空间规划编制的工作环境和基本操作、数据收集和整理的技术方法、基数转换等。第三部分为双评价校核，即第 6 章，主要内容为双评价技术路线、双评价校核规则、数据准备、操作过程和数据库制作等。第四部分为"三线"划定，包括第 7~13 章，主要讲述到现阶段为止，生态保护红线的划定规则及方法；现阶段永久基本农田的划定，包括永久基本农田的调入调出以及优化整改；城镇开发边界的划定，包括城镇开发规模的确定，边界的划定及与其他刚性管控管理线的协调，以及最终的优化。第五部分为数据库质检，主要讲述相关划定成果汇交数据的质量检查等。

以上五部分分别由黄经南、张金亭、周俊、周恒、郭丽华统筹。各章的具体写作分工如下：第 1 章，国土空间规划背景，由黄经南与周恒共同完成；第 2 章，工作环境和基本操作，由唐锦明完成；第 3 章，数据收集与整理，由杨婉萍完成；第 4 章，基数转换，由李刚翊完成；第 5 章，底图底数梳理，由丁莹完成；第 6 章，双评价校核，由杨石琳完成；第 7 章，生态保护红线划定，由张健成完成；第 8 章，永久基本农田划定，由周玉婷完成；第 9 章，城镇建设用地规模预测，由于光平完成；第 10 章，城镇开发边界初步划定，由晏轶凡完成；第 11 章，城镇开发边界与三条底线协调，由刘娜完成；第 12 章，城镇开发边界调整及划定，由朱志宏完成；第 13 章，城镇开发边界分区划定，由李雷蕾完成；第 14 章，数据库质检，由李刚翊完成；最后的结语部分由周俊完成。本书部分章节的代码提取方式见附录 H。

由于国土空间规划一直处于探索之中，因此本书也并不能涵盖国土空间规划编制所有阶段所有内容的技术方案，而只是现阶段一个比较全面的技术操作手册。此外，除了全国性的各种指导文件，各省各地都制定了一些自己的指导原则和技术方案，而各地解决问题的方案可能并不是唯一的，因此本书也不是适用所有各地情况的、能解决以上所有问题和内容的标准答案，而是应对现阶段国土空间规划编制工作中各种具体问题的参考解决方案，其结果也仅是国家及各省市国土空间规划编制的阶段性成果。因此，书中有与各地做法不一致的地方，请读者理解。另外，出书时间也较为仓促，撰写工作中有不准确或考虑不周之处，也请读者谅解。

编　者

2021 年 9 月于武汉

目　　录

第1章　国土空间规划背景

1.1　发展战略的转变

进入 21 世纪的第二个 10 年，随着我国社会经济的不断发展，国家层面的发展战略也正在经历一系列的根本转变。首先，从发展目标来看，从原来的强调速度转变到注重质量。经过改革开放以来 40 余年的发展，我国传统的以大量资源消耗为主的粗放快速的经济增长方式已经不可持续，下一步的发展必须转变到调整产业结构，提升增长质量，实现内涵式发展的道路上来。其次，发展模式从过去的片面强调经济增长转变到注重生态文明和创新发展。通过发展模式的创新、高质量增长，实现青山绿水的生态文明既是下一步我国发展的方向，也是实现我国可持续发展的必由之路。再次，从城镇化模式来看，从原来强调房地产开发实现城市增长的"土地"城镇化，转变到切实提升城乡居民生产、生活质量的"人"的城镇化。过去的 40 余年间，发生在我国大地上的、人类历史上前所未有的大规模城镇化是推动我国实现快速发展的根本动力之一。在这一过程中，数以亿计的农民从乡村进入城市工作、生活。从本质上来说，城镇化的目标之一是实现乡村居民到城市居民的转变，并使之真正地融入城市生活。但是过去一段时期，我国的城镇化仅仅注重农民的进城就业，或农民身份的转变（通过撤县设区、村改居等），而进城农民，还包括部分原有城市居民的生产生活并没有被放在第一位，由此也造成了严重的后果。例如，在城市周边的许多农田被征收用于城市的开发，产生了大量城中村和失地农民；另一方面，各种资源向城市地区的汇集，也造成了 20 世纪 90 年代中期以后我国乡村的进一步衰败。人口流失、产业凋零、生态破坏，振兴乡村因此成为现在急需解决的难题。每年的中央一号文件，基本上围绕着解决三农问题、实现乡村振兴和城乡融合发展展开。最后，城镇增长方式从增量转变为存量。2011 年城镇化水平突破 50% 以后，我国已进入城镇化发展的平稳阶段。参考发达国家的经验，当人均 GDP 超过 10000 美元并且城镇化率接近 70% 时（也就是城镇化进程 S 曲线的平稳阶段），以社区营造为核心的旧城更新（包括二旧改造，即"旧城镇、旧厂房、旧村庄"的改造）将成为城市发展的重点。对比我国目前的社会经济发展水平：2020 年人均 GDP 为 10503 美元，城镇化率 63.89%，可以判断，以原有的存量，即老旧城区更新改造为主的城镇开发模式也必将成为我国下一阶段城市规划建设的主要内容之一。

总的来说，以上正在经历的种种根本性转变说明我国的发展已经达到一定的阶段，这一阶段的基本矛盾可以总结为开发与保护的矛盾，即在当前的发展阶段，如何处理好开发相关的发展速度、经济增长、城镇开发、增量发展与保护相关的发展质量、生态文明、城乡融合发展、存量发展等的关系至关重要。

1.2　规划体制的转变

在一系列发展战略转变的背景下,我国传统规划体制的弊端也日渐显现,尤其是在与物质规划密切相关的空间规划方面。在我国的规划体制中,与空间规划相关的法定规划主要包括城乡规划(2008 年《中华人民共和国城乡规划法》颁布之前称之为城市规划或城镇规划,即以城镇地区为主的空间规划)、土地利用规划和主体功能区规划三种。城乡规划由原来的住建部门主导,主要是安排城乡建设用地的布局;土地利用规划由原来的国土部门主导,主要是统筹区域国土空间的利用,其重点是保护农用地,尤其是作为我国发展底线的 18 亿亩耕地;主体功能区规划由原来的发改部门(发展与改革委员会,前身为发展计划委员会)主导,主要是在宏观层面制定适合开发或保护的空间区域。由于三者的出发点不一致,城乡规划主要基于城镇开发,土地利用主要基于农用地保护,而主体功能区规划主要基于生态保护,这三种规划所制定的空间管制范围往往是不一致的,由此也造成了一系列的矛盾。例如,三种规划按照各自空间管制的要求,都会形成所谓的"四区",但"四区"的概念及内涵相差甚远(表 1-1 ~ 表 1-3)。

表 1-1　　　　　　　　　　　主体功能区规划"四区"的概念与内涵

分区名称	概念	内涵
优化开发区	以优化调整为主,不再适合大规模开发建设的区域	指国土开发强度已经较高、资源环境承载能力开始减弱的区域。该区域的发展需要转变以往土地低效利用、资源大量消耗、污染严重的粗放发展模式,提高增长质量
重点开发区	适宜开发,并且是下一步开发重点的区域	指资源环境承载能力较强、产业和人口集聚条件较好的区域。该区域需要通过完善基础设施,构建产业集群,加快城镇化,成为支撑国家经济发展和人口聚集的主要载体
限制开发区	可以开发,但是受到一定限制的区域	指资源承载能力较弱、产业和人口集聚条件一般或较差,但关系到全国或区域生态安全的区域。该区域内坚持保护优先、适度开发的原则,点状发展,根据自身条件,在资源环境可承载范围内发展特色产业,注重生态修复与环境保护,引导区内超载人口稳步合理转移
禁止开发区	禁止进行开发建设的区域	指依据相关法律法规实行严格保护,严格控制人类活动和开发建设行为的区域。通常为依法设立的各级、各类自然、文化保护区域

表1-2 土地利用总体规划"四区"的概念与内涵

分区名称	概念	内涵
允许建设区	允许进行开发建设的区域	适宜进行城镇、村庄和工矿建设的区域，也是土地利用总体规划确定的城乡建设用地规模指标在具体空间坐标上的落实，即规划期内的预期用地
有条件建设区	在允许建设边界外围、满足某些条件后可以开发建设的区域	在保证规划建设用地规模恒定、等量减少允许建设区用地的情况下，依法办理审批程序后，可以用于城镇、村庄或工矿建设的区域。为了满足规划建设布局调整需求，需要与允许建设区实行"占补平衡"
限制建设区（限建区）	可以进行建设，但受到一定限制的区域	土地以农业生产为主导用途的区域，也是实行基本农田建设与土地整治的主要区域。对城镇、村庄及工矿建设、基础设施建设等有严格的限制
禁止建设区（禁建区）	禁止进行各种建设行为和活动的区域	具有重要资源、生态、环境和历史文化价值，必须禁止各类建设行为的区域

表1-3 城乡总体规划"四区"的概念与内涵

分区名称	概念	内涵
已建区	已经被开发建设的地区	现状为城、镇建成区和工矿建设用地的区域
适建区	适宜建设的地区	存在较少的限制条件，基本上不存在限制城乡建设活动，适宜开展城乡建设，并具备较大开发潜力的区域
限建区	可以开发，但受到一定限制的地区	指存在较为严格的自然资源、生态环境、遗产保护等城市建设限制性条件，特殊情况下通过技术经济改造等手段可以建设的区域。对城乡建设的用地规模、用地类型、建设强度以及有关的城市活动、行为等进行严格限制
禁建区	禁止进行城市建设的地区	指存在非常严格的自然资源、生态环境、遗产保护等城市建设限制性条件，禁止进行城市建设的地区。但某些无法避免的特殊建设行为，如重大交通、市政等，经法定程序批准，满足国家相关法律法规规定与要求的，允许建设

　　由于"四区"定义的不同，导致对空间范围的划定也不一致。例如，对于城乡规划和土地利用规划来说，就存在较大差异(图1-1)(主体功能区规划主要是在国家及省级层次的空间管制，最小单位为区县级，多为定性的判断，无法直接在城镇内部的用地上反映出来，也因此无法与其他两种规划做此项对比)。在城乡规划体系，适建区是指已建区、禁建区、限建区以外的区域，通常范围最广；而在土地利用规划体系，限建区是指允许建设区、有条件建设区以及禁建区以外的区域，通常范围最广。在城乡规划体系，限建区有比较明确的限定界限，而在土地利用规划体系，限建区则没有比较明确的限定界限。相反，

在土地利用规划体系，有条件建设区基本上只能在允许建设区以外扩展，界定较为明确等。

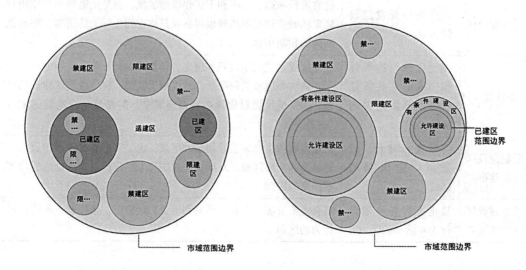

城乡总体规划"四区"空间分布示意　　　　土地利用总体规划"四区"空间分布示意

图 1-1　城市规划与土地利用规划的四区划定比较

　　划定范围的不一致导致在不同的规划体制下确定的城镇开发规模往往也不一致。对于地方政府来说，其发展最关注的是建设用地规模及用地指标的分配。而用地规模及范围的不确定，也由此导致同一块用地在各种空间规划中管控规则不明，管控混乱。

　　除了空间管制规则的不一致，在规划管理方面，传统的规划体制之间也存在诸多的矛盾。例如，与地方发展直接相关的建设项目的落地一直存在困难。其根本原因在于，项目的立项及审批主要由发改部门决定，但是地方层次的发改部门基本不涉及空间规划的编制，而负责地方空间规划编制的地方城乡规划部门在组织编制规划时也不可能预见到具体的项目及用地需求(大小、区位等)，造成的结果往往是发改部门花费巨大精力争取并引进的项目，却无法在城乡规划制定的用地规划中落地，严重影响地方的经济发展。另外，在传统的规划管理体制下，由于各个部门各司其职，条块分割，造成审批效率低下。建设项目从审批、立项、选址、规划、建设、监管等涉及多个部门，每个部门都有自己的审批程序，但是部门与部门之间却缺乏相互的衔接，浪费了大量的时间和财力物力。

　　各种规划之间的不协调还体现在其他方面。一是，规划年限的不一致。传统的土地利用总体规划年限为 15 年，而城乡总体规划年限为 20 年。由于两者规划年限的差异，造成在人口规模预测、建设用地指标分配等方面的不统一。二是，规划范围的不一致。传统的城乡规划，尤其是城镇规划，基本上只局限在适合城镇建设的规划区范围内，而不考虑规划区范围外的用地。而土地利用规划，则既考虑了城乡建设用地，也考虑了农业用地，但是对于水域如海洋等，则很少考虑。规划范围的不统一也导致了与空间规划相关的部分资源要素的缺失，影响了国土综合资源的充分利用。

由此可见，传统规划体制中存在的种种问题，根本上在于各种规划的不统一、不协调，而更深层次的原因在于我国政府国土空间管理体制的条块分割、各自为政。在这种情况下，众多空间规划的协调与统一（其本质上是各个部门之间管理职能的协调），成为必然。2012 年 11 月，中共十八大提出大力推进生态文明建设，优化国土空间格局；2013 年 12 月，中央城镇化工作会议提出积极推进市、县规划体制改革；2014 年 8 月，国家发改委等四部委联合下发《关于开展市县"多规合一"试点工作的通知》，部署在全国 28 个市县开展"多规合一"试点；2016 年 12 月，中共中央、国务院办公厅印发《省级空间规划试点方案》，形成吉林、浙江、福建等九个省级空间规划试点；2017 年 4 月，原国土资源部下发《贯彻落实全国国土规划纲要（2016—2030 年）实施方案》，要求各地开展省级国土规划编制；2018 年 3 月，中共中央印发《深化党和国家机构改革方案》，在原国土资源部的基础上，整合国家发改委的组织编制主体功能区规划职责，住房和城乡建设部的城乡规划管理职责，以及水利部、农业部、国家林业局、国家海洋局等部门相关职责的基础上，组建自然资源部，统一并明确了国土空间规划的职责；2019 年 1 月，中央深改委通过《中共中央 国务院关于建立国土空间规划体系并监督实施的若干意见》（以下简称《若干意见》），提出建立"五级三类"的国土空间规划体系，多个省市启动国土空间规划编制工作。这一系列政策、措施的出台，说明国家已经认识到以往传统规划体制的局限性，正着力解决当前我国空间规划"多规"并存、体系庞杂、冲突矛盾等问题，强调"构建国家空间规划体系以统一国土空间用途管制、完善自然资源监管体制"是当前推进国家空间治理体系现代化的关键环节。其中，《若干意见》的出台标志着一种全新类型的规划——国土空间规划的正式开始。那么什么是国土空间规划，它同以前的规划体制又有何不同呢？

1.3 国土空间规划及其体系的理解

1.3.1 国土空间规划探析

"空间规划"源于 1999 年欧盟正式出版的《欧洲空间发展展望（ESDP）》。但不同国家、不同机构对"空间规划"的内涵有不同的理解。如欧洲理事会（COE）从区域整体性的视角强调"空间规划"是一种跨领域融合经济、社会、文化和生态政策以实现区域发展平衡的综合性规划方法。而欧洲共同体委员会（CEC）和英国首相办公室（ODPM）则从公共政策实施的视角强调"空间规划"是一种公共部门整合各种影响用地空间部署的政策，以实现跨部门、跨区域合作的行政手段。尽管前者突出"空间规划"的技术属性，后者突出其政策属性，但两者有共通之处，即"空间规划"不局限于对一定行政界限内物质空间的理性安排，而更侧重于立足一个区域的中长期发展战略，整合和协调各级政府、各部门、各行业的政策，以对经济社会、环境体系、日常生活联系紧密的功能性空间的发展资源进行有效配置和利用，来实现地区整体竞争力的提升和可持续发展。这是一个综合技术手段和政策方法的空间治理过程，这也是当前"空间规划"内涵的国际主流思想。

在国内，顺应国家空间治理体系的改革，有关空间规划的研究不断丰富，例如，部分学者认为空间规划的本质是对国土空间利用、行业政策协调和政府治理过程进行超前性的调配和安排，是对国土空间格局的综合优化；部分学者认为空间规划的实质是基于土地发展权的空间管制，是实施国土空间用途管制的基础，也是自然资源监管的源头。这些研究侧重于对空间规划的概念内涵和功能认知。还有学者从体制层面深入探讨空间规划改革，重构我国空间规划体系。例如，从政府事权的视角分析我国现行空间规划体系存在的问题，提出优化空间规划体系的关键和途径；从空间治理能力提升的角度分析现阶段我国空间治理的特征，提出建构我国空间规划体系的对策与建议；立足生态文明体制改革，研究空间规划体系、国土空间用途管制和自然资源监管体制三者的关系，提出构建新时代空间规划体系的构想。总的来看，目前国内关于"空间规划"的研究主要聚焦于各种规划的技术统筹、协调机制以及国家空间规划体系建构等宏观层面。

综合国外对于空间规划的理解，以及国内学者对于我国特色国土空间规划的探索，国土空间规划可理解为在一定时期对一定区域范围内的各种空间资源的开发、利用、保护和整治的综合安排。这一过程中，要协调各行业、各部门、各级政府的空间治理目标和政策，以构建国土空间秩序、分配空间发展权、提高空间利用效率来满足区域的可持续发展要求。简单地说，它是我国传统各类规划的统一体。但相比传统的城乡规划，新的国土空间规划在注重城乡建设空间的同时，增加了对广大乡村区域的空间管制；相比传统的土地利用规划，新的国土空间规划在注重农用地保护，特别是耕地保护的同时，加大了对于城镇开发空间的重视；相比传统的国民经济与社会发展计划，新的国土空间规划充分考虑了各种产业及基础设施等项目的空间需求，也因此增加了其可实施性。

1.3.2　国土空间规划体系

空间规划体系是为协调和整合各级、各类空间规划的关系，以实现区域乃至国家整体竞争力的提升和可持续发展而建立的空间规划系统。2019 年 1 月，中央深改委通过《若干意见》，明确提出建立"五级三类"的国土空间规划体系（表 1-4）。"五级"是从纵向看，对应我国当前的五级行政管理体系，分别是国家级、省级、市级、县级、乡镇级。不同层级规划的侧重点和编制深度是不一样的，其中国家级规划侧重战略性，省级规划侧重协调性，市县级和乡镇级规划侧重实施性。"三类"是指规划的类型，分为总体规划、详细规划、专项规划。总体规划强调的是规划的综合性，是对一定区域范围涉及的国土空间保护、开发、利用、修复做全局性的安排。详细规划强调实施性，是对具体地块用途和开发强度等做出的具体安排，也是进行各项建设的法定依据。在这次的国土空间规划中，进一步规范了原来一直相对薄弱和忽视的村庄规划，并将其定位为在城镇开发边界外的详细规划。相关的专项规划强调专门性，一般是由自然资源部门或者相关部门来组织编制，既可以涵盖国家级、省级和市县级三个级别，也可以包括不同层面，例如：区域层面的，如长三角战略规划；省级范围的特定区域，如武汉"1+8"城市圈规划；特定领域的，如交通、水利设施规划等。

表 1-4   国土空间规划体系——"五级三类"

层级	总体规划	详细规划	专项规划	
			自然资源部门相关	其他部门相关
国家	全国国土空间规划	—	自然保护地体系、陆海统筹等重点领域专项规划；长江经济带、粤港澳大湾区等重要区域专项规划	国家铁路网、综合交通网、能源、水利等国家级重大基础设施建设等专项规划
省（直辖市、自治区）	省级国土空间规划	—	海（河）岸带保护利用、土地整治、自然保护地、矿产资源等重点领域专项规划；城市群、都市圈等重要区域专项规划	省级公路、机场、高铁、内河港口、流域治理以及跨市域重大基础设施等专项规划
市（地级市）	市国土空间规划	详细规划（开发边界内）｜村庄规划（开发边界外）	河湖水系（湿地）保护和修复、土地整治、公共开敞空间等专项规划	轨道交通线网等交通类；给排水、电力等市政设施类；中小学、医疗卫生、养老等公共设施类；消防、人防、防洪等安全类专项规划
县（县级市）	县国土空间规划		土地整治等实施性专项规划	
镇（乡）	镇（乡）国土空间规划			

表格来源：根据《中共中央 国务院关于建立国土空间规划体系并监督实施的若干意见》改编。

1.3.3 国土空间规划的特点

国土空间规划既融合了传统的城乡规划、土地利用规划的内容，也体现了与传统规划不一样的一些特点。

1. 国土空间规划工作机制：上下联动

截至现阶段，国土空间规划最突出的特点就是"上下联动"，即在编制规划的过程中，上下级政府及各职能部门之间，要经过多次反复的协调，才确定规划的核心内容。例如，当前不管是城镇建设用地规模（体现为城镇开发边界）、永久基本农田规模（体现为永久基本农田保护范围）、耕地规模等的确定，还是生态保护红线的确定，都经历了多轮的试划。这种试划既与对国土资源利用与保护的现状信息掌握不完全、不准确有关，也与传统规划编制方式有一定关系。以当前国土空间规划中城镇用地规模确定为例，现行两种涉及此项内容的空间规划基于不同的出发点，预测方法、过程和结果也不尽相同，因此必须协调统一。城乡规划是从发展的角度预测城镇用地，目的是为城镇生产、生活提供足够的发展空间，秉承的是"需求至上"的原则，本质上是从问题出发"自下而上"地预测城市发展所需要的用地规模；而土地利用规划是从保护出发，坚持"以供定需"，在确保粮食和生态安全的前提下，合理配置建设用地，本质上是从目标出发"自上而下"地分解上级规划下达的各控制性指标。两种不同的工作方式导致城乡规划中预测的城镇建设用地规模与土地利用规划中确定的建设用地规模不一致，并且往往是前者高于后者。此外，传统的城镇用地规模为单向预测，缺乏校正机制，也因此难以兼顾发展和保护的平衡。城乡规划和土地利用规划都涉及"以人定地"，借助人口规模和人均指标来预测建设用地规模，但仅从土地需求的角度考虑，由人口规模推测城镇用地规模，这属于单向控制。虽然土地利用规划会从建设用地供给方面对耕地保有量和基本农田保护面积预测的角度进行核对，但是城乡规划和土地利用规划的预测结果之间缺乏衔接，既无法准确预测建设用地规模，也不能满足新国土空间规划"全域全要素统筹规划"的要求。此外，城乡规划是"刚性不足，弹性较强"，而土地利用规划则刚好相反。例如，城乡规划中预测城镇用地的人口规模往往是根据历年基础数据预测的数值，为预期性指标，而人均城市建设用地指标为约束性指标；土地利用规划中，城乡建设用地规模、耕地保有量、永久基本农田保护面积、生态保护红线控制面积等均为约束性指标。原有的土规和城规的两套预测体系自成一家，难以同时兼顾以上的各种指标，尤其是约束性指标，也因此难以实现刚弹结合的规模预测。

因此，在以上情况下，只有上下联动，经历多轮反复的试划，才能摸清家底，最终实现问题与目标相结合，地方发展与中央管控相结合。除此之外，随着国土空间规划改革的不断深入，其他职能部门横向的管理要求也在不断地纳入新的国土空间规划编制工作中。例如，除了原国土部门的耕地指标、永久基本农田指标要与城乡规划部门的城镇建设用地规模指标相协调外，当前的管控要素还涉及环保部门的生态红线、林业部门的林地指标（林地保有量、森林覆盖率等）、水利部门的河道管理数据等，这些新的管理要素也都要求增加与城镇开发边界以及永久基本农田保护线的相互协调内容，也因此需要自然资源部门与各个横向管理部门之间反复协调工作。

2. 建设用地规模的确定：以项目为导向

如前所述，传统规划体制中，一直存在一个矛盾点。一方面，城乡规划编制工作中，规模的确定往往只从地方发展愿景出发，造成建设用地规模偏大，空间资源浪费。另一方面，发改部门立项的项目，往往又在城乡规划中没法找到合适的地块，最终无法落地，急需发展空间。有些地方政府，应对这一问题，就会预先批准出让一部分用地，以保证有足够的发展空间。但批准以后才发现由于与实际项目不匹配，这些用地并没有真正派上用场，出现了许多批而未用的状况，造成了更大的土地资源浪费。产生这一谬误的根本原因在于，编制城乡规划时，缺乏实际的需求支撑，由此导致需求与目标的不匹配。国土空间规划正在从根本上扭转这一趋势。首先，在国土空间规划与国民经济和社会发展规划的关系定位上，国家明确，国土空间规划要在国民经济与社会发展规划（简称发展规划）的指导下，与发展规划同步编制。也可以理解为，发展规划是国土空间规划的上位规划，各级国土空间规划的编制要依据相应的发展规划，国土空间规划要为发展规划实施提供空间保障，以发展规划确定的项目（库）为导向来确定建设用地的规模和布局。在实施保障上，自然资源部也明确，今后土地指标跟着项目走。新增的建设用地规模及增量部分，都要有具体的项目（论证）支撑，没有项目支撑的用地不纳入城镇开发边界。在指标的落实上，国家也再次强调，各省（区、市）审批批次用地时要明确具体项目，防止产生新的批而未供土地。以项目为导向的城镇开发规模划定，一方面限制了城镇无序扩展的趋势，另一方面也保证了土地资源的有效利用。

3. 规划内容的表达：多种方式

在国土空间规划中，其规划内容的表达相比传统规划也有了更多、更高的要求。传统的城乡规划成果一般为图、文。图一般是指图件，包括法定规划的图纸，以及用于表达效果的示意图、表现图等。文即文字。法定规划的文主要是文本，非法定的规划除了文本，还包括说明书、专题研究以及基础资料汇编等文字资料。但是国土空间规划的成果可以概括为图、文、表、库，即除上述的图、文之外，还包括了表、库。表即表格，一般是指各种指标表。例如在国土空间规划中，明确定义了一系列的指标表（表1-5）。这些表既明确了各类规划指标的内容，同时也明确了各类指标的性质，如约束性、预期性等。其中，预期性指标是指按照经济社会发展预期，规划期内要努力实现或不突破的指标。约束性指标是为实现规划目标，在规划期内不得突破或必须实现的指标。对于约束性的指标，要求必须完成或实现，并且通过上下传导、指标的层层分解，约束下级国土空间规划的实现。指标表的确定，从根本上改变了各级政府在编制规划时各自为政的局面，也从制度上约定了政府规划指标的实现。库即数据库，通常是指规划基础数据一张图，即一张底图，以及各种规划成果的一张图，即一张蓝图。国土空间规划中数据库的约定也是对传统规划的一种反思。传统规划，尤其是城乡规划，其成果多用图片的方式表达（JPG格式等），没有坐标的匹配；即使使用匹配坐标的CAD等软件，也多为非地理坐标的地方平面坐标，很难与应用了地理坐标的其他地图要素匹配（如地形图等），其结果是规划图上表达的内容很难在现实中落地。

另外，由于国土空间规划需要整合各种规划类型和各种数据，而各种规划和多源数据的不统一，也造成了很多问题。①各种规划定义的数据不统一。各个部门都有自己的规划，各个规划对于空间管控范围的定义是不一致的，造成空间布局的冲突。②各种规划的分类标准不统一。例如，传统城乡规划有自己的用地分类标准，土地利用规划则有自己的用地分类标准，这两个用地分类标准是不一致的。实际上，即使在原来的土地部门内部，土地调查与土地规划的用地分类标准都不一致。分类标准的不统一，使得各个规划无法达成表达上的统一。③各个数据标准不统一。各个行政主管部门采用的数据标准不统一，既有北京54坐标系，也有西安80坐标系，还有的城乡规划用自己的地方坐标，各种坐标的不一致造成空间位置的不一致，也因此很难实现有效的管控。④规划尺度的不统一。即使在同一系统内部，由于比例尺的不一致，也导致空间管控无法实现。例如，传统的城乡规划中，城市（镇）总体规划的比例尺一般为1∶5000到1∶10000，而真正用于用地管控的详细规划，特别是地块管控的控制性详细规划（控规），其比例尺一般为1∶1000～1∶2000。因此总规里面的线划只能是示意性的，总规尺度的各种界线在控规尺度是无法准确细化表达的，在控规尺度无法落地，也因此造成很多城市的总体规划的实施率很低。针对以上的数据表达不匹配，国土空间规划在数据的处理上，首先明确了基础数据的统一，即统一采用 2000 国家大地坐标系和 1985 国家高程基准作为定位基础。在当前的市县级国土空间规划编制中，也基本上统一采用 1∶2000 比例尺，从而衔接总体规划与详细规划的空间管制。其次，此次国土空间规划成果的提交，也统一采用基于数据库的矢量格式，并且有严格的数据汇交要求，避免了传统规划，尤其是城乡规划最后仅以图片上交成果的弊端。

国土空间规划成果表达中，图、文、表、库的实施，从根本上保证了规划成果的准确表达，也保证了"全域全要素"的有效管控。

表 1-5　　　　　　　　　　　　　　规划指标体系表 (部分)

序号	指标类型	指标名称	单位	指标性质
1		国土开发强度	%	约束性
2		城乡建设用地规模	公顷	约束性
3		中心城区人均城镇建设用地面积	平方米	预期性
4	开发利用	用水总量	亿立方米/年	约束性
5		单位地区生产总值（GDP）用水量	立方米/万元	约束性
6		新增建设用地占用耕地面积	亩	预期性
7		单位地区生产总值（GDP）建设用地面积	公顷/亿元	预期性

表格来源：《市县国土总体空间规划编制指南》，自然资源部国土空间规划局，2019。

1.3.4　国土空间规划的核心任务

1. "三区三线" 的定义及内涵

我国城乡在长期的发展过程中，形成了经济生产、居住生活和自然生态三种典型空间，生产空间是根本，生活空间是目的，生态空间是保障，三者互为依存、彼此影响。而空间规划需要协调生产、生活、生态的发展关系，优化相应的"三生"空间，实现"生产发展、生活富裕、生态文明"的总目标。

当前，国土空间规划还处在不断完善之中，其核心任务可以概括地划定为"三区三线"。"三区"，即与"三生"空间基本对应的三类空间——城镇空间、农业空间、生态空间。其中，城镇空间是指以城镇居民生产、生活为主体功能的国土空间，包括城镇建设空间、工矿建设空间以及部分乡级政府驻地的开发建设空间。农业空间是指以农业生产和农村居民生活为主体功能，承担农产品生产和农村生活功能的国土空间，主要包括永久基本农田、一般农田等农业生产用地以及村庄等农村生活用地。生态空间是指具有自然属性的，以提供生态系统服务或生态产品为主体功能的国土空间，包括森林、草原、湿地、河流、湖泊、滩涂、荒地、荒漠等。"三线"是指生态保护红线、永久基本农田保护线以及城镇开发边界。其中，生态保护红线是指具有特殊重要生态功能、必须强制性严格保护的区域，是保障和维护国家生态安全的底线和生命线；永久基本农田保护线是指为保障国家粮食安全和重要农产品供给，而划定的需要实施永久特殊保护的耕地界线；城镇开发边界是指一定时期内指导和约束城镇发展，在其区域内可以进行城镇集中开发建设，重点完善城镇功能的区域边界。

通过"三区三线"来协调开发与保护的矛盾。其中，开发主要在城镇空间中布局，而生态保护主要在生态空间布局，而对于粮食安全的保护则主要在农业空间(图 1-2)。对于"三区"和"三线"，其管控规则是不同的，其中的"三区"主要以总量控制为主，也就是三类空间的总体规模保持大致稳定，但内部在范围上可以微调；而"三线"的管控则是刚性的，也就是这三条线界定的界限范围内，不管是总量还是空间范围，原则上都是不能改变的。但城镇空间扩张时，势必会侵占生态空间和农业空间，"三区三线"的划定本质上是解决城镇发展和耕地、生态保护之间的矛盾。在多数情况下，适宜城镇开发的也是适合农业生产的，因此如何处理好城镇开发边界与守住我国特色的 18 亿亩耕地红线的任务是一对核心的矛盾。

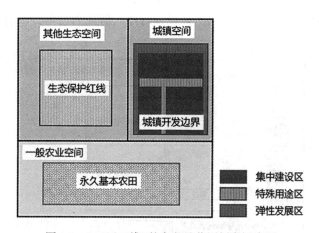

图 1-2 "三区三线"的定义及范围划定示意图

在国土空间规划中，对于城镇开发边界内部空间管制要求也与传统城乡规划不一样。2019 年 6 月，《城镇开发边界划定指南》(试行，征求意见稿)正式提出城镇开发边界内可分为城镇集中建设区、城镇弹性发展区和特别用途区。同年 11 月，中共中央办公厅、国务院办公厅印发的《关于在国土空间规划中统筹划定落实三条控制线的指导意见》(以下简称《指导意见》)也指出：城镇开发边界是在一定时期内因城镇发展需要，可以集中进行城镇开发建设、以城镇功能为主的区域边界，涉及城市、建制镇以及各类开发区等。在城镇开发边界之内，又定义了三类区域。其中，城镇集中建设区是指根据规划城镇建设用地规模，为满足城镇居民生产生活需要，划定一定时期内允许开展城镇开发和集中建设的地域空间。城镇弹性发展区是指为应对城镇发展的不确定性，在城镇集中建设区外划定的，在满足特定条件下方可进行城镇开发和集中建设的地域空间。但同时也必须遵循在不突破规划城镇建设用地规模的前提下，城镇建设用地布局可在城镇弹性发展范围内进行调整，同时相应核减城镇集中建设区用地规模。特别用途区是指为完善城镇功能，提升人居环境品质，保持城镇开发边界的完整性，根据规划管理需划入开发边界内的重点地区，主要包括与城镇关联密切的生态涵养、休闲游憩、防护隔离、自然和历史文化保护等地域空间。特别用途区原则上禁止任何城镇集中建设行为，实施建设用地总量控制，原则上不得新增除市政基础设施、交通基础设施、生态修复工程、必要的配套及游憩设施外的其他城镇建设用地。因此，特别用途区中允许有一部分农田和生态用地(图1-3)。

值得注意的是，在城镇集中建设区内还预留了一部分所谓"留白"区域。这与传统规划中常说的"战略留白"是不一样的。战略留白是指从城市发展战略出发，而在城市集中建设区外围所预留的将来的开发建设用地("留白")，以前称之为发展备用地，而在此次的国土空间规划中一般定义为弹性发展区。这一部分区域通常受开发规模限制，同时开发条件一般，土地价值也一般。但是此次国土空间规划中的"留白"区域设定的初衷是应对城市开发的不确定性，并考虑将来用地的兼容性，在城镇集中建设区内预留将来的发展空间。这一部分空间通常是开发条件最为优越、土地价值最高的区域，预留的目的只是由于发展前景不明确，或者发展业态不明确，为避免土地资源和价值流失而设定的区域。这与"战略留白"设定的出发点有本质区别，在建设时序、管控力度等方面也有明显不同。

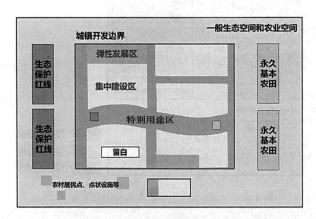

图 1-3　城镇开发边界内部空间管控示意图

(图片来源：《市级国土空间总体规划编制指南(试行)》，自然资源部，2020)

2. "三线"划定

生态保护红线、永久基本农田、城镇开发边界三条控制线，是调整经济结构、规划产业发展、推进城镇化不可逾越的红线，其划定工作也是本轮国土空间规划的核心内容。

1)生态保护红线划定要求

生态保护红线是指在生态空间范围内具有特殊重要生态功能、必须强制性严格保护的区域。按照《指导意见》，要"优先将具有重要水源涵养、生物多样性维护、水土保持、防风固沙、海岸防护等功能的生态功能极重要区域，以及生态极敏感脆弱的水土流失、沙漠化、石漠化、海岸侵蚀等区域划入生态保护红线"。其他经评估目前虽然不能确定，但具有潜在重要生态价值的区域也划入生态保护红线。对自然保护地进行调整优化，评估调整后的自然保护地应划入生态保护红线；自然保护地发生调整的，生态保护红线也相应调整。生态保护红线内，自然保护地核心保护区原则上禁止人为活动，其他区域严格禁止开发性、生产性建设活动，在符合现行法律法规前提下，除国家重大战略项目外，仅允许对生态功能不造成破坏的有限人为活动，主要包括：零星的原住民在不扩大现有建设用地和耕地规模前提下，修缮生产生活设施，保留生活必需的少量种植、放牧、捕捞、养殖；因国家重大能源资源安全需要开展的战略性能源资源勘查，公益性自然资源调查和地质勘查；自然资源、生态环境监测和执法包括水文水资源监测及涉水违法事件的查处等，灾害防治和应急抢险活动；经依法批准进行的非破坏性科学研究观测、标本采集；经依法批准的考古调查发掘和文物保护活动；不破坏生态功能的适度参观旅游和相关的必要公共设施建设；必须且无法避让、符合县级以上国土空间规划的线性基础设施建设、防洪和供水设施建设与运行维护；重要生态修复工程。

2) 永久基本农田划定要求

永久基本农田是为保障国家粮食安全和重要农产品供给，实施永久特殊保护的耕地。《指导意见》中也明确要求"依据耕地现状分布，根据耕地质量、粮食作物种植情况、土壤污染状况，在严守耕地红线基础上，按照一定比例，将达到质量要求的耕地依法划入"。已经划定的永久基本农田中存在划定不实、违法占用、严重污染等问题的要全面梳理整改，确保永久基本农田面积不减、质量提升、布局稳定。

3) 城镇开发边界划定要求

城镇开发边界是在一定时期内因城镇发展需要，可以集中进行城镇开发建设、以城镇功能为主的区域边界，涉及城市、建制镇以及各类开发区等。《指导意见》中也明确要求"城镇开发边界划定以城镇开发建设现状为基础，综合考虑资源承载能力、人口分布、经济布局、城乡统筹、城镇发展阶段和发展潜力，框定总量，限定容量，防止城镇无序蔓延"。

4) "三线"统筹划定

根据《指导意见》，三条控制线既独立又相互制约，是一个有机的整体。在"三线"划定工作中，在技术上要按照统一底图、统一标准、统一规划、统一平台的要求，做到不交叉、不重叠、不冲突；在规模上要依据自然资源禀赋和经济社会发展实际，做到保护与发展并举；在空间布局上要以资源环境承载能力和国土空间开发适宜性评价为基础，科学有序地统筹三条控制线；在工作组织上要坚持上下联动、区域协调，保障"三线"能落地、可管控。

三条控制线出现矛盾时，在思路上应遵循以下原则：生态保护红线要保证生态功能的系统性和完整性，确保生态功能不降低、面积不减少、性质不改变；永久基本农田要保证适度合理的规模和稳定性，确保数量不减少、质量不降低；城镇开发边界要避让重要生态功能，不占或少占永久基本农田。目前已划入自然保护地核心保护区的永久基本农田、镇村、矿业权逐步有序退出；已划入自然保护地一般控制区的，根据对生态功能造成的影响确定是否退出，其中，造成明显影响的逐步有序退出，不造成明显影响的可采取依法依规相应地调整一般控制区范围等措施来妥善处理。协调过程中退出的永久基本农田在县级行政区域内同步补划，确实无法补划的在市级行政区域内补划。

若"三线"存在矛盾，可按以下原则进行处理。

(1)生态保护红线与永久基本农田存在矛盾。

永久基本农田退出情况：已划入国家公园、省级以上自然保护区、整合优化后的省级以上自然公园、饮用水源地一级保护区的永久基本农田有序退出；对生态功能造成明显影响的永久基本农田有序退出；红线内零散的永久基本农田有序退出；红线内坡度 25 度以上且质量等别低的永久基本农田退出，逐步退耕还林；生态保护红线内有序退出永久基本农田地块的，可按原地类保留。

永久基本农田保留情况：生态保护红线内质量好、集中连片的永久基本农田可划出生态保护红线，继续保留为永久基本农田，可采取"开天窗"的形式进行保留。

(2)城镇开发边界与永久基本农田存在矛盾。

永久基本农田退出情况：属于不稳定耕地或被重大建设项目占用的永久基本农田予以退出。

永久基本农田保留情况：属于稳定耕地，无重大建设项目占用的永久基本农田予以保留。

在特殊情况下，在技术上可采取"开天窗"的形式进行处理。例如，城镇开发边界内可"开天窗"存在永久基本农田和生态保护红线(图 1-4)。

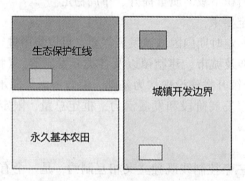

图 1-4　"三线"拓扑关系示意图

1.4　国土空间规划编制技术思路

基于自然资源部的各项要求，结合各地的实践经验，可将县级国土空间总体规划编制技术分为四大步骤(图 1-5)。

第一步为基础数据准备，为国土空间规划编制提供详实可用的基础数据。首先，选择稳定的可用于质检的软件版本，设置工作环境，熟悉基本操作和常用功能。其次，收集现状数据、管理数据、规划数据等各类矢量数据、栅格数据和文本数据，将所有地理数据统一坐标系，并将矢量数据、栅格数据和文本数据导入统一的地理数据库。再次，进行基数

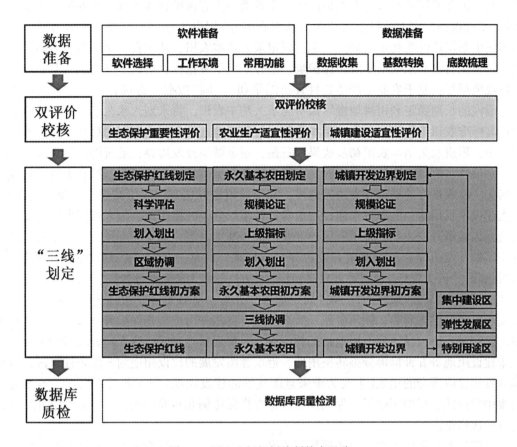

图 1-5　国土空间规划编制技术思路

转换，将第三次全国国土调查（以下简称"三调"）①数据转换为国土空间规划用地、用海分类，同时将已审批未建设的用地等五种情形转换为国土空间规划用地、用海分类，形成现状一张图。最后，梳理统计底图底数，对现状用地用海情况、存量用地、流量用地、增量用地、耕地与永久基本农田、河湖岸线等要素进行逐项梳理，为后续工作提供数据基础。

第二步为双评价校核（县级单位不单独做双评价，仅对省、市下发的双评价成果进行校核）。结合"二调"、遥感影像、重大项目、土地管理数据、永久基本农田划定成果、水资源调查、土壤调查、地质灾害等数据，对生态保护空间、农业生产空间、城镇建设空间进行校核，核实省、市下发的双评价结果与实际状况是否存在冲突，形成更加精准的生态保护重要性、农业生产适宜性和城镇建设适宜性成果。

第三步为"三线"划定和协调。一是，划定生态保护红线，依据双评价成果，开展生态功能重要性评估和生态环境敏感性评估，将生态功能极重要区域、极敏感区域、各类保

---

① 第三次全国国土调查，简称为"三调"，完成时间 2017 年到 2019 年。

护地与禁止开发区域纳入生态保护红线，将各项与生态保护红线范围产生冲突的人类活动区域(基础设施、重大项目、大片永久基本农田等)划出生态保护红线，最后通过区域协调形成生态保护红线初步成果。二是，划定永久基本农田，从粮食安全、供给平衡等角度论证耕地保有量和永久基本农田保护量，结合上级下发指标，形成最终的永久基本农田保护量规模指标；基于农业生产适宜性评价结果和"三调"数据，将现有永久基本农田的保护范围内的长期稳定利用耕地继续保留为永久基本农田，将未划入永久基本农田的已建和在建高标准农田等优先划入永久基本农田，将非耕地地类、不稳定利用耕地等调出永久基本农田，形成永久基本农田初步成果。三是，划定城镇开发边界，通过综合增长率、地区生产总值、水资源约束、土地资源约束等方法预测城镇建设用地规模，结合上级下达规则和指标，形成最终的城镇开发边界规模；基于城镇建设适宜性评价结果，将现状建成区、重大建设项目用地、已审批未建设用地等五种情形分类转换用地、未来意图发展的非稳定耕地划入城镇开发边界，将生态保护红线、永久基本农田、地质灾害风险区、蓄滞洪区等划出城镇开发边界，形成城镇开发边界初步成果。四是，对"三线"划定成果进行协调，通过擦除、"开天窗"、补划等方式对初步划定的"三线"成果进行处理，做到不交叉、不重叠、不冲突，形成最终的"三线"划定成果。五是，对城镇开发边界进行分区划定，将开发边界内的生态涵养、休闲游憩、防护隔离、自然和历史文化保护等地域空间划入特别用途区；在不突破城镇建设用地指标的前提下，将现状建成区、重大建设项目用地、已审批未建设用地等五种情形分类转换用地、近期意图发展的建设用地划入集中建设区；将城镇开发边界内剩余的用地(主要为未来意图发展的建设用地)划入弹性发展区。若细分后的集中建设区、特别用途区、弹性发展区存在指标比例和布局问题，则需对城镇开发边界进行二次修正。

第四步为数据库质检，对各项数据内容、格式和命名、数据属性、拓扑关系、成果组织形式及数据质量等方面进行严格检查，保障国土空间规划数据库成果能够准确无误，并顺利录入国土空间基础信息平台和国土空间规划"一张图"实施监督信息系统中。

1.5 小结

本章详细梳理我国国土空间规划的背景及其主要内容。当前处于新的发展时期，我国的社会经济发展正经历一系列根本的转变，包括发展目标、发展模式等。这些转变说明当前我国必须转化到发展与保护兼顾的新阶段。同时，传统的规划体制由于条块分割、各自为政，其弊端不断凸显，因此也急需转变。国家由此开始了我国空间规划的改革，包括国土空间规划体系的确立和管理机构的调整。本章系统介绍了国土空间规划体系的构成、内容和工作重点，以及国土空间规划编制的技术思路，为后续的章节奠定了基本的概念基础。

第2章 工作环境和基本操作

如前所述，国土空间规划的制图软件已经由传统的计算机辅助制图软件（如 AutoCAD）和图形处理软件（如 Photoshop）等转为地理信息系统（GIS）软件，如 ArcGIS。GIS 软件相对于传统规划制图软件具有不少优势：例如，在数据统一方面，GIS 软件能进行定义投影、投影变换等操作，使所有数据在空间上坐标一致、空间位置匹配；在数据兼容方面，GIS 软件能兼容多种数据类型，包括矢量文件、栅格文件、文本文件、表格文件等；在数据管理与分析方面，GIS 软件可以构建地理数据库，管理数据之间的空间规则（例如，可以检查道路等线性对象是否存在断点，用地图斑等面对象之间是否重叠，以及面对象中间是否存在空隙等问题）。而各种各样的空间分析更是 GIS 软件最擅长的功能。因此，了解 GIS 软件的基本功能、文件类型、工作环境，以及熟练掌握 GIS 软件的常用功能，是进行国土空间规划编制工作中软件操作的基础。

本书选用软件为业界使用最广泛的 GIS 软件包——ERSI 公司①出品的 ArcGIS for Desktop10.2 版，下面简称为 ArcGIS。选择这一版本原因在于：一方面，相对于前面的版本，这一版本非常稳定，在数据处理、界面交互、文件兼容性方面有了质的提升；另一方面，当前国土空间规划部门进行质检②，也多用这一版本。

2.1 ArcGIS 简介

ArcGIS 主要的应用程序包括 ArcMap、ArcCatalog、ArcScene、ArcToolbox、ArcGlobe、拓展模块等。

ArcMap 是 ArcGIS 中的核心应用程序，它将数据的添加、移除、编辑、分析、显示、制图等集成为一个应用框架，其界面集成了 ArcCatalog、ArcToolbox、拓展模块。ArcCatalog 是地理数据资源管理器，可以帮助用户管理全部数据，包括查找数据位置、创建不同数据类型、管理数据库（如文件地理数据库和个人地理数据库），也可以实现数据之间的连接，如表格和数据库的连接等功能。ArcScene 是三维显示与分析程序，是一个用来展示三维数据的平台，并且可以和矢量数据、栅格数据交互。ArcToolbox 是地理数据分析处理工具集，涵盖数据类型转换、数据坐标转换、数据空间分析等功能。ArcGlobe 是

---

① ESRI 公司，美国环境系统研究公司（Environmental Systems Research Institute，Inc.），其总部在美国加州，是世界最大的地理信息系统技术提供商。

② 数据库质检：按照数据库质量检查的相关要求，对构成数据库的坐标、投影、拓扑、文本和数据库的一致性进行检查。

ArcGIS 中以 3D 视角来显示全球地理信息的界面，其主要功能是将所有的数据都集中在一个通用的球体框架中。为了实现更多的分析功能，ArcGIS 还提供了一系列拓展模块，如 3DAnalyst、Spatial Analyst 等。在国土空间规划中拓展模块常用的功能，本书将在常用功能章节单独列出，因此这里不再赘述。

ArcGIS 的安装及配置在这里并不多作说明，详情请参考 ESRI 官网①。

国土空间规划编制过程中，几乎所有的操作都能在 ArcMap 中完成，因此本章主要讲述 ArcMap 的基本功能。

2.1.1　ArcGIS 界面介绍

双击 ArcMap 图标，出现如图 2-1 所示的启动界面，点击确定，可以直接打开 ArcMap。

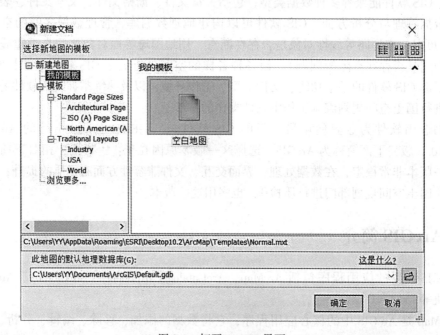

图 2-1　打开 ArcGIS 界面

ArcMap 界面主要由 6 部分构成（图 2-2），顶部的主菜单栏、左侧的内容列表面板、顶部的工具条、主界面的地图窗口、右侧的目录面板和右下角的状态信息栏。

1. 主菜单栏简介

主菜单栏包括【文件】、【编辑】、【视图】、【书签】、【插入】、【选择】、【地图处理】、【自定义】、【窗口】、【帮助】10 个部分（图 2-3），是 ArcGIS 中对数据进行导入、编辑、处理、分析、整饬等基本工具的集合。

---

① https：//www.esri.com/zh-cn/arcgis/products/arcgis-desktop/buy.

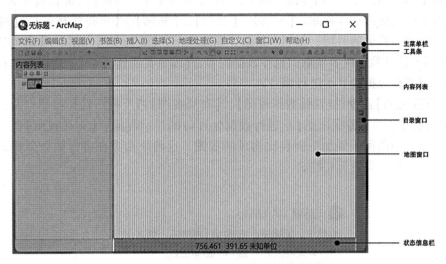

图 2-2 ArcMap 初始界面

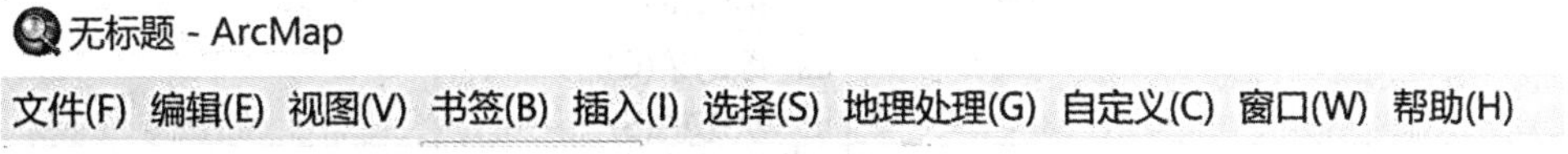

图 2-3 主菜单栏构成

主菜单栏【文件】主要是对 ArcGIS 地图文件(.mxd)的基本操作。【新建文件】、【打开】、【保存】、【另存为】、【保存副本】5 个命令进行地图文件的存储和读取；【页面和打印设置】、【打印预览】、【打印】、【导出地图】4 个命令用于地图成果的导出、打印。

主菜单栏【编辑】命令栏包含了常用的编辑操作类型(图 2-4)。【撤销】、【恢复】是数

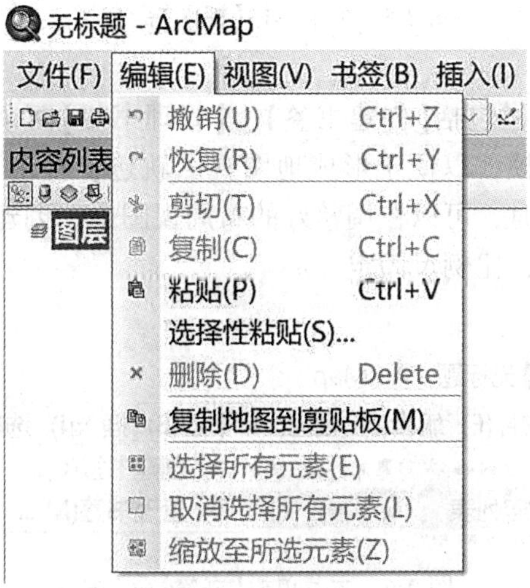

图 2-4 主菜单栏【编辑】命令栏

19

据编辑过程中的常用命令，用于撤销编辑或者恢复编辑操作，同时【撤销】和【恢复】也可以撤销和恢复图层的添加和移除。【剪切】、【复制】、【粘贴】、【选择性粘贴】、【删除】5 个命令用于对选中数据的剪切、复制、粘贴、删除操作。【选择所有元素】、【取消选择所有元素】是用于选择数据内容和取消选择数据内容，【缩放至所选元素】是用以在选择元素的过程中，对选择数据的显示进行调整。

主菜单栏【视图】命令栏包括【数据视图】、【布局视图】两个视图选择按钮以及其他视图整饬命令(图 2-5)。【数据视图】是进行数据处理时的显示界面；【布局视图】是在导出图纸时，用来整饬图例、添加图例和比例尺的视图。这两个命令在进行数据分析时常用到，并且可以根据需要进行切换。

图 2-5　主菜单栏【视图】命令栏

主菜单栏【书签】命令栏包括【创建书签】、【管理书签】两个命令(图 2-6)。书签命令原本是用于创建一个关键帧，以便于形成地图视图轨迹，多用于 ArcScene 中进行动画创建。在国土空间规划出图时，可以在调整好的布局视图中，创建书签，以保证后续导出的图纸在空间上的位置一致，比例尺固定。

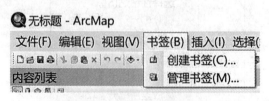

图 2-6　主菜单栏【书签】命令栏

主菜单栏【选择】命令栏包括【按属性选择】、【按位置选择】两个常用命令(图 2-7)。后文在属性表基本工具章节中会详细讲到【按属性选择】，这里暂时不作描述。【按位置选择】是根据两个图层之间的位置关系进行选择，可以根据两个图层定义选择条件，例如定义源图层与目标图层之间的距离、重叠部分等。

主菜单栏【地图处理】命令栏包括【裁剪】、【相交】、【联合】、【合并】、【融合】5 个数据处理命令(图 2-8)，下面简要介绍一下这 5 个命令的操作逻辑(图 2-9)。想要详细了解其工作原理，请读者参考 ArcGIS 官方帮助文件中分析工具集的解释说明①。

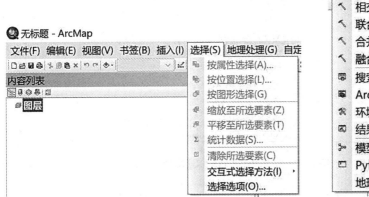

图 2-7 主菜单栏【选择】命令栏　　　　图 2-8 主菜单栏【地图处理】命令栏

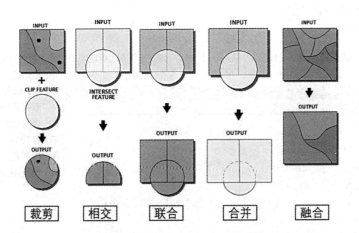

图 2-9 几种常用的数据处理命令

① 由于篇幅有限，具体【裁剪】、【相交】、【联合】、【合并】、【融合】5 个命令的相关解释，请读者查阅 https://desktop. arcgis. com/zh-cn/arcmap/latest/tools/coverage-toolbox/an-overview-of-the-analysis-toolsets. htm。

【裁剪】操作是用【裁剪要素】的边界提取【输入要素】边界内的数据，输出结果只保留【输入要素】的属性；【相交】操作是提取两个或者多个要素之间的交集部分，其属性保留相交要素的全部属性；【联合】操作是将所有要素的所有属性都写入输出要素，因此输出要素的内部边界会取输入要素的边界并集，同时输出结果中不会存在重复面，同一个面会写入所有联合要素的全部属性；【合并】只是单纯地将多个类型相同的输入数据合并为新的单个数据集，在重叠部分会单独保留原始的输入数据信息，因此有可能存在重复面；【融合】是根据选择的融合字段进行融合，只保留选中的字段信息。

【搜索工具】是 ArcMap 中最常用的功能之一，可以通过关键词搜索 ArcMap 中的任意命令。环境设置的相关内容将在本章第二节中详细讲解。

主菜单栏【自定义】命令栏主要是对【工具条】、【扩展模块】进行加载（图 2-10），以及一些样式的加载，后面在本章第二节中会讲到具体要加载的内容。

图 2-10　主菜单栏【自定义】命令栏

主菜单栏【窗口】命令栏主要是对 ArcMap 显示界面的【内容列表】、【目录】和【搜索】功能进行集成（图 2-11），如果后期不小心移除了【内容列表】、【目录】、【搜索】中任意项目时，可以在此处重新调出。

图 2-11　主菜单栏【窗口】命令栏

主菜单栏【帮助】命令栏中集成了 ArcMap 的操作说明（图 2-12），在遇到困难时可以及时查看。

2. 内容列表简介

【内容列表】主要是显示图层的名称、来源，可以选择对应图层的列出顺序按钮，用

图 2-12 主菜单栏【帮助】命令栏

以调整图层的显示顺序。默认有【按绘图顺序列出】、【按源列出】、【按可见性列出】、
【按选择列出】四类图层列出顺序按钮(图 2-13),可以根据需要自行选择。

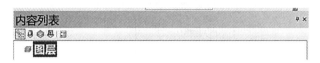

图 2-13 【内容列表】面板

右键单击【内容列表】面板下的【图层】命令,可以调出图层的可设置内容(图 2-14),其中包括【添加数据】、【新建图层组】等功能,后面会讲到【内容列表】中常用的功能。

2.1.2 ArcGIS 文件类型介绍

ArcGIS 可以加载和处理的数据格式主要分为三大类;一类是矢量数据,包括地理数据库文件、Shapefile文件、CAD 矢量文件、MapGIS 文件(武汉中地数码公司的 GIS 软件类型);一类是栅格文件,主要是遥感影像数据,以及其他的扫描图片等;还有一类是 CSV、Excel、TXT、DBF 等数据表格。

在 ArcGIS 中,有一些专门配套的特有文件格式也可以在 ArcGIS 中应用,例如,以控制图层颜色和图层格式文件(.lyr)、ArcGIS 地点文件(.dat)、投影文件(.prj)、地图文件(.mxd)等。

ArcGIS 中(.mxd)、Shapefile、地理数据库三类文件

图 2-14 图层可以设置内容

是最常用的文件类型。(.mxd)文件与地图成果的导出、图纸可视化表达息息相关;Shapefile 文件是各种矢量文件与 ArcGIS 中矢量文件进行交互的接口,也是国土空间规划中最常用的数据格式;地理数据库是 ArcGIS 中自定义的数据文件,其具有图、文、表、库的完整性和一致性,其常用于国土空间规划成果的提交。

1. (. mxd)文件

(. mxd)文件是扩展名为 mxd 的地图文档,其包括每个图层的名称、制图符号、颜色、标注、比例尺、图例、指北针、数据源等信息,是记录了地图状态信息的文件集合。(. mxd)文件的常见操作包括以下两项。

1)新建(. mxd)文件

- 打开 ArcMap,点击主菜单栏中的【文件】→【新建】(图 2-15)。

图 2-15　新建(. mxd)文件

- 在弹出的【新建文档】对话框中,选择一个需要的模板,一般常用默认的空白地图,后续可以在【布局视图】中根据需要对图纸大小进行调整。点击【确定】,即可新建一个(. mxd)文件(图 2-16)。

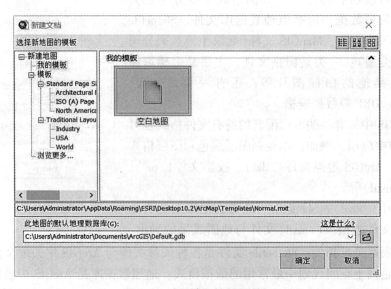

图 2-16　【新建文档】对话框

2)(.mxd)文件的保存

　　• 选择主菜单栏【文件】→【另存为】，在弹出的【另存为】对话框中输入文件名，点击【保存】，即可保存(.mxd)文件(图 2-17)。

图 2-17　保存(.mxd)文件

2. Shapefile 文件

　　Shapefile 文件是 ArcGIS 自带的文件存储格式，一般由(.shp)、(.dbf)、(.shx)、(.prj)、(.sbn)、(.sbx)6 个部分组成(图 2-18)。这些文件都默认存储在同一个文件夹下，可以单独对每一个部分进行编辑。其中，(.shp)、(.shx)和(.dbf)是构成 Shapefile 的必要文件，删除任何一个都会使导出文件不能正确读取。(.prj)、(.sbn)、(.sbx)三个文件是对 Shapefile 进行补充定义的文件，删除之后不影响 Shapefile 的读取，但是会影响相关的信息。下面列出了具体的 Shapefile 文件构成部分的作用(表 2-1)。

名称 ^	修改日期	类型	大小
Shapefile文件构成.dbf	2021/7/27 17:47	DBF 文件	71,504 KB
Shapefile文件构成.prj	2021/7/27 17:47	PRJ 文件	1 KB
Shapefile文件构成.sbn	2021/7/27 17:47	SBN 文件	816 KB
Shapefile文件构成.sbx	2021/7/27 17:47	Adobe Illustrato...	41 KB
Shapefile文件构成.shp	2021/7/27 17:47	AutoCAD 形源代码	38,432 KB
Shapefile文件构成.shx	2021/7/27 17:47	AutoCAD 编译的形	664 KB

图 2-18　Shapefile 文件构成类型

Shapefile 文件主要用于存储简单的几何要素，其占用空间小、响应速度快。Shapefile 文件是一种开源性很强的文件格式，许多非 ESRI 公司出品的地理信息系统软件都可以输出 Shapefile[①]，由此也导致了数据标准不统一的情况。同时 Shapefile 文件还存在一些致命缺点：例如，其对 Unicode[②] 字符串支持不足，其字段长度最长只能为 10 字符，且 Shapefile 文件不支持空值；Shapefile 文件也不支持 ArcGIS 地理数据库中的某些功能，例如：注记、拓扑关系、坐标精度和分辨率等功能。因此在国土空间规划中，应当且必须选用下面介绍的地理数据库进行文件最终的存储和计算。

表 2-1　　　　　　　　　　　　　　**Shapefile 组件与文件扩展名**

扩展模块	说　　明	必需的文件？
. shp	用于存储要素几何的主文件。此文件中未存储任何属性，仅有几何特征	是
. shx	. shp 的配套文件，用于存储 . shp 文件中各个要素 ID 的位置	是
. dbf	用于存储要素属性信息的 dBASE 表	是
. sbn 和 . sbx	用于存储要素空间索引的文件，用于加快空间数据检索	否
. atx	为各 dBASE 属性索引 (建立于 ArcCatalog 中) 而创建	否
. ixs 和 . mxs	读写 Shapefile 的地理编码索引	否
. prj	用于存储坐标系信息和投影信息的文件	否
. xml	ArcGIS 的元数据，用于存储 Shapefile 的相关信息	否

3. 文件地理数据库和个人地理数据库

文件地理数据库和个人地理数据库在数据的存储模式上大同小异。两者都是 ArcGIS 定义的文件存储格式，都能定义坐标，都能保证数据的完整性和一致性。其区别主要在于数据库的大小。文件地理数据库最大可以达到 1TB，可以储存多个数据集，同时还能对存入其中的矢量数据压缩格式。个人地理数据库支持的点数据最多不超过 2000 万个，或者文件大小不超过 2GB，有效数据库大小在 300~500MB。国土空间规划中数据众多，尤其是影像数据较大，动辄 10GB 以上，因此矢量数据多存储于文件地理数据库，而图表文件多存储于个人地理数据库。

---

① 想要了解 Shapefile 文件的详细格式，请参见 http：//www. esri. com/library/whitepapers/pdfs/shapefile. pdf。

② Unicode 是为每种语言中的每个字符设定了统一并且唯一的二进制编码，以满足跨语言、跨平台进行文本转换、处理的要求。1990 年开始研发，1994 年正式发布 1. 0 版本，2020 年发布 13. 0 版本。具体定义可参考此网站 https：//www. unicode. org/versions/Unicode13. 0. 0/。

2.2 工作环境配置

良好的前期工作环境配置便于后期对数据进行查询、保存以及检查修改,可以大幅提升工作效率。具体的工作环境配置包括 ArcMap 选项设置、配置默认文件夹、配置输出环境、建立数据库、配置坐标系以及设置页面布局。

2.2.1 ArcMap 选项设置

1. 设置鼠标滚轮键

● 双击 ArcGIS 图标,打开软件。找到【自定义】对话框下的【ArcMap 选项】,进行一定的设置。根据自身习惯,将鼠标滚轮键向前滚动设置为放大或者为缩小。GIS 中默认滚轮向前为缩小,这和其他软件的运行逻辑是相反的,可以根据需要进行调整(图 2-19)。

图 2-19 【ArcMap 选项】界面设置

其他部分的设置可以根据自己需要进行调整,其中主要是一些方便操作的小工具的调整,相关内容将在本章中结合案例进行讲解。

2. 加载基本工具条

● 选择【自定义】命令框,左键单击【自定义】,将光标移动到【工具条】上,加载常用的工具条,例如:【编辑器】、【捕捉】、【布局】、【地理配准】等基本工具条(图2-20)。

图 2-20　加载基本工具条

3. 加载扩展模块

- 选择【自定义】命令框，左键单击【扩展模块】（图 2-21）。

图 2-21　加载【扩展模块】

- 在弹出的【扩展模块】对话框中建议勾选【Spatial Analyst】（图 2-22），单击【关闭】。后期如果发现相关的其他模块无法加载，可以返回此处重新加载。【Spatial Analyst】主要是进行栅格分析的工具集，其包括栅格数据的区域分析、叠加分析、邻域分析、重分类等工具，在国土空间规划中，涉及栅格数据处理的部分，会涉及此工具，因此建议勾选上。其他扩展模块功能的详情介绍请参考 ArcGIS 官网"使用 ArcGIS 扩展模块"①。

图 2-22　【扩展模块】对话框

2.2.2　配置默认文件夹

在 ArcGIS 中，【默认工作目录】文件夹可以默认保存数据分析的结果、新建数据的存储位置。在国土空间规划编制的过程中，经常面临数据繁杂，过程文件多样的情况，提前设置好默认保存的文件夹，可以大大方便后期数据库的管理和维护。

- 打开 ArcGIS，点击【目录】图标，在数据视图下，显示界面右侧会弹出【目录】面板（图 2-23）。在【目录】面板上点击【目录选项】（图 2-24）。

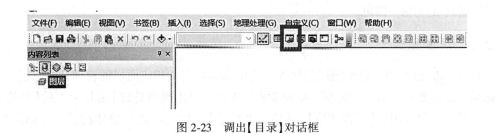

图 2-23　调出【目录】对话框

---

①　https：//desktop. arcgis. com/zh-cn/arcmap/10. 3/map/working-with-arcmap/using-arcgis-extension-products. htm.

图 2-24 【目录】命令框下的【目录选项】

- 在弹出的【目录选项】中，选择【主目录文件夹】，在弹出的对话框中，点击 [图标] 图标，选择自己需要更改的文件夹（图 2-25）。

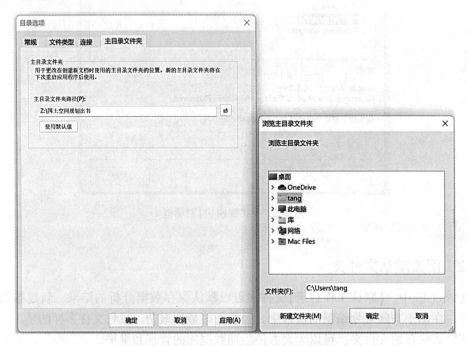

图 2-25 【目录选项】中修改主目录文件夹

此文件夹就是后面国土空间规划过程中的默认文件夹，点击【确定】后，保存 ArcMap 文件，重启 ArcGIS，即可。

2.2.3 环境配置

在 ArcGIS 分析中，每个图层的输入、输出都需要定义相应图层的存储位置、输入/出坐标系、地理处理范围、Z 值等一系列要素。ArcGIS 的【地理处理】工具集下的【环境】对话框，可以对最常用的【工作环境】、【输出坐标系】、【Z 值】进行整体配置，可以避免重复操作。其他选项可以保持默认设置，如有需要也可以自行修改。本书以【Z 值】配置为例进行讲解，其他配置大同小异，不再赘述。

在进行规划分析的过程中，可能需要用到高程数据。在当前国土空间规划编制的过程中，我们只涉及地类图斑的处理，不涉及高程数据，所以要提前清除 Z 值。否则不同的文件含有 Z 值的情况不同，将会导致文件之间的【擦除】、【相交】等功能失败，产生错误的结果。具体操作如下。

- 鼠标左键单击【地理处理】命令框，将光标移动到【环境】命令上，单击【环境】（图 2-26）。

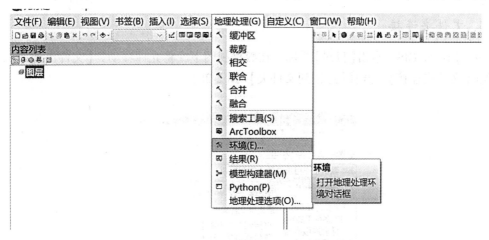

图 2-26　选择【地理处理】下的【环境】命令

- 在弹出的【环境设置】对话框中，点击【Z 值】，在【输出包含 Z 值】对话框中，将"Enable"改为"Disable"，点击【确定】（图 2-27）。

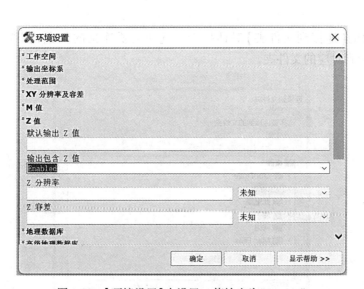

图 2-27　【环境设置】中设置 Z 值输出为"Disable"

- 重启 ArcMap 之后，后续所有的数据导入、输出都默认没有 Z 值。

2.2.4　数据导入和数据库建立

基本工作环境配置好之后，需要建立数据库，以便存储数据和进行数据分析。数据导入是后续分析的前提，由于 ArcMap 的数据显示和数据处理是分开的，必须将数据库和 ArcMap 连接之后，才能将数据导入进来。下面讲述如何将文件导入 ArcMap 中。

1. 文件夹连接

• 打开 ArcGIS，点击【目录】图标，在数据视图下，将光标移动到【文件夹连接】，右键单击【文件夹连接】，选择【连接到文件夹】(图 2-28)。

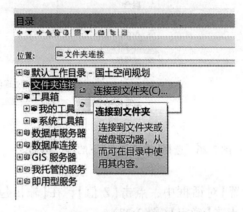

图 2-28　文件夹连接

• 在弹出的【连接到文件夹】对话框中，选择需要连接的位置(图 2-29)，点击【确定】，即可连接到对应的文件夹。

图 2-29　连接到需要导入数据的文件夹

2. 数据库建立

根据前文对不同数据类型特点的分析，国土空间规划编制过程中，我们应当建立文件地理数据库，用来存放各种矢量数据。

- 右键单击【目录】面板下已经连接好的文件夹，将光标移动到【新建】上，再移动到【文件地理数据库】，左键单击，建立文件地理数据库（图2-30）。

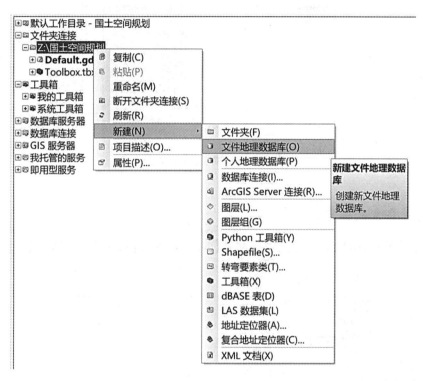

图 2-30　建立文件地理数据库

- 选中新建的文件地理数据库，右键单击【文件地理数据库】，可以看到其对应的属性表格，其中，可以移动光标，选择【设为默认地理数据库】（图2-31）；也可以移动光标到【重命名】上，进行重命名。注意，重命名的数据库不能以数字开头，否则会报错。
- 个人地理数据库的新建方法同文件地理数据库，此处不再赘述。

2.2.5　要素数据坐标系配置和文件导入

要素数据集可以将相同的要素类集成在一起，便于后续的数据管理。将数据从 ArcMap 导出时，可以选择源数据的坐标系、数据框的坐标系或者要素数据集的坐标系。因此，要保证数据导出坐标系的一致性，首先就要设置好数据集的坐标系和数据库的坐标系。

图 2-31　设置默认地理数据库

1. 建立要素数据集

• 在【目录】对话框下，将光标移动到【文件夹连接】目录下的【新建】→【要素数据集】(图 2-32)。

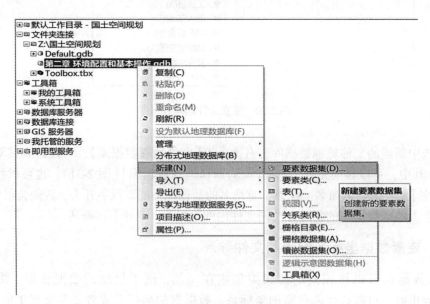

图 2-32　新建要素数据集

• 在弹出的对话框中，为其命名，例如"现状数据"，在新建的要素数据集中选择坐标系。按照这次国土空间规划编制的规定(坐标系统采用"2000 国家大地坐标系，即

CGCS2000），在【新建要素数据集】对话框的搜索界面输入"CGCS2000"（图 2-33），根据规划地区的分区情况，选择分区。具体分区以"三调"为准。

图 2-33 选择投影坐标系

● 选择好投影坐标系之后，点击【下一步】，选择【垂直坐标系】。按照这次国土空间规划编制的规定（高程系统采用"1985 国家高程基准"），在搜索框中输入"yellow"，在各选项中选择【Yellow Sea 1985】，选择【下一页】，后续使用默认值，点击【确定】（图 2-34）。

图 2-34 配置垂直坐标系

2. 建立数据库坐标系

- 在【内容列表】面板中，在【图层】命令上右键单击，选择【属性】命令（图 2-35）。

图 2-35　调出图层【属性】对话框

- 在弹出的【数据库 属性】对话框中，在【搜索】栏输入需要设置的目标坐标系名称，点击【应用】→【确定】（图 2-36）。

图 2-36　在【数据框 属性】中定义坐标系

3. 导入数据

• 点击【目录】对话框下的连接好的文件夹，选择【国土空间规划.gdb】，右键单击，选择【导入】→【要素类(单个)】(图 2-37)。

图 2-37　导入要素

• 在弹出的【要素类至要素类】对话框中，选择输入要素，即可选择要导入数据库中的文件，输出位置保持前面已经设置好的条件。在【输出要素类】栏输入要导出的图层名称即可(图 2-38)。

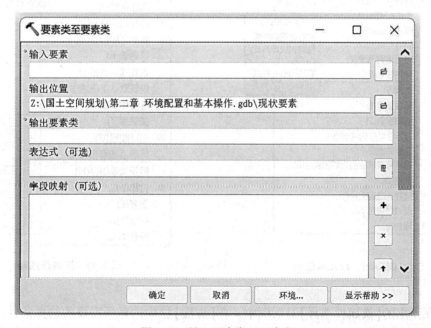

图 2-38　导入要素类至要素类

2.3 常用功能

2.3.1 属性表基本工具

属性表是 ArcGIS 实现数据统计、分析、显示的基础，因此本节首先讲解属性表的一些基本功能。

1. 查询属性表

● 打开属性表：将加载好的数据在【内容列表】中打开。在【图层】目录下，选择加载进来的"DLTB"数据，点击【打开属性表】（图 2-39）。也可以直接鼠标左键选中图层目录下的"DLTB"数据，直接按【Ctrl+T】，或者先按住【Ctrl】，然后左键双击"DLTB"图层，也可打开属性表。

● 按属性选择：点击【属性表】对话框中的【表】→【按属性选择】（图 2-40）。

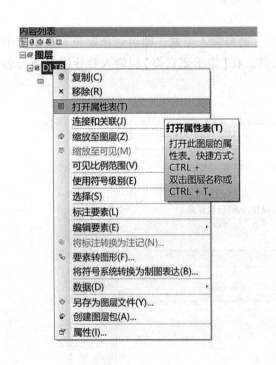

图 2-39　打开属性表

图 2-40　按属性选择

● 在弹出的【按属性选择】对话框中，在【方法】栏中选择所需要的选择条件。按属性选择的语法默认为 WHERE 条件语句。双击【方法】栏中要进行选择所依据的字段，单击

【获取唯一值】，可以看到此字段下的所有类别(图2-41)。

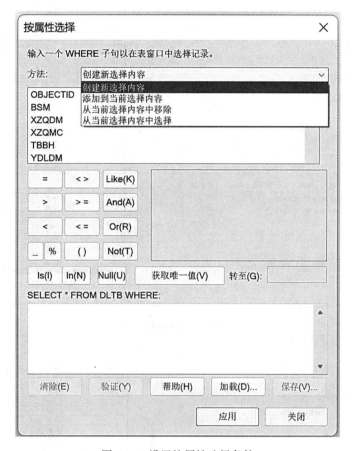

图2-41 设置按属性选择条件

- 以选取【YDLMC】=【工业用地】为例，"="表示选择"DLMC=采矿用地"的全部对象。">""<"等符号表示选择数值数量大于或小于某一值的数据。"And"表示对两个选择条件取交集，"Or"表示对两个要素之间取并集，"Not"表示减去后一个选择条件。

2. 模糊查询

- 模糊查询"like"用法相对复杂。以【DLTB】中的"YDLMC"字段为例：其中，"like '水%'"将搜索以文字"水"开头的所有字符串，"like'%水 '"将搜索以字母"水"结尾的所有字符串，"like'%水%'"将搜索在任何位置包含字母"水"的所有字符串。"%"可以代替任意字符数(图2-42)。

- "_"代表单个字符，可以精准查询字段。例如输入"YDLMC like '水_ _'"，就可以精确查询"水××"三个字符的字段类别(图2-43)。

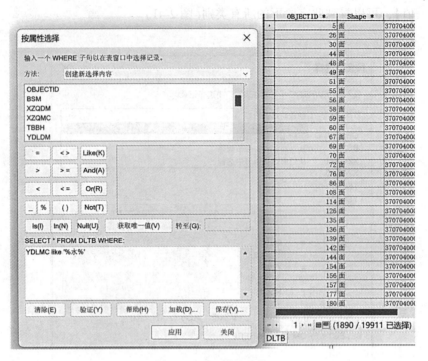

图 2-42　like 模糊查询

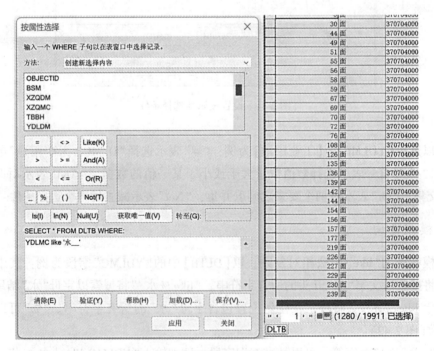

图 2-43　"_"模糊查询中的占位符

3. 修改属性表

● 添加字段：ArcGIS 中，只有在编辑器没有启动的前提下，才能添加字段。打开属性表，单击【添加字段】（图 2-44）。

图 2-44 添加属性表字段

● 根据实际需求，具体不同类型数据的要求不一：计算面积时，一般选用【双精度】；记录地块名称时，一般多用【文本】（图 2-45）。详细内容请见本书最后一章"数据库质检"。

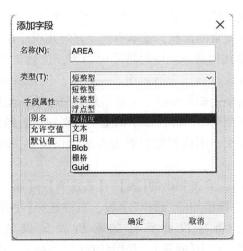

图 2-45 选择属性表字段的类型

• 在【内容列表】目录下，右键单击选择需要边界修改的图层要素，选择【编辑要素】→【开始编辑】，即可以打开编辑器（图 2-46），此时，打开对应要素图层的属性表，就可以单独修改属性表中的内容。

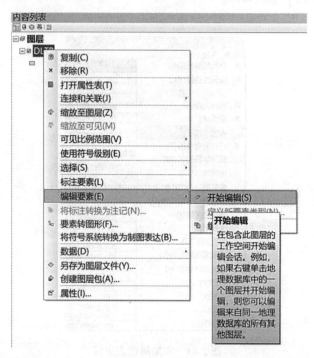

图 2-46　打开编辑器

2.3.2　计算椭球面积

在 ArcGIS 中计算面积，一般常用"计算几何"（calculate）命令。对于多边形要素，计算几何对话框可以计算其面积、周长、3D 周长、质心的坐标、Z 坐标。在此轮国土空间规划编制中，常需要计算要素的面积，基本不涉及其余几项计算。

然而，ArcGIS 中计算几何命令获得的是平面面积，也就是说其面积计算是基于投影转换后的面积，而非实际地球椭球表面面积。一方面，只有当 ArcGIS 定义了投影坐标系时，才能运算计算几何命令；如果数据定义的是地理坐标系，而且还没有定义投影的前提下，就无法使用计算几何命令。同时，由于国土空间规划一般都是计算市域或者县域的面积，其范围较广、面积较大，不能忽略投影带来的面积误差，因此应该使用计算椭球面积，操作如下。

• 打开要素【属性表】，点击弹出的【表】→【表选项】→【添加字段】（图 2-47）。

• 在【属性表】中选中新添加的"面积"字段，右键选择【字段计算器】，在弹出的【字段计算器】对话框中，将字段计算器的解析程序设置为"Python"，输入"! shape. geodesicArea!"代码，点击【确定】，开始计算（图 2-48），即可。

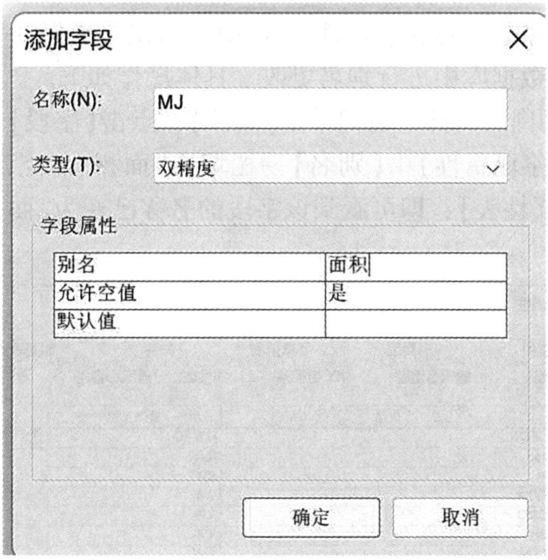

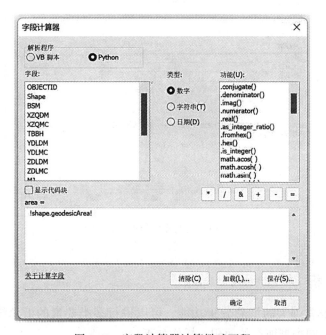

图 2-47　添加字段

图 2-48　字段计算器计算椭球面积

2.3.3　别名设置

　　受限于文件地理数据库名称的字段长度，"三调"等基础数据的字段都为英文字段。而进行统计汇总和数据表格导出时，很多时候希望将中文字段名称直接导出为 Excel 格式，可以方便后续的显示和输出，这就需要在英文字段名称的基础上设置字段别名。

由于 ArcGIS 中，【图层】对话框下的数据只能用来显示，任何操作只要没有导入文件地理数据库中，其属性都只保存在(.mxd)文件中，因此要想保证别名在数据库和图层显示具有一致性，必须在数据库中进行别名更改。具体操作如下。

- 在数据库中找到图层文件，右键单击【属性】，点击【字段】，选择需要改别名的字段，如【MJ】，在下方【字段属性】中【别名】一栏填入"面积"。点击【确定】，添加该图层数据，右键单击【打开属性表】，即可看到该字段的名称已变为"面积"(图 2-49)。

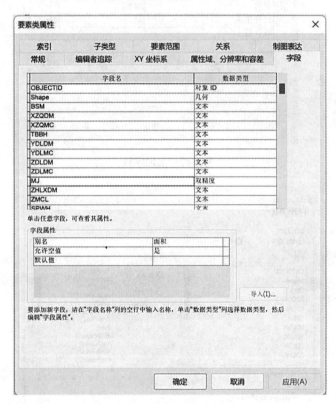

图 2-49　数据库中修改字段别名

2.3.4　汇总分析

ArcGIS 中有非常强大的汇总分析功能，可以进行多类要素的汇总统计。例如，统计不同权属单位中不同类型地类的面积，操作如下。

- 打开【ArcToolbox】。点击【分析工具】→【统计分析】→【汇总统计数据】(图 2-50)。
- 在弹出的【汇总统计数据】对话框中，在【输入表】一栏中拖入要统计分析的表格，在【输出表】一栏中选择要输出的位置，统计字段栏中选择面积字段，统计类型选择"SUM"；在【案例分组字段】选择要统计的属性，点击【+】号，可以添加统计字段属性，点击【确定】(图 2-51)。

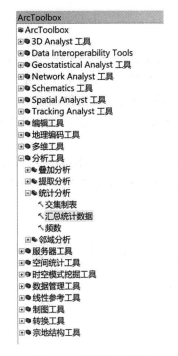

图 2-50　汇总统计分析

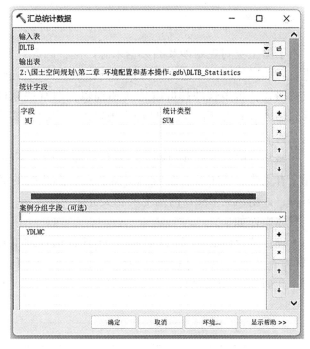

图 2-51　汇总统计数据

● 打开计算得到的汇总统计表(图 2-52)，可以看到地类名称和权属名称两列统计数据，在此基础上进行字段统计，可以大大缩减在整个属性表上统计的时间。

OBJECTID *	转换前地类名称	FREQUENCY	SUM_MJ
1	采矿用地	557	925370.689672
2	城镇村道路用地	1203	412659.396961
3	城镇住宅用地	673	470145.452621
4	高教用地	2	3169.43525
5	工业用地	1358	2629642.60906
6	公路用地	1242	2091065.176356
7	公用设施用地	98	37206.24255
8	公园与绿地	14	42474.345806
9	沟渠	327	232089.019817
10	管道运输用地	1	0.017879
11	广场用地	78	104224.219172
12	果园	537	728133.69718
13	旱地	762	1271435.070013
14	河流水面	120	711983.323581
15	机场用地	1	2370.08494
16	机关团体新闻出	80	59243.9996
17	交通服务场站用	105	263501.56594
18	科教文卫用地	85	114140.153398
19	坑塘水面	195	852237.558679
20	阎闲地	10	88855.880101
21	裸土地	10	15961.583916
22	内陆滩涂	1	381.691843
23	农村道路	918	180842.084136
24	农村宅基地	4332	1675099.705395
25	其他草地	477	1717426.844346
26	其他林地	2701	3167460.684573
27	其他园地	32	34626.612695
28	乔木林地	147	99749.019759
29	沙地	1	199.141656
30	商业服务业设施	567	760888.676648
31	设施农用地	278	229814.021081
32	水工建筑用地	290	953549.521396

1 ▶ ▶ ▶ ▣ ▤ (0 / 38 已选择)

DLTB_Statistics

图 2-52　汇总统计表

2.3.5　修复几何

由于国土空间规划涉及的数据来源广泛，因此要保证数据要素符合一定的规范，否则在进行后续操作时，会遇到不可预知的错误。例如，前文已经提到，Shapefile 文件是一种开放的格式，很多软件都可以写入和编辑，而有些软件输出的 Shapefile 文件不规范，可能导致输入 ArcGIS 后，相关处理出现错误。因此矢量数据导入 ArcGIS 之前，都应该进行检查几何。

一些常见的几何问题包括：空几何、短线段、不正确的环方向、不正确的线段方向、自相交有重叠、非闭合、空值、重复折点、不匹配的 Z 值、不连续。关于几何问题的详细解释，详情请见 CSCD 网站上的相关介绍①。

具体操作如下。

• 确良选择【ArcToolbox】工具集下的【数据管理工具】→【要素】，在【要素】工具集下选择【检查几何】，点击【检查几何】(图 2-53)。点击【确定】，在输出的表中间可记录发现的每个几何问题(图 2-54)。

图 2-53　检查几何

在结果中，我们可以看到【FEATURE_ID】有对应的编号，"PROBLEM"字段下有对应的问题(图 2-54)，这里可以在【DLTB】中寻找对应的图斑，但是对几何问题进行手动修改

---

① https：//blog. csdn. net/qq_33459369/article/details/90739717.

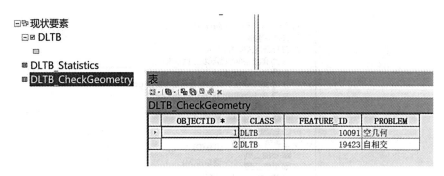

图 2-54 检查几何的结果

比较复杂，不如重新生成面。这里不再赘述手动修改的方法。通过【修复几何】工具批量处理几何问题的操作如下。

- 选择【ArcToolbox】工具集下的【数据管理工具】→【要素】，在【要素】工具集下选择【修复几何】，点击【修复几何】，点击【确定】（图 2-55）。此时打开【属性表】，可以发现几何错误都得到了修复。具体修复原理可参考上文提到的 CSCD 网站上的修复原理。

图 2-55 修复几何

2.3.6 拓扑检查

在多种地类图斑进行运算之后，需要对已经处理好的数据进行拓扑检查，以减少点、线、面数据之中产生的错误，避免图斑重叠、图斑缝隙等造成面积统计问题。具体操作如下。

- 建立个人地理数据库，命名为"拓扑检查"，在【拓扑检查 . gdb】上右键单击，选择【新建】→【要素数据集】（图 2-56）。

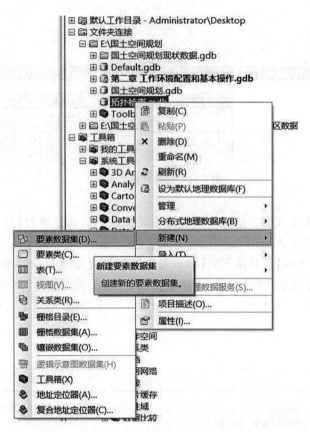

图 2-56　新建要素数据集

• 命名新建的要素数据集为"拓扑检查_A"，选择前文设置好的对应的坐标系，点击【下一步】，保持默认，点击【完成】（图 2-57）。

图 2-57　新建拓扑检查要素数据集

• 将要进行检查的数据导入【拓扑检查_A】，右键选择【新建拓扑】（图 2-58）。

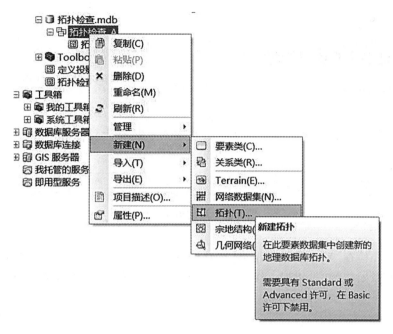

图 2-58　新建拓扑

● 在弹出的【新建拓扑】对话框中选择【下一页】(图 2-59)，输入容差"0.01"米，勾选
【拓扑检查数据】，点击【下一页】，然后点击【添加规则】，以勾选【不能重叠】为例，点击
【确定】，即可以在【拓扑检查】数据库下生成拓扑检查的结果(图 2-60)。

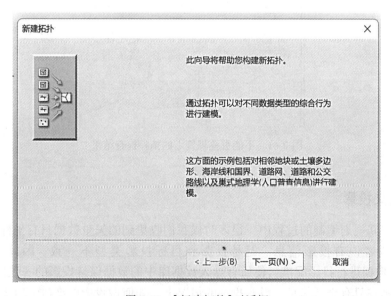

图 2-59　【新建拓扑】对话框

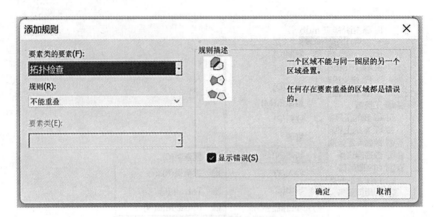

图 2-60　添加拓扑规则

● 将【拓扑检查_A】中的检查结果【拓扑检查_A_Topology】加载到【内容列表】面板中，可以清晰看到除对应的"点错误、线错误、面错误"，然后便可以对应修改（图 2-61）。

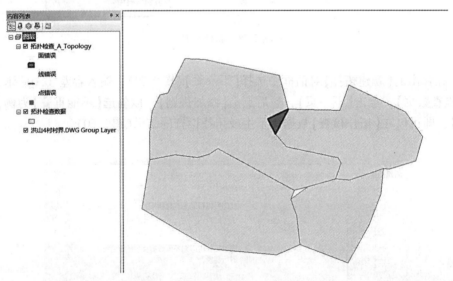

图 2-61　不能重叠规则下的拓扑检查结果

2.3.7　定义投影

在国土空间规划编制的过程中，很多时候我们收集到的矢量数据只有坐标信息，没有投影信息；或者说有投影信息，但是投影和目标投影类型不一致。因此需要对导入 ArcMap 中的数据进行投影配准，使所有导入数据库中的数据保持投影的一致性。

以下演示在只有坐标信息、没有投影的情况下，如何做投影配准（图 2-62）。

● 选择主菜单栏中的【文件】→【添加数据】→【添加数据 T】，加载需要定义投影的数据"定义投影 . shp"。

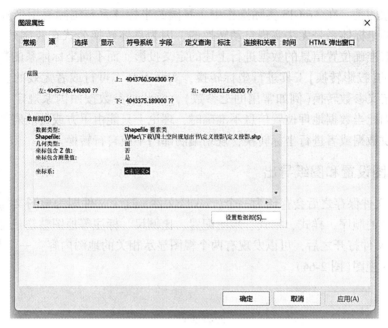

图 2-62　没有定义投影坐标系显示"未定义"

- 在 ArcToolbox 工具中选择【数据管理工具】→【投影和变换】→【定义投影】，选择自己需要的坐标系，点击【确定】，即可（图 2-63）。

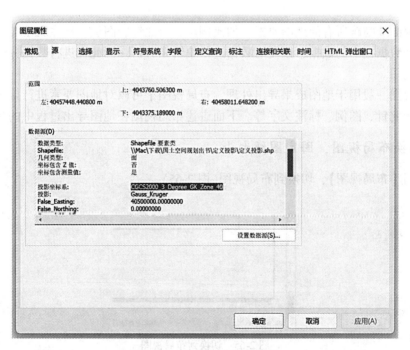

图 2-63　定义投影后的数据

需要注意的是，在 ArcGIS 实际操作中，我国的坐标体系与国际通用坐标体系以及其他国家常用的坐标体系是无法实现自动转换的，因为具体转换公式在我国处于保密状态。因此只能对有准确位置信息的数据进行上述的定义投影，而不同坐标体系的数据之间应用 ArcGIS 自带的【投影转换】工具进行坐标转换，实际上是不可行或者无效的。在这种情况下，只能自定义参数转换（例如常用的七参数），而此类参数按照国家规定，只能由测绘部门提供。因此当数据地理位置信息不准确时，理论上只能由甲方或者政府部门委托测绘部门重新提供数据或者进行坐标转换，规划编制部门不应自行转换。

2.3.8　视图设置和图纸导出

ArcMap 文件保存之后会存储为一个（.mxd）文件，这个文件即为地图文档。其主要功能是保存图层的顺序、样式、格式、地图配置、比例尺、标注等地图整饬信息。

ArcMap 文件打开之后，可以发现有两个视图显示相关的地图内容：一个是数据视图，另一个是布局视图（图 2-64）。

图 2-64　数据视图和布局视图

数据视图会隐藏所有的地图要素，如比例尺、指北针、图例、标注文字等，此视图中只显示一个数据框中的数据，以便对数据进行编辑和分析。因此在进行数据分析时，一般多用数据视图。

布局视图一般用于地图成果导出处理，布局视图中可以对地图要素进行排版，如添加比例尺、指北针、图例、标注文字等。下面讲述布局视图在地图导出过程中的相关操作。

1. 切换布局视图，固定图纸大小

- 点击【布局视图】，切换到布局视图（图 2-65）。

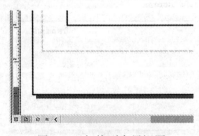

图 2-65　切换到布局视图

- 选择【文件】→【页面打印设置】，点击【文件打印设置】(图 2-66)。

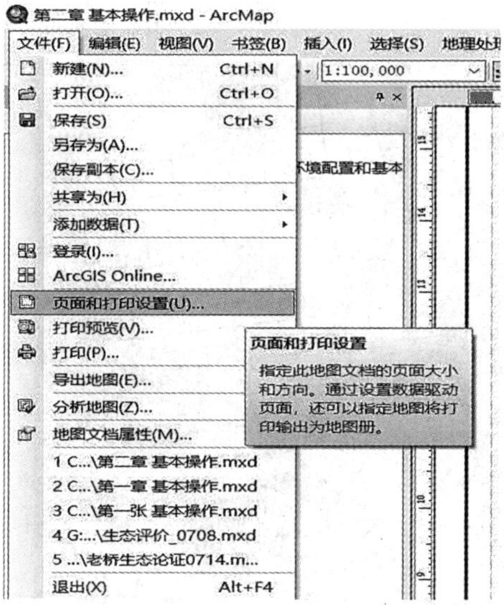

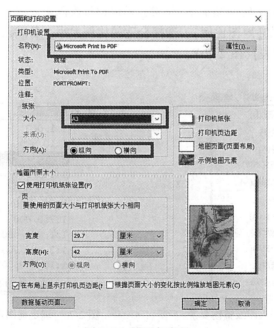

图 2-66 设置页面打印设置

- 在弹出的【打印机设置】对话框中，选择"Microsoft Print to PDF"打印机，在【纸张大小】中选择"A3"，【方向】根据实际需要调整为"纵向"或者"横向"，【地图页面大小】中勾选【使用打印机纸张设置】，勾选【在布局视图上显示打印机页边距】，点击【确定】(图 2-67)。

图 2-67 设置打印机

● 单击【页面布局】中的图纸，将其边框拖动到和上一步调整的边框对齐。后续打印出图即为此页面中可见部分（图 2-68）。

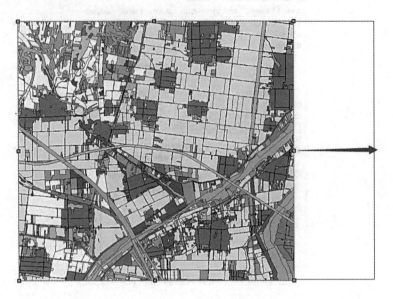

图 2-68　调整出图边界

● 选择菜单栏中的【文件】区域块，点击"导出 Microsoft Emf 与 PDF"，打印机选入同时输出到【图片】【文件】等格式，并保存为所需文件名路径。【图纸】输出框中具有可选用打印地图不只工整。

2. 添加比例尺、指北针、标注等图纸整饰要素

● 选择菜单栏中的【插入】，可以看到"数据框、标题、文本、动态文本、内图轮廓、图例、指北针、比例尺、比例文本"等要素，可以根据实际需要进行添加（图 2-69）。

● 选择菜单栏中的【地图比例】，选择合适的比例大小，若默认大小中没有所需比例，可以点击【自定义此列表】（图 2-70）。

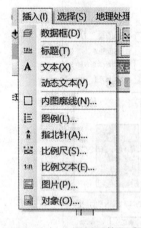

图 2-69　插入图纸整饰要素

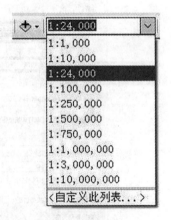

图 2-70　确定地图比例大小

● 在【比例设置】对话框中，输入所需要的比例尺大小，点击【添加】，选中所添加的比例尺，点击【保存】→【确定】（图 2-71）。

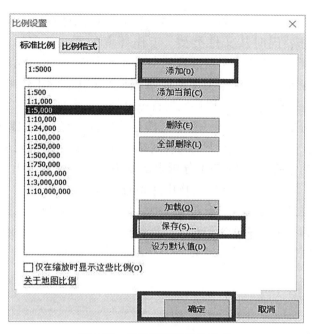

图 2-71　自定义图纸地图比例

● 在弹出的【另存为】对话框中，为当前地图比例设置文件名，选择保存位置（图 2-72），在后期出图时候，统一导入 ArcMap，可以保证图纸输出的一致性。

图 2-72　保存地图比例文件

2.4　小结

本章简要介绍了国土空间规划编制中最常用的地理信息系统软件——ArcGIS 的功能构成、界面工具分布；同时从文件类型、工作环境配置、常用功能三个方面讲述了 ArcGIS 在国土空间规划编制工作中所涉及的一些基本内容。详细介绍 ArcGIS 中三种常用文件类型的构成、特点和使用场景，便于规划从业人员在实际工作中选择合适的文件类型，按规定提交对应规划成果。工作环境配置主要是搭建数据导入、导出平台，使所有在 ArcGIS 中进行处理分析的数据投影一致、文件存储位置固定，以达到提高工作效率的目的。常用功能方面，主要讲述了国土空间规划这一特定背景下的规划从业人员经常使用的命令，这些命令在其他的 ArcGIS 应用分析中涉及不多，但是对国土空间规划非常实用，因此单独进行讲解，以便于解决实际操作中遇到的问题。

本章的内容主要是从国土空间规划编制中的实际工作流程出发，因为篇幅有限，只是有针对性地简要讲解相关操作命令和对应功能按钮，并非全面深入地对所有 ArcGIS 命令一一阐述，其他详细内容请参考 ArcGIS 用户手册和其他文献。

第3章 数据收集与整理

　　根据《自然资源部办公厅关于开展国土空间规划"一张图"建设和现状评估工作的通知》(自然资办发〔2019〕38号)和《自然资源部关于全面开展国土空间规划工作的通知》(自然资发〔2019〕87号)要求,本轮国土空间规划要以"第三次全国国土调查"为基础,整合国土空间规划编制所需的各类空间数据,形成坐标一致、边界吻合、上下贯通的"一张底图",推进政府部门之间的数据共享以及政府与社会之间的信息交互。在此基础上,依托国土空间基础信息平台,整合叠加各级各类国土空间规划成果,实现各类空间管控要素精准落地,形成覆盖全国、动态更新、权威统一的全国国土空间规划"一张图",为统一国土空间用途管制、强化规划实施监督提供法定依据。

　　本轮国土空间规划编制工作中需要收集整理的资料种类多、数量大,如"三调"数据、"管理数据"①、"资源环境承载能力和国土空间开发适宜性评价(简称'双评价')"②数据等。由于源于不同的管理部门,且数据的时限、存储方式不同,导致出现了数据缺失、格式不统一、坐标错位、文本与矢量数据不匹配等一系列问题,给国土空间规划编制工作造成了巨大的困难。并且,当前多数情况下,国土空间规划的编制工作处于边收集资料、边编制、边修改成果的动态过程中,因此国土空间规划数据的收集也是持续渐进的,并没有一个明确完善的数据集规定。本章系统梳理了国土空间规划开始,至本书写作完成时为止国土空间规划所需的各类数据,并对其中的部分数据进行简要介绍。同时,对格式不统一、坐标错位等问题提供相应的解决方案。最后,完成前期数据的整理、建库工作,为下一步工作奠定基础。

---

　　① "管理数据":是指与国土空间相关的原各行政部门在国土空间规划改革之前按照工作职责在各自管理范围之内形成的数据,这类数据主要涉及建设项目用地预审、建设用地预审、城乡规划许可、不动产登记、土地供应、土地整治、占补平衡、探矿权、采矿权、用岛用海审批、自然资源开发利用、生态修复、执法督察等。

　　② 资源环境承载能力和国土空间开发适宜性评价:编制国土空间规划的前提和基础,也是国土空间规划编制过程中系列研究分析的重要组成部分。其目标是:分析区域资源禀赋与环境条件,研判国土空间开发利用问题和风险,识别生态保护极重要区(含生态系统服务功能极重要区和生态极脆弱区),明确农业生产、城镇建设的最大合理规模和适宜空间,为编制国土空间规划,优化国土空间开发保护格局,完善区域主体功能定位,划定三条控制线,实施国土空间生态修复和国土综合整治重大工程提供基础性依据。

3.1 数据收集

3.1.1 数据清单

国土空间规划编制工作应收集包括但不限于以下资料：上位规划类、城乡规划类、土地规划类、生态保护类等相关规划成果，以及"双评价"结果、现状数据和各类管理数据等（表3-1）。其中，图件应采用"2000国家大地坐标系（GCS_China_Geodetic_Coordinate_System_2000）"和"1985国家高程基准（Yellow_Sea_1985）"作为空间定位基础。

表3-1   **基础数据清单**

序号	资料类型		主要内容	数据类型	数据格式	约束条件	备注
1	规划数据	上位规划数据	国土空间总体规划	文本/图件	多种格式	C	
			主体功能区规划	文本/图件	多种格式	C	
			其他上位规划	文本/图件	多种格式	C	
		城乡规划数据	城市发展战略规划	文本/图件	多种格式	C	
			城市(乡)总体规划	文本/图件/矢量文件	多种格式	M	
			分区规划	文本/图件/矢量文件	多种格式	C	
			控制性详细规划	文本/图件/矢量文件	多种格式	C	
			功能区(高新区、开发区等)规划	文本/图件/矢量文件	多种格式	C	
			综合交通专项规划	文本/图件/矢量文件	多种格式	M	
			其他各类专项规划	文本/图件/矢量文件	多种格式	C	
		土地规划数据	土地利用总体规划	文本/图件/矢量文件	多种格式	M	
			地质灾害防治规划	文本/图件/矢量文件	多种格式	M	
			土地整治规划	文本/图件/矢量文件	多种格式	M	
			矿产资源规划	文本/图件/矢量文件	多种格式	M	
			耕地质量等别年度更新评价	矢量文件	shp	M	
			2017年永久基本农田划定成果	矢量文件	shp	M	

序号	资料类型		主要内容	数据类型	数据格式	约束条件	备注
2	现状数据	现状文本数据	第七次人口普查	文本	文本	M	包括近10年内历年 GDP、财政收入、三产总产值、居民可支配收入等社会、经济、产业发展数据等
			国民经济和社会发展统计公报	文本	Excel、Word 文件格式或 pdf	M	
			历年统计年鉴	文本	文本	M	
			国民经济和社会发展第十三个五年规划纲要实施中期评估报告	文本	文本	M	
			公安局人口报表	文本	Excel、Word 文件格式或 pdf	C	
			国民经济和社会发展第十四个五年规划和二〇三五年远景目标纲要	文本	文本	C	
			十四五规划重大工程项目	文本	Excel、Word 文件格式或 pdf	C	包括重大项目的立项批文、项目类型、性质、规模、建设年限和是否已建成
			卫生健康局近十年人口出生情况一览表	文本	文本	C	
			水资源公报	文本	Excel、Word 文件格式或 pdf	C	
			水利建设规划报告	文本	Excel、Word 文件格式或 pdf	C	
			水文图集	文本	Excel、Word 文件格式，jpg 或 pdf	C	
			水资源综合规划（2010—2030年）	文本	Excel、Word 文件格式，jpg 或 pdf	C	
		遥感影像	影像图	栅格文件	tiff	M	

序号	资料类型		主要内容	数据类型	数据格式	约束条件	备注
2	现状数据	"二调"数据	"二调"数据	矢量文件	gdb	M	
		"三调"数据	"三调"数据	矢量文件	gdb	M	2021年3月国家统一时点下发数据
		其他现状数据	城市蓝线	矢量文件	shp	C	
			城市绿线	矢量文件	shp	C	
			城市紫线	矢量文件	shp	C	
			城市黄线	矢量文件	shp	C	
			重要产业园区	矢量文件	shp	C	
			重要矿产保护区	矢量文件	shp	C	
			城乡低效用地	矢量文件	shp	C	
			区域基础设施	矢量文件	shp	C	
			线性设施	矢量文件	shp	C	
			年度变更调查数据	矢量文件	shp	C	
			重大建设项目	矢量文件	shp	C	
		重大建设项目批复文件	重大建设项目批复文件	文本文件	pdf	C	
3	生态保护数据		生态保护红线	矢量文件	shp	M	上一轮生态红线成果
			项目认定数据(调入、调出)	矢量文件	shp	C	
			饮用水水源地	矢量文件	shp	C	
			重要湿地	矢量文件	shp	C	
			河湖岸线	矢量文件	shp	C	
4	水资源及国土安全风险类数据		地质灾害风险区	矢量文件	shp	C	
			洪涝风险控制线	矢量文件	shp	C	
			地下采空区	矢量文件	shp	C	
			蓄滞洪区	矢量文件	shp	C	
5	"双评价"数据		"双评价"集成评价结果	矢量文件	gdb	M	
			"双评价"单项评价结果	矢量文件	gdb	M	
			"双评价"综合评价结果	矢量文件	gdb	M	包括"城镇潜力空间"、"农业底线"、"生态底线"

续表

序号	资料类型		主要内容	数据类型	数据格式	约束条件	备注
6	土地管理数据	增减挂钩数据	增减挂钩建新区	矢量文件	shp	C	
			增减挂钩拆旧区				
		其他土地管理数据	批次用地	矢量文件	shp	C	
			供地数据	矢量文件	shp	C	
			征地数据	矢量文件	shp	C	
			不动产数据	矢量文件	shp	C	
			未审批已建设的用地(违法建设)数据	矢量文件	shp	C	
			低效用地再开发数据	矢量文件	shp	C	
			原拆原建数据	矢量文件	shp	C	
			矿山关闭再利用数据	矢量文件	shp	C	

约束条件：约束条件取值分别为 M(必选)、C(条件必选)、O(可选)，其中条件"必选"为数据内容存在则必选。

3.1.2　数据介绍

1."三调"数据

在此轮国土空间规划编制工作中，"三调"数据由国家下发，包含了最基础也是最重要的数据。本节将以某地区"三调"数据为例，介绍"三调"数据的数据结构(图 3-1、表 3-2)。

"三调"数据包括多个图层，其中国土空间规划编制中常用的图层有如下 4 种。

(1)DLTB(地类图斑)：记录了行政区内各类土地权属单位、图斑名称、城镇村属性、种植属性等一系列基础信息。

(2)GDDB(耕地等别)：记录了耕地的质量等级。

(3)PDT(坡度图)：记录了土地坡度(主要用于筛选"不稳定耕地"[①])。

(4)XZQ(行政区)：记录了行政区的范围。

图 3-1　"三调"数据结构

---

①　不稳定耕地：根据自然资源部国土空间规划局、自然资源部耕地保护监督司《关于加快推进永久基本农田核实整改补足和城镇开发边界划定工作的函》(自然资源空间规划函〔2021〕121 号)(简称"121 号文")说明，不稳定耕地包括 25 度以上耕地、污染耕地、河道耕地、湖区耕地、林区耕地、牧区耕地、沙荒耕地、石漠化耕地、盐碱耕地等。

2. DLTB 图层

DLTB 图层记录了国土空间规划编制工作中需要的众多信息，是"三调"数据中最为重要的一部分。DLTB 图层的属性结构及其符号系统如表 3-3 所示。

表 3-2 　　　　　　　　　　　"三调"数据结构表

序号	图层名称	图层别名	序号	图层名称	图层别名	序号	图层名称	图层别名
1	CCWJQ	拆除未尽区	13	GFBQ	光伏板区	25	STBHHX	生态保护红线
2	CJDCQ	村级调查区	14	GJGY	国家公园	26	TTQ	推土区
3	CJDCQJX	村级调查区界限	15	JZKZD	数字正射影像图纠正控制点	27	WJMHD	无居民海岛
4	CLKZD	测量控制点	16	KFYQ	开发园区	28	XZQ	行政区
5	CSKFBJ	城市开发边界	17	LMFW	路面范围	29	XZQJX	行政区界限
6	CZCDYD	城镇村等用地	18	LSYD	临时用地	30	YJJBNTTB	永久基本农田图斑
7	DGX	等高线	19	PDT	坡度图	31	YYSSYD	饮用水水源地
8	DLTB	地类图斑	20	PZWJSTD	批准未建设土地	32	ZRBHQ	自然保护区
9	DZGY	地质公园	21	QTJZKFQ	其他类型禁止开发区	33	ZRYCBHQ	世界自然遗产保护区
10	FJMSQ	风景名胜区	22	SCZZBHQ	水产种植资源保护区	34	ZYXMYD	重要项目用地
11	GCZJD	高程注记点	23	SDGY	湿地公园			
12	GDDB	耕地等别	24	SLGY	森林公园			

其中常用的字段有以下 14 种。

（1）标识码：对某一要素个体进行唯一标识的代码，此处指对地类图斑进行唯一标识的代码。

（2）要素代码：对某一图层要素进行唯一标识的代码。

（3）地类名称：《第三次全国土地调查技术规程（试行）》（2018 年 3 月）（见附录 A）中的土地地类（最末级分类）。

（4）权属性质：土地权属性质（国有土地所有权、集体土地所有权等）。

（5）权属单位名称：地类图斑实际权属的单位名称。

（6）坐落单位名称：地类图斑实际坐落的单位名称。

（7）图斑面积：经过核定的地类图斑多边形边界内部所有地类的面积。

（8）扣除地类面积：（扣除地类面积=图斑面积×扣除地类系数）。

表 3-3 　　　　　　　　　　**地类图斑属性结构描述表（属性表名：DLTB）**

序号	字段名称	字段代码	序号	字段名称	字段代码	序号	字段名称	字段代码
1	标识码	BSM	11	坐落单位名称	ZLDWMC	21	图斑细化名称	TBXHMC
2	要素代码	YSDM	12	图斑面积	TBMJ	22	种植属性代码	ZZSXDM
3	图斑预编号	TBYBH	13	扣除地类编码	KCDLBM	23	种植属性名称	ZZSXMC
4	图斑编号	TBBH	14	扣除地类系数	KCXS	24	耕地等别	GDDB
5	地类编码	DLBM	15	扣除地类面积	KCMJ	25	飞入地标识	FRDBS
6	地类名称	DLMC	16	图斑地类面积	TBDLMJ	26	城镇村属性码	CZCSXM
7	权属性质	QSXZ	17	耕地类型	GDLX	27	数据年份	SJNF
8	权属单位代码	QSDWDM	18	耕地坡度级别	GDPDJB	28	描述说明	MSSM
9	权属单位名称	QSDWMC	19	线状地物宽度	XZDWKD	29	海岛名称	HDMC
10	坐落单位代码	ZLDWDM	20	图斑细化代码	TBXHDM	30	备注	BZ

（9）图斑地类面积：扣除线状地物、田坎、零星地物等面积后的图斑面积（图斑地类面积＝图斑面积－扣除地类面积）。

（10）耕地类型：当图斑为坡地耕地时，耕地类型填写"PD"；图斑为梯田耕地时，耕地类型填写"TT"。

（11）耕地坡度级别：用于标识耕地坡度（表 3-4）。

表 3-4 　　　　　　　　　　　　　　**坡度级别代码表**

代码	坡度级别
1	≤2°
2	(2°~6°]
3	(6°~15°]
4	(15°~25°]
5	>25°

（12）种植属性名称：用于标识实际种植情况（表 3-5）。其中，即可恢复是指地表土质层或种植系统未被破坏，去除地表物即可进行耕作的地类；工程恢复是指耕地地表土质层或种植系统相关被破坏严重，无法即时恢复的地类。

表 3-5   种植属性代码表

代码	实际种植情况
LS	种植粮食作物
FLS	种植非粮食作物
LYFL	粮与非粮轮作
WG	未耕种
XG	休耕
LLJZ	林粮间作
JKHF	即可恢复
GCHF	工程恢复

（13）耕地等别：根据《农用地质量分等规程》（GB/T 28407—2012），耕地被评定为 15 个等别，耕地按照 1 至 4 等、5 至 8 等、9 至 12 等、13 至 15 等划分为优等地、高等地、中等地和低等地。

（14）城镇村属性码：用于标识城镇村属性（表 3-6）。

表 3-6   城镇村属性码对照表

城镇村属性码	地类情况
201	城市
201A	城市独立工业用地
202	建制镇
202A	建制镇独立工业用地
203	村庄
203A	村庄独立工业用地
204	采矿用地
205	特殊用地

3. 线性基础设施和重大项目

线性基础设施包括确保运输部门持续运营的铁路和公路网络、能源管道、引水工程等。它是一切企业、单位和居民生产经营工作和生活的共同物质基础，是城市主体设施正常运行的保证。

重大项目是指对国民经济和社会发展影响巨大，投资额巨大，且需经过多个部门研究才能决定实施的工程建设项目。可分为国家级重大项目、省级重大项目、市级重大项目和县级重大项目。

线性基础设施及重大项目数据均需向相关部门收集资料并自行整理入库，但并无相关数据库要求。2021 年 8 月，部分地区下发了《线性基础设施属性结构描述表》及《重大项目属性结构描述表》（两表中属性结构相同）（表 3-7），本书将参考此表对线性基础设施及重大项目数据进行梳理。

表 3-7　　　　　　　　　　　线性基础设施及重大项目的属性结构描述表

序号	字段名称	字段代码	序号	字段名称	字段代码
1	行政区代码	XZQDM	9	拟建设年限	NJSNX
2	行政区名称	XZQMC	10	总用地规模	ZYDGM
3	项目序号	XMXH	11	占稳定耕地面积	ZWDGDMJ
4	项目名称	XMMC	12	原永农内稳定耕地	YYNNWDGD
5	项目级别	XMJB	13	原永农外稳定耕地	YYNWWDGD
6	项目类型	XMLX	14	是否明确选址	SFMQXZ
7	批准文号	PZWH	15	备注	BZ
8	项目依据	XMYJ			

其中部分字段释义如下。

（1）项目名称：指某一工程项目所规定的正式名称，一般使用整体项目的总称，也可以包括型号及自定义词汇（以项目的所在地、性质或者公司名作为开头，加上乙方所实现的主要业务或者功能作为自定义词汇）。

（2）项目级别：一般分为国家级、省级、市级、县级。

（3）项目类型：分为交通、能源、水利、军事国防、乡村振兴、民生工程等几类。

4. 举证材料

举证材料是指在对"三调"地类图斑进行属性更改、图斑删减或增加时提供的纸质版或者电子版红头文件，如批供地数据在进行地类认定时，需要更改原"三调"地类属性，此时便需要提供批地对应的审批文号以及供地对应的出让合同编号或电子监管号等进行更改佐证。

（1）以行政区为基础的市级国土空间总体规划中批次用地数据审批文号的命名规则一般如图 3-2 所示。

命名规则说明：

①地区简称采用四字命名，代指行政区政府部门印发的土地审批文件，如"鲁政土字"等；

②年代时间采用 4 位数字码；

图 3-2　审批文号命名规则

③序列号一般采用 1~4 位数字码。如山东省批复的某批地文件的审批文号为"鲁政土字〔2019〕863 号"（图 3-3）。

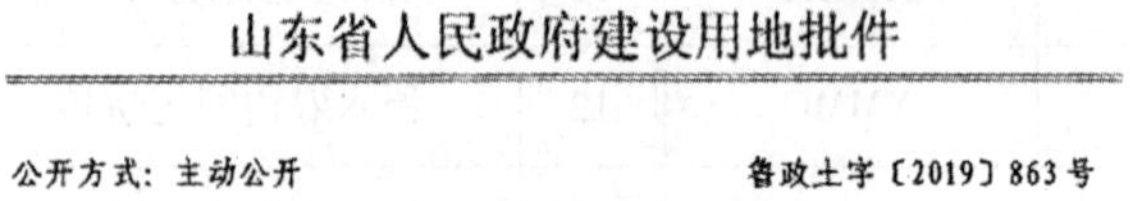

山东省人民政府建设用地批件

公开方式：主动公开　　　　　　　　鲁政土字〔2019〕863 号

图 3-3　山东省某建设用地审批文件

（2）以行政区为基础的市级国土空间总体规划中供地合同电子监管号的命名规则如图 3-4 所示。

图 3-4　电子监管号命名规则

命名规则说明：

①县（市）行政区代码采用 6 位数字型代码，按《中华人民共和国行政区划代码》（GB/T 2260—2007）标准查取；

②年代时间采用 4 位数字码；

③序列号一般采用 6 位数字码。如山东省某地块供地合同的电子监管号为"3707042012B00199"（图 3-5）。

电子监管号：3707042012B00199

图 3-5　山东省某地块供地合同电子监管号

3.2 数据整理及入库

国土空间规划编制所涉及的基础资料庞杂多样,比如各类规划文件就包括说明书、文本、图集等文件;土地管理数据包含批次用地、供地、不动产、增减挂钩数据等,其文件格式也是多样,包括(.shp)、(.dwg)等;另外,还有历年土地变更数据,包括文件地理数据库格式的图斑和(.xlsx)、(.xls)等电子表格数据等。针对这些数据多源、格式各异的文件,为便于后期使用,需要进行统一整理,这既包括利用 ArcGIS 平台将数据文件转存至文件地理数据库或者个人地理数据库中,也包括将暂时用不上的文件储存至相应的文件夹中。

为便于操作演示,本书中每一章将会默认建立该章的文件地理数据库,用于存放该章的演示数据(过程数据),如"第三章数据收集与整理.gdb";而最终的成果数据则会放置于相应的文件夹中,如"数据收集与整理"(图 3-6)。另外,本书在后续的章节中进行具体操作前所给出的数据列表,均默认将表中所有数据加载至 ArcGIS 中的【内容列表】面板。

图 3-6 本书数据存储结构

本书按数据类别对数据进行了整理与存放(图 3-7),仅供读者参考。

3.2.1 坐标系的统一

《国土空间规划"一张图"建设指南(试行)》(自然资源部 2019 年 7 月)中指出,进行"一张底图"的建设,需采用国家统一的测绘基准和测绘系统,即统一采用"2000 国家大地坐标系"和"1985 国家高程基准"作为空间基础。其中,"2000 国家大地坐标系"为水平坐标系,用于定位地球表面的数据;"1985 国家高程基准"为垂直坐标系,用于定位数据的相对高度或深度。水平坐标系主要分为地理坐标系、投影坐标系等。其中,地理坐标系是用经线(子午线)、纬线、经度、纬度表示地面点位的球面坐标系;投影坐标系则是将地理坐标系这种曲面坐标系以某种规则投影至平面上形成的平面坐标系,以便于计算面积等指标①(图 3-8)。

---

① 由于篇幅限制,此处仅对地理坐标系及投影坐标系进行简单的解释,详细内容请参见:

1. 什么是地理坐标系? https://desktop.arcgis.com/zh-cn/arcmap/latest/map/projections/about-geographic-coordinate-systems.htm.

2. 什么是投影坐标系? https://desktop.arcgis.com/zh-cn/arcmap/latest/map/projections/about-projected-coordinate-systems.htm.

图 3-7 数据收集与整理成果

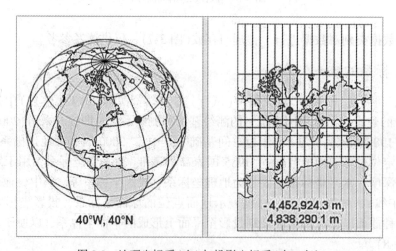

图 3-8 地理坐标系(左)与投影坐标系(右)对比

(图片来源：https：//pro. arcgis. com/zh-cn/pro-app/2. 7/help/mapping/properties/coordinate-systems-and-projections. htm)

实际工作中，GCS_Beijing_1954(Krasovsky_1940)、GCS_Xian_1980(IAG_75)、GCS_WGS_1984(WGS_1984)、GCS_CN_2000(CN_2000)等均是我国国土空间规划改革之前常

用的地理坐标系。因此,均需要将收集到的不同坐标系数据转换为 GCS_CN_2000(即 2000 国家大地坐标系)。而投影坐标系则是以地理坐标系为基准生成的,且我国基本比例尺地形图(1∶100 万、1∶50 万、1∶25 万、1∶10 万、1∶5 万、1∶2.5 万、1∶1 万、1∶5000)除 1∶100万以外,均采用高斯-克吕格(Gauss-Kruger)投影(横轴等角切圆柱投影)为地理基础。其通常以"地理坐标系名称+投影参数"方式命名,如:"Beijing_1954_3_Degree_GK_Zone_37"(北京 1954 坐标系、3 度带、高斯-克吕格投影、带号 37)、"CGCS2000_3_Degree_GK_Zone_33"(2000 国家大地坐标系、3 度带、高斯-克吕格投影、带号 33)等。对于不同地区而言,其"投影参数"也会有差异,因此在转换时需要依据实际情况对投影坐标系进行选择(具体坐标系均以"三调"数据所使用的坐标系为准)。

2018 年 12 月,第三次全国国土调查领导小组办公室发布了《2000 国家大地坐标系坐标转换软件操作手册》,详尽地描述了坐标转换软件的操作方法。该软件支持 DLG 坐标转换、DEM 坐标转换、栅格坐标转换、文本坐标转换等多种形式的坐标转换。其软件的使用方法介绍详尽,本书在此不再赘述。若仍存在信息不足、信息不准确、格式不符合软件要求的情况,导致无法进行坐标转换工作,则建议向数据来源部门进行反馈。

本书后续的工作均默认坐标系已转换完成。

3.2.2 矢量文件整理

矢量文件的形式多种多样,一般地,国土空间规划涉及的矢量文件包括(.shp)、(.gdb)、(.mdb)和(.dwg),其中前三个是 ArcGIS 中的矢量文件,(.dwg)是 AutoCAD 中的矢量文件。

本节对于矢量文件的整理分为两部分:一是针对 ArcGIS 中的矢量文件的整理,这一类数据整理过程较为简单,可以直接通过"另存为"的方式将数据存入文件地理数据库中;另一部分是针对 AutoCAD 中的矢量文件的整理。出于对坐标一致性的考虑,首先需要明确(.dwg)文件的水平坐标系是否为 2000 国家大地坐标系,如果是 2000 国家大地坐标系,则接下来要消除(.dwg)文件自带的垂直坐标系,然后将(.dwg)的线文件通过 ArcGIS 转为可存储为文件地理数据库的面文件;如果不是 2000 国家大地坐标系,可联系甲方的地理信息中心进行修改。

1.(.shp)文件导入文件地理数据库

由于(.shp)文件是 ArcGIS 的矢量文件,所以可以直接导入文件地理数据库,具体操作如下:

(1)将(.shp)文件加载至 ArcGIS 内容列表面板①。

● 点击工具栏中【添加数据 】按钮,打开【添加数据】对话框,选择"shp 文件导入演示数据.shp",点击【添加】(图 3-9)。

(2)将(.shp)文件导入文件地理数据库。

---

① 此后不再赘述如何将数据加载至【内容列表】面板,后续章节中默认数据准备清单中的数据已加载至【内容列表】面板。

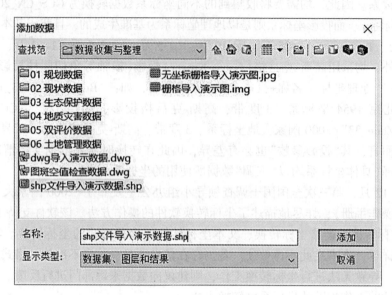

图 3-9   添加 shp 格式数据

● 右键单击【内容列表】面板中的【shp 文件导入演示数据】，在弹出菜单中选择【数据】→【导出数据】(图 3-10)，打开【导出数据】对话框。

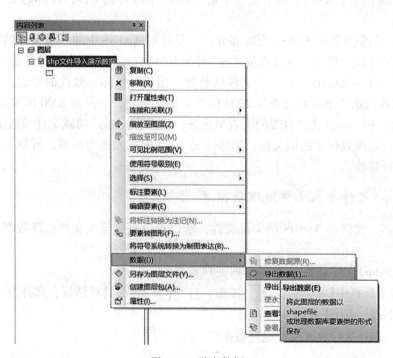

图 3-10   导出数据

• 点击【浏览 📁】按钮，打开【保存数据】对话框，修改【保存类型】为"文件和个人地理数据库要素类"；修改【名称】为"shp 文件导入完成"；修改数据保存位置为"第三章数据收集与整理 \ 第三章数据收集与整理 . gdb"①，点击【保存】（图 3-11），点击【确定】。

图 3-11 存储为文件地理数据库

• 当窗口弹出【是否要将导出的数据添加到地图图层中?】时，点击【是】按钮，即可将导出的数据添加到该地图文档中。

至此，将以（. shp）文件格式储存的数据转换为文件地理数据库的工作均已完成。

2.（. dwg）文件导入文件地理数据库

（. dwg）文件包含五种要素，分别是 Annotation（注记）、Point（点要素）、Polyline（线要素）、Polygon（面要素）以及 MultiPatch（多面体）。在国土空间规划工作中，数据的叠加分析等操作主要是以面要素的形式完成的，因此，应选用（. dwg）文件中的 Polygon（面要素）导入 ArcGIS，以便于后续操作。但是，由于（. dwg）文件的图层数量多、类型复杂，所以导入后还应首先对其进行筛选；然后检查筛选后的图斑是否存在缺失、冗余或空间错位等情况；最后确认无误后方可将最终成果存入文件地理数据库。具体操作如下。

（1）将（. dwg）文件转出至文件地理数据库。

• 右键单击【目录】面板中"dwg 导入演示数据 . dwg"的【Polygon】，选择【导出】→【转出至地理数据库（单个）】（图 3-12），打开【要素类至要素类】对话框。

---

① 导出位置：本书中所有未规定导出位置的数据，默认导出至该章节的文件地理数据库中，读者可根据自己的需求将数据导出至合理的位置。

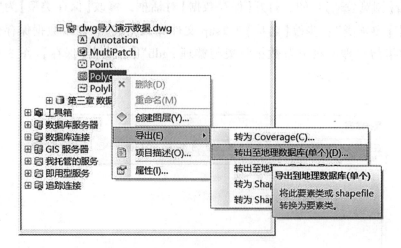

图 3-12　(. dwg)文件转出至地理数据库

- 在【输出要素类】处键入"dwg 导入地理数据库"(图 3-13)。

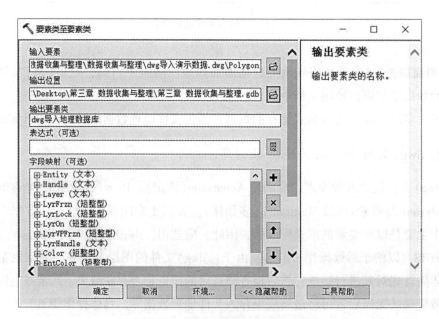

图 3-13　(. dwg)文件转为地理数据库

- 点击【输出位置】处【浏览 】按钮,打开【输出位置】对话框,修改数据保存位置为"第三章数据收集与整理",修改【显示类型】为【地理数据库】,单击"第三章数据收集与整理. gdb"完成【名称】填写,点击【添加】(图 3-14),点击【确定】。

(2)筛选图斑。

打开(. dwg)文件的属性表,可以看到"Layer"字段中包含"DGX(等高线)""GCD(高

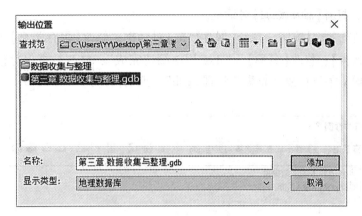

图 3-14　输出位置选择

程点)""JZD(界址点)""TK(图廓)"等信息。其中,"JZD"代表界址点,指宗地权属界线的转折点,是宗地权属界线的重要标志,其连线构成地界线,即用地红线。因此,应筛选出"Layer"字段中的所有"JZD"图斑,以确认地块用地范围。具体操作如下:

- 打开【dwg 导入地理数据库】属性表,筛选出"Layer"等于"JZD"的图斑(图 3-15),点击【应用】。

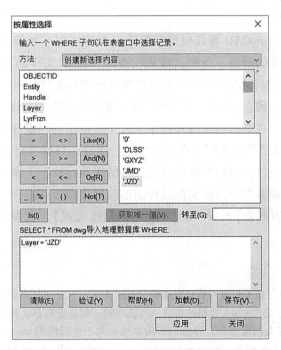

图 3-15　筛选地块图斑

筛选条件:Layer = 'JZD'。

- 右键单击【内容列表】面板中的【dwg 导入地理数据库】,在弹出菜单中选择【数据】

→【导出数据】,打开【导出数据】对话框。

● 点击【浏览 □ 】按钮,打开【保存数据】对话框,修改【保存类型】为【文件和个人地理数据库要素类】;修改【名称】为"dwg 用地筛选完成";修改数据保存位置为"第三章数据收集与整理 \ 第三章数据收集与整理 . gdb";点击【保存】(图 3-16)。

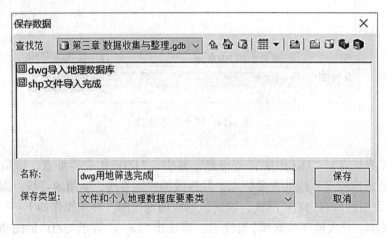

图 3-16　要素导出

(3)图斑检查。

将(. dwg)文件由 AutoCAD 等其他数据源导入 ArcGIS 时,可能会出现导入的数据与其他数据存在错位、偏移的情况。此时,应先检查原(. dwg)文件的坐标系是否正确。若不正确,则应按"3. 2. 1 坐标系的统一"中相关内容进行坐标系的转换,或联系数据来源部门进行处理。若坐标系正确,但仍出现图斑错位、偏移等情况,则应运用"空间校正"[①]工具,通过捕捉一组对应点坐标创建位移链接来校正矢量图形的地理坐标。

一般地,应在源文件[②]上找到多个控制点[③],然后在目标文件[④]上找到这些控制点的对应点,以创建位移链接,最后根据创建的位移链接执行校正工作(图 3-17)。

本次操作以卫星影像作为目标文件进行演示,具体操作如下。

● 右键单击【内容列表】面板中的【dwg 用地筛选完成】,在弹出菜单中选择【编辑要素】→【开始编辑】。

---

① 空间校正:提供了用于对齐和整合数据的交互式方法,可校正所有可编辑的数据源。它通常用于已从其他源(例如 CAD 绘图)导入数据的场合。可执行的一些任务包括:将数据从一个坐标系中转换到另一个坐标系中、纠正几何变形等。详细内容请参见:关于空间校正 https://desktop. arcgis. com/zh-cn/arcmap/latest/manage-data/editing-existing-features/about--spatial- adjustment. htm.

② 源文件:指需要进行空间校正的文件。

③ 控制点:即定位点,用于辅助控制图形移动方向、距离而选取的基准点。

④ 目标文件:指进行空间校正时使用的空间位置正确的参考文件。在本轮国土空间规划中,目标文件一般可以为"三调"数据中的 DLTB 图层、卫星影像等。

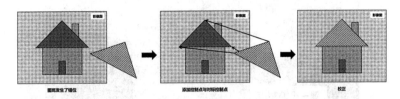

图 3-17　空间校正操作示意图

• 在菜单栏中依次点击【自定义】→【工具条】→【空间校正】，打开【空间校正】工具条(图 3-18)。

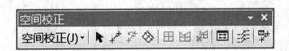

图 3-18　空间校正工具条

• 点击【空间校正】→【校正方法】，选择【变换－仿射】。
• 点击【空间校正】→【设置校正数据】，打开【选择要校正的输入】对话框，勾选【以下图层中的所有要素】→【dwg 用地筛选完成】，点击【确定】(图 3-19)。

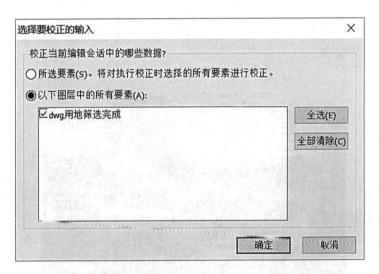

图 3-19　设置校正数据

• 点击【空间校正】中的【新建位移链接工具 ✐】按钮，在【dwg 用地筛选完成】图层上找到第一个控制点并单击，接着，在影像图上找到对标第一个控制点并单击，建立第一组位移链接(图 3-20)。

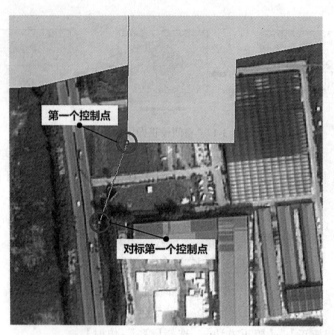

图 3-20　第一个控制点与对标第一个控制点确定

- 同理，完成至少其他三个控制点的链接工作(图 3-21)。

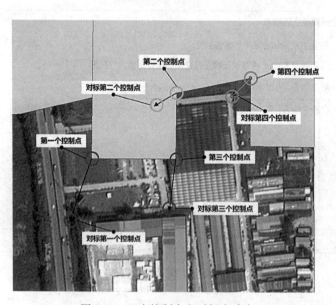

图 3-21　四个控制点和对标点确定

- 下拉【空间校正】选项框，点击【校正】。
- 再次查看图斑空间位置是否准确，若不准确，可再次进行"空间校正"操作；若准确，则校正结束。

• 校正完成后，点击【编辑器】→【停止编辑】，打开【保存】对话框，提示【是否要保存编辑内容?】，点击【是】。

(4)保存数据。

• 右键单击【内容列表】面板中的【dwg用地筛选完成】，在弹出菜单中选择【数据】→【导出数据】，打开【导出数据】对话框。

• 点击【浏览 🗁 】按钮，打开【保存数据】对话框，修改【保存类型】为【文件和个人地理数据库要素类】；修改【名称】为"dwg导入完成"；修改数据保存位置为"第三章数据收集与整理\第三章数据收集与整理.gdb"，点击【保存】(图3-22)。

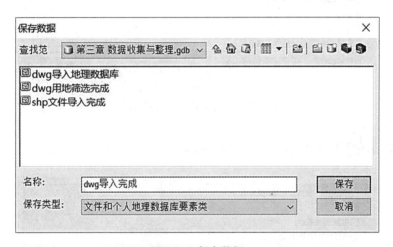

图 3-22 保存数据

至此，将以(.dwg)文件格式储存的数据转换为文件地理数据库的工作均已完成。

3.2.3　栅格数据整理(tiff、jpg、png)

栅格数据的整理总体分为两个部分：第一部分是处理包含准确坐标信息的栅格数据，如 DEM 图、卫星影像图、道路网图等；第二部分是处理坐标信息不准确或者不带有坐标系的栅格数据，如城市总体规划图件等。

1. 包含准确坐标信息的栅格数据

此类栅格数据可直接导入 ArcGIS 中，具体操作如下。

(1)导入栅格数据。

• 点击【添加数据 ◆ 】按钮，选择"第三章数据收集与整理\数据收集与整理\栅格导入演示图.img"(图3-23)。

(2)导出栅格数据。

• 右键单击【内容列表】面板中的【栅格导入文件地理数据库】，在弹出菜单中选择【数据】→【导出数据】，打开【导出栅格数据】对话框。

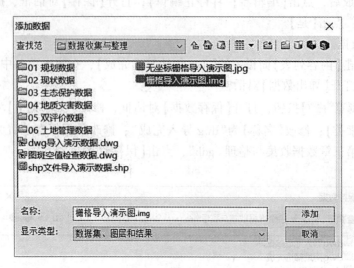

图 3-23　加载栅格导入演示图

- 修改【名称】为"栅格导入完成"（图 3-24）。

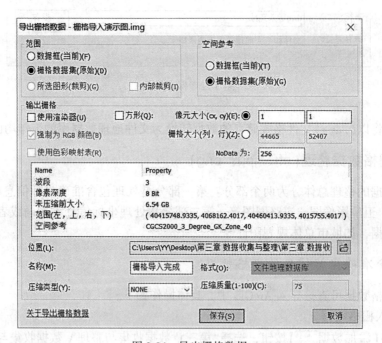

图 3-24　导出栅格数据

- 点击【位置】处的【浏览 📁】按钮，打开【选择工作空间】对话框，修改数据保存位置为"第三章数据收集与整理"，点击【第三章数据收集与整理 . gdb】，【名称】自动键入"第三章数据收集与整理 . gdb"，点击【添加】（图 3-25），点击【保存】。

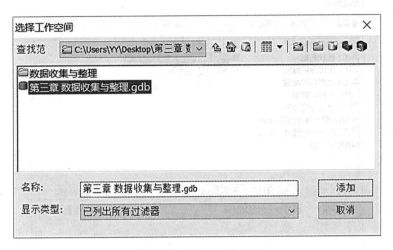

图 3-25　修改存储位置

- 注意：当栅格数据较大时，系统会提示【是否创建金字塔】。创建金字塔会对栅格数据进行压缩，提升数据处理效率，且不会改变其属性及清晰度，因此选择【是】即可。

2. 不包含准确坐标信息的栅格数据

经核对和审批的总体规划、详细规划和相关专项规划成果等均能够作为本轮国土空间规划参考的基础和依据。这些规划成果一般以图件的形式存在，通常需要数字化扫描，但扫描后的数字图件通常不包含空间参考信息，因此需运用"地理配准"[①]工具将这些数据对齐或配准到正确的坐标系，才能将这些栅格数据集与其他空间数据结合使用。与"空间校正"工具类似，"地理配准"工具可通过捕捉两幅图像的对应像元来校准栅格数据。

本次操作以"不包含坐标系的栅格数据"作为源文件，以"三调"数据中的"DLTB"图层作为目标文件进行演示，具体操作如下。

（1）导入数据。

- 点击【添加数据 ◆▾】按钮，选择"第三章数据收集与整理\数据收集与整理\不包含坐标系的栅格演示数据.jpg"（图 3-26）。
- 同样地，将"三调""DLTB"图层加载至【内容列表】面板。

（2）地理配准。

- 在菜单栏中依次点击【自定义】→【工具条】→【地理配准】，打开【地理配准】工具条（图 3-27）。

---

① 地理配准：指使用地图坐标为底图要素指定空间位置。详细内容请参见：地理配准栅格数据集的基础知识 https：//desktop. arcgis. com/zh-cn/arcmap/10. 3/manage-data/raster-and-images/fundamentals-for-georeferencing-a-raster-dataset. htm。

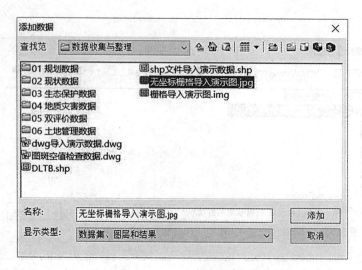

图 3-26 加载"不包含坐标系的栅格演示数据"

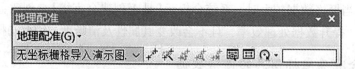

图 3-27 调出地理配准工具

• 点击【地理配准】按钮，取消【自动校正】；在【地理配准】工具条中选择【不包含坐标系的栅格演示数据】作为操作目标(图 3-28)。

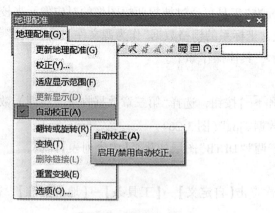

图 3-28 取消自动校正

• 点击【地理配准】中的【添加控制点 ✐ 】按钮，在"不包含坐标系的栅格演示数据"图层上找到第一个控制点并单击，接着在"DLTB"图层上找到对标第一个控制点并单击，建立第一组配准链接(图 3-29)。

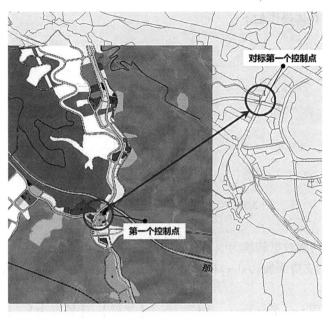

图 3-29　建立第一组控制点配准链接

- 同样地，完成其他控制点的连接工作。
- 下拉【地理配准】选项框，点击【校正】。
- 再次查看图斑空间位置是否准确，若不准确，可再次进行"地理配准"操作；若准确，则校正结束。

（3）导出栅格数据。

此步骤与"1. 包含准确坐标信息的栅格数据"中的步骤（2）相同，在此不再赘述。

至此，将栅格文件数据转换为文件地理数据库的工作均已完成。

3.2.4　文本数据整理

在数据整理过程中，工作量最大的便是文本数据。文本数据主要包含坐标数据、表格数据、文本数据等类型，其整理方式如下。

1. 文本坐标数据

在进行国土空间规划工作时，会收到以文本形式储存的地块信息，多以（.xlsx）、或（.txt）格式储存。对于此类情形，则需要将其转换成矢量文件，并导入文件地理数据库。

1）（.xlsx）格式坐标数据

（.xlsx）格式坐标数据往往是以经纬度的形式出现，多为点坐标，其中包含坐标及其他相关信息（一般为 POI① 数据）（图 3-30）。本次以某地区 POI 数据为例，将其转换为

---

① POI 是"Polnt of Information"（信息点）的缩写，亦可以指"Point of Interest"（兴趣点），每个 POI 包含 4 个方面的信息：名称、类别、坐标、分类，可以用于辅助判别地类。

(.shp)格式文件，具体操作如下。

x	y
114.2794537	30.60998243
114.1347254	30.62551351
114.2230173	30.56178143
114.3002488	30.60254761
114.299053	30.60702616
114.2499842	30.63232721
114.3901017	30.5071555
114.282353	30.58540208
114.252256	30.59035568
114.3071615	30.55177795

图 3-30　(.xlsx)格式坐标数据(部分截图)

(1)将(.xlsx)格式数据转换为"(.csv)"[①]格式数据。

由于 ArcGIS 不支持添加(.xlsx)格式数据，所以我们应先将其转换为(.csv)格式数据，再将其导入 ArcGIS。

• 打开"演示用 xlsx 坐标数据.xlsx"，点击【文件】→【另存为】，打开【另存为】对话框。修改【保存类型】为"CSV"，点击【保存】，得到"演示用 xlsx 坐标数据.csv"文件。

(2)添加 XY 数据。

• 单击菜单栏上的【文件】选项卡，依次选择【添加数据】→【添加 XY 数据】，打开【添加 XY 数据】对话框(图 3-31)。

图 3-31　打开【添加 XY 数据】对话框

• 点击【浏览 📂】按钮，打开"演示用 xlsx 坐标数据.csv"，将【X 字段】修改为"x"

---

① .csv，即逗号分隔值(Comma-Separated Values)，其文件以纯文本形式存储表格数据(数字和文本)，这种文件格式经常作为不同程序之间的数据交互的格式。

（经度），将"Y 字段"修改为"y"（纬度），并设置坐标系与"三调"数据相同。点击【确定】（图 3-32），即可将(.xlsx)格式文件转换为(.shp)格式文件(图 3-33)。

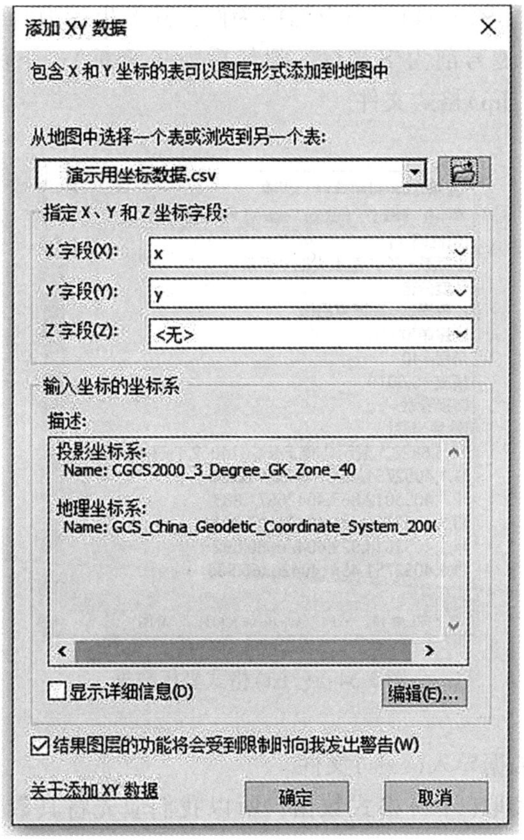

图 3-32 添加 XY 数据

图 3-33 (.xlsx)格式坐标转换为(.shp)格式成果

2)(.txt)格式坐标数据

(.txt)格式坐标数据一般为批供地数据,往往记录了其坐标系、投影类型、带号等多项信息。其中"J1""J2"等则代表该地块的顶点坐标位置,演示数据中的地块共有 4 个顶点:"J1""J2""J3""J4"(图 3-34)。以点"J1"为例,其 Y 坐标为"40426366.566",其 X 坐标为"4052751.454"(即逗号前为 Y 坐标,逗号后为 X 坐标)。下面以某地区批地数据为例,演示将其转换为(.shp)格式文件。

图 3-34　(.txt)格式坐标数据

(1)将(.txt)文件数据导入(.xls)文件。

由于 ArcGIS 无法读取(.txt)格式数据,所以我们应先将其数据导出为(.xls)格式文件,再将其导入 ArcGIS。

- 新建"演示用 txt 坐标数据.xls"表格文件,并设置字段如下(图 3-35)。

	A	B	C	D	E	F
1	point	startY	startX	point	endY	endX
2	J1			J2		
3	J2			J3		
4	J3			J4		
5	J4			J1		

图 3-35　设置坐标数据表格字段

- 将"演示用 txt 坐标数据.txt"中的 4 个顶点"J1""J2""J3""J4"的坐标按顺序分别填入"startY""startX"字段;再将"演示用 txt 坐标数据.txt"中的 4 个顶点从"J2"开始,依次填入"endY""endX"字段(即将顶点"J1"填入最后一行,其余顶点顺位往前移动一行)(图 3-36)。
- 设置"startY""startX""endY""endX"字段的单元格格式为"数值",小数位数为"3",保存表格。

▲	A	B	C	D	E	F
1	point	startY	startX	point	endY	endX
2	J1	4052751.454	40426366.566	J2	4053012.863	40426571.883
3	J2	4053012.863	40426571.883	J3	4052769.445	40426933.834
4	J3	4052769.445	40426933.834	J4	4052614.929	40426680.892
5	J4	4052614.929	40426680.892	J1	4052751.454	40426366.566

图 3-36 将顶点坐标填入表格

(2)将 XY 数据转换成线要素。

• 点击【ArcToolbox ▣ 】按钮，选择【数据管理工具】→【要素】→【XY 转线】，打开【XY 转线】对话框。

• 将"演示用 txt 坐标数据 . xls"添加至【输入表】，修改【输出要素类】为"第三章数据收集与整理 . gdb \ 演示用 txt 坐标数据 line"，分别修改【起点 X 字段】为"startX"、【起点 Y 字段】为"startY"、【终点 X 字段】为"endX"、【终点 Y 字段】为"endY"。

• 按(. txt)文件中的内容(2000 国家大地坐标系，3 度带，高斯-克吕格投影，带号40)修改空间参考为"CGCS2000_3_Degree_GK_Zone_40"(图 3-37)。

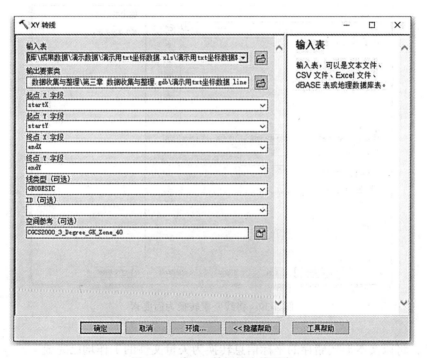

图 3-37 将 XY 数据转为线要素

• 点击【确定】，即可将 XY 数据转换为线要素(图 3-38)。

(3)将线要素转换为面要素。

• 点击【ArcToolbox ▣ 】按钮，选择【数据管理工具】→【要素】→【要素转面】，打开

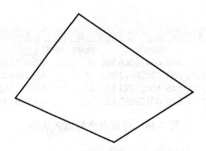

图 3-38　将 XY 数据转换为线要素

【要素转面】对话框。

● 将"演示用 txt 坐标数据 line"添加至【输入要素】，点击【浏览 】按钮，打开【输出要素类】对话框，选择"第三章数据收集与整理.gdb"文件地理数据库，并将文件命名为"演示用 txt 坐标数据"，点击【保存】(图 3-39)；再点击【确定】，即可最终将(.txt)格式文件转换为(.shp)文件(图 3-40)。

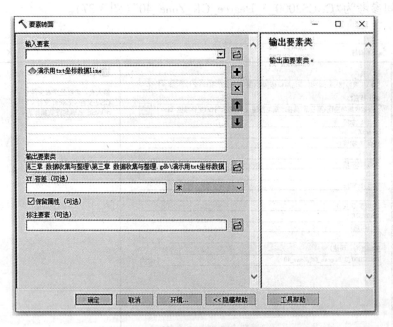

图 3-39　将线要素转换为面要素

至此，将以文本形式储存的坐标信息转换为矢量文件的工作均已完成。

2. 其他表格及文本数据

表格数据一般包括台账、项目清单、土地变更数据等内容，其文件格式主要有(.xls)、(.xlsx)等；文本数据内容较多，主要包括各类规划的说明书、文本，土地管理要素的证明材料以及政府工作报告等，文件格式主要有(.docx)、(.pdf)等。

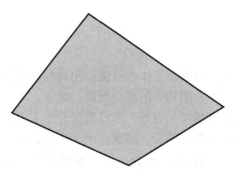

图 3-40　(.txt)格式坐标转换为(.shp)格式成果

　　这些数据不需存入 ArcGIS 平台中，但需要整理至相应的文件夹，方便后续使用。例如，可将上位规划的说明书、文本整理至"数据收集与整理 \ 01 规划数据"中相应的文件夹。

　　至此，本轮国土空间规划编制工程中，所涉及的数据均已整理完毕，最终数据收集与整理结果如图 3-41 所示。

```
□ 📁 数据收集与整理
   □ 📁 01 规划数据
      □ 📁 01 上位规划数据
         ⊞ 📁 01 国土空间总体规划
         ⊞ 📁 02 主体功能区规划
         ⊞ 📁 xx ......
      □ 📁 02 城乡规划数据
         ⊞ 📁 01 城市发展战略规划
         ⊞ 📁 02 城市总体规划
         ⊞ 📁 03 功能区规划
      □ 📁 03 土地规划数据
         ⊞ 📁 01 土地利用总体规划
         ⊞ 📁 02 地质灾害防治规划
         ⊞ 📁 03 土地整治规划
         ⊞ 📁 04 矿产资源规划
         ⊞ 🛢 05 土地规划矢量数据.gdb
   □ 📁 02 现状数据
      ⊞ 📁 01 现状文本数据
      ⊞ 📁 02 遥感影像
      ⊞ 📁 06 重大建设项目批复文件
      ⊞ 🛢 03 一调数据.gdb
      ⊞ 🛢 04 三调数据.gdb
      ⊞ 🛢 05 其他现状数据.gdb
   □ 📁 03 生态保护数据
      ⊞ 🛢 生态保护矢量数据.gdb
   ⊞ 📁 04 水资源及国土安全风险类数据
   ⊞ 📁 05 双评价数据
   ⊞ 📁 06 土地管理数据
```

图 3-41　数据收集与整理成果

3.3　小结

　　本章对现阶段国土空间规划编制工作中可能会用到的数据进行了系统的梳理，提供了较为详尽的数据清单，并简要介绍其中的部分数据。接着，本章按照数据类别建立了数据整理的文件目录体系以供读者参考。另外，本章简要介绍了多源数据可能涉及的坐标系类型，并介绍了统一坐标系的方法。最后，详细介绍了矢量数据、栅格数据、文本数据三种类型的数据导入 ArcGIS 平台的方法，整合、统一多源数据，为建立国土空间规划"一张图"奠定了基础。

第4章 基 数 转 换

国土空间规划提出要实现"统一底图、统一标准、统一规划、统一平台",而这四个"统一"的前提是统一的基础数据。根据《自然资源部关于全面开展国土空间规划工作的通知》要求,本轮国土空间规划编制统一采用"三调"作为规划现状底图底数基础。但是,"三调"工作分类("三调"地类)与国土空间规划用途分类(国土地类),两者在类型、深度、范围及认定方式上均存在一定差异,因此在编制国土空间规划时,应首先开展一定的转换工作,即在"三调"基础上形成国土空间规划的基期现状用地基础数据,这一过程就是基数转换。

这一轮国土空间规划编制过程中,基数转换工作经历了多次调整。国土空间规划改革之前,我国各级各类空间规划在支撑城镇化快速发展、促进国土空间合理利用和有效保护方面都发挥了积极作用,各个职能部门均制定了各自的用地分类标准(表4-1)。但这些标准各自为政,差别较大,实际上无法实现国土空间管制的统一。

表4-1 我国现行及试行的市县级国土空间地类分类标准汇总表

主导部门	国土空间分类标准	标准文号	实用空间范围	发布时间
原国家海洋局	《海洋功能区划技术导则》	GB/T 17108—2006	海域全域	2007 年
原国家林业局	《林地分类》	LY/T 1812—2009	近海及陆域森林资源	2010 年
	《湿地分类》	GB/T 24708—2009	近海及陆域湿地	2010 年
原国土资源部	《县级土地利用总体规划编制规程》	TD/T 1024—2010	陆地全域	2011 年
	《土地利用现状分类》	GB/T 21010—2017	陆地全域	2017 年
住房和城乡建设部	《城市用地分类与规划建设用地标准》	GB 50137—2011	陆域城乡用地	2012 年
			陆域城市建设用地	

2019 年 5 月,自然资源部首次编制了《市县国土空间规划分区与用途分类指南》(试行,送审稿),提出了市县国土空间规划分区和用途分类,并明确了各类用途分类的名称、代码与含义,但此时的成果并不完善。2020 年,自然资源部在整合原《土地利用现状分类》《城市用地分类与规划建设用地标准》《海域使用分类》等标准基础上,编制并发布了《国土空间调查规划、用途管制用地用海分类指南》①(下文简称《用地用海指南》)。至此,

---

① 本书采用的是《国土空间调查规划、用途管制用地用海分类指南(试行)》(2020 年),读者可按照最新分类标准或地方标准更新相关对应规则。

国土空间规划有了统一的用地、用海分类标准。《用地用海指南》也制定了将"三调"成果转换为国土空间规划用地、用海分类的规则，并对其进行了多次修改、完善。

但是，"三调"数据是基于遥感影像进行调查整理的，本质上获取的是土地覆盖（LandCover）的基本信息，即土地类型。但国土空间规划管控的是土地用途（LandUse）。这就导致"三调"地类与国土地类相互转换时会产生与实际用地情况不符的现象，例如：规划基期年以前批而未用的土地，已征用并有完整合法用地手续，但"三调"则可能基于现状将其调查为农用地或未利用地。为解决这一问题，各地在《用地用海指南》的基础上陆续出台了地方性的《国土空间总体规划基数转换技术指南》，制定了包括针对此类管理数据在内的"国土空间规划用途分类转换"①规则。2021 年 3 月，国家下发了最新一轮的"三调"统一时点数据。同年 5 月，自然资源部办公厅印发的《自然资源部办公厅关于规范和统一市县国土空间规划现状基数的通知》（自然资办涵〔2021〕907 号）中强调，要尊重建设用地合法权益，在符合相关政策要求和规划管理规定的前提下，对已审批未建设的用地、用海等分类进行转换，形成"规划现状基数分类转换"规则。至此，国土空间规划现状基数分类转换有了统一的标准，各地出台的《国土空间总体规划基数转换技术指南》中相关内容也因此失效。因此，截至当前，国土空间规划基数转换主要分为两个部分。

（1）以"三调"为基础的基数转换。

即"三调"工作分类与国土空间规划用途分类的标准不同、数量不等、用途含义不同，需将"三调"工作分类转换为国土空间调查、规划、用途管制用地用海分类。当前，这一工作已在全国普遍开展。

（2）规划现状基数分类转换。

即为尊重建设用地合法权益，对已审批未建设的用地、未审批已建设的用地、已拆除建筑物、构筑物的原建设用地、已审批未建设的用海、未确权用海这五类用地用海情况，按照"规划现状基数分类转换"规则进行转换。

上述两个部分共同构成了"一张底图"的基础。其中，与城乡建设用地相关的基数转换成果，本书称之为"现状建设用地基数"②，以指导后续开发边界的划定工作。接下来，本章将介绍上述两种基数转换的工作流程与操作步骤。

4.1 以"三调"为基础的基数转换

"三调"地类共有 12 个一级类、55 个二级类，国土地类中有 24 个一级类、106 个二级类、39 个三级类。其中的二级类均为国土调查、国土空间规划的主干分类，因此对于本轮国土空间规划而言，应至少将"三调"地类转换为国土地类的二级类，在此基础上完成一级类的整合。由于基数转换的工作量巨大，可能会出现在进行基数转换时，难以细化至

---

① 国土空间规划用途分类转换：该词出现于各地出台的《国土空间总体规划基数转换技术指南》中，意在结合土地管理的实际情况，对多种用途的地类进行分类转换。

② 现状建设用地基数：指城镇开发边界划定过程中认定的"现状建设用地"。符合相关政策要求和规划管理规定的用地，无论现状建设与否，均视为"现状建设用地"，且不占用新增建设用地的指标。如：已完成农转用审批手续（含增减挂钩建新用地手续），但尚未供地的（其他具体情形请参考表 4-10"规划现状基数分类转换"规则）。

二级类的情况，本节也将介绍相应的处理方式。最后，将转换后的国土地类按照《国土空间功能结构调整表》①进行功能分类②，以便于用地分类统计。

4.1.1 操作思路

由于基数转换工作是以"三调"为基础进行的，因此可先将"三调"中"DLTB（地类图斑）"图层导出，删除不需要的字段；接着，新建"国土地类一级类""国土地类二级类""面积"等字段，用以填写转换后地类名称并计算图斑面积；最后，将"三调"地类转换为国土地类。实际工作中，这一转换涉及以下几种类型。

1."一对一"

"三调"地类与国土地类中的部分地类具有一一对应关系，例如："三调"地类中的"红树林地（0303）"对应国土地类中的"红树林地（0507）"，"三调"地类中的"水田（0101）"对应国土地类中的"水田（0101）"等（表 4-2）③。在这种情况下，可以直接根据对应关系更改地类名称及编码进行转换。

表 4-2　　　　　　　　　　**"一对一"转换的情况（部分）**

"三调"工作方案用地分类			国土空间调查、规划、用途管制用地用海分类			转换类型	转换方式
一级类	二级类		三级类	二级类	一级类		
00 湿地	0303	红树林地	—	0507 红树林地	05 湿地	一对一	直接转换
	0304	森林沼泽	—	0501 森林沼泽		一对一	直接转换
	0306	灌丛沼泽	—	0502 灌丛沼泽		一对一	直接转换
	0402	沼泽草地	—	0503 沼泽草地		一对一	直接转换
	0603	盐田	—	1003 盐田	10 工矿用地	一对一	直接转换
	1105	沿海滩涂	—	0505 沿海滩涂	05 湿地	一对一	直接转换
	1106	内陆滩涂	—	0506 内陆滩涂		一对一	直接转换
	1108	沼泽地	—	0504 其他沼泽地		一对一	直接转换
01 耕地	0101	水田	—	0101 水田	01 耕地	一对一	直接转换
	0102	水浇地	—	0102 水浇地		一对	直接转换
	0103	旱地	—	0103 旱地		一对一	直接转换

① 详见附表1。
② 功能分类：《国土空间功能结构调整表》根据用地功能结构的不同，将"国土地类"进行了进一步的分类汇总，如：将建设用地再分为"城乡建设用地""区域基础设施用地"以及"其他建设用地"等。
③ 完整表格详见附表2。

续表

"三调"工作方案用地分类				国土空间调查、规划、用途管制用地用海分类			转换类型	转换方式
一级类	二级类			三级类	二级类	一级类		
02	种植园用地	0201	果园	—	0201 果园	02 园地	一对一	直接转换
		0202	茶园	—	0202 茶园		一对一	直接转换
		0203	橡胶园	—	0203 橡胶园		一对一	直接转换
		0204	其他园地	—	0204 其他园地		一对一	直接转换

······

表格来源:《国土空间调查规划、用途管制用地用海分类指南(试行)》,自然资源部,2020 年。

除上述情况外,"三调"中的某些细化地类也能够进行"一对一"转换,如"三调"细化地类中的"可调整果园(021K)"对应国土地类中的"果园(0201)"(表 4-3)。另外,国土地类中"沟渠(1107)"对应于"三调"地类中的"沟渠(1705)"与"干渠(1311)",为"一对多"的转换关系(表 4-4)。但"三调"的"沟渠(1705)"细化类"干渠(1107A)"对应国土地类中的"干渠(1311)",可进行"一对一"转换,因此,"三调"地类中的"沟渠(1107)"也可与国土地类中的"沟渠(1705)"进行"一对一"转换(表 4-5)。

表 4-3   **"三调"细化地类转换方式**

"三调"细化地类		国土空间调查、规划、用途管制用地用海分类			转换类型	转换方式
		三级类	二级类	一级类		
021K	可调整果园	—	0201 果园	02 园地	一对一	直接转换
022K	可调整茶园	—	0202 茶园		一对一	直接转换
023K	可调整橡胶园	—	0203 橡胶园		一对一	直接转换
024K	可调整其他园地	—	0204 其他园地		一对一	直接转换
031K	可调整乔木林地	—	0301 乔木林地	03 林地	一对一	直接转换
032K	可调整竹林地	—	0302 竹林地		一对一	直接转换
037K	可调整其他林地	—	0304 其他林地		一对一	直接转换
043K	可调整人工牧草地	—	0402 人工牧草地	04 草地	一对一	直接转换
1104K	可调整养殖坑塘	—	1704 坑塘水面	17 陆地水域	一对一	直接转换
08H2A	高教用地	080401 高等教育用地	0804 教育用地	08 公共管理与公共服务用地	一对一	直接转换
0801A	广场用地	—	1403 广场用地	14 绿地与开敞空间用地	一对一	直接转换

"三调"细化地类		国土空间调查、规划、用途管制用地用海分类			转换类型	转换方式
		三级类	二级类	一级类		
1104A	养殖坑塘	—	1704 坑塘水面	17 陆地水域	一对一	直接转换
1107A	干渠	—	1311 干渠	13 公用设施用地	一对一	直接转换

表格来源：根据《第三次全国国土调查工作分类地类认定细则》，国务院第三次全国国土调查领导小组办公室，2019 年及《国土空间调查规划、用途管制用地用海分类指南（试行）》，自然资源部，2020 年整理。

表 4-4   **"沟渠"转换情况**

"三调"工作方案用地分类				国土空间调查、规划、用途管制用地用海分类			转换类型	转换方式
一级类		二级类		三级类	二级类	一级类		
11	水域及水利设施用地	1107	沟渠	—	1705 沟渠	05 湿地	一对多	需依据"三调"细化地类转换
				—	1311 干渠			

表 4-5   **"沟渠"依据"三调"细化地类进行转换**

"三调"地类		"三调"细化地类		国土地类		转换类型	转换方式
1107	沟渠	—	—	1705	沟渠	一对一	直接转换
		1107A	干渠	1311	干渠	一对一	直接转换

2."一对多"

"三调"地类对应了多个国土地类的情况，例如："三调"地类中的"物流仓储用地（0508）"对应国土地类中的"物流仓储用地（1101）""储备库用地（1102）"等（表 4-6）[①]。对于"一对多"的情况，需结合国有建设用地确权、批供地数据、遥感影像图、POI 数据、地形图、城镇村属性码[②]等辅助数据，以及实地补充调研，对"三调"地类进行核实归并至国土空间规划用途分类。

[①] 完整表格详见附表 3。

[②] 城镇村属性码："三调"中"DLTB（地类图斑）"图层中的字段之一。对城市、建制镇和村庄范围内的地类图斑，相应标注城市（201 或 201A）、建制镇（202 或 202A）或村用地（203 或 203A）属性；城镇村外部的盐田及采矿用地和特殊用地按实地利用现状调查，并标注"204"或"205"属性。

表 4-6   **"一对多"转换的情况(部分)**

"三调"工作方案用地分类			国土空间调查、规划、用途管制用地用海分类			转换类型	转换方式
一级类	二级类	三级类	二级类	一级类			
05 商业服务业用地	05H1 商业服务业设施用地	—	0702 城镇社区服务设施用地	07 居住用地		一对多	需人工判读
		—	0704 农村社区服务设施用地			一对多	需人工判读
		090101 零售商业用地	0901 商业用地	09 商业服务业用地		一对多	需人工判读
		090102 批发市场用地					
		090103 餐饮用地					
		090104 旅馆用地					
		090105 公用设施营业网点用地					
		—	0902 商务金融用地			一对多	需人工判读
		090301 娱乐用地	0903 娱乐康体用地			一对多	需人工判读
		090302 康体用地					
		—	0904 其他商业服务业用地			一对多	需人工判读
	0508 物流仓储用地	110101 一类物流仓储用地	1101 物流仓储用地			一对多	需人工判读
		110102 二类物流仓储用地					
		110103 三类物流仓储用地					
		—	1102 储备库用地	11 仓储用地		一对多	需人工判读

......

表格来源:《国土空间调查规划、用途管制用地用海分类指南(试行)》,自然资源部,2020 年。

3. "**无对应**"

"三调"地类在国土地类中"无对应"地类的情况,如国土地类中的"留白用地(16)"(详见表 4-7)。此类情况当前无需进行转换。

表 4-7   **"无对应"的情况**

"三调"工作方案用地分类	国土空间调查、规划、用途管制用地用海分类		转换类型	转换方式
无此用地用海分类	—	16 留白用地	无对应	无需转换
	— 1801 渔业基础设施用海	18 渔业用海	无对应	无需转换
	— 1802 增养殖用海		无对应	无需转换
	— 1803 捕捞海域		无对应	无需转换
	— 1901 工业用海	19 工矿通信用海	无对应	无需转换
	— 1902 盐田用海		无对应	无需转换
	— 1903 固体矿产用海		无对应	无需转换
	— 1904 油气用海		无对应	无需转换
	— 1905 可再生能源用海		无对应	无需转换
	— 1906 海底电缆管道用海		无对应	无需转换
	— 2001 港口用海	20 交通运输用海	无对应	无需转换
	— 2002 航运用海		无对应	无需转换
	— 2003 路桥隧道用海		无对应	无需转换
	— 2101 风景旅游用海	21 游憩用海	无对应	无需转换
	— 2102 文体休闲娱乐用海		无对应	无需转换
	— 2201 军事用海	22 特殊用海	无对应	无需转换
	— 2202 其他特殊用海		无对应	无需转换
	—	24 其他海域	无对应	无需转换

表格来源：《国土空间调查规划、用途管制用地用海分类指南(试行)》，自然资源部，2020 年。

对于以上几种转换情况，具体转换操作如下。

4.1.2   "一对一"转换

基数转换规则复杂，涉及的数据众多，因此，在操作过程中，对原始数据进行整理、标记，保留数据来源、证明材料、土地用途等相关信息，并删除无用数据，既可以大大提升操作效率，又便于后续数据的管理和使用。本节整理了相关数据处理方式，仅供读者参考。

1. 建立基数转换图层

● 右键单击"三调""DLTB"图层，在弹出菜单中选择【数据】→【导出数据】，打开【导出数据】对话框。在【导出数据】对话框中【导出】一栏，选择【所有要素】(图 4-1)。

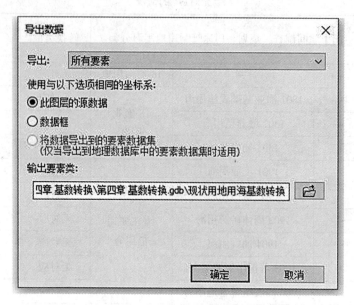

图 4-1 【导出数据】对话框

• 点击【浏览 】按钮，打开【保存数据】对话框，修改【保存类型】为"文件和个人地理数据库要素类"；修改【名称】为"现状用地用海基数转换"；修改数据保存位置为"第四章基数转换.gdb"；点击【保存】(图 4-2)。

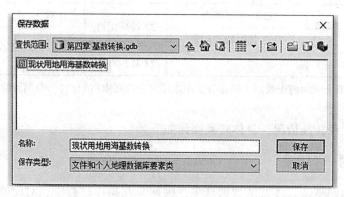

图 4-2 保存数据对话框

• 当窗口弹出【是否要将导出的数据添加到地图图层中?】，点击【是】按钮，即可将导出的数据添加到该地图文档中。

2. 删除不需要的字段

• 点击【ArcToolbox 】按钮，选择【数据管理工具】→【字段】→【删除字段】，打开【删除字段】对话框。

● 在【输入表】中选择【现状用地用海基数转换】，在【删除字段】中勾选除"TBBH（图斑编号）""DLBM（地类编码）""DLMC（地类名称）""QSXZ（权属性质）""CZCSXM（城镇村属性码）"外的所有图斑，点击【确定】按钮（图4-3）。

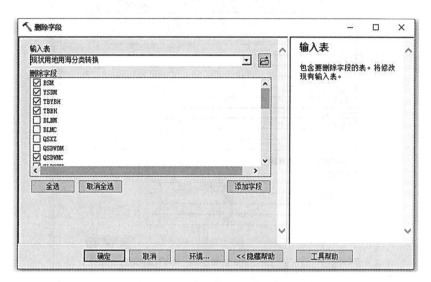

图4-3 【删除字段】对话框

3. 添加字段

● 在【目录】面板中找到"现状用地用海基数转换"图层，并右键单击，选择【属性】，弹出【要素类属性】对话框，切换至【字段】选项卡。

● 在【字段名】的空白行处输入名称，添加三个新字段，并修改其属性，如表4-8所示。全部修改完毕后点击【确定】（图4-4）。

表4-8 添 加 字 段

字段名	数据类型	别名	长度
GTDLYJL	文本	国土地类一级类	60
GTDLEJL	文本	国土地类二级类	60
MJ	浮点型	面积	—

4. 计算字段

● 打开"现状用地用海基数转换"图层属性表，右键单击"国土地类二级类"字段，选择【字段计算器】。

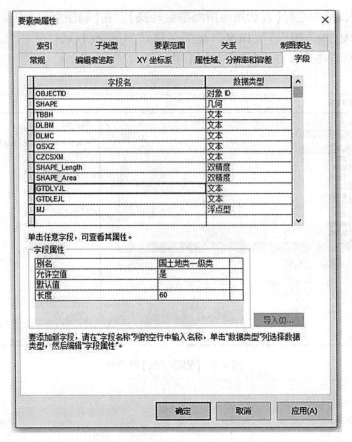

图 4-4 添加字段

• 将【字段计算器】对话框内的【解析程序】修改为"Python"，单击【加载】按钮，选择随书数据中的"'一对一'转换代码"①，单击【打开】。返回【字段计算器】对话框后，单击【确定】按钮(图 4-5)。

运行代码后，会自动将"三调"地类与国土地类中具有一一对应关系的地块全部完成转换，不具有一一对应关系的地块会显示为"无法转换"(图 4-6)。

至此，"一对一"转换操作全部完成。

4.1.3 "一对多"转换

"一对多"转换方式分为两类。

1. 依据"城镇村属性码"分类

在"一对多"转换中，部分地类可以通过区分其城镇村属性(城市、建制镇、村庄)进

---

① "一对一"转换代码：本章代码均基于《国土空间调查规划、用途管制用地用海分类指南(试行)》(2020 年)编写，若此文件有修改，请读者依据最新指南内容自行修改代码。

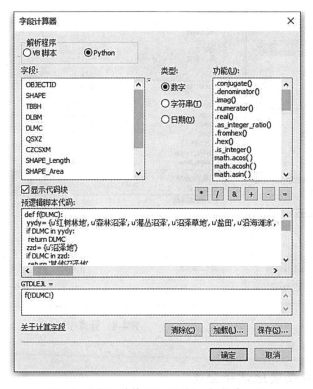

图 4-5 【字段计算器】对话框：加载代码块

国土地类二级类
沟渠
沟渠
坑塘水面
水浇地
水浇地
沟渠
沟渠
无法转换
无法转换
坑塘水面
沟渠
沟渠
水浇地
公路用地
水浇地
无法转换
公路用地
坑塘水面
水浇地
沟渠
坑塘水面
果园
公路用地
沟渠
其他林地
无法转换
其他林地
沟渠

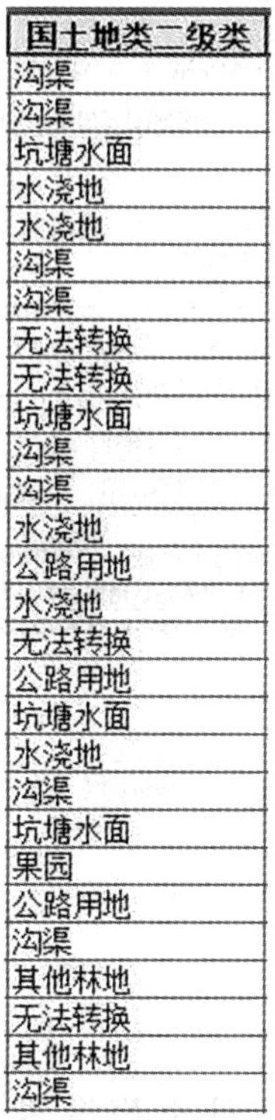

图 4-6 “一对一”转换结果

行划分。例如：“三调”地类中“城镇村道路用地(1004)”对应国土地类中的“城镇道路用地(1207)”及“乡村道路用地(0601)”。对于此种地类，即可用城镇村属性码进行区分，具体步骤如下。

1)筛选图斑

• 打开“现状用地用海基数转换”图层属性表，筛选出【地类名称】等于“城镇村道路用地”且“城镇村属性码”等于“203”或“203A”①的图斑(图 4-7)。

筛选条件：DLMC = '城镇村道路用地 'AND(CZCSXM = '203'OR CZCSXM = '203A')。

2)计算字段

• 右键单击“国土地类二级类”字段，选择【字段计算器】，键入“乡村道路用地”，单击【确定】按钮(图 4-8)。此时，软件会自动将所选图斑的“国土地类二级类”字段全部填写为“乡村道路用地”。

• 同样地，可将“城镇道路用地”计算完成。

其他能够以城镇村属性区分的地类同理操作。

① “203”或“203A”即“村庄”及“村庄独立工业用地”图斑，详见 3.1.2 小节中表 3-6 城镇村属性码对照表。

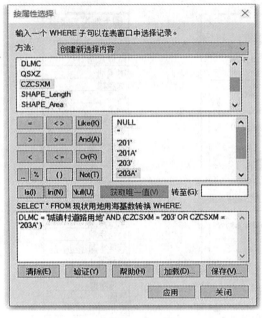

图 4-7　筛选图斑

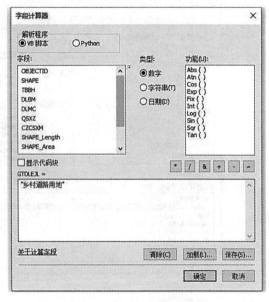

图 4-8　计算字段

2. 结合影像图、POI 数据或实地调研分类

在"一对多"转换中，除上述地类外，其他均需通过目视解译影像图(航空影像、卫星影像等)、依据 POI 数据或者实地调研等方式进行处理。

(1)基于影像图判读细分地类。

影像图是对现状地理特征的直观反映。通过判读高清的影像图数据，可以帮助细分某些地类。例如："三调"地类中的"农村道路"对应国土地类中的"乡村道路用地(0601)""田间道(2303)"，从影像图上可以直观地判定二者的区别。

(2)基于 POI 数据判读细分地类。

POI 数据包含了数据点的多种信息，可以辅助进行地类的细分工作。例如，"三调"地类中的"商业服务业设施用地(05H1)"对应国土地类中的"零售商业用地(090101)""批发市场用地(090102)""餐饮用地(090103)"等。这类地类即可通过 POI 数据中的名称、分类等信息予以区分。

(3)基于实地调研判读细分地类。

在"一对多"转换的地类中，部分地类分类较细或类型较为相似，以致无法通过影像图或 POI 进行准确判读。例如："三调"地类中的"工业用地(0601)"对应国土地类中的"一类工业用地(100101)""二类工业用地(100102)""三类工业用地(100103)"。此种情况只能通过实地调研等方式进行判别处理。

虽然以上分类方式各有不同，但操作大同小异，因此，本书将以"三调"地类中"农村道路(1006)"为例，对在 ArcGIS 中的分类操作进行介绍。"农村道路(1006)"对应国土地类中的"乡村道路用地(0601)"及"田间道(2303)"。根据《用地用海指南》中的定义，"乡村道路用地(0601)"指村庄内部道路用地以及对地表耕作层造成破坏的村道用地,"田间道(2303)"指在农村范围内,用于田间交通运输,为农业生产、农村生活服务的未对地表耕作层造成破坏的非硬化道路。结合卫星图通过判断道路是否对地表耕作层造成破坏(是否硬化),即可分辨两者,具体操作过程如下。

1)筛选相应地类图斑

• 打开"现状用地用海基数转换"的【图层属性】,切换至【定义查询】选项卡,点击【查询建构器】按钮(图4-9)。

图4-9 定义查询

• 在【查询建构器】中,筛选出"地类名称"等于"农村道路"的图斑(图4-10)。
筛选条件:DLMC='农村道路'。

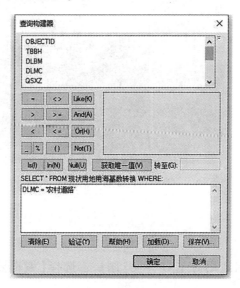

图4-10 筛选"农村道路"图斑

● 点击【确定】按钮完成筛选，可以看到，此时"现状用地用海基数转换"图层仅显示
"农村道路"（图4-11）。

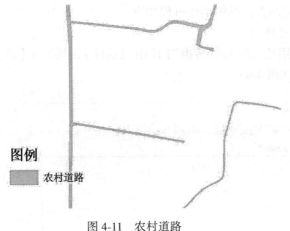

图例

农村道路

图 4-11 农村道路

2）叠加影像图

● 将"影像图"叠加至"现状用地用海基数转换"图层下方（图 4-12）。

图 4-12 导入影像图

3）编辑用地属性

● 右键单击"现状用地用海基数转换"图层，选择【编辑要素】→【开始编辑】（图
4-13）。

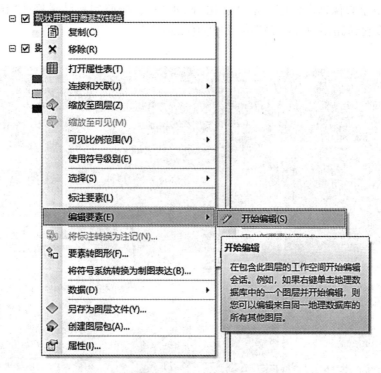

图 4-13　开始编辑

* 左键单击一块图斑，该图斑会被高亮显示。点击【编辑器】工具条中的【属性▦】按钮，即可打开【属性】面板（图 4-14）。

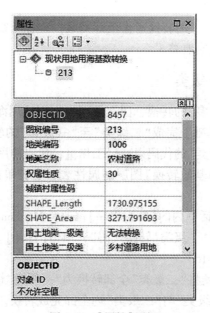

图 4-14　【属性】面板

● 结合卫星影像判定该道路是否硬化(图 4-15),按照判断结果修改"国土地类二级类"的值为"乡村道路用地(0601)"或"田间道(2303)"。

图 4-15 硬化道路与非硬化道路对比

● 同样地,依据卫星影像将其他这类图斑一一处理。全部完成后,退出编辑并保存编辑内容。

至此,"农村道路(1006)"的转换工作全部完成,读者可参照以上两种方法处理"一对多"转换中"无法转换"的其他地类。

4.1.4 "二级类"转"一级类"

经过"一对一"及"一对多"的转换,国土空间规划用地用海分类的"二级类"均全部转换完成。本节内容将在此基础上完成"二级类"至"一级类"的转换工作。同样地,本书提供了"二级类"转换至"一级类"的代码以减轻工作量,代码使用方法如下。

● 打开"现状用地用海基数转换"图层的属性表,右键单击"国土地类一级类"字段,选择【字段计算器】。

● 将【字段计算器】对话框内的【解析程序】修改为"Python",单击【加载】按钮,选择随书数据中的"'二级类'至'一级类'转换代码",单击【打开】。返回【字段计算器】对话框后,单击【确定】按钮(图 4-16)。

● 运行代码后,会自动将"二级类"全部转换为"一级类"(图 4-17)。

至此,国土地类的"一级类"与"二级类"均全部完成转换。

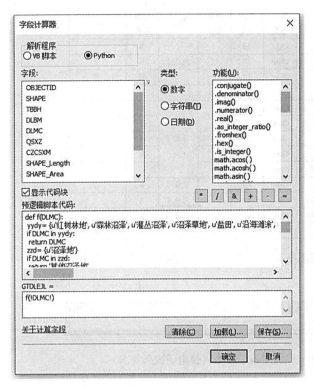

国土地类一级类	国土地类二级类
陆地水域	坑塘水面
林地	其他林地
耕地	旱地
林地	其他林地
居住用地	农村宅基地
耕地	旱地
居住用地	农村宅基地
居住用地	农村宅基地
居住用地	农村宅基地
交通运输用地	公路用地
耕地	水浇地
农业设施建设用地	乡村道路用地
陆地水域	沟渠
居住用地	农村宅基地
农业设施建设用地	乡村道路用地
居住用地	农村宅基地
陆地水域	沟渠
草地	其他草地
农业设施建设用地	乡村道路用地
居住用地	农村宅基地
居住用地	农村宅基地
居住用地	农村宅基地
园地	果园
林地	其他林地
居住用地	农村宅基地
工矿用地	工业用地
农业设施建设用地	乡村道路用地
林地	乔木林地
耕地	旱地
草地	其他草地
耕地	旱地

图 4-16 【字段计算器】对话框：加载代码块　　　　图 4-17 "二级类"转换为"一级类"结果

4.1.5 特殊情况处理

在国土空间规划编制过程中，在人力、时间均有限的情况下，可能会出现因地块属性难以判别，导致难以细化至"二级类"的情况。鉴于此，部分地区将"基数转换"的提交成果要求放宽了一定程度，在提交成果的"用地用海分类名称"字段中，可以填写"一级类"，也可以填写"二级类"（图 4-18）。

因此，在无法将地类细化至"二级类"时，可依据"三调"中"DLTB（地类图斑）"字段直接填写"国土地类一级类"字段。本书提供了"三调"地类转"一级类"的代码，具体操作如下。

（1）筛选字段。

• 打开"现状用地用海基数转换"图层属性表，筛选出"国土地类一级类"等于"无法转换"的图斑（图 4-19）。

筛选条件：GTDLYJL = ' 无法转换 '。

（2）计算字段。

• 打开"现状用地用海基数转换"图层属性表，右键单击"国土地类"字段，选择【字段计算器】。

105

表 5.2　现状用地用海属性结构描述表（属性表名：XZYDYH）

序号	字段名称	字段代码	字段类型	字段长度	小数位数	值域	约束条件	备注
1	标识码	BSM	Char	18			M	
2	要素代码	YSDM	Char	10		见注1	M	
3	行政区代码	XZQDM	Char	12			M	
3	行政区名称	XZQMC	Char	100			M	
4	图斑编号	TBBH	Char	8			M	
5	地类编码	DLBM	Char	5			M	
6	地类名称	DLMC	Char	60		见注2	M	
7	权属性质	QSXZ	Char	2			M	
8	城镇村属性码	CZCSXM	Char	4			C	
9	功能分类	GNFL	Char	60		见注3	M	
10	用地用海分类代码	YDYHFLDM	Char	10		见注4	M	
11	用地用海分类名称	YDYHFLMC	Char	60		见注4	M	
12	面积	MJ	Float	15	2	>0	M	单位：平方米
13	备注	BZ	Char	255			O	

注1：参照《市级国土空间总体规划数据库规范（试行）》，统一填写2090010100。

注2：保留三调原始属性值，不得改变。

注3：参照代码表2，填写分类名称。

注4：用地用海分类代码和名称参照《国土空间调查、规划、用途管制用地用海分类指南（试行）》，支持填写一级类、二级类。

图 4-18　某地区国土空间规划现状基数转换电子成果要求

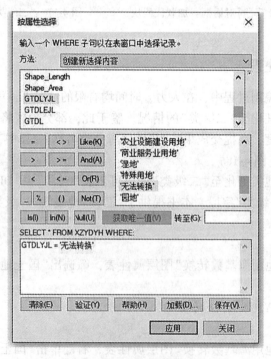

图 4-19　筛选无法转换图斑

- 将【字段计算器】对话框内的【解析程序】修改为"Python"，单击【加载】按钮，选择随书数据中的"'三调地类'至'一级类'转换代码"，单击【打开】。返回【字段计算器】对话框后，单击【确定】按钮(图4-20)。

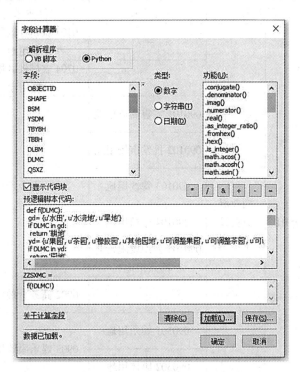

图4-20 【字段计算器】对话框：加载代码块

运行代码后，会自动将"三调"地类转换为国土地类一级类。

(3)检查结果。

转换后若有地块依旧显示为"无法转换"，则表明无法依据"三调"地类转换为国土地类一级类①(表4-9)，请返回根据4.1.2及4.1.3小节先进行"一对多"转换，将"三调"地类转换为"二级类"，再将其转换为"一级类"。

至此，"国土地类一级类"字段全部计算完成。接下来，需将"一级类""二级类"的结果汇总到同一字段中。具体操作如下。

(1)添加字段。

- 打开"现状用地用海基数转换"图层属性表，点击【表选项 ▦ ▾】→【添加字段】，弹出【添加字段】对话框(图4-21)。修改【名称】为"GTDL"，【类型】为"文本"，【别名】为"国土地类"，【长度】为"60"。

---

① 完整表格详见附表4。

表 4-9　　　　无法通过"三调"地类转换为国土地类一级类的地类（部分）

"三调"工作方案用地分类			国土空间调查、规划、用途管制 用地用海分类	
一级类	二级类	三级类	二级类	一级类
05　商业服务业用地	05H1　商业服务业设施用地	—	0702 城镇社区服务设施用地	07 居住用地
		—	0704 农村社区服务设施用地	
		090101 零售商业用地	0901 商业用地	09 商业服务业用地
		090102 批发市场用地		
		090103 餐饮用地		
		090104 旅馆用地		
		090105 公用设施营业网点用地		
		—	0902 商务金融用地	
		090301 娱乐用地	0903 娱乐康体用地	
		090302 康体用地		
		—	0904 其他商业服务业用地	

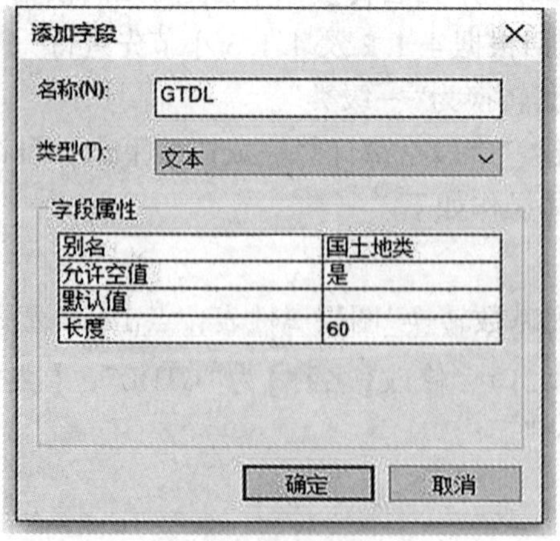

......

图 4-21　添加字段

（2）计算字段。

• 打开"现状用地用海基数转换"图层属性表，右键单击"国土地类"字段，选择【字段计算器】。

• 将【字段计算器】对话框内的【解析程序】修改为"Python"，单击【加载】按钮，选择随书数据中的"'一级类'及'二级类'合并代码"，单击【打开】。返回【字段计算器】对话框后，单击【确定】按钮（图4-22）。

图4-22 【字段计算器】对话框：加载代码块

• 运行代码后，会自动按照"有'二级类'则填写'二级类'，若无，则填写'一级类'"的规则将"一级类"与"二级类"合并至"国土地类（GTDL）"（图4-23）。

国土地类一级类	国土地类二级类	国土地类
园地	果园	果园
居住用地	农村宅基地	农村宅基地
耕地	水浇地	水浇地
耕地	旱地	旱地
居住用地	农村宅基地	农村宅基地
林地	其他林地	其他林地
耕地	水浇地	水浇地
陆地水域	水库水面	水库水面
林地	其他林地	其他林地
林地	其他林地	其他林地
耕地	旱地	旱地
耕地	水浇地	水浇地
耕地	水浇地	水浇地
工矿用地	工业用地	工业用地
工矿用地	工业用地	工业用地
园地	果园	果园
林地	其他林地	其他林地
园地	果园	果园

图4-23 "一级类"与"二级类"合并

4.1.6　功能分类

《国土空间功能结构调整表》对国土地类的分类方式进行了统一，将国土地类按照该表进行功能分类便于后续的地类统计分析。同样地，本书提供了"功能分类计算"代码，使用方法如下。

（1）添加字段。

- 打开"现状用地用海基数转换"图层属性表，点击【表选项 ▤ ▾】→【添加字段】，弹出【添加字段】对话框。修改【名称】为"GNFL"，【类型】为"文本"，【别名】为"功能分类"，【长度】为"60"。

（2）计算字段。

- 右键单击【功能分类】字段，选择【字段计算器】。

- 将【字段计算器】对话框内的【解析程序】修改为"Python"，单击【加载】按钮，选择随书数据中的"功能分类计算"代码，单击【打开】。返回【字段计算器】对话框后，单击【确定】按钮（图 4-24），即可将"功能分类"字段填写完毕。

至此，国土地类功能分类工作全部完成。

图 4-24　【字段计算器】对话框：加载代码块

4.1.7 以"三调"为基础的基数转换成果

完成以上步骤最终得到的"现状用地用海基数转换"图层即为以"三调"为基础的基数转换成果。图层中包含了图斑编号、地类名称、城镇村属性码、国土地类一级类、二级类等字段，可以用于基数转换最终成果的制作(图 4-25)。

现状用地用海基数转换									
图斑编号	地类编码	地类名称	权属性质	城镇村属性码	国土地类一级类	国土地类二级类	国土地类	功能分类	面积

图 4-25 现状用地用海基数转换最终成果字段

4.2 规划现状基数分类转换

2021 年，《自然资源部办公厅关于规范和统一实现国土空间规划现状基数的通知》(自然资办函〔2021〕907 号)规定，对已审批未建设的用地、用海五种情形分类进行转换，即前文所说的"规划现状基数分类转换"，详细规则如表 4-10 所示。

由于我国涉及用海的城市数量较少，且转换规则(表 4-10)中的第四条和第五条的处理规则与第一条和第二条的处理规则相同，因此本节仅以第一、二、三条用地类型的处理规则为例，介绍操作过程。

规划现状基数分类转换主要分为两种情况。

其一，将"三调"为非建设用地、但具有审批手续的用地认定为建设用地。对此，应将相应的管理数据与"三调"非建设用地进行叠加分析，依据审批手续判断是否进行处理。

表 4-10   **"规划现状基数分类转换"规则**

类别	具体情形	处理规则	"三调"地类情况
一、已审批未建设的用地	①已完成农转用审批手续(含增减挂钩建新用地手续)，但尚未供地的	按照农转用审批范围和用途认定为建设用地	"三调"为非建设用地
	②已办理供地手续，但尚未办理土地使用权登记的	按土地出让合同或划拨决定书的范围和用途认定为建设用地	
	③已办理土地使用权登记的	按登记的范围和用途认定为建设用地	

续表

类别	具体情形	处理规则	"三调"地类情况
二、未审批已建设的用地	"二调"以来新增的未审批已建设的用地("二调"为非建设用地)	2020 年 1 月 1 日以来已补办用地手续的,按照"三调"地类认定,其余按照"二调"地类认定	"三调"为建设用地
三、已拆除建筑物、构筑物的原建设用地	因低效用地再开发、原拆原建、矿山关闭后再利用等原因已先行拆除的	"二调"或年度变更调查结果为建设用地且合法的(取得合法审批手续或 1999 年以前调查为建设用地的),按照拆除前地类认定	"三调"为非建设用地
四、已审批未建设的用海	已取得用海批文或办理海域使用权登记的,允许继续填海的	按照用海批文或登记的范围和用途(用途为建设用地的认定为建设用地,用途为农用地的认定为农用地)	位于 0 线之上,"三调"为非建设用地
五、未确权用海	围填海历史遗留问题清单中未确权已填海已建设的	按照围填海现状调查图斑范围和报自然资源部备案的省级人民政府围填海历史遗留问题处置方案认定(处置意见为拆除的,按照填海前分类认定;处置意见为保留的,按照"三调"地类认定)	位于 0 线之上,"三调"为建设用地

其二,将"三调"为建设用地且具有审批手续的用地仍认定为建设用地,而没有审批手续或划入国土综合整治与生态修复范围的用地认定为非建设用地。对于后者,应将相应的管理数据及国土综合整治与生态修复相关数据与"三调"建设用地进行叠加分析,依据违法处置意见、国土综合整治与生态修复要求判断是否进行处理。

4.2.1　数据准备

根据《自然资源部办公厅关于规范和统一实现国土空间规划现状基数的通知》,"农转用审批"是指农用地转为建设用地的审批,包括"批次用地审批"和"单选用地审批",但由于目前国土空间规划编制过程中暂不涉及对"单选用地"的处理,所以本次"农转用审批手续"的用地只针对"批次用地"。

"增减挂钩"是指依据土地利用总体规划,将若干拟整理复垦为耕地的农村建设用地地块(即拆旧地块)和拟用于城镇建设的地块(即建新地块)等面积共同组成建新拆旧项目区,通过建新拆旧和土地整理复垦等操作,保证项目区内农用地与建设用地面积不变。"增减挂钩建新用地"是指拟用于城镇建设的地块,数据存储形式为矢量格式,名称为"建新地块"。

自 2015 年 3 月 1 日《不动产登记暂行条例》正式启用，城市居民的"房产证"和"土地使用权证"陆续换发为"不动产证"，因此针对"已办理土地使用权登记"的情形，实际处理中直接采用"不动产"数据。

"未审批已建设的用地"是指"二调"以来没有取得合法审批手续的建设用地，属于违法建设用地。针对这类用地，执法督察部门会进行备案，给出每个地块的处置意见，所以针对这一类情形的处理不仅会涉及"二调""三调"数据，同时还需要执法督察数据。

在进行分类转换时还包括其他具体情形，涉及的基础数据如表 4-11。

表 4-11 **规划现状基数分类转换数据准备**

类别	具体情形	矢量数据	证明材料
一、已审批未建设的用地	①已完成农转用审批手续（含增减挂钩建新用地手续），但尚未供地的	批次用地数据	批准文号
		增减挂钩建新地块	批准文号
	②已办理供地手续，但尚未办理土地使用权登记的	供地数据	土地出让合同或划拨手续
	③已办理土地使用权登记的	不动产数据	不动产单元号
二、未审批已建设用地	"二调"以来新增的未审批已建设的用地（"二调"为非建设用地）	"二调"非建设用地	处罚决定书
		"三调"建设用地	
		执法督察数据	
三、已拆除建筑物、构筑物的原建设用地	因低效用地再开发、原拆原建、矿山关闭后再利用等原因已先行拆除的	低效用地再开发数据	用地收回批复
		原拆原建数据	原拆原建证明材料
		矿山关闭再利用数据	矿山关闭再利用证明材料

4.2.2 操作思路及操作步骤

1. 相关数据规整

同理，"规划现状基数分类转换"规则复杂，涉及的数据众多。因此，在操作过程中，应对众多数据进行整理、标记，保留数据来源、证明材料、土地用途等相关信息，并删除无用数据。本节整理了相关数据处理方式如下，仅供读者参考。

为记录数据来源信息，简化对规划现状基数分类转换类别的描述，可新建"SJLYDM（数据来源代码）"字段（表 4-12）并对其赋值。字段赋值方式如表 4-13 所示。

表 4-12   新建"数据来源代码"字段

字段名	数据类型	别名	长度	字段修改方式
SJLYDM	文本	数据来源代码	3	新增

表 4-13   数据来源代码赋值表

类　　别	具体情形	数据来源代码
已审批未建设的用地("三调"为非建设用地)	已完成农转用审批手续(含增减挂钩建新用地手续),但尚未供地的	101
	已办理供地手续,但尚未办理土地使用权登记的	102
	已办理土地使用权登记的	103
未审批已建设的用地("三调"为建设用地)	"二调"以来新增的未审批已建设的用地,处置意见为"补办手续"的	201
	"二调"以来新增的未审批已建设的用地,处置意见为"拆除复耕"的	202
已拆除建筑物、构筑物的原建设用地("三调"为非建设用地)	低效用地再开发	301
	原拆原建	302
	矿山关闭再利用	303

　　这些信息存储的字段格式也不尽相同,针对"证明材料"这一栏内容的填写,"批次用地"数据中此字段名称为"PZWH(批准文号)","建新地块"中此字段名称为"SCBG(审查报告)"(表 4-14)。对于这些已存在信息、但字段格式不一致的字段,仅需将其字段格式统一,即将基础数据中"证明材料栏"的信息统一修改为"ZMCL(证明材料)"字段的格式,将"土地用途栏"的信息统一修改为"YT(用途)"字段的格式(表 4-14、表 4-15)。

表 4-14   不同数据中的字段格式

矢量数据	字　　段	
	证明材料栏	土地用途栏
批次用地	PZWH(批准文号)	YT(用途)
建新地块	SCBG(审查报告)	YT(用途)
供地	电子监管号	用途
	合同编号	
不动产	BDCDYH(不动产单元号)	YT(用途)

矢量数据	字　段	
	证明材料栏	土地用途栏
卫片执法检查	CZYJ(处置意见)	实际用途
	ZGCCJG(整改查处结果)	
低效用地再开发	XMQMC(项目区名称)	YT(用途)
原拆原建	XMQMC(项目区名称)	YT(用途)
矿山关闭再利用	CKQR(采矿权人)	—

表 4-15　　　　　　　　　　　　　　　**统一字段格式**

字段名	数据类型	别名	长度	字段修改方式
ZMCL	文本	证明材料	255	统一格式
YT	文本	用途	255	统一格式

在"二调 DLTB""三调 DLTB"等数据中，也存在部分需要保留的字段信息，如"图斑编号""地类编码""地类名称"等。为区分"二调"与"三调"中的"地类编码""地类名称"字段，可保留"三调"原有字段格式，并重命名"二调"中与之相同的字段(表 4-16)。

表 4-16　　　　　　　　　　　　　　　**保留与重命名字段**

字段名	数据类型	别名	长度	字段修改方式
TBBH	文本	图斑编号	—	保留
DLBM	文本	地类编码	—	保留
DLMC	文本	地类名称	—	保留
EDLBM	文本	二调地类编码	—	重命名
EDLMC	文本	二调地类名称	—	重命名

2. 已审批未建设的用地

对于已审批未建设用地的获取应先处理得到"已审批的用地"和"未建设的用地"图斑。"已审批的用地"主要分为"已完成农转用审批手续(含增减挂钩建新用地手续)，但尚未供地的""已办理供地手续，但尚未办理土地使用权登记的""已办理土地使用权登记的"三类。将批次用地、增减挂钩建新用地、供地、不动产等数据按照相应规则进行叠加，并将这三类用地图斑合并得到"已审批用地"图层。对于"未建设的用地"的筛选，通过 4.1 节中的成果数据——"现状用地用海基数转换"图层筛选出"现状非建设用地"图斑即可。然后，将"已审批用地"图层与"现状非建设用地"图层相交，即可得到"已审批未建设的用地"（图 4-26）。

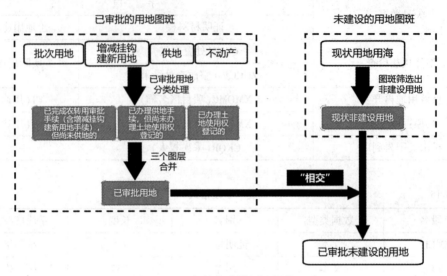

图 4-26 已审批未建设用地操作思路

1)"已审批的用地"图斑获取

土地确权的流程一般是先进行用地审批，再进行土地供应，然后取得土地使用权证（不动产证）。因此，进行土地使用权登记的地块一定是完成了供地手续和审批手续的。

理论上来说，用地审批完成后，数据权属将进行变更，用地审批中的这部分图斑也将转化为土地供应的图斑；同样地，土地供应与土地使用权登记的关系也是如此，因此三者在图斑上不存在重叠关系。但由于审批手续具有周期性，数据更新不及时，往往会存在部分数据重叠，比如已经完成供地手续的图斑，在供地部门已经进行数据备案，但批地部门却未及时撤销此图斑的档案，导致批地数据与供地数据存在重叠。因此，针对"已完成农转用审批手续(含增减挂钩建新用地手续)，但尚未供地的"，处理思路为：①将已完成农转用审批手续的(批次用地)图斑和增减挂钩建新用地手续的(建新用地)图斑融合在一起，生成新图层(已完成农转用审批手续)；②剔除已完成供地手续的数据，即剔除已取得出让合同或划拨手续的"供地"数据，也剔除取得土地使用权登记的"不动产"数据①；③最终得到"已完成农转用但尚未供地"的图层。

同样地，"已办理供地手续，但尚未办理土地使用权登记的"图层是在"供地"图层上剔除已办理土地使用权登记(不动产)图层，最终得到"已供未发证"的图层。

而"已办理土地使用权登记"(不动产)的图层，无需剔除图斑，可直接使用(图4-27)。

具体操作步骤如下。

(1)联合"批次用地"与"建新地块"。

---

① 已经取得土地使用权登记的"不动产"数据，批地和供地部门可能未及时撤销此图斑的档案，导致不动产数据与批地数据和供地数据存在重叠。因此，在剔除"供地"数据的同时，也应该剔除"不动产"数据。

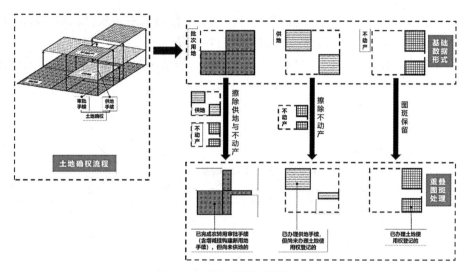

图 4-27 已审批用地分类处理

- 点击菜单栏中【地理处理】→【联合】，打开【联合】对话框。
- 将"批次用地""建新地块"图层添加至【输入要素】对话框(图 4-28)。

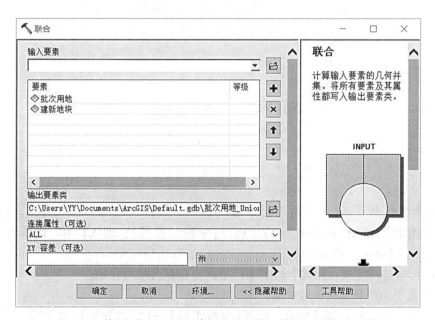

图 4-28 将"批次用地"与"建新地块"添加至【输入要素】对话框

- 点击【输出要素类】处【浏览 】按钮，打开【输出要素类】对话框，选择"规划现状基数分类转换.gdb"文件地理数据库，并将文件命名为"已完成农转用审批手续"，点击【保存】，点击【确定】。

(2)归并字段内容。

将"批次用地"与"建新地块"进行联合时，由于字段格式不一致，相同内容的字段不会统一填写进同一字段，因此需要对字段进行内容归并。

● 打开"已完成农转用审批手续"图层属性表，筛选出"PZWH"等于"''"的图斑(图4-29)。

筛选条件：PZWH = ''。

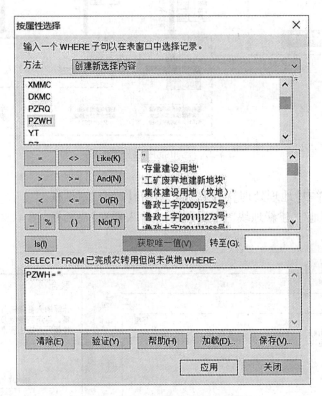

图4-29　筛选"PZWH"为空白的图斑

● 点击属性表下方【显示所选记录 ▤】按钮，切换到已选图斑表界面。右键单击【FID_批次用地①】后的"PZWH"字段，选择【字段计算器】，键入【FID_建新地块】后的"SCBG"，点击【确定】(图4-30)。

同样地，将【FID_批次用地】中的"YT"字段空白部分填写完成。

(3)擦除不动产数据及供地数据。

● 点击【ArcToolbox ⬢】按钮，选择【分析工具】→【叠加分析】→【擦除】，打开【擦除】对话框。

---

① 对两个或多个图层进行联合、合并等操作时，新生成的图层会将联合(合并)前的每个图层的所有字段保留，这些字段保留的形式呈分段式，每个图层的起始字段名称为"FID_×××"，此字段后面的字段即为"×××"图层的全部字段。

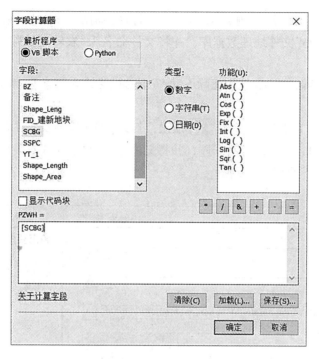

图 4-30　给"PZWH"字段中空白内容赋值

- 将"已完成农转用审批手续"添加至【输入要素】，将"不动产"添加至【擦除要素】
（图 4-31）。

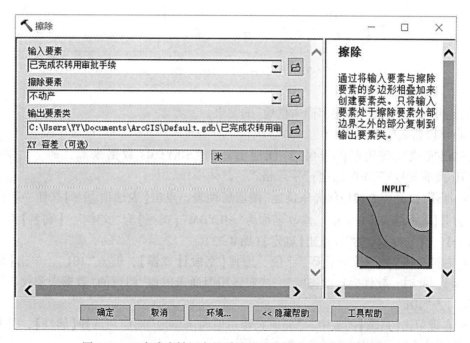

图 4-31　已完成农转用审批手续用地的擦除不动产登记数据

- 点击【输出要素类】处【浏览 📂 】按钮，打开【输出要素类】对话框，选择"规划现状基数分类转换.gdb"文件地理数据库，并将文件命名为"农转用擦除不动产"，点击【保存】，点击【确定】。
- 重复擦除步骤，将"农转用擦除不动产"添加至【输入要素】，将"供地"添加至【擦除要素】。
- 点击【输出要素类】处【浏览 📂 】按钮，打开【输出要素类】对话框，选择"规划现状基数分类转换.gdb"文件地理数据库，并将文件命名为"已完成农转用但尚未供地"，点击【保存】(图 4-32)，点击【确定】。

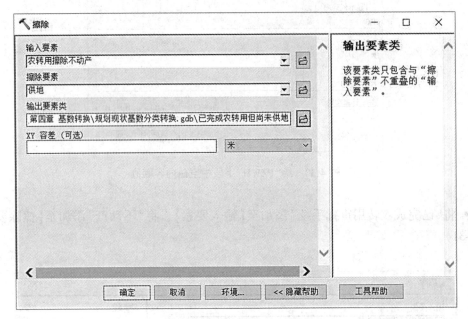

图 4-32 农转用擦除不动产、擦除供地

至此得到"已完成农转用但尚未供地"的结果。

(4)字段格式整理。

在"已完成农转用但尚未供地"图层中添加"SJLYDM(数据来源代码)"，并修改"PZWH(批准文号)""YT(用途)"字段格式。具体操作如下。

- 打开"已完成农转用但尚未供地"图层属性表，点击【表选项 📇 ▾ 】按钮→【添加字段】，打开【添加字段】对话框。修改名称为"SJLYDM"【类型】为"文本"，【别名】为"数据来源代码"，【长度】为"3"，点击【确定】(图 4-33)。
- 右键单击"数据来源代码"字段，选择【字段计算器】，键入"101"，单击【确定】(图 4-34)。此时，软件会自动将"已完成农转用但尚未供地"图斑的"数据来源代码"字段全部填写为"101"。
- 右键单击【目录】面板中"已完成农转用但尚未供地"图层，选择【属性】，打开【要素类属性】对话框，切换至【字段】选项卡。

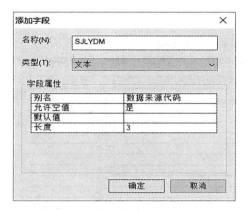

图 4-33　添加"数据来源代码"字段

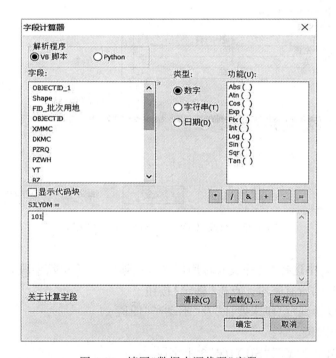

图 4-34　填写"数据来源代码"字段

• 修改"PZWH"字段名为"ZMCL"，修改【别名】为"证明材料"，修改【长度】为"255"（图 4-35）。

同样地，完成"YT"字段格式的修改，点击【确定】。

（5）删除多余字段。

只需保留"ZMCL""YT""SJLYDM"3 个字段。

• 点击【ArcToolbox 🔲】按钮，选择【数据管理工具】→【字段】→【删除字段】，打开【删除字段】对话框。

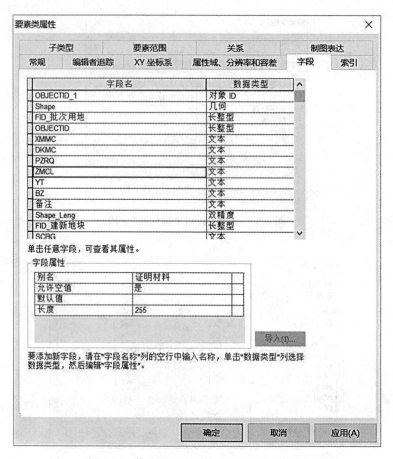

图 4-35　修改"PZWH"格式为"ZMCL"格式

- 在【输入表】中选择"已完成农转用但尚未供地"，在【删除字段】中勾选除"ZMCL"
"YT""SJLYDM"外的所有字段，点击【确定】按钮。

类似地，可以得到"已供未发证"及"不动产"图斑。

(6)合并三类图斑。

只需保留"ZMCL""YT""SJLYDM"3 个字段。

- 点击菜单栏中【地理处理】→【合并】，打开【合并】对话框。
- 将"已完成农转用但尚未供地""已供未发证""不动产"图层添加至【输入数据集】
对话框(图 4-36)。
- 点击【输出数据集】处的【浏览 】按钮，打开【输出数据集】对话框，选择"规划现
状基数分类转换 .gdb"文件地理数据库，并将文件命名为"已审批的用地"，点击【保存】，
点击【确定】。

2)"未建设的用地"图斑获取

对于未建设的用地可直接通过 4.1 节中的成果数据——"现状用地用海基数转换"图
层筛选出非建设用地图斑，具体操作如下。

122

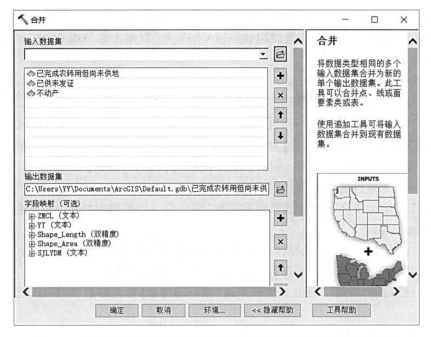

图 4-36 合并"已完成农转用但尚未供地""已供未发证""不动产"图层

• 打开"现状用地用海基数转换"图层属性表，筛选出【功能分类】中"非建设用地"图斑，点击【应用】（图 4-37）。

图 4-37 筛选"三调"中"非建设用地"图斑

筛选条件: GNFL ='草地' OR GNFL ='耕地' OR GNFL ='林地' OR GNFL ='陆地水域' OR GNFL ='农业设施建设用地' OR GNFL ='其他土地' OR GNFL ='湿地' OR GNFL ='园地'。

• 右键单击【内容列表】面板中的"现状用地用海基数转换"图层,在弹出菜单中选择【数据】→【导出数据】,打开【导出数据】对话框。

• 点击【浏览 ⬚】按钮,打开【保存数据】对话框,修改【保存类型】为"文件和个人地理数据库要素类";修改【名称】为"现状非建设用地";修改数据保存位置为"第四章 基数转换 \ 规划现状基数分类转换 .gdb",点击【保存】,点击【确定】。

3)"已审批未建设的用地"图斑获取

取"已审批用地联合"及"现状非建设用地"的交集,即可得到"已审批未建设的用地"图斑,具体操作如下。

(1)将"已审批的用地"图层与"现状非建设用地"图层相交,获取重叠部分。

• 点击菜单栏中的【地理处理】→【相交】,打开【相交】对话框。

• 将"已审批的用地""现状非建设用地"图层添加至【输入要素】对话框(图 4-38)。

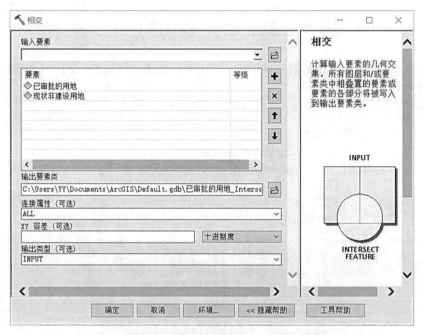

图 4-38 "现状非建设用地"与"已审批的用地"相交

• 点击【输出要素类】处的【浏览 ⬚】按钮,打开【输出要素类】对话框,选择"规划现状基数分类转换 .gdb"文件地理数据库,并将文件命名为"已审批未建设的用地",点击【保存】,点击【确定】。

(2)删除多余字段。

保留"已审批未建设的用地"图层中"ZMCL""YT""SJLYDM""TBBH""DLBM"

"DLMC"6个字段,删除其余字段。具体操作步骤不再赘述。至此,"已审批未建设的用地"图层整理完成。

3. 未审批已建设的用地

"未审批已建设的用地"是指在第二次全国国土调查中调查为非建设用地,在"三调"中调查为建设用地但未办理用地审批手续的用地。对于此类用地,此轮国土空间规划中一般规定,若在2020年1月1日前补办了用地手续的则可认定为建设用地,否则认定为非建设用地。因此,此类用地的处理思路:首先应筛选出"二调"为非建设用地、"三调"为建设用地的图斑,叠加得到"二调"以来新增的已建设用地;接着在该图斑的基础上剔除"已审批的用地",筛选出"未审批已建设用地"图斑;最后,将"未审批已建设用地"图斑与执法督察部门的"卫片执法检查"对接,核实用地手续补办情况,完成地类认定(图4-39)。

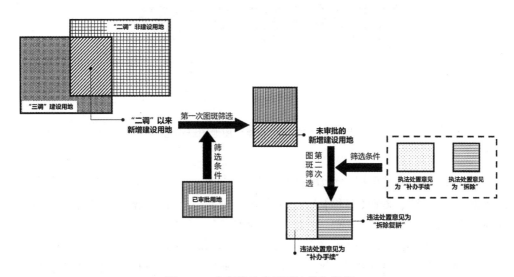

图 4-39　未审批已建设用地操作流程

具体操作步骤如下。

(1)筛选"二调""非建设用地"图斑。

● 打开二调"DLTB"图层属性表,通过【地类名称】字段筛选出"二调"中"非建设用地"图斑(图4-40)。

筛选条件:DLMC = '水田' OR DLMC = '水浇地' OR DLMC = '旱地' OR DLMC = '果园' OR DLMC = '茶园' OR DLMC = '其他园地' OR DLMC = '有林地' OR DLMC = '灌木林地' OR DLMC = '其他林地' OR DLMC = '天然牧草地' OR DLMC = '人工牧草地'……(由于筛选条件过长,读者可参考《第二次全国土地调查技术规程》中"土地利用现状分类与三大类对照表"并根据实际情况自行选择)

● 右键单击【内容列表】面板中"DLTB"图层,在弹出菜单中选择【数据】→【导出数据】,打开【导出数据】对话框。

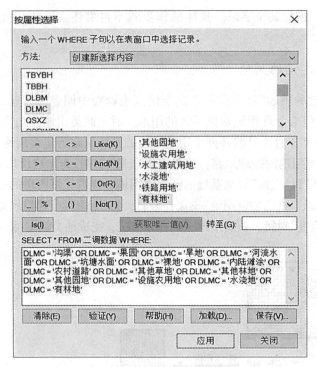

图 4-40 "二调"非建设用地图斑筛选

· 点击【浏览 】按钮，打开【保存数据】对话框，修改【保存类型】为"文件和个人地理数据库要素类"；修改【名称】为"二调非建设用地"；修改数据保存位置为"第四章 基数转换 \ 规划现状基数分类转换 . gdb"，点击【保存】，点击【确定】。

（2）重命名"二调"的"DLTB"图层中"DLBM""DLMC"字段。

· 右键单击【目录】面板中的"二调非建设用地"图层，选择【属性】，打开【要素类属性】对话框，切换至【字段】选项卡。

· 修改"DLBM"字段名为"EDLBM"，修改【别名】为"二调地类编码"。同样地，完成"DLMC"字段的【字段名】及【别名】修改。

（3）筛选"三调"建设用地图斑。

· 打开"现状用地用海基数转换"图层属性表，通过"GNFL"字段筛选出"三调"的"建设用地"图斑（图 4-41）。

筛选条件：GNFL = '城镇用地' OR GNFL = '村庄用地' OR GNFL = '其他建设用地' OR GNFL = '区域基础设施用地'。

· 右键单击【内容列表】面板中的"现状用地用海基数转换"图层，在弹出菜单中选择【数据】→【导出数据】，打开【导出数据】对话框。

· 点击【浏览 】按钮，打开【保存数据】对话框，修改【保存类型】为"文件和个人地理数据库要素类"；修改【名称】为"现状建设用地"；修改数据保存位置为"第四章 基数转换 \ 规划现状基数分类转换 . gdb"，点击【保存】，点击【确定】。

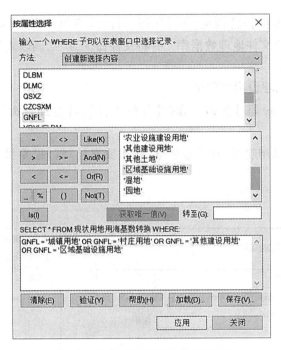

图 4-41 "三调"建设用地图斑筛选

(4)筛选"二调"以来新增建设用地图斑。

- 点击菜单栏中的【地理处理】→【相交】,打开【相交】对话框。
- 将"现状建设用地""二调非建设用地"图层添加至【输入要素】对话框(图 4-42)。

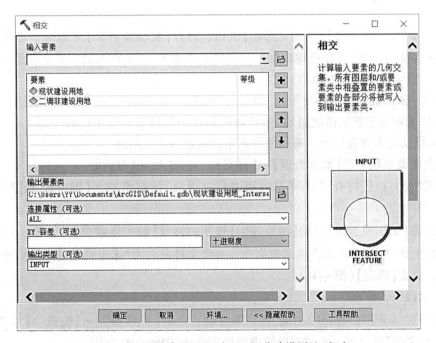

图 4-42 "现状建设用地"与"二调非建设用地"相交

● 点击【输出要素类】处【浏览 🗁】按钮，打开【输出要素类】对话框，选择"规划现状基数分类转换.gdb"文件地理数据库，并将文件命名为"二调以来新增建设用地"，点击【保存】，点击【确定】。

（5）剔除已审批的建设用地图斑。

● 点击【ArcToolbox 🔤】按钮，选择【分析工具】→【叠加分析】→【擦除】，打开【擦除】对话框。

● 将"二调以来新增建设用地"添加至【输入要素】，将"已审批的用地"添加至【擦除要素】（图4-43）。

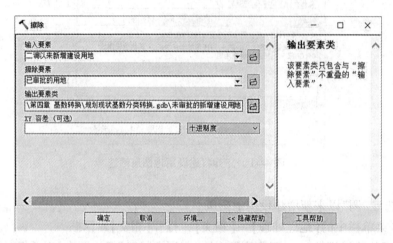

图4-43　未审批已建设用地的获取

● 点击【输出要素类】处【浏览 🗁】按钮，打开【输出要素类】对话框，选择"规划现状基数分类转换.gdb"文件地理数据库，并将文件命名为"未审批的新增建设用地"，点击【保存】，点击【确定】（图4-43）。

（6）将"未审批的新增建设用地"与"卫片执法检查"数据相交，得到重叠图斑。

核对"未审批的新增建设用地"中每块图斑在卫片执法检查中的处置意见，判断哪些图斑可继续认定为建设用地，哪些图斑则不能认定为建设用地。

● 点击菜单栏中的【地理处理】→【相交】，打开【相交】对话框。

● 将"卫片执法检查""未审批的新增建设用地"图层添加至【输入要素】对话框（图4-44）。

● 点击【输出要素类】处的【浏览 🗁】按钮，打开【输出要素类】对话框，选择"规划现状基数分类转换.gdb"文件地理数据库，并将文件命名为"未审批已建设的用地"，点击【保存】，点击【确定】（图4-44）。

（7）字段格式整理。

● 打开"未审批已建设的用地"图层属性表，点击【表选项 🌐 ▾】按钮→【添加字段】，打开【添加字段】对话框。按照字段设置的格式新建"SJLYDM"字段。

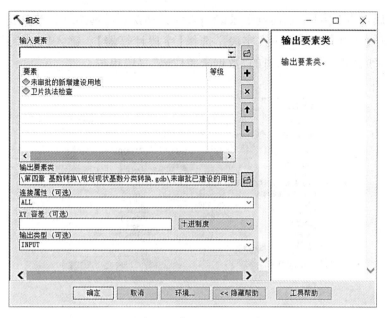

图 4-44 "未审批已建设的用地"的存储及命名

* 打开"未审批已建设的用地"图层属性表，筛选出"CZYJ(处置意见)"等于"补办手续"的图斑(图 4-45)。

筛选条件：CZYJ = '补办手续'。

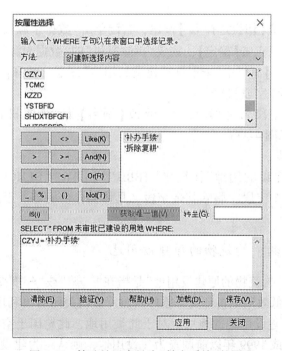

图 4-45 筛选处置意见为"补办手续"的图斑

- 点击属性表下方【显示所选记录 ▭ 】按钮，切换到已选图斑表界面进行字段填写。
- 右键单击"数据来源代码"字段，选择【字段计算器】，键入"201"，点击【确定】（图 4-46），完成"补办手续"图斑的"数据来源代码"字段填写。

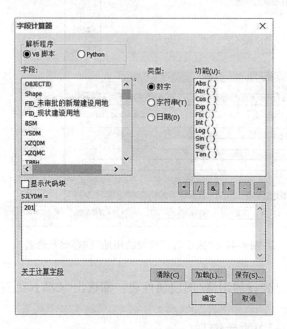

图 4-46　将处置意见为"补办手续"图斑赋值"201"

- 点击属性表上方【切换选择 ▦ 】按钮，右键单击"数据来源代码"字段，选择【字段计算器】，键入"202"，点击【确定】，完成"拆除复耕"的"数据来源代码"字段填写。
- 右键单击【目录】面板中"未审批已建设的用地"图层，选择【属性】，打开【要素类属性】对话框，切换至【字段】选项卡。
- 修改"CZYJ"字段名为"ZMCL"，修改【别名】为"证明材料"，修改【长度】为"255"，点击【确定】（图 4-47）。

（8）删除多余字段。

保留"未审批已建设的用地"图层中"TBBH""DLBM""DLMC""EDLBM""EDLMC""ZMCL""SJLYDM"7 个字段，删除其余字段。具体操作步骤略。至此，未审批已建设的用地图层整理完成。

4. 已拆除建筑物、构筑物的原建设用地

"已拆除建筑物、构筑物的原建设用地"是指在"二调"或"年度变更调查数据"中显示为建设用地，但由于低效用地再开发、原拆原建、矿山关闭后再利用等原因已先行拆除，导致"三调"显示为非建设用地的地块。对于此类用地，此轮国土空间规划一般规定，若取得了合法审批手续或 1999 年以前调查为建设用地，则认定为建设用地，否则认定为非建设用地。

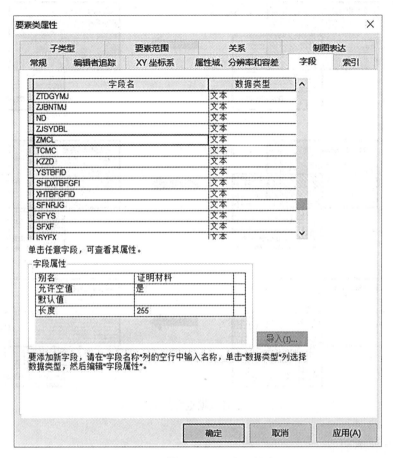

图 4-47　修改"CZYJ"字段格式

　　根据此类别的处理规则来看，首先应筛选出"二调"或"年度变更调查数据"中为"建设用地"、"三调"中为"非建设用地"的图斑；接着，将该图斑与已取得合法审批手续的"低效用地再开发""原拆原建""矿山关闭后再利用"等图斑以及 1999 年以前调查为"建设用地"的图斑进行叠加分析，即可进行建设用地与非建设用地的认定。但考虑到"年度变更调查数据"的量太多，且未必能将 2000—2018 年的变更数据收集齐全，所以实际此类情形的处理方式：首先，为避免"低效用地再开发""原拆原建""矿山关闭再利用"等数据存在图层两两重叠，进行重叠图斑处理；其次，将这三个图层合并成一个图层(已拆除建筑物构筑物的用地)；最后，将合并图层与"现状非建设用地"图斑进行叠加分析，得到"已拆除的原建设用地"图层。

　　"低效用地再开发""原拆原建""矿山关闭再利用"数据之间的重叠，根据"规划现状基数分类转换"规则中的先后顺序进行相关处理，即："低效用地再开发"与"原拆原建用地"重叠部分保留为"低效用地再开发"，"低效用地再开发"与"矿山关闭再利用"重叠部分保留为"低效用地再开发"，"原拆原建用地"与"矿山关闭再利用"重叠部分保留为"原拆原建用地"(图 4-48)。

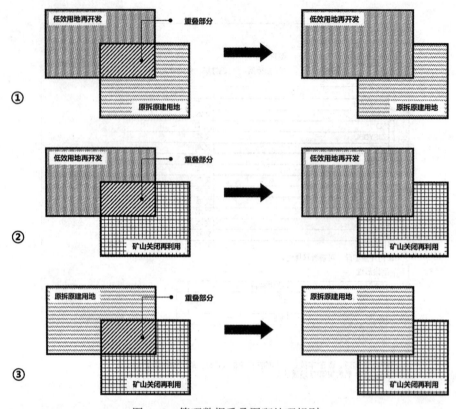

图 4-48 管理数据重叠图斑处理规则

具体操作步骤如下。

（1）分别在"低效用地再开发""原拆原建""矿山关闭再利用"图层中新建"SJLYDM（数据来源代码）"字段。

• 打开"低效用地再开发"图层属性表，点击【表选项 ▤ ▾】按钮→【添加字段】，打开【添加字段】对话框。按照字段设置的格式新建"SJLYDM"字段。

• 右键单击"SJLYDM"字段，选择【字段计算器】，键入"301"，点击【确定】（图4-49）。

• 右键单击【目录】面板中"低效用地再开发"图层，选择【属性】，打开【要素类属性】对话框，切换至【字段】选项卡。

• 修改"XMQMC"字段名为"ZMCL"，修改【别名】为"证明材料"，修改【长度】为"255"。修改【YT】别名为"用途"，修改【长度】为"255"，点击【确定】（图 4-50）。

• 同样地，完成"原拆原建""矿山关闭再利用"图层字段的整理。

（2）在"原拆原建"图层上剔除"低效用地再开发"图斑。

• 点击【ArcToolbox ▣】按钮，选择【分析工具】→【叠加分析】→【擦除】，打开【擦除】对话框。

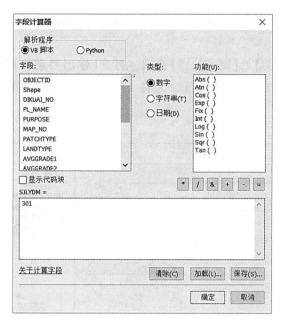

图 4-49 将"低效用地再开发"图斑赋值"301"

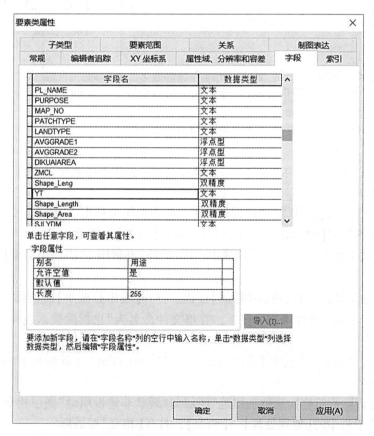

图 4-50 修改"XMQMC""YT"字段格式

● 将"原拆原建"图层添加至【输入要素】，将"低效用地再开发"图层添加至【擦除要素】(图 4-51)。

● 点击【输出要素类】处【浏览 📁】按钮，打开【输出要素类】对话框，选择"规划现状基数分类转换.gdb"文件地理数据库，并将文件命名为"原拆原建 1"，点击【保存】，点击【确定】(图 4-51)。

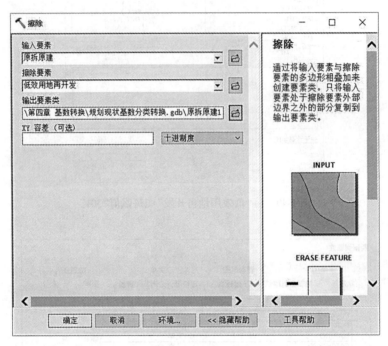

图 4-51　"原拆原建"数据擦除"低效用地再开发"数据后存储及命名

同样地，在"矿山关闭再利用"图层上剔除"原拆原建""低效用地再开发"图斑，得到"矿山关闭再利用 2"图层。

(3)合并"低效用地再开发""原拆原建 1""矿山关闭再利用 2"图层。

● 点击菜单栏中【地理处理】→【合并】，打开【合并】对话框。

● 将"低效用地再开发""原拆原建 1""矿山关闭再利用 2"图层添加至【输入数据集】对话框。

● 点击【输出数据集】处的【浏览 📁】按钮，打开【输出数据集】对话框，选择"规划现状基数分类转换.gdb"文件地理数据库，并将文件命名为"已拆除建筑物构筑物的用地"，点击【保存】。

● 在【字段映射】选项框中删除"ZMCL""YT""SJLYDM"之外的所有字段，点击【确定】(图 4-52)。

(4)将"已拆除建筑物构筑物的用地"图层与"现状非建设用地"图层相交。

● 点击菜单栏中的【地理处理】→【相交】，打开【相交】对话框。

● 将"现状非建设用地""已拆除建筑物构筑物的用地"图层添加至【输入要素】对

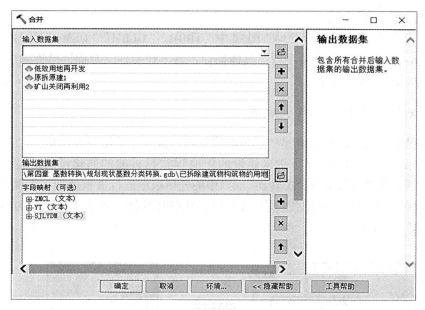

图 4-52 合并图层命名及存储

话框。

- 点击【输出要素类】处的【浏览 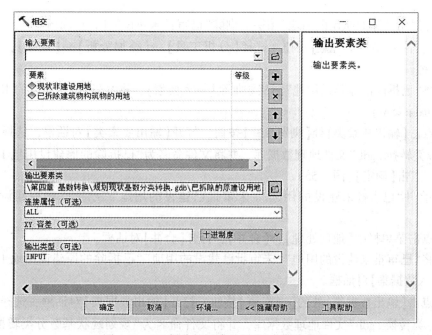】按钮，打开【输出要素类】对话框，选择"规划现状基数分类转换.gdb"文件地理数据库，并将文件命名为"已拆除的原建设用地"，点击【保存】，点击【确定】(图 4-53)。

图 4-53 "已拆除的原建设用地"存储及命名

（5）删除多余字段。

保留"已拆除的原建设用地"图层中"TBBH""DLBM""DLMC""ZMCL""YT""SJLYDM"6 个字段，删除其余字段。具体操作步骤不作赘述。至此，已拆除建筑物、构筑物的原建设用地图层整理完成。

5. 规划现状基数分类转换成果

由于"已审批未建设的用地"与"已拆除建筑物、构筑物的原建设用地"在"三调"中均为"非建设用地"，为避免"已审批未建设的用地"与"已拆除的原建设用地"图层存在重叠，需要按照"规划现状基数分类转换"规则中的先后顺序进行去重处理，处理规则："已审批未建设的用地"与"已拆除建筑物、构筑物的原建设用地"重叠部分保留为"已审批未建设的用地"（图 4-54）。

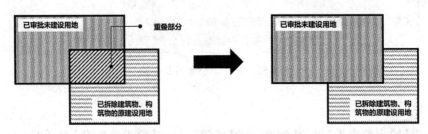

图 4-54　转换规则重叠图斑处理规则

然后合并处理之后的 3 个图层，即可得到本次规划现状基数分类转换成果。具体操作如下。

（1）在"已拆除的原建设用地"图层上剔除"已审批未建设的用地"图斑。

• 点击【ArcToolbox 🔲】按钮，选择【分析工具】→【叠加分析】→【擦除】，打开【擦除】对话框。

• 将"已拆除的原建设用地"图层添加至【输入要素】，将"已审批未建设的用地"图层添加至【擦除要素】。

• 点击【输出要素类】处【浏览 📁】按钮，打开【输出要素类】对话框，选择"规划现状基数分类转换.gdb"文件地理数据库，并将文件命名为"已拆除的原建设用地1"，点击【保存】，点击【确定】（图 4-55）。

（2）合并"已审批未建设的用地""未审批已建设的用地""已拆除的原建设用地1"图层。

• 点击菜单栏中【地理处理】→【合并】，打开【合并】对话框。

• 将"已审批未建设的用地""未审批已建设的用地""已拆除的原建设用地1"图层添加至【输入数据集】对话框。

• 点击【输出数据集】处的【浏览 📁】按钮，打开【输出数据集】对话框，选择"规划现状基数分类转换.gdb"文件地理数据库，并将文件命名为"规划现状基数分类转换成果"，点击【保存】，点击【确定】（图 4-56）。

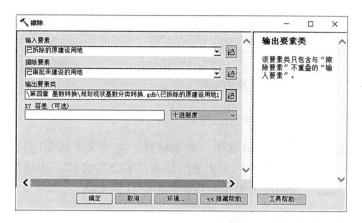

图 4-55 "已拆除的原建设用地"擦除"已审批未建设用地"后存储及命名

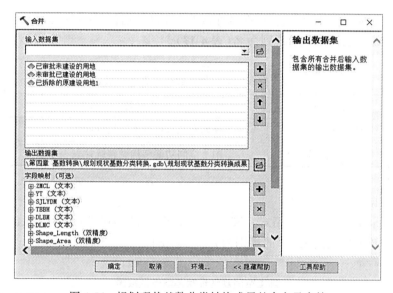

图 4-56 规划现状基数分类转换成果的命名及存储

至此,基数认定部分结果已完成。

4.3 基数转换成果制作

《自然资源部办公厅关于规范和统一市县国土空间规划现状基数的通知》虽制定了"规划现状基数分类转换"规则,但未对提交成果作出要求。基于此,各地区陆续印发了地方性的"成果汇交要求"①。本节将以某地区"成果汇交要求"为例,介绍基数转换成

---

① 成果汇交要求:为统一规范市级国土空间总体规划成果数据汇交,保障市级国土空间总体规划成果及时报部、省审查和备案,实现规划成果的数字化辅助审查,各个地区在收集各阶段性成果时,对数据内容、格式和命名、成果组织形式以及数据质量等方面提出的相关要求。全国各地区对此次基数转换成果汇交要求有一定差异,本节仅选取某地区"成果汇交要求"为例,仅供参考。

果制作方法。

4.3.1 数据汇交要求

该地区数据汇交要求如下(有删改)。

1. 数据汇交总体要求

汇交材料应包括:表格、矢量数据、举证材料。电子成果数据应符合本数据汇交要求,矢量数据坐标系统采用"2000 国家大地坐标系(CGCS2000)",高程系统采用"1985 国家高程基准",坐标统一采用度为单位,精确到小数点后 8 位。

2. 数据内容、格式和命名要求

1)表格

表格采用(.mdb)文件格式。文件名称按照"行政区划代码+行政区划名称+国土空间规划现状基数统计表.mdb"的规则命名(表 4-17)。

表 4-17 国土空间规划现状基数统计表格数据

序号	表格名称	表格别名	备注
1	GHXZJSFLZHTJB	规划现状基数分类转换统计表	必选
2	GTKJGNJGTZTJB	国土空间功能结构调整统计表	必选

2)矢量数据

矢量数据采用(.gdb)文件格式。文件名称按照"行政区划代码+行政区划名称+国土空间规划现状基数矢量数据.gdb"的规则命名(表 4-18)。

表 4-18 国土空间规划现状基数矢量数据

序号	表格名称	表格别名	几何特征	备注
1	GHXZJSFLZH	规划现状基数分类转换	面	必选
2	XZYDYH	现状用地用海	面	必选

3)举证材料

举证材料统一采用(.pdf)文件格式。文件名称按照"行政区划代码+行政区划名称+××.pdf"的规则命名,统一放在对应转换类型文件夹目录下。

3. 成果组织形式

以本级行政辖区范围内的县(市、区)为组织单元,按照文件夹形式组织,相关数据存储到对应文件夹下(图 4-57)。

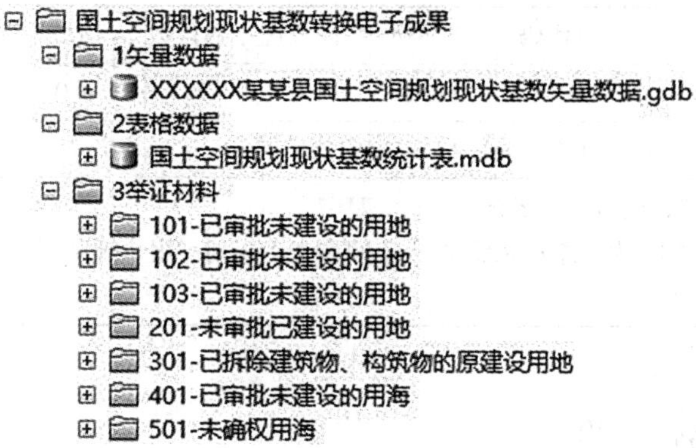

```
□ 🖿 国土空间规划现状基数转换电子成果
  □ 🖿 1矢量数据
    ⊞ 🗊 XXXXXX某某县国土空间规划现状基数矢量数据.gdb
  □ 🖿 2表格数据
    ⊞ 🗊 国土空间规划现状基数统计表.mdb
  □ 🖿 3举证材料
    ⊞ 🖿 101-已审批未建设的用地
    ⊞ 🖿 102-已审批未建设的用地
    ⊞ 🖿 103-已审批未建设的用地
    ⊞ 🖿 201-未审批已建设的用地
    ⊞ 🖿 301-已拆除建筑物、构筑物的原建设用地
    ⊞ 🖿 401-已审批未建设的用海
    ⊞ 🖿 501-未确权用海
```

图 4-57 国土空间规划现状基数转换电子成果目录结构

4. 表格属性结构

（1）规划现状基数分类转换统计表属性结构（表 4-19）。

表 4-19 规划现状基数分类转换统计属性结构描述表（属性表名：**GHXZJSFLZHTJB**）

序号	字段名称	字段代码	字段类型	字段长度	小数位数	值域	约束条件	备注
1	行政区代码	XZQDM	Char	12		见注1	M	
2	行政区名称	XZQMC	Char	100		见注1	M	
3	转换类型代码	ZHLXDM	Char	3		见注2	M	
4	面积	MJ	Float	15	2	≥0	M	单位：公顷

注1：行政区划填写到县级，代码保留6位，下同。

注2：参照代码表1。

注3：面积按照转换类型取合计值。

（2）国土空间功能结构调整统计表属性结构（表 4-20）。

表 4-20 国土空间功能结构调整统计属性结构描述表（属性表名：**GTKJGNJGTZTJB**）

序号	字段名称	字段代码	字段类型	字段长度	小数位数	值域	约束条件	备注
1	行政区代码	XZQDM	Char	12			M	
2	行政区名称	XZQMC	Char	100			M	
3	功能分类	GNFL	Char	60		见注1	M	
4	用地用海分类代码	YDYHFLDM	Char	10		见注2	M	
5	用地用海分类名称	YDYHFLMC	Char	60		见注2	M	

续表

序号	字段名称	字段代码	字段类型	字段长度	小数位数	值域	约束条件	备注
6	面积	MJ	Float	15	2	≥0	M	单位：公顷
7	备注	BZ	Char	255			O	

注1：参照代码表2，填写分类名称。

注2：用地用海分类代码和名称参照《国土空间调查、规划、用途管制用地用海分类指南（试行）》支持填写一级类、二级类。

5. 矢量数据属性结构

（1）规划现状基数分类转换属性结构（表4-21）。

表 4-21　　规划现状基数分类转换属性结构描述表（属性表名：**GHXZJSFLZH**）

序号	字段名称	字段代码	字段类型	字段长度	小数位数	值域	约束条件	备注
1	标识码	BSM	Char	18		见注1	M	
2	行政区代码	XZQDM	Char	12			M	
3	行政区名称	XZQMC	Char	100			M	
4	图斑编号	TBBH	Char	10		见注2	M	
5	转换前地类代码	YDLDM	Char	10		见注3	M	
6	转换前地类名称	YDLMC	Char	60		见注3	M	
7	转换后地类代码	ZDLDM	Char	10		见注4	M	
8	转换后地类名称	ZDLMC	Char	60		见注4	M	
9	面积	MJ	Float	15	2	≥0	M	单位：平方米
10	转换类型代码	ZHLXDM	Char	3		见注5	M	
11	证明材料	ZMCL	Char	255		见注6	M	
12	审批文号	SPWH	Char	100		见注6	C	
13	备注	BZ	Char	255			O	

注1：标识码编号规则：行政区代码（6位）+扩展码（0000）+顺序码（8位），下同。

注2：图斑编号保留"三调"数据，不得改变。

注3：转换前地类代码和地类名称保留"三调"原始属性值。

注4：转换后地类代码和地类名称参照《三调工作方案用地分类》。转换为建设用地，但尚未明确具体地类用途的，地类名称一律填写"建设用地"，地类代码为99。

注5：转换类型代码参照代码表1。

注6：填写举证材料电子文件名称，有审批文件的填写审批文号。

（2）现状用地用海属性结构（表4-22）。

表4-22 现状用地用海属性结构描述表（属性表名：XZYDYH）

序号	字段名称	字段代码	字段类型	字段长度	小数位数	值域	约束条件	备注
1	标识码	BSM	Char	18			M	
2	要素代码	YSDM	Char	10		见注1	M	
3	行政区代码	XZQDM	Char	12			M	
4	行政区名称	XZQMC	Char	100			M	
5	图斑编号	TBBH	Char	8				M
6	地类编码	DLBM	Char	5				M
7	地类名称	DLMC	Char	60		见注2		M
8	权属性质	QSXZ	Char	2				M
9	城镇村属性码	CZCSXM	Char	4				C
10	功能分类	GNFL	Char	60		见注3	M	
11	用地用海分类代码	YDYHFLDM	Char	10		见注4	M	
12	用地用海分类名称	YDYHFLMC	Char	60		见注4	M	
13	面积	MJ	Float	15	2	≥0	M	单位：平方米
14	备注	BZ	Char	255			O	

注1：参照《市级国土空间总体规划数据库规范（试行）》，统一填写"2090010100"。

注2：图斑编号保留"三调"数据，不得改变。

注3：参照代码表2，填写分类名称。

注4：用地用海分类代码和名称参照《国土空间调查、规划、用途管制用地用海分类指南（试行）》支持填写一级类、二级类。

6. 数据质量要求

对提交的成果数据，上级部门将进行质量检查，检查内容包括数据完整性、空间数学基础[①]与数据格式正确性、标准符合性、空间拓扑、图数一致性等方面，未通过检查的，需据实修改完善后重新报送。

---

① 空间数学基础：指GIS的地理参考系统，包括空间坐标系、投影方式等。

7. 其他要求

(1)提交电子成果数据要以优盘(U盘)为存储介质,勿对文件进行压缩处理,文件组织严格按照本规范要求执行。

(2)矢量数据及表格数据,不允许在本规范的基础上增减字段。

8. 矢量数据属性值代码(表4-23、表4-24)

表 4-23　　　　　　　　　　**代码表1 基数转换类型代码表**

代码	类　别	类　型
101	已审批未建设的用地("三调"为非建设用地)	已完成农转用审批手续(含增减挂钩建新手续),但尚未供地
102		已办理供地手续,但尚未办理土地使用权登记
103		已办理土地使用权登记
201	未审批已建设的用地("三调"为建设用地)	"二调"以来新增的未审批已建设的用地("二调"为非建设用地),2020年1月1日以来已补办用地手续。可按照"三调"地类认定
301	已拆除建筑物、构筑物的原建用地("三调"为非建设用地)	因低效用地再开发、原拆原建、矿山关闭再利用等原因已先行拆除的
401	已审批未建设的用海(位于0米线以上,"三调"为非建设用地)	已取得用海批文或办理海域使用权登记的,允许继续填海的
501	未确权用海(位于0米线以上,"三调"为建设用地)	围填海历史遗留问题清单中未确权已填海已建设的

表 4-24　　　　　　　　　　**代码表2 功能分类代码表**

代　码	分 类 名 称
01	耕地
02	园地
03	林地
04	草地
05	湿地
06	农业设施建设用地
0701	城镇用地
0702	村庄用地
08	区域基础设施用地

代　码	分类名称
09	其他建设用地
10	渔业用海
11	工矿通信用海
12	交通运输用海
13	游憩用海
14	特殊用海
15	陆地水域
16	其他土地
17	其他海域

依据上述要求，此次成果数据主要分为三个部分：①矢量数据；②表格数据；③举证材料。首先，应先按照"成果组织形式"要求建立相应的文件目录结构（具体操作步骤略）。接着，按照要求完成三类成果数据，具体操作如下。

4.3.2　制作"矢量数据"数据库

首先，需在"1 矢量数据"文件夹下建立"××××××某某县国土空间规划现状基数矢量数据.gdb"文件地理数据库（具体步骤略）。然后，按要求制作矢量数据的两个图层：①规划现状基数分类转换；②现状用地用海。

1. 制作"规划现状基数分类转换"图层

"规划现状基数分类转换"图层的制作过程分为三步：

第一，"规划现状基数分类转换成果"图层中"YT（用途）"字段的转化。各部门在对"YT"字段进行填写时，由于追溯年限较为久远，所以土地用途填写规则会有两个：《土地利用现状分类》（GB/T 21010—2007）或《土地利用现状分类》（GB/T 21010—2017）。又由于填写习惯不一样，"YT"字段中既会填写地类名称，也会填写地类代码。因此，需要根据附表 5 "三调"工作方案用地分类与土地利用现状分类转换表，将"YT"字段的内容转化为新的字段："三调工作地类代码"和"三调工作地类名称"。

第二，标准图层制作及要求字段填写。一般地，"规划现状基数分类转换"标准图层的制作是将统一下发的"GHXZJSFLZH"空图层与 4.2 节的"规划现状基数分类转换成果"图层进行联合，然后通过【字段计算器】完成要求字段的填写。但由于标准图层统一下发的时间不确定，为顺利完成成果汇交，需自行构建标准图层。

第三，汇交成果的存储及命名。

具体操作步骤如下。

1)"YT"字段内容转化

根据附表 5"三调"工作方案用地分类与土地利用现状分类转换表，将"规划现状基数分类转换成果"图层中的"YT"字段转化为"SDLDM"和"SDLMC"，以工业用地①为例进行转化演示(表 4-25)，具体操作步骤如下。

表 4-25　　　　"三调"工作方案用地分类与土地利用现状分类转换表(部分)

"三调"工作方案用地分类				土地利用现状分类(2007)				土地利用现状分类(2017)			
一级类		二级类		一级类		二级类		一级类		二级类	
06	工矿用地	0601	工业用地	06	工矿仓储用地	061	工业用地	06	工矿仓储用地	061	工业用地
		0602	采矿用地			062	采矿用地			062	采矿用地

(1)在"规划现状基数分类转换成果"图层中新建"SDLDM""SDLMC"字段。

• 右键单击【目录】面板中的"规划现状基数分类转换成果"图层，选择【属性】，打开【要素类属性】对话框，切换至【字段】选项卡。

• 在【字段名】的空白处输入名称添加 2 个新字段，字段属性设置如表 4-26 所示。字段添加完成后点击【确定】。

表 4-26　　　　　　　　　添 加 字 段

字 段 名	数据类型	别　名	长　度
SDLDM	文本	三调工作地类代码	10
SDLMC	文本	三调工作地类名称	60

(2)根据附表 5"三调"工作方案用地分类与土地利用现状分类转换表，将"YT"字段内容填入"SDLDM""SDLMC"中。

• 打开"规划现状基数分类转换成果"图层属性表，通过"YT"字段筛选出工业用地②(图 4-58)。

筛选条件：YT = '061' OR YT = '0601' OR YT = '工业' OR YT = '工业用地'。③(根据填写的实际情况选择筛选条件)

———————————

① 矢量数据中"土地用途栏"字段中会填入图斑的用地性质，包括工业、居住、商业、仓储、交通等，为避免操作冗余，选取工业用地为例进行操作演示。

② 由于数据来源复杂，所以"土地用途栏"字段填写会出现不一致的情况，在进行操作时，需要选择能代表工业用地的所有类别，可能包括工业、工业用地、工矿用地、061、0601 等情况。

③ 在标准《土地利用现状分类》2007 年版中，工业用地代码为 061；在 2017 年版中，工业用地代码为 0601。

图 4-58 筛选工业用地图斑

• 点击属性表下方【显示所选记录 ▬ 】按钮，切换到已选图斑表界面。右键单击"SDLDM"字段，选择【字段计算器】，键入"0601"，点击【确定】（图 4-59）。

图 4-59 完成"SDLDM"字段的填写

同样地，完成"SDLMC"字段的填写。

类似地，将"YT"字段中其余内容转化完成。

2）构建标准图层并完成要求字段填写

（1）新建"GHXZJSFLZH"空白标准库。

• 右键单击【目录】面板中的"第四章 基数转换 \ 规划现状基数分类转换 . gdb"文件地理数据库，选择【新建】→【要素类】，打开【新建要素类】对话框。

• 设置【名称】为"GHXZJSFLZH"，【别名】为"规划现状基数分类转换"，【类型】为"面要素"，不勾选【几何属性】，点击【下一步】（图 4-60）。

图 4-60　新建"规划现状基数分类转换"要素

• 设置坐标系与"三调"坐标系相同，点击【下一步】。

• 【XY 容差】保持不变，点击【下一步】。

• 【配置关键字】为【默认】，点击【下一步】。

• 按照"规划现状基数分类转换属性结构描述表"要求添加相应【字段】，点击【完成】。

（2）联合"规划现状基数分类转换"空白标准库与"规划现状基数分类转换成果"图层。

• 点击菜单栏中【地理处理】→【联合】，打开【联合】对话框。

• 将"规划现状基数分类转换""规划现状基数分类转换成果"图层添加至【输入要素】对话框。

• 点击【输出要素类】处【浏览 】按钮，打开【输出要素类】对话框，选择"国土空

间规划现状基数转换电子成果\1矢量数据\××××××某某县国土空间规划现状基数
矢量数据.gdb"文件地理数据库,并将文件命名为"GHXZJSFLZH",点击【保存】,点击
【确定】(图4-61)。

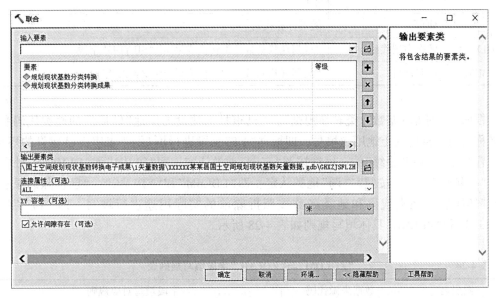

图 4-61　联合图层的存储及命名

(3)完成字段填写。

首先,需要理清每个字段的填写内容。根据"规划现状基数分类转换属性结构描述
表",本次必填(M)字段11个,有条件填写(C)字段1个,选填(O)字段1个,本节只介
绍必填(M)字段的填写。必填字段中有些字段在"规划现状基数分类转换成果"中已经保
留,可直接进行转化;有些字段则需另外填写,具体内容如表4-27所示。

表 4-27　　　　　　　　要求字段填写内容梳理表

字段名称	字段别名	字段内容
BSM	标识码	随书计算代码
XZQDM	行政区代码	自填
XZQMC	行政区名称	自填
TBBH	图斑编号	"规划现状基数分类转换成果"中"TBBH"字段
YDLDM	转换前地类代码	"规划现状基数分类转换成果"中"DLBM"字段
YDLMC	转换前地类名称	"规划现状基数分类转换成果"中"DLMC"字段
ZDLDM	转换后地类代码	"规划现状基数分类转换成果"中"DLBM""EDLBM""SDLDM"字段

续表

字段名称	字段别名	字 段 内 容
ZDLMC	转换后地类名称	"规划现状基数分类转换成果"中"DLMC""EDLMC""SDLMC"字段
MJ	面积	随书计算代码
ZHLXDM	转换类型代码	"规划现状基数分类转换成果"中"SJLYDM"字段
ZMCL	证明材料	"规划现状基数分类转换成果"中"ZMCL"字段

根据"规划现状基数分类转换规则","已审批未建设的用地"转换后的地类代码和地类名称按照审批后的土地用途填写，即根据"YT"字段进行填写。"未审批已建设的用地"中处置意见为"补办手续"的，继续按照"三调"地类认定，即"DLBM"和"DLMC"；处置意见为"拆除复耕"的，按照"二调"地类认定，即"EDLBM"和"EDLMC"。"已拆除的原建设用地"转换后的地类代码和地类名称按照拆除前的实际用途进行填写，即"YT"字段。"ZDLDM"和"ZDLMC"具体填写规则如表 4-28 所示。

表 4-28 "ZDLDM"与"ZDLMC"字段填写规则表

图层名	数据来源代码	字段填写对应规则
已审批未建设的用地	101	"ZDLDM"→"SDLDM" "ZDLMC"→"SDLMC"
	102	"ZDLDM"→"SDLDM" "ZDLMC"→"SDLMC"
	103	"ZDLDM"→"SDLDM" "ZDLMC"→"SDLMC"
未审批已建设的用地	201	"ZDLDM"→"DLBM" "ZDLMC"→"DLMC"
	202	"ZDLDM"→"EDLBM" "ZDLMC"→"EDLMC"
已拆除的原建设用地	301	"ZDLDM"→"SDLDM" "ZDLMC"→"SDLMC"
	302	"ZDLDM"→"SDLDM" "ZDLMC"→"SDLMC"
	303	"ZDLDM"→"SDLDM" "ZDLMC"→"SDLMC"

又根据字段填写方式的不同，整理出"VB 脚本"和"Python"解析程序下的 4 种情况（表 4-29）。

表 4-29   【字段计算器】填写字段的方法

解析程序	序号	字段计算方式	对应字段
VB 脚本	1	在【字段】选项框中选取要素，进行字段赋值	TBBH、YDLDM、YDLMC、ZDLDM、ZDLMC、ZMCL、ZHLXDM
	2	在空白框中键入要素进行字段赋值	XZQDM、XZQMC、
Python	3	不勾选【显示代码块】，输入计算代码	MJ
	4	勾选【显示代码块】，输入计算代码	BSM

由于每种方式的具体操作步骤大同小异，本次操作中对每种方式只介绍一个字段的计算，具体如下。

①字段值已有，需在【VB 脚本】的【字段】选项框中选取要素，以"ZDLDM"的填写为例。

• 打开"GHXZJSFLZH"图层的属性表，通过"SJLYDM"字段筛选出"已审批未建设的用地"。

筛选条件：SJLYDM = '101' OR SJLYDM = '102' OR SJLYDM = '103'。

• 点击属性表下方【显示所选记录 ▤】按钮，切换到已选图斑表界面。右键单击"FID_GHXZJSFLZH"后的"ZDLDM"字段，选择【字段计算器】，打开【字段计算器】对话框。

• 在【字段】选项框中双击"FID_规划现状基数分类转换成果"后的"SDLDM"字段，单击【确定】(图 4-62)。

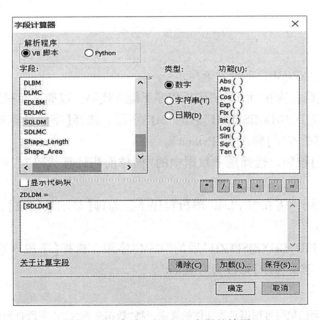

图 4-62 完成"ZDLDM"字段的填写

● 同样地，完成"未审批已建设的用地"和"已拆除的原建设用地"中的"ZDLDM"字段的填写。

● 类似地，完成"YDLDM""YDLMC""ZDLMC""ZHLXDM"①"ZMCL"字段的填写。

②字段值为空白，需在【VB 脚本】中空白处键入要素，以"XZQDM"为例。

● 右键单击"FID_GHXZJSFLZH"后的"XZQDM"字段，选择【字段计算器】，在空白处键入"××××××"(6 位行政区代码)，单击【确定】(图 4-63)。

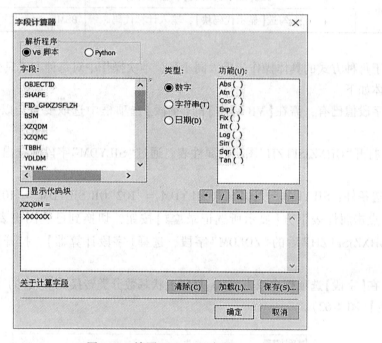

图 4-63　填写"XZQDM"字段

同样地，完成"XZQMC"字段的填写。

③已有计算代码，需在"Python"解析程序下键入代码，以椭球面积的填写为例。

● 右键单击"FID_GHXZJSFLZH"后的"MJ"字段，选择【字段计算器】，将【字段计算器】对话框内的【解析程序】修改为"Python"。

● 单击【加载】按钮，选择随书数据中的"椭球面积计算代码"，单击【打开】，单击【确定】(图 4-64)。

④已有计算代码，需在"Python"解析程序下，勾选【显示代码块】，键入代码块，以"BSM"的填写为例。

● 右键单击"FID_GHXZJSFLZH"后的"BSM"字段，选择【字段计算器】，将【字段计算器】对话框内的【解析程序】修改为"Python"。

_____

① 转换类型代码的填写可根据具体文件的规定，将"数据来源代码"字段进行筛选，针对每一类数据来源，按照文件要求修改"转换类型代码"字段的填写。

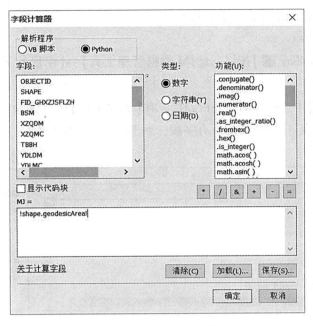

图 4-64 填写"MJ"字段

● 单击【加载】按钮,选择随书数据中的"标识码计算代码",单击【打开】。返回【字段计算器】对话框后,将代码中的"××××××"修改为行政区代码(6 位),单击【确定】按钮(图 4-65)。

图 4-65 完成"BSM"字段填写

3)删除多余字段及汇交成果别名修改

(1)删除多余字段。

　● 点击【ArcToolbox 📦】按钮，选择【数据管理工具】→【字段】→【删除字段】，打开【删除字段】对话框。

　● 在【输入表】中选择"GHXZJSFLZH"，在【删除字段】中勾选除"规划现状基数分类转换属性结构描述表"中字段外的所有字段，点击【确定】(图4-66)。

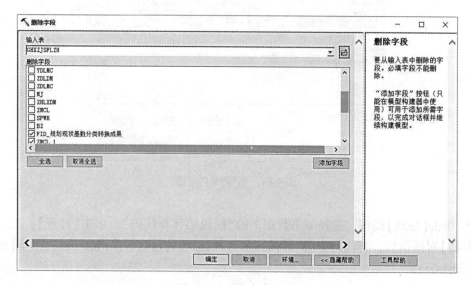

图 4-66　删除多余字段

(2)修改"GHXZJSFLZH"图层的别名。

　● 右键单击【目录】面板中的"国土空间规划现状基数转换电子成果 \ 1 矢量数据 \ ×××××某某县国土空间规划现状基数矢量数据 . gdb \ GHXZJSFLZH"图层，选择【属性】，打开【要素类属性】对话框并切换至【常规】选项卡，将【别名】修改为"规划现状基数分类转换"，点击【确定】(图 4-67)。

　至此，"规划现状基数分类转换"标准图层制作完毕。

2. 制作"现状用地用海"图层

　"现状用地用海"图层的制作方法与"规划现状基数分类转换"类似。首先应按照要求(表 4-19)新建要素类，再将 4.1.6 小节"以'三调'为基础的基数转换成果"中含有相关字段信息的"现状用地用海基数转换"图层与其进行合并，以便于填写字段。字段填写完毕后，再次按照相关要求整理字段、修改图层名称及别名即可。

1)新建要素类

　● 在【目录】面板中找到"×××××某某县国土空间规划现状基数矢量数据 . gdb"文件地理数据库，并右键单击，选择【新建】→【要素类】，弹出【新建要素类】对话框。

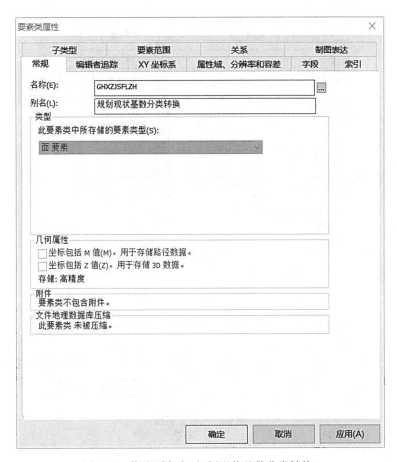

图 4-67　修改别名为"规划现状基数分类转换"

• 设置【名称】为"XZYDYH",【别名】为"现状用地用海",【类型】保持【面要素】不变, 点击【下一页】。

• 设置坐标系与"三调"坐标系相同, 点击【下一页】。

• 【XY 容差】保持不变, 点击【下一页】。

• 【配置关键字】为【默认】, 点击【下一页】。

• 按照"规划现状基数分类转换属性结构描述表"要求添加相应【字段】(图 4-68)。

2) 合并图层

• 点击菜单栏中的【地理处理】→【合并】, 打开【合并】对话框。

• 将"现状用地用海""现状用地用海基数转换"图层依次添加至【合并】对话框(图 4-69)。

• 点击【浏览 ▣】按钮, 打开【输出数据集】对话框, 选择"××××××某某县国土空间规划现状基数矢量数据 . gdb"文件地理数据库, 并将文件命名为"XZYDYH2", 点击【保存】, 点击【确定】。

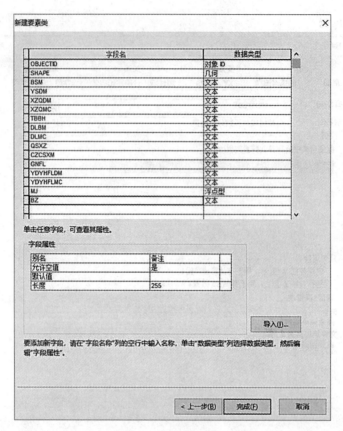

图 4-68　添加字段

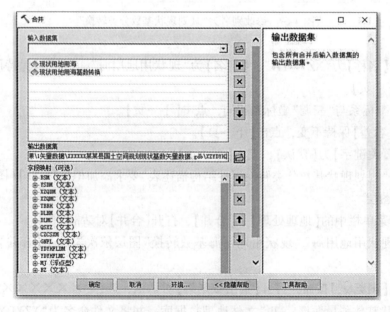

图 4-69　合并图层

3）填写字段

由于"现状用地用海"图层中"TBBH""DLBM""DLMC""QSXZ"等字段格式与"现状用地用海基数转换"图层完全相同，因此在合并时会自动将这些字段内容填写完毕。此步骤仅介绍如何填写其他空白字段，具体操作如下。

- 打开"XZYDYH2"图层的属性表，右键单击"标识码"字段，选择【字段计算器】。
- 将【字段计算器】对话框内的【解析程序】修改为"Python"，单击【加载】按钮，选择随书数据中的"标识码计算代码"，单击【打开】。返回【字段计算器】对话框后，将代码中的"××××××"修改为行政区代码（6 位），单击【确定】按钮（图 4-70），即可将"标识码"字段填写完毕。

图 4-70　计算"标识码"字段

- 右键单击"要素代码"字段，选择【字段计算器】。
- 将【字段计算器】对话框内的【解析程序】修改为 VB 脚本，取消勾选【显示代码块】，并在空白处填写"2090010100"[1]，单击【确定】按钮（图 4-71），即可将"要素代码"字段填写完毕。

---

[1]　根据 4.3.1"数据汇交要求"中《现状用地用海属性结构描述表》的注 1：参照《市级国土空间总体规划数据库规范（试行）》，统一填写"2090010100"。

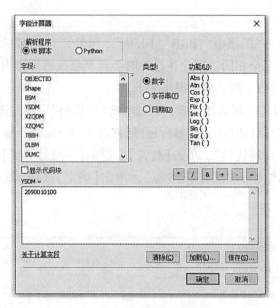

图 4-71 填写要素代码字段

- 同样地,将"行政区代码"及"行政区名称"字段填写完毕。
- 右键单击"用地用海分类名称"字段,选择【字段计算器】。
- 在【字段计算器】对话框内的【字段】中找到"GTDL"并双击,将其填入空白处。单击【确定】按钮(图 4-72),即可将"用地用海分类名称"字段填写完毕。

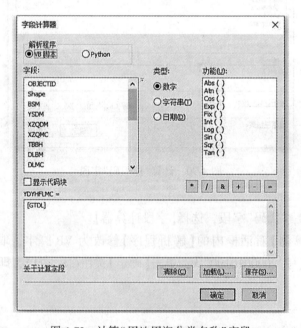

图 4-72 计算"用地用海分类名称"字段

- 右键单击"用地用海分类代码"字段，选择【字段计算器】。
- 将【字段计算器】对话框内的【解析程序】修改为"Python"，单击【加载】按钮，选择随书数据中的"'用地用海分类代码'计算代码"，单击【打开】。返回【字段计算器】对话框后，单击【确定】按钮。即可将"用地用海分类代码"字段填写完毕。

4）删除字段

- 右键单击"国土地类一级类"字段，选择【删除字段】，在弹出的【确认删除字段】对话框中，点击【是】。
- 同样地，删除"国土地类二级类"以及"国土地类"字段。

5）修改字段名称及别名

- 右键单击【目录】面板中的"XZYDYH"要素，选择【删除】，在弹出的【确认删除】对话框中点击【是】。
- 右键单击【目录】面板中的"XZYDYH2"要素，选择【重命名】，将"XZYDYH2"修改为"XZYDYH"。
- 右键单击【目录】面板中的"XZYDYH"要素，选择【属性】，打开【要素类属性】对话框并切换至【常规】选项卡，将【别名】修改为"现状用地用海"，点击【确定】（图4-73）。

图4-73 修改别名为"现状用地用海"

4.3.3 制作"表格数据"数据库

与制作"矢量数据"数据库类似，首先需在"2表格数据"文件夹下建立"××××××

某某县国土空间规划现状基数统计表 .mdb"个人地理数据库。然后制作并填写两个数据表格：①规划现状基数分类转换统计表；②国土空间功能结构调整统计表。

1. 制作"规划现状基数分类转换统计表"

具体操作步骤如下。

1）新建表

• 右键单击【目录】面板中的"第四章 基数转换 \ 规划现状基数分类转换 .gdb"文件地理数据库，选择【新建】→【表】，打开【新建表】对话框。

• 设置【名称】为"GHXZJSFLZHTJB"，【别名】为"规划现状基数分类转换统计表"，点击【下一页】（图 4-74）。

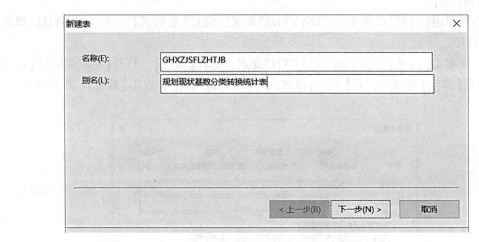

图 4-74　新建"GHXZJSFLZHTJB"表

• 【配置关键字】为【默认】，点击【下一步】。

• 按照 4.3.1 小节"规划现状基数分类转换统计属性结构描述表"要求添加相应字段，点击【完成】。

2）按照"ZHLXDM"字段汇总"MJ"

• 打开"GHXZFLZH"图层的属性表，右键单击【转换类型代码】字段，选择【汇总】。

• 保持【选择汇总字段】为"ZHLXDM"不变，在【选择一个或多个要包括在输出表中的汇总统计信息】选择"MJ"→"总和"（图 4-75）。

• 点击【浏览 📂】按钮，打开【保存数据】对话框，修改【保存类型】为"文件和个人地理数据库表"；修改【名称】为"转换类型面积汇总表"；修改数据保存位置为"规划现状基数分类转换 .gdb"，点击【保存】，点击【确定】。

3）填写"GHXZJSFLZHTJB"的字段

• 点击菜单栏中【地理处理】→【合并】，打开【合并】对话框。

• 将"GHXZJSFLZHTJB""转换类型面积汇总表"图层添加至【输入数据集】对话框。

• 点击【输出数据集】处的【浏览 📂】按钮，打开【输出数据集】对话框，选择"×××

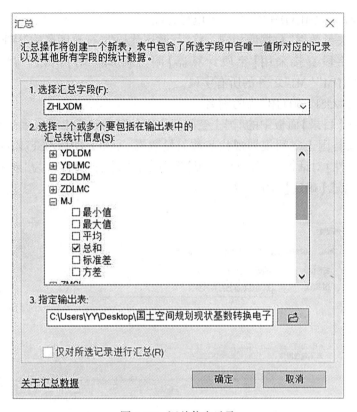

图 4-75　汇总信息选取

×××某某县国土空间规划现状基数统计表.mdb"个人地理数据库,修改【保存类型】为"表",并将文件命名为"GHXZJSFLZHTJB",点击保存,点击【确定】(图 4-76)。

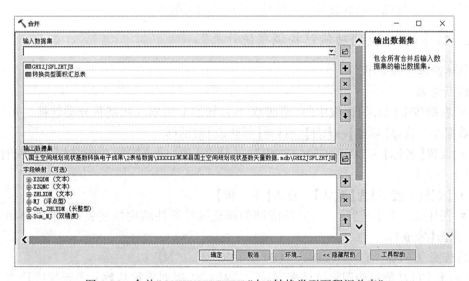

图 4-76　合并"GHXZJSFLZHTJB"与"转换类型面积汇总表"

● 合并之后，"ZHLXDM"字段自动填写完成。

● 与制作"矢量数据"数据库相同，将"行政区代码""行政区名称"字段填写完毕。

● "面积"字段直接采用【字段计算器】附上【Sum_MJ】的值。删除除"XZQDM""XZQMC""ZHLXDM""MJ"之外的所有字段。

4）修改"GHXZJSFLZHTJB"表的别名

● 右键单击【目录】面板中的"国土空间规划现状基数转换电子成果 \ 2 表格数据 \ ××××××某某县国土空间规划现状基数矢量数据 . mdb \ GHXZJSFLZHTJB"，选择【属性】，打开【表属性】对话框并切换至【常规】选项卡，将【别名】修改为"规划现状基数分类转换统计表"，点击【确定】（图 4-77）。

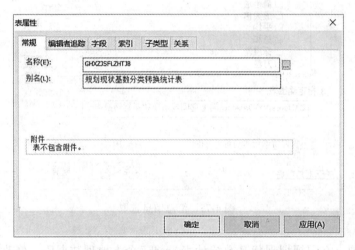

图 4-77　修改别名为"规划现状基数分类转换统计表"

至此，"规划现状基数分类转换统计表"标准图层制作完毕。

2. 制作"国土空间功能结构调整统计表"

具体操作步骤如下。

1）新建表

● 右键单击【目录】面板中的"第四章 基数转换 \ 规划现状基数分类转换 . gdb"文件地理数据库，选择【新建】→【表】，打开【新建表】对话框。

● 设置【名称】为"GTKJGNJGTZTJB"，【别名】为"国土空间功能结构调整统计表"，点击【下一页】。

●【配置关键字】为【默认】，点击【下一步】。

● 按照 4. 3. 1 小节"国土空间功能结构调整统计属性结构描述表"要求添加相应"字段"，点击【完成】。

2）按照"GNFL""YDYHFLDM""YDYHFLMC"汇总"MJ"

"国土空间功能结构调整统计表"的汇总内容与"规划现状基数分类转换统计表"的不一样，需要对三个字段同时进行汇总，具体操作如下。

- 点击【ArcToolbox 🔲】按钮，选择【分析工具】→【统计分析】→【汇总统计数据】，打开【汇总统计数据】对话框。

- 将"现状用地用海"图层添加至【输入表】。

- 点击【输出表】处的【浏览 🗁】按钮，打开【输出表】对话框，选择"规划现状基数分类转换.gdb"文件地理数据库，并将文件命名为"现状用地用海面积汇总表"，点击【保存】(图4-78)。

图4-78 "现状用地用海面积汇总表"存储及命名

- 下拉【统计字段】对话框，选择"MJ"字段。下拉【统计类型】对话框，选择"SUM"(图4-79)。

图4-79 选择统计字段为"MJ"

● 下拉【案例分组字段】对话框，选择"GNFL""YDYHFLDM""YDYHFLMC"，点击【确定】（图4-80）。

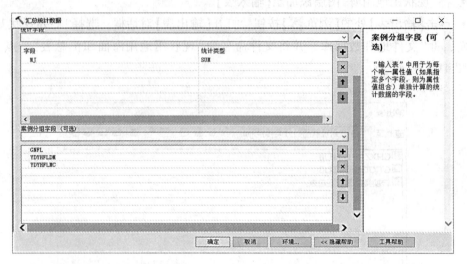

图4-80 案例分组字段选择"GNFL""YDYHFLDM""YDYHFLMC"

3）填写"GTKJGNJGTZTJB"的字段
● 点击菜单栏中【地理处理】→【合并】，打开【合并】对话框。
● 将"GTKJGNJGTZTJB""现状用地用海面积汇总表"图层添加至【输入数据集】对话框。
● 点击【输出数据集】处的【浏览 📁 】按钮，打开【输出数据集】对话框，选择"××××××某某县国土空间规划现状基数统计表.mdb"个人地理数据库，修改【保存类型】为"表"，并将文件命名为"GTKJGNJGTZTJB"，点击【保存】，点击【确定】（图4-81）。

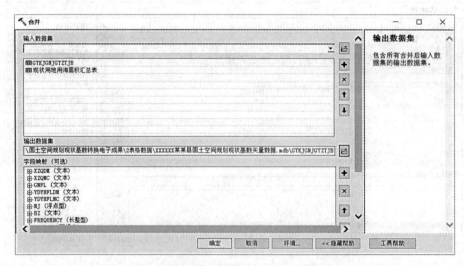

图4-81 合并"GTKJGNJGTZTJB"与"现状用地用海面积汇总表"

- 合并之后，"GNFL""YDYHFLDM""YDYHFLMC"字段自动填写完成。
- 与矢量数据相同，将"行政区代码""行政区名称"字段填写完毕。
- "面积"字段直接采用【字段计算器】附上【Sum_MJ】的值。
- 删除除"XZQDM""XZQMC""GNFL""YDYHFLDM""YDYHFLMC""MJ""BZ"之外的所有字段。

4）修改"GTKJGNJGTZTJB"表的别名

- 右键单击【目录】面板中的"国土空间规划现状基数转换电子成果\2表格数据\××××某某县国土空间规划现状基数矢量数据.mdb\GTKJGNJGTZTJB"，选择【属性】，打开【表属性】对话框并切换至【常规】选项卡，将【别名】修改为"国土空间功能结构调整统计表"，点击【确定】（图4-82）。

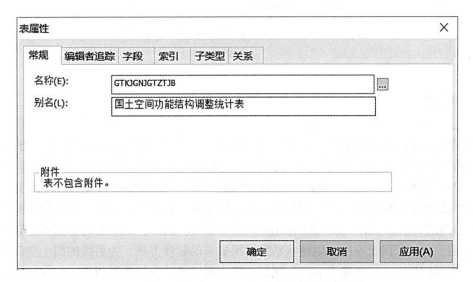

图4-82　修改别名为"国土空间功能结构调整统计表"

至此，表格数据库全部建设完成，接下来进行举证材料数据库建设工作。

4.3.4　整理"举证材料"

按4.3.1小节"数据汇交要求"，举证材料需统一采用（.pdf）文件格式。文件名称按照"行政区划代码+行政区划名称+×××.pdf"的规则命名，统一放在对应转换类型文件夹目录下。

此步骤较为简单，按照要求建立文件夹、命名文件即可，故省略具体步骤。

至此，基数转换成果数据库建设工作全部完成（图4-83）。

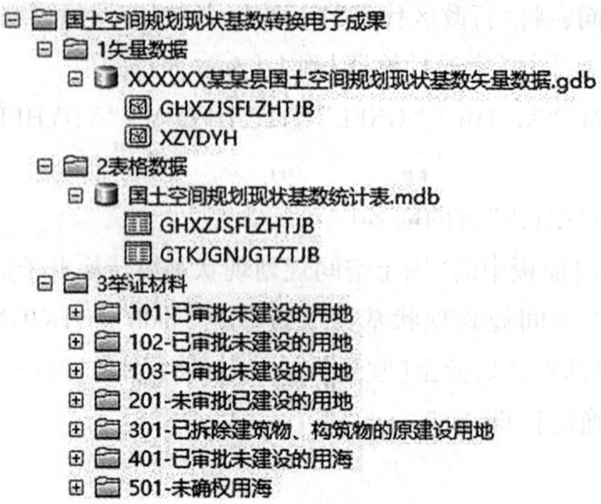

图 4-83　国土空间规划现状基数转换电子成果

4.4　小结

本章介绍了本轮国土空间规划编制中"基数转换"工作的概念与内涵，并详细介绍了以"三调"为基础的基数转换及规划现状基数分类转换的详细操作流程。其中，前者又分为"一对一"转换、"一对多"转换、"二级类"转"一级类"以及特殊情况处理等部分；后者则分为"已审批未建设的用地""未审批已建设的用地""已拆除建筑物、构筑物的原建设用地""已审批未建设的用海"和"未确权用海"五个部分。随后，以某省的基数转换数据汇交要求为例，介绍了国土空间规划现状基数转换成果的制作方法，为后续的国土空间规划编制及生态保护红线、永久基本农田、城镇开发边界、自然保护地和历史文化保护范围的划定等内容奠定了基础。

第 5 章　底图底数梳理

自然资源部 2020 年 8 月发布的《市级国土空间总体规划指南(征求意见稿)》中指出,各地应在"三调"的基础上,按照国土空间用地用海分类、城区范围确定等有关标准规范,形成符合规定的国土空间利用现状和工作底数,以及坐标一致、边界吻合、上下贯通的工作底图。因此,在基数转换成果的基础上,有必要对各项底图底数进行系统的梳理。本轮国土空间规划的底图底数梳理可以从以下几个方面开展:现状用地用海情况、建设用地情况(包括增量、存量以及流量)、耕地与永久基本农田、河湖岸线等。部分地区可能会要求对林地等其他数据进行梳理,在此不再展开叙述。

本章将以某地区为例,展示底图底数的梳理工作,涉及的数据主要以现状数据、土地管理数据为主[①](表 5-1)。

表 5-1　　　　　　　　　　　　　用于底图底数梳理的数据

序号	资料类型	主要内容	数据类型	数据格式
1	基数转换成果数据	现状用地用海	矢量文件	shp
2	土地规划数据	土地规划地类	矢量文件	shp
3		耕地质量等别年度更新评价	矢量文件	shp
4		2017 年永久基本农田划定成果	矢量文件	shp
5		2017 年永久基本农田调整补划	矢量文件	shp
6	现状数据	区域基础设施	矢量文件	shp
7		线性设施	矢量文件	shp
8		年度变更调查数据	矢量文件	shp
9		重大建设项目	矢量文件	shp
10	生态保护数据	河湖岸线	矢量文件	shp
11	土地管理类数据	已审批未建设的用地	矢量文件	shp
12		增减挂钩数据	矢量文件	shp
13		低效用地再开发数据	矢量文件	shp
14		矿山关闭再利用数据	矢量文件	shp

---

① 本章及本书用到的数据均进行过脱密处理,以示意为主,不代表该地区具体情况。

5.1　现状用地情况统计

本节将以第 4 章的成果数据"现状用地用海"图层作为梳理工作的"底图"，统计现状用地的地类及其规模，理清"底数"。具体操作步骤如下。

1. 导出"现状用地用海"数据表

- 打开"现状用地用海"图层属性表，点击【表选项 ▤ ▾】→【导出】，打开【导出数据】对话框(图 5-1)。点击【浏览 🗁 】按钮，打开【保存数据】对话框，修改【保存类型】为"dBASE 表"；修改【名称】为"现状用地用海"；修改数据保存位置为"第五章 底图底数梳理"文件夹，点击【保存】(图 5-2)。

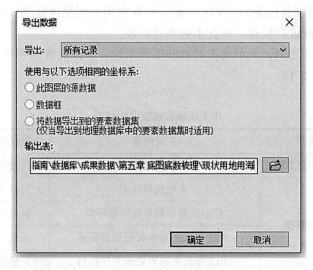

图 5-1　【导出数据】对话框

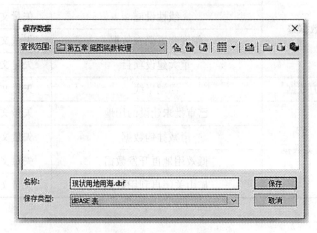

图 5-2　修改输出位置

- 当窗口弹出【是否要将新表添加到当前地图?】时, 点击【否】, 不添加至当前地图。

2. 分类汇总

- 在文件夹中找到"现状用地用海 .dbf"数据表并打开, 删除除"GNFL""YDYHFLMC""MJ"以外的所有字段后将其另存为"现状用地用海分类汇总 .xlsx"。
- 选中【GNFL】列, 单击【排序和筛选】, 选择【升序】(图 5-3)。在弹出的【排序提醒】对话框中, 选择【扩展选定区域】, 点击【排序(S)】(图 5-4)。

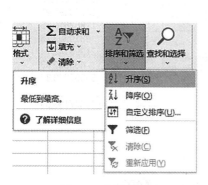
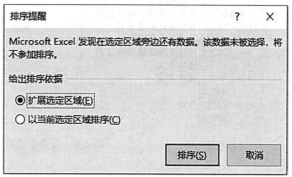

图 5-3 升序排列   图 5-4 排序提醒对话框

- 选中所有数据列, 切换至【数据】选项卡, 单击【分类汇总】, 打开【分类汇总】对话框。在【分类汇总】对话框中, 将【分类字段】修改为"GNFL", 将【汇总方式】修改为"求和", 并勾选【选定汇总项】中的"MJ", 其余部分保持不变, 点击【确定】(图 5-5)。

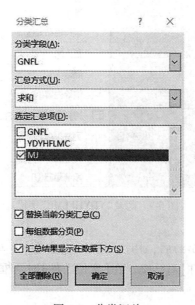

图 5-5 分类汇总

167

- 分类汇总后，在数据表左侧会出现"1、2、3"字样，点击【2】按钮会将所有的 "GNFL"进行汇总，"MJ"字段则显示的是所有"GNFL"字段的面积总和(图 5-6)。

1 2 3		A	B	C
	1	GNFL	YDYHFLMC	MJ
+	768	草地 汇总		4383526.45
+	4722	城镇用地 汇总		57712222.74
+	19863	村庄用地 汇总		86569581.40
+	38350	耕地 汇总		400436644.81
+	51545	林地 汇总		99358775.12
+	59751	陆地水域 汇总		150763592.60
+	67601	农业设施建设用地 汇总		14793493.22
+	68790	其他建设用地 汇总		11853610.85
+	76684	其他土地 汇总		9819902.76
+	78921	区域基础设施用地 汇总		21298142.74
+	78950	湿地 汇总		489852.53
+	84953	园地 汇总		35067808.36
	84954			
	84955	总计		892547153.59
−	84956			

图 5-6　分类汇总结果

- 右键单击【B】列，选择【隐藏】将"YDYHFLMC"字段隐藏(图 5-7)。

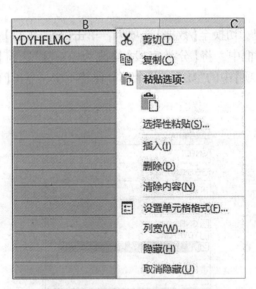

图 5-7　隐藏"YDYHFLMC"字段

- 选中所有单元格(图 5-8)后，切换回【开始】选项卡，单击【查找和选择】→【定位条件】(图 5-9)，打开【定位条件】对话框。在【定位条件】对话框内选择【可见单元格】，点击【确定】(图 5-10)。

1	GNFL	MJ
768	草地 汇总	4383526.45
4722	城镇用地 汇总	57712222.74
19863	村庄用地 汇总	86569581.40
38350	耕地 汇总	400436644.81
51545	林地 汇总	99358775.12
59751	陆地水域 汇总	150763592.60
67601	农业设施建设用地 汇总	14793493.22
68790	其他建设用地 汇总	11853610.85
76684	其他土地 汇总	9819902.76
78921	区域基础设施用地 汇总	21298142.74
78950	湿地 汇总	489852.53
84953	园地 汇总	35067808.36
84954		
84955	总计	892547153.59

图 5-8 选择所有单元格

图 5-9 定位条件

图 5-10 定位可见单元格

● 此时,将会自动选择所有可见的部分。用【Ctrl+C】进行复制。单击"现状用地用海"工作表旁的【+】按钮,新建工作表"Sheet1"。双击"Sheet1"将其重命名为"现状用地用海分类汇总"。选中"现状用地用海分类汇总"工作表,选中【A1】单元格,使用【Ctrl+V】进行粘贴(图 5-11)。

● 将表格按照"国土空间功能结构调整表"整理,并将"MJ"的单位转换为公顷后得到最终结果(图 5-12)。

	A	B
1	GNFL	MJ
2	草地 汇总	4383526.45
3	城镇用地 汇总	57712222.74
4	村庄用地 汇总	86569581.40
5	耕地 汇总	400436644.81
6	林地 汇总	99358775.12
7	陆地水域 汇总	150763592.60
8	农业设施建设用地 汇总	14793493.22
9	其他建设用地 汇总	11853610.85
10	其他土地 汇总	9819902.76
11	区域基础设施用地 汇总	21298142.74
12	湿地 汇总	489852.53
13	园地 汇总	35067808.36
14		
15	总计	892547153.59

图 5-11　汇总结果

	A	B	C
1	国土空间功能分类		面积（公顷）
2	耕地		40043.66
3	园地		3506.78
4	林地		9935.88
5	草地		438.35
6	湿地		48.99
7	农业设施建设用地		1479.35
8	城乡建设用地	城镇用地	5771.22
9		村庄用地	8656.96
10	区域基础设施用地		2129.81
11	其他建设用地		1185.36
12	陆地水域		15076.36
13	其他土地		981.99
14	总计		89254.72

图 5-12　现状用地用海分类汇总表

5.2　建设用地梳理

《国土资源部关于推进土地节约集约利用的指导意见》（国土资发〔2014〕119 号）指出，要严格控制城乡建设用地规模，实行城乡建设用地总量控制制度，强化县市城乡建设用地规模刚性约束，遏制土地过度开发和建设用地低效利用。在资源约束和存量发展的大背景下，未来新增建设用地指标也将逐步减少。因此，对各地方而言，理清存量与流量，并争取到更多的新增建设用地指标来满足城市日益增长的发展需求，就成为划定开发边界前需要考虑的问题。

本节将进行现状建设用地的梳理，并着重介绍建设用地存量、流量、增量的相关概念。

5.2.1　梳理现状建设用地

对于现状建设用地的梳理较为简单，即基于第 4 章的成果数据"现状用地用海"图层，统计现状建设用地的地类及其规模。具体操作步骤如下。

1. 导出"现状建设用地"图斑

• 打开"现状用地用海"图层属性表，通过"功能分类"字段筛选出"现状建设用地"图斑。

筛选条件：GNFL = '城镇用地' OR GNFL = '村庄用地' OR GNFL = '其他建设用地' OR GNFL = '区域基础设施用地'。

• 右键单击"现状用地用海"图层，在弹出菜单中选择【数据】→【导出数据】，打开【导出数据】对话框。

• 在【导出数据】对话框中【导出】一栏，选择【所选要素】。

● 点击【浏览 📁】按钮，打开【保存数据】对话框，修改【保存类型】为"文件和个人地理数据库要素类"；修改【名称】为"现状建设用地"；修改数据保存位置为"第五章 底图底数梳理 . gdb"；点击【保存】(图 5-13)。

图 5-13　导出"现状建设用地"图斑

2. 汇总统计现状建设用地

● 点击【ArcToolbox 🔴】按钮，选择【分析工具】→【统计分析】→【汇总统计数据】，打开【汇总统计数据】对话框。

● 将"现状建设用地"添加至【输入表】，在【统计字段】中选择"MJ(面积)"，修改【统计类型】为"SUM(总和)"，在【案例分组字段】中依次选择"GNFL(功能分类)""YDYHFLMC(用地用海分类名称)"(图 5-14)。

● 点击【输出表】后的【浏览 📁】按钮，打开【输出表】对话框，修改【名称】为"现状建设用地统计表"；修改数据保存位置为"第五章 底图底数梳理 . gdb"，点击【保存】(图 5-15)。

● 打开"现状建设用地统计表"，即可看到"现状建设用地"情况已全部统计完毕①(图 5-16)。

5.2.2　盘活存量建设用地

存量建设用地，广义上泛指城乡建设已占有或使用的土地，狭义上是指现有城乡建设用地范围内的闲置未利用土地和利用不充分、不合理、产出低的土地，即具有开发利用潜

---

① 其中，"FREQUENCY"字段表示图斑个数。

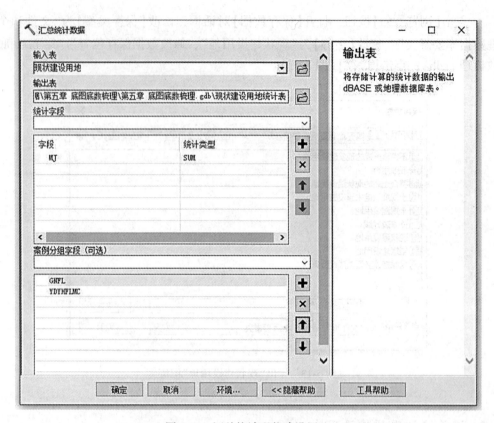

图 5-14　汇总统计现状建设用地

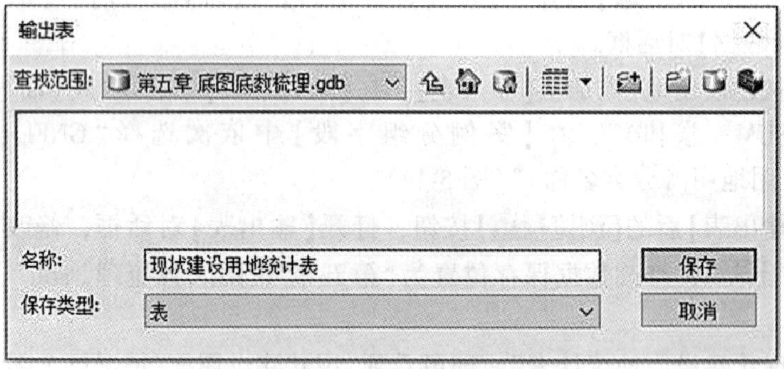

图 5-15　修改输出表位置

力的现有城乡建设用地①。其中,"闲置未利用地"主要为批而未供、供而未用等已审批未
建设的用地;"利用不充分的土地"主要为"低效用地",包括农村集体低效用地、老工业
区、工矿废弃地等。《国土资源部关于推进土地节约集约利用的指导意见》指出,应着力

① 本书的"存量建设用地"取其狭义。

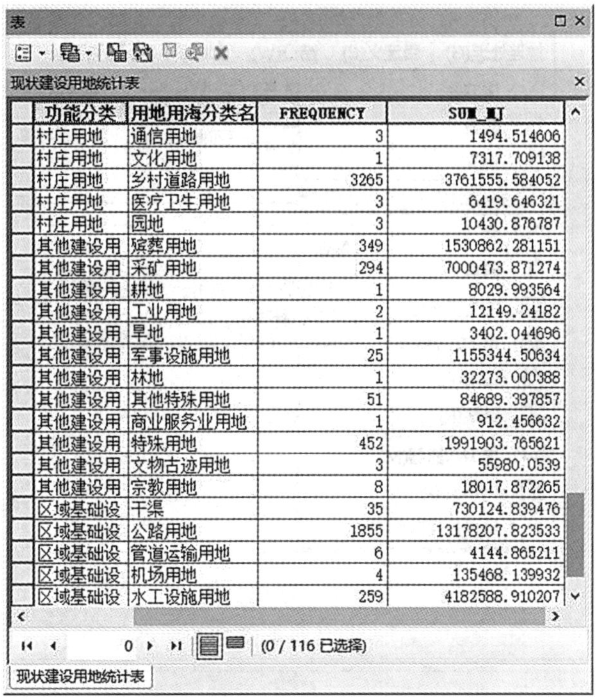

功能分类	用地用海分类名	FREQUENCY	SUM_MJ
村庄用地	通信用地	3	1494.514606
村庄用地	文化用地	1	7317.709138
村庄用地	乡村道路用地	3265	3761555.584052
村庄用地	医疗卫生用地	3	6419.646321
村庄用地	园地	3	10430.876787
其他建设用	殡葬用地	349	1530862.281151
其他建设用	采矿用地	294	7000473.871274
其他建设用	耕地	1	8029.993564
其他建设用	工业用地	2	12149.24182
其他建设用	旱地	1	3402.044696
其他建设用	军事设施用地	25	1155344.50634
其他建设用	林地	1	32273.000388
其他建设用	其他特殊用地	51	84689.397857
其他建设用	商业服务业用地	1	912.456632
其他建设用	特殊用地	452	1991903.765621
其他建设用	文物古迹用地	3	55980.0539
其他建设用	宗教用地	8	18017.872265
区域基础设	干渠	35	730124.839476
区域基础设	公路用地	1855	13178207.823533
区域基础设	管道运输用地	6	4144.865211
区域基础设	机场用地	4	135468.139932
区域基础设	水工设施用地	259	4182588.910207

图 5-16 现状建设用地统计表

盘活存量建设用地，提高存量建设用地在土地供应总量中的比重。《中共中央国务院关于构建更加完善的要素市场化配置体制机制的意见》(中发〔2020〕9号)，明确提出推进土地要素市场化配置，盘活存量建设用地的相关要求。国家实行“要素跟着项目走”用地管理后，未纳入重点保障的项目用地，以当年处置存量土地规模作为核定计划指标的依据，梳理盘活存量建设用地的重要性也越来越强。

在本轮国土空间规划中，对存量建设用地的梳理主要分为对“已审批未建设的用地”以及对“低效用地”两部分。对于“已审批未建设的用地”的梳理工作在4.2.2小节“已审批未建设的用地”部分中已经完成，在此便不再赘述。对于“低效用地”的梳理具体操作步骤如下。

1. 联合“低效用地”图斑

由于各地区“低效用地”种类各不相同，此次操作以某地区为例，收集到的低效用地数据主要分为两类：①矿山关闭再利用数据；②低效用地再开发数据。

- 点击菜单栏中的【地理处理】→【联合】，打开【联合】对话框(图5-17)。
- 将“矿山关闭再利用”“低效用地再开发”图层添加至对话框(图5-18)。
- 点击【浏览】按钮，打开【输出要素类】对话框，选择“第五章 底图底数梳理.gdb”文件地理数据库，并将文件命名为“低效用地”，点击【保存】(图5-19)，点击【确定】。

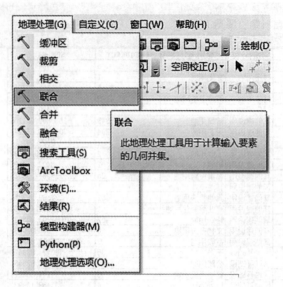

图 5-17　联合工具

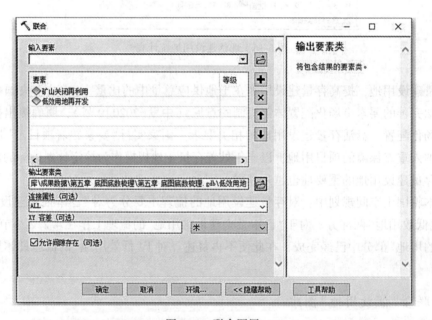

图 5-18　联合图层

2. 统计"低效用地"图斑面积

• 打开"低效用地"图层属性表，点击【表选项 ▾ 】→【添加字段】，打开【添加字段】对话框。修改【名称】为"AREA"，【类型】为"浮点型"。

• 找到"AREA"字段，并计算图斑的椭球面积(具体步骤详见第 2 章)。

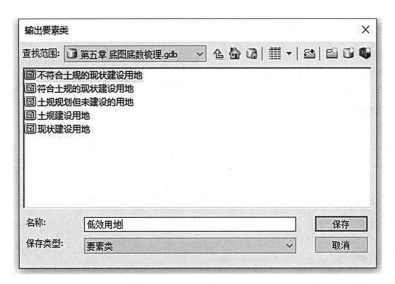

图 5-19　修改输出要素类位置

* 右键单击"AREA"字段,选择"统计",打开【统计数据】对话框,即可看到该地区低效用地的面积总和(图 5-20)。

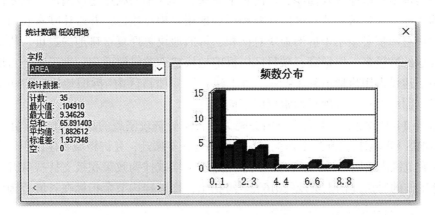

图 5-20　统计低效用地面积

将该地区所有建设用地存量填入统计表(表 5-2)。

至此,建设用地存量已全部梳理完毕。

5.2.3　厘清建设用地流量

《国土资源部关于推进土地节约集约利用的指导意见》指出,按照土地利用总体规划和土地整治规划,在安排新增建设用地时同步减少原有存量建设用地,既保持建设用地总量不变,又增加建设用地流量,保障经济社会发展用地,提高土地节约集约利用水平。建设用地流量供应,主要用于促进存量建设用地的布局优化,推动建设用地在城镇和农村内

表 5-2　　　　　　　　　　　　建设用地存量统计表

存量建设用地	已审批未建设的用地				低效用地			总计
	已完成农转用审批手续（含增减挂钩建新用地手续），但尚未供地的	已办理供地手续，但尚未办理土地使用权登记的	已办理土地使用权登记的	小计	矿山关闭再利用	低效用地再开发	小计	
面积（公顷）	234.69	74.97	754.00	1063.66	47.32	18.57	65.89	1129.55

部、城乡之间合理流动。"流量指标"①的主要来源有：增减挂钩②、工矿废弃地复垦利用和低效用地再开发等。

1. 增减挂钩

根据《城乡建设用地增减挂钩试点管理办法》（国土资发〔2008〕138 号），增减挂钩是指依据土地利用总体规划，将若干拟整理复垦为耕地的农村建设用地地块（即拆旧地块）和拟用于城镇建设的地块（即建新地块）等面积共同组成建新拆旧项目区（下文简称"项目区"），通过建新拆旧和土地整理复垦等措施，在保证项目区内各类土地面积平衡的基础上，最终实现增加耕地有效面积、提高耕地质量、节约集约利用建设用地、城乡用地布局更合理的目标。并要求：项目区内建新和拆旧地块要相对接近，并避让基本农田；项目区内建新地块总面积必须小于拆旧地块总面积，拆旧地块整理复垦耕地的数量、质量应比建新占用耕地的数量多、质量高；项目区内拆旧地块整理的耕地面积，大于建新占用的耕地的，可用于建设占用耕地占补平衡③。由于建新拆旧项目区由"拆旧地块"及"建新地块"共同组成，因此增减挂钩项目通常仅能定向流转。

2015 年 11 月发布的《中共中央国务院关于打赢脱贫攻坚战的决定》第二十条指出，在连片特困地区和国家扶贫开发工作重点县开展易地扶贫搬迁，允许将城乡建设用地增减挂钩指标在省域范围内使用。《国土资源部关于用好用活增减挂钩政策积极支持扶贫开发及易地扶贫搬迁工作的通知》（国土资规〔2016〕2 号）指出，增减挂钩节余指标在省域范围内流转使

---

① 流量指标：是指通过以复垦、再开发等方式减少存量建设用地所形成的可用于新增建设用地的指标。

② 由于篇幅限制，本节内容仅对增减挂钩的相关内容进行简要介绍，若想更加深入了解增减挂的相关内容，可参考《万字长文　聊透土地增减挂》：https://wenku.baidu.com/view/9bba0d8774a20029bd64783e0912a21614797fc1.html。

③ 耕地占补平衡：国家实行占用耕地补偿制度。在国土空间规划确定的城市和村庄、集镇建设用地范围内经依法批准占用耕地，以及在国土空间规划确定的城市和村庄、集镇建设用地范围外的能源、交通、水利、矿山、军事设施等建设项目经依法批准占用耕地的，分别由县级人民政府、农村集体经济组织和建设单位负责开垦与所占用耕地的数量和质量相当的耕地；没有条件开垦或者开垦的耕地不符合要求的，应当按照省、自治区、直辖市的规定缴纳耕地开垦费，专款用于开垦新的耕地。（《中华人民共和国土地管理法实施条例》2021 年 7 月 2 日中华人民共和国国务院令第 743 号第三次修订）

用的，实行项目区分别管理。产生节余指标的县（市）可将拆旧复垦地块和本县域内的建新安置地块组成项目区，编制项目区实施方案，并在方案中说明产生节余指标规模等情况；使用节余指标建新的县（市）可单独编制建新实施方案，详细说明节余指标来源。产生节余指标县（市）的项目区实施方案和使用节余指标县（市）的建新实施方案，可按照规定分别报备。至此，"增减挂指标"可以进行不定向流转，且可以在省域或市域范围内流转。

总结来看，增减挂钩的基本要求：将拟整理复垦的农村建设用地进行"拆旧"产生"增减挂指标"，用于"建新"，且"拆旧地块"面积应大于"建新地块"面积。因此复垦的耕地面积将大于建新区占用的耕地面积以保证耕地总量不减少①（图 5-21）。通过增减挂钩一般会产生节余的指标，多余的指标可以进行调剂（可跨省域），主要用于精准扶贫②。

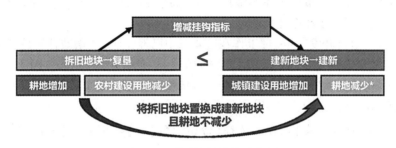

图 5-21　增减挂钩政策示意图

2. 工矿废弃地复垦

《国土资源部关于印发〈历史遗留工矿废弃地复垦利用试点管理办法〉的通知》（国土资规〔2015〕1号）指出，"历史遗留工矿废弃地复垦利用"是指将历史遗留的工矿废弃地包括交通、水利等基础设施废弃地等加以复垦，在治理改善生态环境基础上，与新增建设用地相挂钩，合理调整建设用地布局，确保建设用地总量不增加、利用更集约，耕地面积不减少、质量不降低的土地整治措施。"历史遗留工矿废弃地"主要分为四类：各类工矿企业在生产建设过程中因挖损、塌陷、压占等造成损毁的土地；因交通、水利设施和建筑物废弃等遗弃荒废的土地；废弃的农村砖瓦窑等用地；其他废弃建设用地。

与增减挂类似，通过对辖区内历史遗留的工矿废弃地实施复垦，在治理改善生态环境的基础上，与新增建设用地相挂钩，并合理调整建设用地布局。

3. 低效用地再开发

2016年11月国土资源部印发的《国土资源部关于印发〈关于深入推进城镇低效用地再

---

① 由于"建新地块"的位置并不确定，因此并不一定会导致耕地减少。总的来看，耕地总面积一定是不减少的。对于非农建设用地占用耕地涉及的"占补平衡制度"将在下一节内容中详细介绍。

② 节余指标的使用及管理办法请参照《国土资源部关于用好用活增减挂钩政策积极支持扶贫开发及易地扶贫搬迁工作的通知》（国土资规〔2016〕2号）及《国务院办公厅关于印发跨省域补充耕地国家统筹管理办法和城乡建设用地增减挂钩节余指标跨省域调剂管理办法的通知》（国办发〔2018〕16号）。

开发的指导意见(试行)〉的通知》(国土资发〔2016〕147 号)中规定,"城镇低效用地"是指经第二次全国土地调查已确定为建设用地中的布局散乱、利用粗放、用途不合理、建筑危旧的城镇存量建设用地,权属清晰、不存在争议。国家产业政策规定的禁止类、淘汰类产业用地;不符合安全生产和环保要求的用地;"退二进三"产业用地;布局散乱、设施落后,规划确定改造的老城区、城中村、棚户区、老工业区等,可列入改造开发范围。现状为闲置土地、不符合土地利用总体规划的历史遗留建设用地等,不得列入改造开发范围。此后,各地区也陆续印发了《关于促进低效产业用地再开发的意见》,如江苏省《省政府办公厅关于促进低效产业用地再开发的意见》(苏政办发〔2016〕27 号)指出,低效产业用地再开发是指在满足基础设施、公共设施、公益事业等配套设施用地前提下,将低效产业用地通过政府主导再开发、市场主体实施再开发、综合整治提升改造等多种方式进行再开发利用,促进产业转型升级和企业提质增效。

对于"低效用地再开发"的梳理工作在第 4 章中已经完成,"增减挂钩建新区""增减挂钩拆旧区""工矿废弃地复垦"数据的整理统计方式与"低效用地"相同。因此,本节将着重介绍如何进行"增减挂钩"结余指标的梳理。具体操作步骤如下。

1)梳理增减挂建新区建设情况

- 点击【ArcToolbox 💿】按钮,选择【分析工具】→【叠加分析】→【擦除】,打开【擦除】对话框。
- 将"增减挂建新区"添加至【输入要素】,将"现状建设用地"添加至【擦除要素】(图5-22)。

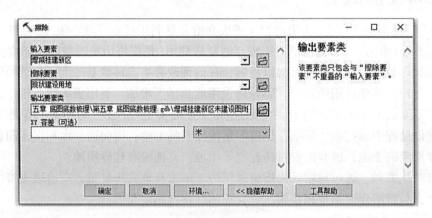

图 5-22　擦除"现状建设用地"

- 点击【浏览 📁】按钮,打开【输出数据集】对话框,选择"第五章 底图底数梳理.gdb"文件地理数据库,并将文件命名为"增减挂建新区未建设图斑",点击【保存】,点击【确定】。

2)统计"增减挂建新区未建设"图斑面积

- 打开"增减挂建新区未建设"图层属性表,点击【表选项 ▤ ▾】→【添加字段】,打开【添加字段】对话框。修改【名称】为"AREA",【类型】为"浮点型"。

- 找到"AREA"字段，并计算图斑的椭球面积(具体步骤详见第 2 章)。
- 右键单击"AREA"字段，选择【统计】，打开【统计数据】对话框，即可看到该地区增减挂建新区未建设面积的总和(图 5-23)。

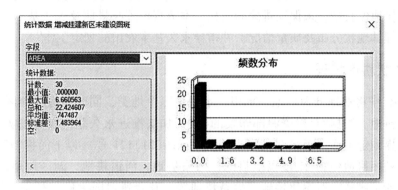

图 5-23　统计增减挂建新区未建设面积

此时得到的增减挂建新区未建设面积即为增减挂钩的结余指标。最后将该地区所有建设用地流量全部填入统计表(表 5-3)。

表 5-3　　　　　　　　　　　　　　　建设用地流量统计表

建设用地流量	增减挂钩			工矿废弃地复垦	低效用地再开发
	增减挂钩建新区	增减挂钩拆旧区	增减挂钩节余指标		
面积(公顷)	83.12	98.26	22.42	30.51	18.57

至此，建设用地流量已全部梳理完毕。

5.2.4　控制建设用地增量

建设用地增量是指将农用地、未利用地(现状非建设用地)转化为建设用地形成的增量部分。取得并落实新增建设用地指标在本质上意味着农用地或未利用地的减少、建设用地的增加。《国土资源部关于推进土地节约集约利用的指导意见》(国土资发〔2014〕119号)指出，要与国民经济和社会发展计划、节约集约用地目标要求相适应，逐步减少新增建设用地计划和供应，东部地区，特别是优化开发的三大城市群地区要以盘活存量为主，率先压减新增建设用地规模。

在本轮国土空间规划中，各地方政府对新增建设用地进行了一定的指标限制。但各地对新增建设用地指标的控制方式各不相同，目前仍在进一步探索中。迄今为止，常见的新增建设用地指标控制方法有以下 3 种：①以上一轮"土规"的新增建设用地计划指标作为依据；②以"十三五"规划新增建设用地作为依据；③以现状基数的 n 倍作为新增建设用地的指标等。读者应根据当时当地的政策情况进行计算。

5.3　耕地与永久基本农田

为了满足我国粮食需求，需要守住耕地的底线，故我国实施"占补平衡"的耕地保护制度并下达耕地保有量，来保证耕地的面积。本节将梳理与耕地及永久基本农田①相关的数据，以梳理其现状分布及质量情况，并指导永久基本农田的划定工作。

5.3.1　现状耕地梳理

在"三调"中将耕地分为旱地、水田、水浇地三个地类，同时也将耕地区分为稳定耕地及不稳定耕地。根据"自然资源部印发的《关于加快推进永久基本农田核实整改补足和城镇开发边界划定工作的函》(自然资空间规划函〔2021〕121 号) (以下简称"121 号文") 规定，不稳定利用耕地包括 25 度以上耕地、污染耕地、河道耕地、湖区耕地、林区耕地、牧区耕地、沙荒耕地、石漠化耕地、盐碱耕地等，其余耕地即为稳定利用耕地②。因此，"三调"稳定耕地即可从"三调"现状耕地数据的基础上剔除不稳定耕地后得到(如已收到"稳定耕地"图斑则可跳过此步骤)。具体操作步骤如下。

1. 筛选"三调"耕地

• 打开"三调"中"DLTB(地类图斑)"图层属性表，通过"地类名称"字段筛选出耕地(图 5-24)。

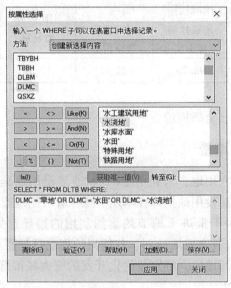

图 5-24　按属性选择

①　永久基本农田：即对基本农田实行永久性保护，无论在什么情况下都不能改变其用途，不得以任何方式挪作他用的基本农田。

②　稳定利用耕地：现状地类为耕地，且不属于 25 度以上坡耕地、河道耕地、湖区耕地、林区耕地、牧区耕地、沙漠化耕地、石漠化耕地、盐碱耕地的耕地。

筛选条件：DLMC = '旱地' OR DLMC = '水田' OR DLMC = '水浇地'。

- 右键单击"三调"中"DLTB"图层，在弹出菜单中选择【数据】→【导出数据】，显示【导出数据】对话框。

- 在【导出数据】对话框中【导出】一栏，选择【所选要素】。点击【浏览 📂】按钮，打开【保存数据】对话框，修改【保存类型】为"文件和个人地理数据库要素类"，修改【名称】为"现状耕地"，修改数据保存位置为"第五章 底图底数梳理.gdb"；点击【保存】。

- 如窗口弹出【是否要将导出的数据添加到地图图层中?】，点击【是】按钮，即可将导出的数据添加到该地图文档中，至此得到"现状耕地"图层(图5-25)。

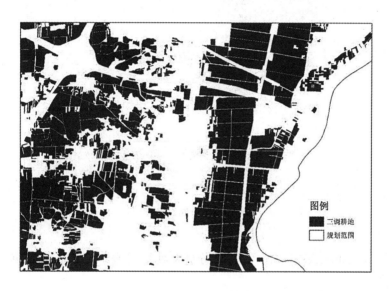

图5-25 现状耕地图

2. 筛选"不稳定耕地"图斑

- 打开"现状耕地"图层属性表，通过"TBXHMC图斑细化名称"字段筛选出"不稳定耕地"图斑(图5-26)。

筛选条件为：TBXHMC = '河道耕地' orTBXHMC = '湖区耕地'……

- 右键单击"现状耕地"图层，在弹出菜单中选择【数据】→【导出数据】，显示【导出数据】对话框。

- 在【导出数据】对话框中【导出】一栏，选择【所选要素】。点击【浏览 📂】按钮，打开【保存数据】对话框，修改【保存类型】为"文件和个人地理数据库要素类"，修改【名称】为"不稳定耕地"，修改数据保存位置为"第五章 底图底数梳理.gdb"，点击【保存】。

3. 筛选"稳定耕地"图斑

在"现状耕地"的基础上擦除"不稳定耕地"后，便可得到"稳定耕地"。

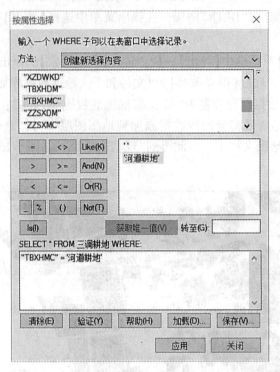

图 5-26　按属性选择

- 点击【ArcToolbox 】按钮，选择【分析工具】→【叠加分析】→【擦除】工具，打开【擦除】对话框。
- 将"现状耕地"添加至【输入要素】，将"不稳定耕地"添加至【擦除要素】。点击【浏览 】按钮，打开【输出要素类】对话框，选择"第五章 底图底数梳理"文件地理数据库，并将文件命名为"稳定耕地"，点击【保存】，再点击【确定】（图 5-27）。

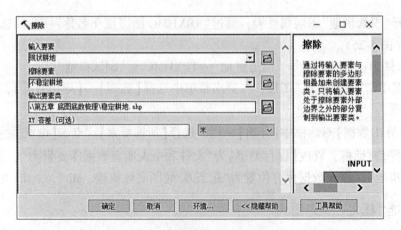

图 5-27　擦除"不稳定耕地"

至此，得到"稳定耕地"与"不稳定耕地"图层（图5-28）。

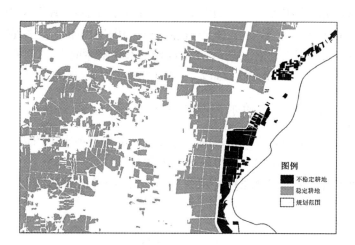

图例
■ 不稳定耕地
▨ 稳定耕地
□ 规划范围

图 5-28 "不稳定耕地"与"稳定耕地"图层

4. 统计"稳定耕地"图斑面积

• 打开"稳定耕地"图层属性表，点击【表选项▤ ▾】→【添加字段】，打开【添加字段】对话框。修改【名称】为"AREA"，【类型】为"浮点型"。

• 找到"AREA"字段，并计算图斑的椭球面积（具体步骤详见第2章）。

• 右键单击"AREA"字段，选择【统计】，打开【统计数据】对话框，即可看到该地区稳定耕地的面积总和。

将耕地、稳定耕地及不稳定耕地统计完毕后填入表中（表5-4）。

表 5-4　　　　　　　　　第三次国土调查成果耕地统计表

类型	耕地			耕地		合计
	水田	水浇地	旱地	稳定耕地	不稳定耕地	
面积（公顷）	6633.32	3600.1	12062.5	21471.54	824.38	22295.92

至此，耕地数据已全部梳理完毕。

5.3.2　现状永久基本农田梳理

在本轮国土空间规划中，以现状永久基本农田作为底图进行永久基本农田划定工作。其中的现状永久基本农田是指在 2017 年土地利用规划的永久基本农田基础上，根据"自2017 年以来的永久基本农田调整补划数据"①得来的。

---

① 指已批准的允许占用永久基本农田的项目，针对永久基本农田的占用数据及进行的补划数据，包括"已批准占用永久基本农田"及"已批准补划永久基本农田"两类数据。

2017 年永久基本农田矢量数据一般包括以下图层(图 5-29)：JBNTBHPK(基本农田保护片块)、JBNTBHQ(基本农田保护区)、JBNTBHTB(基本农田保护图斑)、JBNTBZP(基本农田标志牌)、JBNTBZPZJ(基本农田标志牌注记)、JBNTHRHC(基本农田划入划出)、JBNTHRHCZJ(基本农田划入划出注记)和 JBNTZJ(基本农田注记)。在进行现状永久基本农田梳理工作时，将选择"JBNTBHTB(基本农田保护图斑)"作为"底图"，具体操作步骤如下。

1. 裁剪得到规划范围内的永久基本农田数据

若永久基本农田的范围超出规划范围，则需先对永久基本农田图斑进行裁剪(若永久基本农田图斑均处于规划范围内，则可跳过此步骤)。

- 选择菜单栏中的【地理处理】→【裁剪】，打开【裁剪】对话框(图 5-30)。

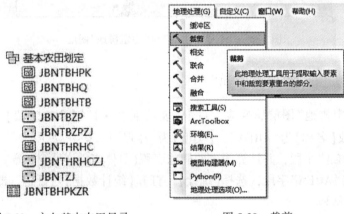

图 5-29　永久基本农田目录　　　　　图 5-30　裁剪

- 将"JBNTBHTB"添加至【输入要素】，将"规划范围"添加至【裁剪要素】。点击【浏览 】按钮，打开【输出要素类】对话框，选择"第五章 底图底数梳理"文件地理数据库，并将文件命名为"2017 年永久基本农田"，点击【保存】，再点击【确定】(图 5-31)。

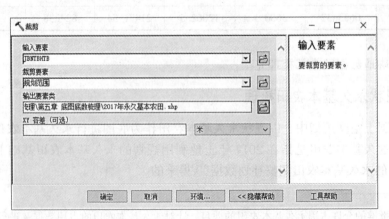

图 5-31　裁剪菜单

至此，得到规划范围内的 2017 年永久基本农田(图 5-32)。

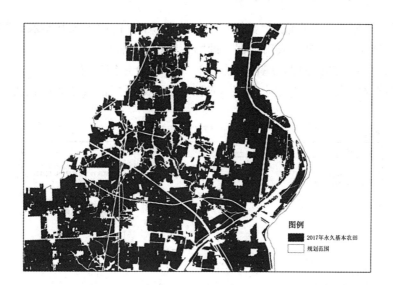

图 5-32 2017 年永久基本农田

2. 擦除"占用永久基本农田"的矢量数据

在 2017 年永久基本农田数据的基础上，将已批准占用永久基本农田的数据图层调出。

● 点击【ArcToolbox 📷】按钮，选择【分析工具】→【叠加分析】→【擦除】，打开【擦除】对话框。

● 将"2017 年永久基本农田"添加至【输入要素】，将"占用永久基本农田"添加至【擦除要素】。点击【浏览 📂】按钮，打开【输出要素类】对话框，选择"第五章 底图底数梳理"文件地理数据库，并将文件命名为"基本农田擦除"，点击【保存】，再点击【确定】(图 5-33)。

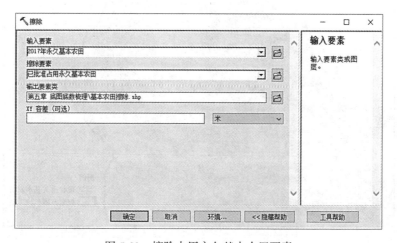

图 5-33 擦除占用永久基本农田要素

3. 合并永久基本农田的补划数据

将"已批准补划永久基本农田"数据与上一步骤擦除"占用永久基本农田"后的数据合并，可得到补划后的永久基本农田数据，即"现状永久基本农田"。

- 点击菜单栏中的【地理处理】→【合并】，打开【合并】对话框。
- 将"基本农田擦除""补划永久基本农田"图层依次添加至【输入数据集】(图 5-34)。

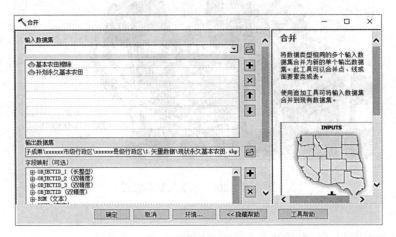

图 5-34　合并"补划永久基本农田"数据

- 点击【浏览 📁】按钮，打开【输出数据集】对话框，选择"第五章 底图底数梳理"文件地理数据库，并将文件命名为"现状永久基本农田"，点击【保存】，再点击【确定】，即可得到合并后的永久基本农田(图 5-35)。

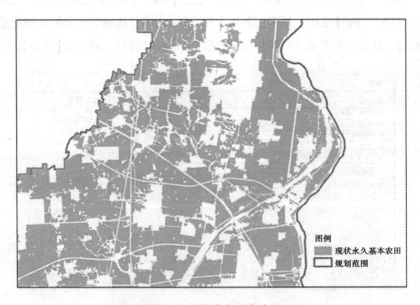

图 5-35　现状永久基本农田

5.3.3 耕地后备资源梳理

根据《中华人民共和国土地管理法(2004修正)》第三十一条:"国家实行占用耕地补偿制度"(即"占补平衡"),非农建设经批准占用耕地的,应由占用耕地的单位负责开垦与所占用耕地的数量和质量相当的耕地;没有条件开垦或者开垦的耕地不符合要求的,应当按照省、自治区、直辖市的规定交纳耕地开垦费,专款用于开垦新的耕地。耕地补偿一般通过耕地后备资源来实现,后者是指能够转化为耕地的现状非耕地资源。土地整理①、土地复垦②和土地开发③三项内容及增减挂钩等政策④均可作为耕地后备资源。除此之外,"三调"中已将可用于开垦新耕地的地类标识为"即可恢复耕地"及"工程恢复耕地",可优先作为耕地后备资源。"即可恢复耕地"是指耕作层未被破坏的,即清理后即可直接恢复耕种的地类。"工程恢复耕地"是指耕作层已被破坏的,即清理后仍需要采取工程措施才能恢复耕种,或种植不利于耕作层保护的植物的耕地,或在耕地上种植速生林木的按实地调查为乔木林地或其他林地,以及对于南部沿海在耕地上挖掘使用海水养殖的坑塘。

1. 筛选"即可恢复"属性的地类

• 打开"三调"中"DLTB(地类图斑)"图层属性表,通过"ZZSXMC(种植属性名称)"字段筛选出"即可恢复"图斑(图5-36)。

筛选条件:ZZSXMC = '即可恢复'。

2. 导出"即可恢复"数据

• 右键单击"三调"中"DLTB"图层,在弹出菜单中选择【数据】→【导出数据】,显示【导出数据】对话框。

• 在【导出数据】对话框中【导出】一栏,选择【所选要素】。点击【浏览 📷】按钮,打开【保存数据】对话框,修改【保存类型】为"Shapefile";修改【名称】为"即可恢复耕地",修改数据保存位置为"第五章 底图底数梳理.gdb",点击【保存】(图5-37)。

3. 统计"即可恢复耕地"图斑面积

• 打开"即可恢复耕地"图层属性表,点击【表选项 ▦ ▾】→【添加字段】,打开【添加

---

① 土地整理,是指采用工程、生物等措施,对田、水、路、林、村进行综合整治,增加有效耕地面积,提高土地质量和利用效率,改善生产、生活条件和生态环境的活动。

② 土地复垦,是指采用工程、生物等措施,对在生产建设过程中因挖损、塌陷、压占造成破坏、废弃的土地和自然灾害造成破坏、废弃的土地进行整治,恢复利用的活动。

③ 土地开发,是指在保护和改善生态环境、防止水土流失和土地荒漠化的前提下,采用工程、生物等措施,将未利用土地资源开发利用的活动。

④ 土地整理、土地复垦、土地开发等相关项目需从当地规划部门获取,增减挂相关内容参考5.2节内容。

图 5-36　按属性选择对话框

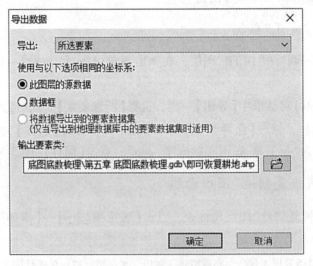

图 5-37　保存数据

字段】对话框。修改【名称】为"AREA"，【类型】为"浮点型"。

• 找到"AREA"字段，并计算图斑的椭球面积(具体步骤详见第 2 章)。

• 右键单击"AREA"字段，选择【统计】，打开【统计数据】对话框，即可看到该地区即可恢复耕地的面积总和(图 5-38)。

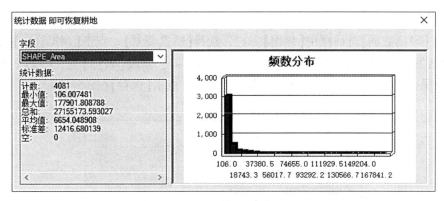

图 5-38 统计即可恢复耕地面积

4. 筛选"工程恢复"属性的地类

● 打开"三调"中"DLTB（地类图斑）"图层属性表，通过"ZZSXMC（种植属性名称）"字段筛选出"工程恢复"图斑（图 5-39）。

筛选条件：ZZSXMC = '工程恢复'。

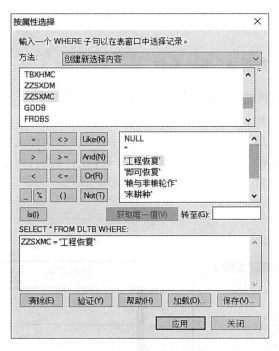

图 5-39 按属性选择对话框

5. 导出"工程恢复"数据

● 右键单击"DLTB"图层，在弹出菜单中选择【数据】→【导出数据】，显示【导出数据】对话框。

● 在【导出数据】对话框中【导出】一栏，选择【所选要素】。点击【浏览 🗁 】按钮，打开【保存数据】对话框，修改【保存类型】为"Shapefile"，修改【名称】为"工程恢复耕地"，修改数据保存位置为"第五章 底图底数梳理.gdb"，点击【保存】(图 5-40)。

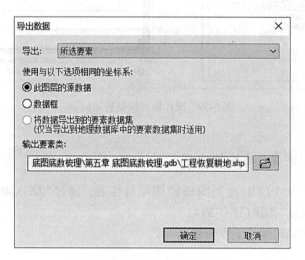

图 5-40　保存工程恢复耕地数据

6. 统计"工程恢复耕地"图斑面积

● 打开"工程恢复耕地"图层属性表，点击【表选项 ▤ ▾ 】→【添加字段】，打开【添加字段】对话框。修改【名称】为"AREA"，【类型】为"浮点型"。

● 找到"AREA"字段，并计算图斑的椭球面积(具体步骤详见第 2 章)。

● 右键单击"AREA"字段，选择【统计】，打开【统计数据】对话框，即可看到该地区工程恢复耕地的面积总和(图 5-41)。

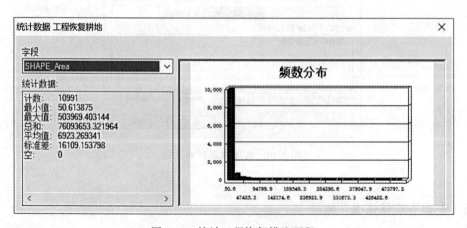

图 5-41　统计工程恢复耕地面积

至此，得到"即可恢复耕地"及"工程恢复耕地"（图5-42）。

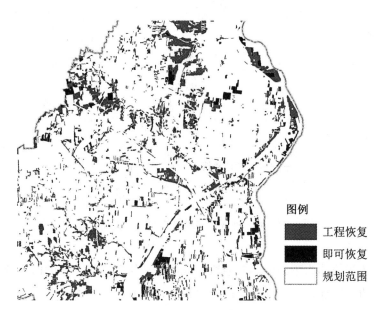

图例

■ 工程恢复

■ 即可恢复

□ 规划范围

图 5-42　即可恢复耕地及工程恢复耕地

5.4　河湖岸线^①

　　根据《河湖岸线保护与利用规划编制指南（试行）》（办河湖函〔2019〕394号），河湖岸线是指河流两侧、湖泊周边一定范围内水陆相交的带状区域，它是河流、湖泊自然生态空间的重要组成部分。岸线边界线也是沿河流走向或湖泊沿岸周边划定的用于界定各类岸线功能区垂向带区范围的边界线，分为临水边界线和外缘边界线。临水边界线是根据稳定河势、保障河道行洪安全和维护河流湖泊生态等的基本要求，在河流沿岸临水一侧顺水流方向或湖泊（水库）沿岸周边临水一侧划定的岸线带区内边界线。外缘边界线是根据河流湖泊岸线管理保护、维护河流功能等的管控要求，在河流沿岸陆域一侧或湖泊（水库）沿岸周边陆域一侧划定的岸线带区外边界线（图5-43）。

　　在本轮国土空间规划工作中，若河湖水系对城镇功能和空间格局有重要影响、与城镇空间联系密切，则可将其划入城镇开发边界中的特别用途区，并按照相关要求进行管理，但对于河湖水系范围的确定方式并没有明确的规定。部分地区以外缘边界线作为划定依据，认定河湖水系范围；而对于部分没有进行河湖岸线划定的地区则以"三调"中的"河流水面""湖泊水面""水库水面"作为河湖水系的范围；也有地区将两者取并集作为河湖水系的范围。本书将以外缘边界线作为河湖水系的范围为例进行河湖岸线的梳理工作。读者可根据当地实际情况进行河湖水系范围的确定，若有政策更新则以新政策为准。

---

　　①　表示在国土空间规划编制过程中，只有部分地区要求做该部分内容。

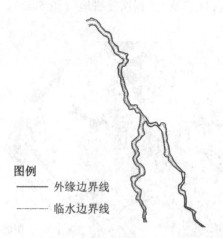

图例
———— 外缘边界线
------- 临水边界线

图 5-43　外缘边界线与临水边界线

　　然而，外缘边界线均为不封闭的曲线段，无法直接用于河湖水系的面积统计工作，因此需要先将外缘边界线连接成为封闭的曲线，再统计面积。

　　对于河湖水系的面积统计具体操作如下。

1. 将外缘边界线连接成为封闭的曲线

- 右键单击"外缘边界线"图层，选择【编辑要素】→【开始编辑】。
- 单击【编辑器】工具条中的【创建要素 ▦】按钮，打开【创建要素】面板。
- 单击【创建要素】面板中的"外缘边界线"，再单击【构造工具】中的【线】（图 5-44），此时光标变为"+"字形。

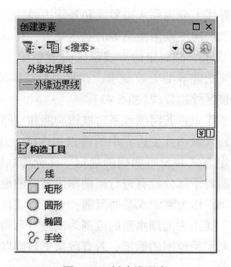

图 5-44　创建线要素

- 单击【主界面地图窗口】中【外缘边界线】上的【端点】，再次双击临近的另一个【端点】，将断开的"外缘边界线"连接在一起(图5-45)。

- 同样地，将剩余断开的"外缘边界线"连接在一起后，即可得到封闭的"外缘边界线"。

- 上述操作全部完成后，"退出编辑"并"保存编辑内容"。

2. 将外缘边界线转为面要素

- 点击【ArcToolbox 🔳】按钮，选择【数据管理工具】→【要素】→【要素转面】，打开【要素转面】对话框。

- 将"外缘边界线"添加至【输入要素】，点击【浏览🗁】按钮，打开【输出要素类】对话框，选择"第五章 底图底数梳理 .gdb"文件地理数据库，并将文件命名为"河湖岸线范围"，点击【保存】，再点击【确定】，即可将"外缘边界线"转换为面要素，以便统计其面积(图5-46)。

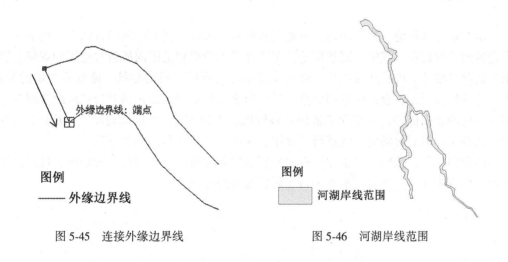

图例

——— 外缘边界线

图5-45　连接外缘边界线

图例

▨ 河湖岸线范围

图5-46　河湖岸线范围

3. 统计河湖岸线范围面积

- 打开"河湖岸线范围"图层属性表，点击【表选项☰ ▼】→【添加字段】，打开【添加字段】对话框。修改【名称】为"AREA"，【类型】为"浮点型"。

- 找到"AREA"字段，并计算图斑的椭球面积(具体步骤详见第2章)。

- 右键单击"AREA"字段，选择【统计】，打开【统计数据】对话框，即可看到该地区河湖岸线范围的面积总和(图5-47)。

至此，对河湖岸线的梳理工作全部完成。

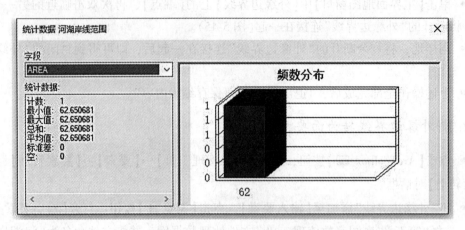

图 5-47　统计河湖岸线范围面积

5.5　小结

本章从现状用地、建设用地、耕地与永久基本农田、河湖岸线等方面系统地展示了底图底数的梳理过程。其中，现状用地情况统计了本轮规划范围内所包含地类的规模；建设用地情况中统计了现状建设用地、存量建设用地的规模，理清存量、流量及增量的关系，旨在达到控制增量，盘活存量的要求。耕地与永久基本农田则包括对现状耕地及现状永久基本农田的数据梳理，并整理了耕地后备资源，形成完整的"耕地底图"，便于永久基本农田的划定。最后对河湖岸线进行了介绍，并提供了统计其规模的方法。

因篇幅有限，难以详尽描述所有底图底数梳理方法，本章仅对部分底图底数进行操作演示，供读者参考。读者可根据项目实际情况进行梳理。

第6章 双评价校核①

　　资源环境承载能力②和国土空间开发适宜性③评价(简称"双评价")是编制国土空间规划的前提和基础。2019年1月,《若干意见》中明确指出要"在资源环境承载能力和国土空间开发适宜性评价的基础上,科学有序统筹布局生态、农业、城镇等功能空间,划定生态保护红线、永久基本农田、城镇开发边界等空间管控边界以及各类海域保护线,强化底线约束,为可持续发展预留空间"。双评价因此成为此轮国土空间规划编制工作的重要内容。

　　2020年1月,自然资源部正式下发《资源环境承载能力和国土空间开发适宜性评价指南(试行)》(简称《双评价指南》)。根据《双评价指南》中的评价流程(图6-1),首先应进行水资源、土地资源、气候等单项评价,在此基础上进行生态保护重要性、农业生产适宜性、城镇建设适宜性等集成评价;然后进行风险识别、潜力分析和情景分析等综合分析;最终的评价成果可用于支撑国土空间格局优化、完善主体功能分区、"三线"划定等工作。

　　但在具体实践过程中,部分地区在国家《双评价指南》的基础上,进一步开展了关键生态空间④、关键农业空间⑤和城镇建设潜力空间⑥等综合评价。且为了更好地实现上下联动,各地对于省、市、县等各层级的任务分配也各不相同:如部分省份要求省级层面开展生态保护重要性、农业生产适宜性、城镇建设适宜性等评价;市级层面在省级评价结果的基础上,进行评价精度提高、评价指标细化等工作;而县级层面则可以直接使用市级评价结果。而某些省份则是要求在省级层面开展单项评价、集成评价和综合评价,市县级层面进行评价数据的核实、指标的补充和综合评价的校核。

----

　　① 表示在国土空间规划编制过程中,只有部分地区要求做该部分内容。尽管如此,双评价校核过程仍涉及了诸多技术难题,其校核后的调整过程与"三区"划定及调整也极其类似。因此,本章的技术操作也可作为"三区"划定与调整的参考。

　　② 资源环境承载能力:指基于特定发展阶段、经济技术水平、生产生活方式和生态保护目标,一定地域范围内资源环境要素能够支撑农业生产、城镇建设等人类活动的最大合理规模。

　　③ 国土空间开发适宜性:指在维系生态系统健康和国土安全的前提下,综合考虑资源环境等要素条件,特定国土空间进行农业生产、城镇建设等人类活动的适宜程度。

　　④ 关键生态空间:生态保护重要性极高、以提供生态服务或生态产品为主体功能的国土空间。划定公式:关键生态空间=(生态保护极重要区-零星图斑)∪生态保护红线。

　　⑤ 关键农业空间:农业生产适宜性极高、以农业生产为主体功能的国土空间。划定公式:关键农业空间=(农业生产适宜区∩现状耕地)-零星图斑。

　　⑥ 城镇建设潜力空间:在关键生态空间和关键农业空间之外,城镇建设适宜性极高的未开发建设的国土空间。划定公式:城镇建设潜力空间=城镇开发适宜区-关键生态空间-关键农业空间-零星图斑。

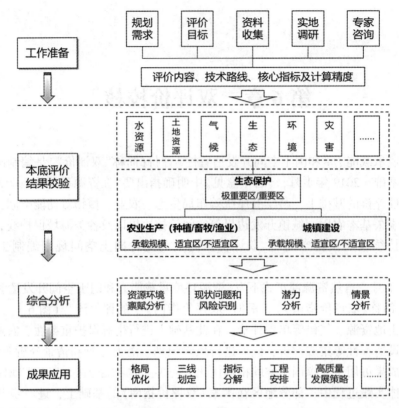

图 6-1　双评价工作流程图

（图片来源：《双评价指南》，自然资源部，2020 年）

　　虽各有差异，但双评价大体可分为两个阶段：第一阶段，单项评价和集成评价，部分地区还进一步开展了综合评价；第二阶段，评价结果深化、细化，部分地区要求下级对双评价做进一步校核。由于双评价开展至今，各地对第一阶段的单项评价和集成评价已积累了成熟的经验，也有不少相关技术指导书籍相继出版；而第二阶段对双评价的深化、细化与第一阶段的单项评价和集成评价在操作上大同小异，本质上并无区别，但对于这一阶段的双评价校核部分很少提及。因此，本章侧重于对第二阶段双评价校核部分的技术操作，重点阐述对上级下发的双评价结果进行详细校核的过程，并以某省的相关校核要求作为参考加以示范说明。校核后的综合评价结果，也可视作底线约束条件下的城镇建设潜力，直接应用于后续城镇开发边界的初步划定。

6.1　双评价校核要求与调整规则

6.1.1　双评价校核要求

　　参考《某省关于加快开展资源环境承载能力和国土空间开发适宜性评价专题工作的通知》（下文简称《某省双评价专题通知》），市县应结合第三次土地调查成果、遥感影像、永久基本农田划定成果、水资源调查、土壤调查等数据，补充实地校核，核实综合评价结果与实地是否存在冲突。具体包括：

（1）生态保护空间核实①。①将生态保护集成结果与生态保护空间叠加，核实生态集成结果为一级的区域是否都已划入生态保护空间内。②将水源保护区、自然保护地等各级、各类保护区数据与生态保护空间叠加，核实各类保护区的核心区是否均位于生态保护空间内。③将生态保护空间与"三调"成果、永久基本农田成果等数据叠加，核实生态保护空间是否存在永久基本农田、耕地、现状城镇建设用地等情况，按照统筹"三区三线"要求，从生态文明的高度，从保护和提升生态服务系统功能和保障水资源安全的角度，深入开展分析后提出修正建议。④结合各地实际，补充核实其他需要核实的内容。

（2）农业生产空间核实①。①将农业生产空间与农业集成结果、永久基本农田成果等数据叠加，核实农业生产集成结果为一、二级范围内的永久基本农田是否都已划入农业生产空间。②将土壤污染分布范围与农业生产空间叠加，核实农业空间是否存在土壤污染情形，并标注具体范围。③将农业生产空间与"三调"成果叠加，核实农业空间中是否存在现状水源保护区、河流、湖泊、水库等水域，以及现状城镇建设用地。④结合各地实际，补充核实其他需要核实的内容。

（3）城镇建设空间核实①。①将城镇建设空间与水源保护区、水环境污染区域以及水环境治理区域叠加，核实上述区域是否位于城镇建设空间。②将城镇建设空间与"三调"成果叠加，核实城镇建设空间内是否存在现状河流、湖泊、水库等水域。③将城镇建设空间与生态集成结果叠加，核实城镇建设空间内是否存在生态保护集成评价结果为一级的区域。④将城镇建设空间与农业集成结果、永久基本农田划定成果叠加，核实城镇建设空间是否存在农业生产集成评价结果为一、二级区域内的永久基本农田。⑤将城镇建设空间与地质灾害和其他地质调查成果叠加，核实城镇建设空间内是否发生地质灾害，或其他地质方面原因而不适宜进行城镇建设的情形。⑥结合各地实际，补充核实其他需要核实的内容。

6.1.2 双评价补充校核内容

结合实际情况，本章补充了以下两类校核内容。

（1）批而未建用地。双评价要求充分尊重现状，现实中有很多已经通过审批但暂未进行建设的用地，虽然"三调"是非建设用地，但其土地利用性质已确定为建设用地，因此，也应将其作为现状建设用地考虑，在双评价校核中补充这部分内容。

（2）稳定耕地。文件要求校核现状耕地，但实际情况是，并非所有现状耕地都应保留，可能有部分现状耕地因土壤条件、地形等原因已不适合作为耕地，将来会考虑将其转变为其他类型用地。而稳定耕地仍适合作为耕地，将来也会作为耕地继续保留，其土地使用方式是基本不会发生变化的。因此，本章将文件中要求校核的现状耕地修正为稳定耕地。

---

① 最初的综合评价结果为"生态保护空间""农业生产空间""城镇建设空间"，对应"三区"中的"生态空间""农业空间""城镇空间"，评价结果为全域覆盖，后地方政府把综合评价结果修改为"关键生态空间""关键农业空间""城镇建设潜力空间"，其校核要求与原"生态保护空间""农业生产空间""城镇建设空间"的要求一致。

6.1.3　双评价校核规则

参考《某省双评价专题通知》文件要求，以及考虑实际情况补充的校核内容，本书对双评价调整规则作出总结（表6-1）：针对三类空间，分别规定了"必须划入①""原则上应划入②""必须划出③"和"允许存在④"四种情形。具体情况如下。

表 6-1　　　　　　　　　　　　　　　　双评价校核规则

空间类型	必须划入	原则上应划入	必须划出	允许存在
关键生态空间	生态保护红线	—	永久基本农田	生态保护红线内的现状城镇建设用地
	生态集成结果为一级的区域		非生态红线内的现状城镇建设用地	生态保护红线内的批而未建用地
	水源保护区		非生态红线内的批而未建用地	生态集成结果为一级区域内的现状稳定耕地
	自然保护地核心区		—	—
	现状陆地水域			
关键农业空间	永久基本农田	现状稳定耕地	生态保护红线	—
		农业集成结果为一级区域内的耕地	土壤污染区	
			水源保护区	
			自然保护地核心区	
			现状陆地水域	
			现状城镇建设用地	
城镇建设潜力空间	—	批而未建	永久基本农田	—
		城镇集成结果为一级且不是关键生态空间、关键农业空间的区域	生态保护红线	
			现状稳定耕地	
			水环境污染区	
			水环境治理区	
			现状城镇建设用地	
			水源保护区	
			自然保护地核心区	
			现状陆地水域	
			地质灾害风险区	

① 必须划入：指必须划入该类空间，不允许在其他空间中存在。

② 原则上应划入：指应该划入该类空间，但也允许在其他空间中存在。

③ 必须划出：指必须划出该类空间，不允许在该类空间中存在。

④ 允许存在：指本应该划出该类空间，但考虑空间连续性等特殊原因，也允许在该类空间中存在，在管理上需对该类空间要素加强管控。

(1)对于"关键生态空间":生态保护红线、生态集成结果为一级的区域、水源保护区、自然保护地核心区和现状陆地水域是生态保护重要区,必须划入关键生态空间。即使生态保护红线内存在现状城镇建设用地和批而未建用地,生态集成结果为一级的区域内存在现状稳定耕地,也应作为关键生态空间予以保留。永久基本农田、非生态红线内的现状城镇建设用地、非生态红线内的批而未建用地应属于其他空间,因此,必须从关键生态空间中划出。

(2)对于"关键农业空间":永久基本农田是重要的农业生产区,必须划入关键农业空间。且原则上,现状稳定耕地也应划入关键农业空间,但允许在关键生态空间内存在。农业集成结果为一级的耕地,其农业生产适宜性极高,原则上也应划入关键农业空间。而生态保护红线、水源保护区、自然保护地核心区和现状陆地水域应属于关键生态空间,土壤污染区不适宜进行农业生产,现状城镇建设用地应属于城镇空间,因此,都应从关键农业空间中划出。

(3)对于"城镇建设潜力空间":原则上,批而未建用地应划入城镇建设潜力空间,但允许在关键生态空间内存在。城镇集成结果为一级且不是关键生态空间、关键农业空间的区域,其城镇建设适宜性极高,原则上也应划入城镇建设潜力空间。而生态保护红线、水源保护区等区域应属于关键生态空间,永久基本农田和现状稳定耕地应属于关键农业空间,水环境污染区、水环境治理区和地质灾害风险区不适宜进行城镇建设,现状城镇建设用地是已建用地,建设潜力空间应是现状未建但未来可以进行建设的用地,因此,都应从城镇建设潜力空间中划出。

6.1.4 重叠图斑处理规则

双评价校核涉及数据众多,难免会存在不同图层之间图斑重叠的情况,具体分为"三类空间之间互相重叠"[①]和"用于校核的空间数据之间互相重叠"[②]两种情形。由于双评价校核的最终目标是得到互不重叠的三类空间,因此当出现图斑重叠时,应进行图斑处理。处理过程中应遵循"生态优先,绿色、可持续发展"的原则,优先保留生态空间,其次是农业空间,最后才是城镇空间。

(1)三类空间之间互相重叠时,"关键生态空间"与"关键农业空间"重叠部分保留为"关键生态空间","关键生态空间"与"城镇建设潜力空间"重叠部分也保留为"关键

---

① 三类空间之间互相重叠:指上级下发的原关键生态空间、原关键农业空间和原城镇建设潜力空间三类空间之间可能会存在互相重叠的情形。

② 用于校核的空间数据之间互相重叠:由于用于校核的空间数据众多,数据之间也难免存在图斑互相重叠的情形,例如批而未建与现状陆地水域、生态集成结果为一级的区域与农业集成结果为一级的区域之间可能会有图斑重叠。

生态空间","关键农业空间"与"城镇建设潜力空间"重叠部分保留为"关键农业空间"
（图 6-2）。

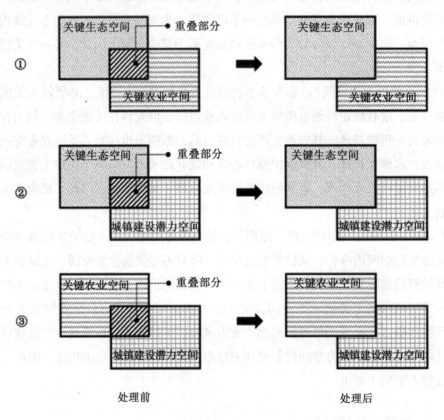

图 6-2 三类空间重叠图斑处理规则

（2）用于校核的空间数据之间互相重叠时，需划入"关键生态空间"的图斑①与需划
入"关键农业空间"的图斑②重叠部分应划入"关键生态空间"，需划入"关键生态空间"
的图斑与需划入"城镇建设潜力空间"的图斑③重叠部分也应划入"关键生态空间"，需
划入"关键农业空间"的图斑与需划入"城镇建设潜力空间"的图斑重叠部分应划入"关
键农业空间"（图 6-3）。例如，当批而未建与现状陆地水域重叠时，重叠部分应划入"关
键生态空间"。

---

① 包括表 6-1 中必须划入和原则上应划入"关键生态空间"的图斑。
② 包括表 6-1 中必须划入和原则上应划入"关键农业空间"的图斑。
③ 包括表 6-1 中必须划入和原则上应划入"城镇建设潜力空间"的图斑。

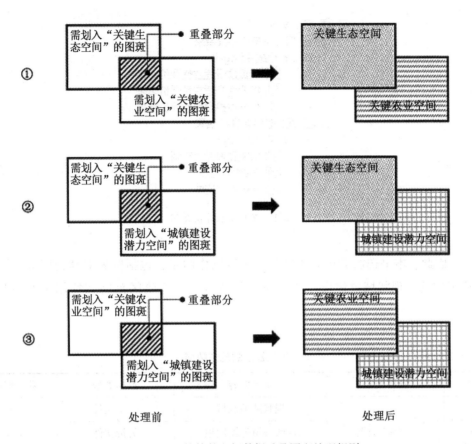

图 6-3 用于校核的空间数据重叠图斑处理规则

6.2 数据准备

6.2.1 省下发双评价结果

省级行政主管部门一般会下发双评价单项评价结果、集成评价结果和综合评价结果，在双评价校核过程中，下级的市县政府行政主管部门只需用到集成评价结果(包括生态保护重要性评价结果、农业生产适宜性评价结果、城镇建设适宜性评价结果)和综合评价结果(包括关键生态空间、关键农业空间、城镇建设潜力空间)(图 6-4)。

6.2.2 用于校核的地方数据

本书整理了可能需要的用于校核的地方数据，主要包括"三调"数据、生态保护数据、环境治理数据、土地管理类数据、地质灾害数据和其他类数据(表 6-2)。由于操作步骤大

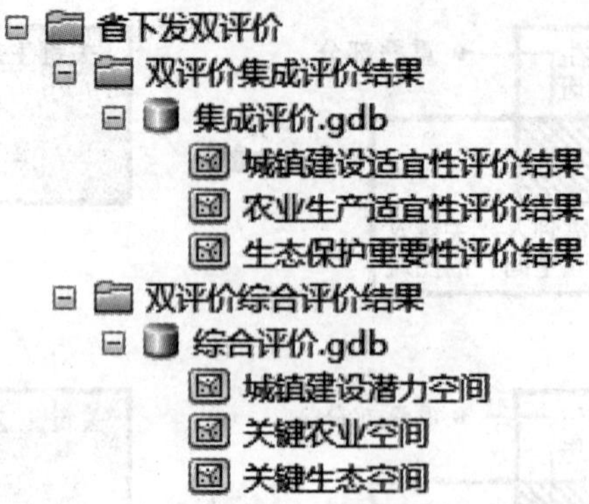

```
☐ 📁 省下发双评价
   ☐ 📁 双评价集成评价结果
      ☐ 🛢 集成评价.gdb
         🖾 城镇建设适宜性评价结果
         🖾 农业生产适宜性评价结果
         🖾 生态保护重要性评价结果
   ☐ 📁 双评价综合评价结果
      ☐ 🛢 综合评价.gdb
         🖾 城镇建设潜力空间
         🖾 关键农业空间
         🖾 关键生态空间
```

图 6-4　省下发双评价结果

同小异，因此，本书选取了其中部分数据进行操作演示，包括国家湿地公园①、批而未建、稳定耕地、现状城镇建设用地、现状陆地水域、行政区范围和饮用水水源地(图 6-5)。

表 6-2 用于校核的地方数据

序号	资料类型	主要内容	数据类型	数据格式
1	"三调"数据	现状陆地水域	矢量文件	shp
2		现状城镇建设用地	矢量文件	shp
3		行政区范围	矢量文件	shp
4	生态保护数据	生态保护红线	矢量文件	shp
5		水源保护区	矢量文件	shp
6		自然保护地核心区	矢量文件	shp
7	环境治理数据	水环境治理区	矢量文件	shp
8		水环境污染区	矢量文件	shp
9		土壤污染区	矢量文件	shp
10	土地管理类数据	批而未建	矢量文件	shp
11	地质灾害数据	地质灾害风险区	矢量文件	shp
12	其他	稳定耕地	矢量文件	shp

---

① 湿地公园属于自然保护地其中的一类。

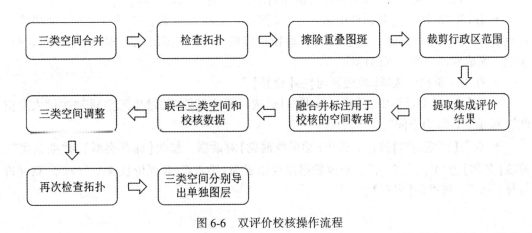

图 6-5 本书演示使用的校核数据

6.3 操作思路和操作过程

双评价校核的基本思路是：将用于校核的各类空间数据，与省下发的综合评价结果进行叠加分析，将本应划入某类空间的图斑划入该类空间，将本应划出某类的图斑划出该类空间，最终得到合理的、互不重叠的三类空间。

①操作时，为减少三个图层分别校核所产生的冗余工作量，首先需将三类空间合并为一个图层；②由于省下发的综合评价结果是三个独立的图层，合并后可能会存在重叠图斑，因此需进行拓扑检查，拓扑检查时，确认有重叠图斑的，需擦除重叠图斑；③由于省下发的双评价数据存在部分图斑超出行政区范围的情况，因此需按行政区范围对三类空间进行裁剪，然后提取用于校核的集成评价结果；④再分别融合所有用于校核的空间数据，以减少计算量；⑤把三类空间和校核数据联合在一个图层；⑥再按照规则进行三类空间的调整；⑦最后，应再次检查拓扑，确认无图斑重叠后，再分别导出单独图层(图 6-6)。

```
┌──────────┐    ┌──────────┐    ┌──────────┐    ┌──────────┐
│ 三类空间合并 │ ⇒  │  检查拓扑  │ ⇒  │ 擦除重叠图斑 │ ⇒  │ 裁剪行政区范围 │
└──────────┘    └──────────┘    └──────────┘    └──────────┘
                                                      ⇓
┌──────────┐    ┌──────────┐    ┌──────────┐    ┌──────────┐
│ 三类空间调整 │ ⇐  │ 联合三类空间和 │ ⇐  │ 融合并标注用于 │ ⇐  │ 提取集成评价 │
│          │    │  校核数据   │    │ 校核的空间数据 │    │    结果    │
└──────────┘    └──────────┘    └──────────┘    └──────────┘
     ⇓
┌──────────┐    ┌──────────┐
│ 再次检查拓扑 │ ⇒  │ 三类空间分别导 │
│          │    │ 出单独图层   │
└──────────┘    └──────────┘
```

图 6-6 双评价校核操作流程

具体操作步骤如下。

1. 三类空间合并

该步骤是为了将三个图层合并成一个图层，再统一进行校核。首先，应对下发的每类空间进行标注，即分别在各自属性表中添加字段，以标注该图层所属的空间类型，以便合并图层后能保留原空间类型信息；然后再将三类空间合并为一个图层。这里以"关键生态空间"为例进行演示。

- 加载综合评价中的"关键生态空间"图层，打开"关键生态空间"图层的属性表，点击左上角【表选项 国▾】，点击【添加字段】。
- 弹出【添加字段】对话框，【名称】命名为"TZQLX"①，【类型】选"文本"，【别名】命名为"调整前类型"，【长度】为"10"，再点击【确定】，完成字段添加(图6-7)。

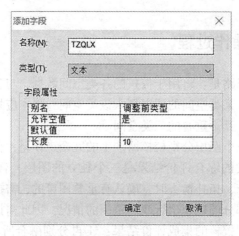

图 6-7　添加"调整前类型"字段

- 在"调整前类型"字段名处点击鼠标右键，选择【字段计算器】。
- 在【字段计算器】对话框中输入："关键生态空间"(注意：双引号应为英文格式)。再点击【确定】。对"关键农业空间"和"城镇建设潜力空间"图层执行相同操作(图6-8)。至此，完成对原三类空间的标注。
- 在主菜单栏中选择【地理处理】→【合并】。
- 在【合并】对话框中，【输入数据集】处选择标注过的"关键生态空间""关键农业空间""城镇建设潜力空间"。
- 点击【浏览 📁】按钮，弹出【输出数据集】对话框，修改【保存类型】为"要素类"，修改【名称】为"Y三类空间"，修改数据保存位置为"第六章 双评价校核 \ 第六章 双评价校核.gdb"，再点击【保存】。

---

①　这里的字段命名、类型、别名及长度等要求，参考6.4节中数据库提交要求。建议这一步严格按照数据库提交要求建立相应字段，以便后续快速建立数据库。

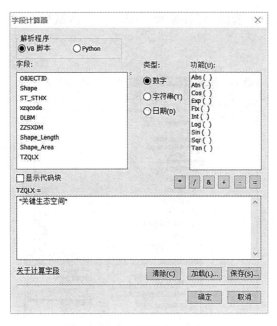

图 6-8 标注"关键生态空间"

2. 检查拓扑

该步骤是为了检查合并后的三类空间是否有图斑重叠。

- 在【目录】面板中,选择"第六章 双评价校核"文件夹,点击鼠标右键,新建个人地理数据库。

- 在【目录】面板中,选择"新建个人地理数据库.mdb",点击鼠标右键,选择【重命名】,修改名称为"拓扑检查"(图 6-9)。

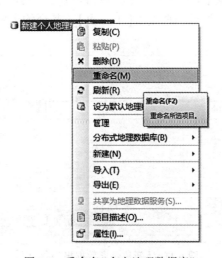

图 6-9 重命名"个人地理数据库"

• 在【目录】面板中，选择"拓扑检查.mdb"，点击鼠标右键，新建要素数据集（图 6-10）。

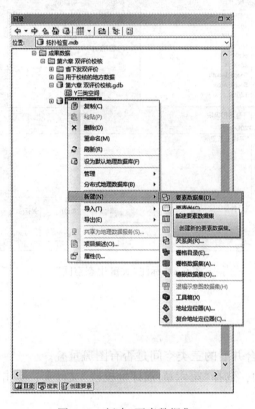

图 6-10　新建"要素数据集"

• 在【新建要素数据集】对话框中，【名称】修改为"拓扑"，点击【下一页】，【XY 坐标系】选择与"三调"一致，然后一直点击【下一页】，其余均为默认，直至完成（图 6-11）。

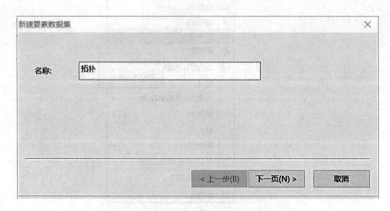

图 6-11　【新建要素数据集】对话框

● 在【目录】面板中，选择"拓扑"数据集，点击鼠标右键，导入【要素类(单个)】(图 6-12)。

图 6-12 导入"要素类"

● 在【要素类至要素类】对话框中，【输入要素】选择"Y 三类空间"，【输出位置】选择 "第六章 双评价校核 \ 拓扑检查 . mdb \ 拓扑"，【输出要素类】修改为"Y 三类空间拓扑"，再点击【确定】(图 6-13)。

图 6-13 选择输入要素、输出位置和输出要素类

- 在【目录】面板中，选择"拓扑"数据集，点击鼠标右键，新建拓扑(图 6-14)。

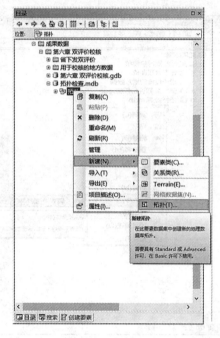

图 6-14　新建拓扑

- 在【新建拓扑】对话框中，一直点击【下一页】，至【选择要参与到拓扑的要素类】一页时，勾选"Y 三类空间拓扑"图层(图 6-15)；再点击【下一页】，至【指定拓扑规则】一页，点击【添加规则】，弹出【添加规则】对话框，【要素类的要素】选择"Y 三类空间拓扑"，【规则】选择"不能重叠"，然后点击【确定】，再点击【下一页】，直至完成(图 6-16)。

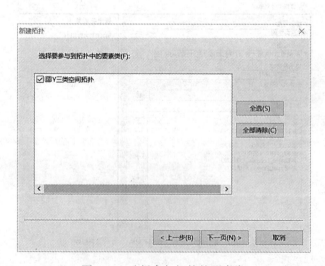

图 6-15　选择参与拓扑的要素类

图 6-16 添加拓扑规则

- 弹出【验证拓扑】对话框,点击【是】,即开始验证拓扑。
- 完成验证后,打开"拓扑_Topology"(默认命名)图层,标红部分为存在拓扑错误的图斑(图 6-17)。由于进行拓扑检查时设置的规则为"不能重叠",因此,除了少量不满足拓扑容差的图斑,其余显示的标红部分(图中深色区域)均为有重叠的图斑。当然,也可进一步查看具体的拓扑错误,由于篇幅限制,本章不再详细阐述,具体操作可参考 2.3.6 小节"拓扑检查"。

图 6-17 存在拓扑错误的图斑示例图

3. 擦除重叠图斑

经拓扑检查后，确认存在重叠图斑的，需擦除重叠图斑。擦除规则遵循前文所述的"重叠图斑处理规则"。先用"关键生态空间"擦除"城镇建设潜力空间"，再用"关键农业空间"擦除"城镇建设潜力空间"，最后用"关键生态空间"擦除"关键农业空间"。这里以"关键生态空间"擦除"城镇建设潜力空间"为例进行演示。

- 选择【ArcToolbox】中的【分析工具】→【叠加分析】→【擦除】命令。
- 弹出【擦除】对话框，【输入要素】选择"城镇建设潜力空间"，【擦除要素】选择"关键生态空间"，其余默认（图 6-18）。

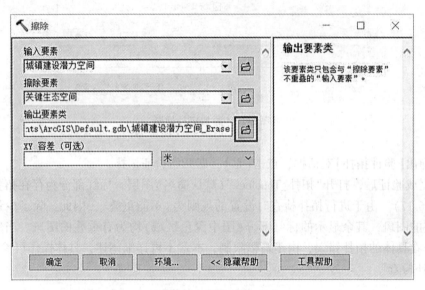

图 6-18　擦除"城镇建设潜力空间"

- 点击【浏览　】按钮，弹出【输出要素类】对话框，修改【保存类型】为"要素类"；修改【名称】为"Y 生态擦城镇"；修改数据保存位置为"第六章 双评价校核 \ 第六章 双评价校核 .gdb"；再点击【保存】。
- 其他图层执行同样操作。最终得到"关键生态空间_不重叠""关键农业空间_不重叠""城镇建设潜力空间_不重叠"3 个图层（图 6-19）。

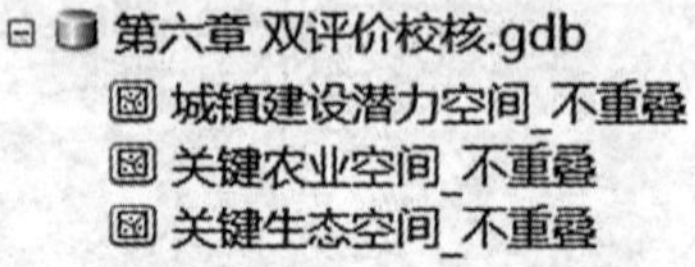

图 6-19　步骤 3 得到的图层

210

4. 裁剪行政区范围

该步骤是对三类空间进行裁剪，确保图斑均在行政区范围内。首先，需要将不重叠的三类空间进行合并，操作步骤同步骤 1，得到的图层命名为"Y 三类空间_不重叠"。然后，再进行裁剪。

- 在主菜单栏中选择【地理处理】→【裁剪】。
- 在【裁剪】对话框中，【输入要素】选择"Y 三类空间_不重叠"，【裁剪要素】选择"行政区范围"（图 6-20）。

图 6-20　裁剪行政区范围

- 点击【浏览 📂】按钮，弹出【输出要素类】对话框，修改【保存类型】为"要素类"；修改【名称】为"Y 三类空间_裁剪"；修改数据保存位置为"第六章 双评价校核 \ 第六章 双评价校核 .gdb"；再点击【保存】。

5. 提取集成评价结果

该步骤是为了提取生态集成评价结果为一级、农业集成评价结果为一级和城镇集成评价结果为一级的图斑，以用于校核。这里以提取生态集成评价结果为一级的图斑为例进行演示。

- 打开"生态保护重要性评价结果"图层属性表，筛选出所有生态集成结果为一级的图斑（图 6-21）。

筛选条件：gridcode = 1。

- 鼠标右键点击"生态保护重要性评价结果"图层，选择【数据】→【导出数据】。弹出【导出数据】对话框，【导出】选择【所选要素】，【使用与以下选项相同的坐标系】选择"此图层的源数据"。

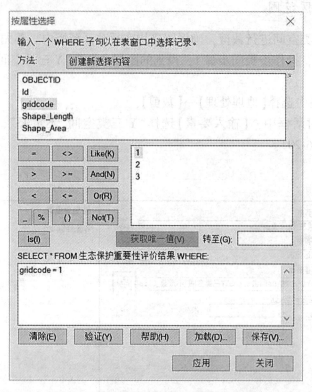

图 6-21　筛选生态集成结果为一级的图斑

● 点击【浏览 ⏏ 】按钮，弹出【保存数据】对话框，修改【保存类型】为"文件和个人地理数据库要素类"，修改【名称】为"生态集成结果为一级"，修改数据保存位置为"第六章 双评价校核 \ 第六章 双评价校核 . gdb"，再点击【保存】。

● 其他同理。最终得到"生态集成结果为一级""农业集成结果为一级""城镇集成结果为一级"3 个图层（图 6-22）。

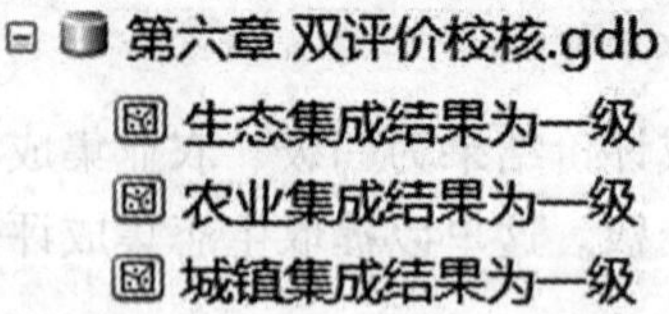

▱ 🗄 **第六章 双评价校核.gdb**
　　▣ **生态集成结果为一级**
　　▣ **农业集成结果为一级**
　　▣ **城镇集成结果为一级**

图 6-22　步骤五得到的图层

6. 融合并标注用于校核的空间数据

因用于校核的空间数据众多，各自的数据量也很大，如果不经处理就使用，则会增加很多不必要的计算量和工作量。因此，为了简化处理过程，加快处理速度，一般处理方法是先分别融合各个数据，再在属性表中标注所需要的信息。这里以"现状城镇建设用地"为例进行演示。

- 在主菜单栏中选择【地理处理】→【融合】。
- 弹出【融合】对话框，【输入要素】选择"现状城镇建设用地"，其余均为默认（图6-23）。

图 6-23　融合"现状城镇建设用地"

- 点击【浏览  】按钮，弹出【输出要素类】对话框，修改【保存类型】为"要素类"；修改【名称】为"现状城镇建设用地_融合"；修改数据保存位置为"第六章 双评价校核 \ 第六章 双评价校核.gdb"；再点击【保存】。
- 打开"现状城镇建设用地_融合"图层属性表，选择【添加字段】，弹出对话框，【名称】命名为"XZCZJSYD"①，【类型】选择"文本"，【别名】命名为"现状城镇建设用地"，【长度】为"255"，再点击【确定】，完成字段添加。
- 在"原因"字段名处点击鼠标右键，选择【字段计算器】，在对话框中输入："现状城镇建设用地"（注意：双引号应为英文格式）。再点击【确定】，则完成对"现状城镇建设用地_融合"的信息标注（图6-24）。

---

① 为后续进行三类空间调整时方便选择属性，这里以图层名命名该字段，其余"国家湿地公园_融合""饮用水水源地_融合"等8个图层同理操作。

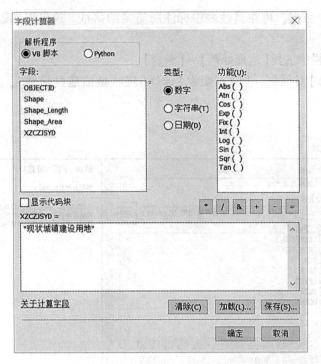

图 6-24　标注"现状城镇建设用地"

其他图层同理操作。最终得到"现状城镇建设用地_融合""国家湿地公园_融合""饮用水水源地_融合""批而未建_融合""稳定耕地_融合""现状陆地水域_融合""生态集成结果为一级_融合""农业集成结果为一级_融合""城镇集成结果为一级_融合"9 个图层（图6-25）。

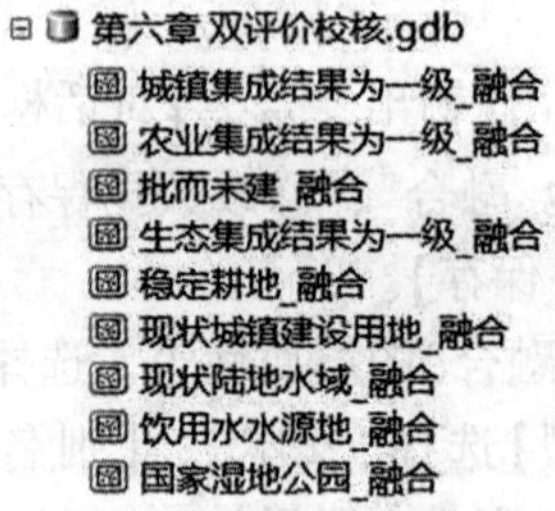

- □ 📦 第六章 双评价校核.gdb
  - 🔲 城镇集成结果为一级_融合
  - 🔲 农业集成结果为一级_融合
  - 🔲 批而未建_融合
  - 🔲 生态集成结果为一级_融合
  - 🔲 稳定耕地_融合
  - 🔲 现状城镇建设用地_融合
  - 🔲 现状陆地水域_融合
  - 🔲 饮用水水源地_融合
  - 🔲 国家湿地公园_融合

图 6-25　步骤 6 得到的图层

7. 联合三类空间和校核数据

该步骤是为了将原三类空间和校核数据联合在一个图层，以便后续进行三类空间的调整。之所以选择使用【联合】命令，是因为【联合】是得到所有图层的并集，并可以保留所有图层的属性信息。

- 在主菜单栏中选择【地理处理】→【联合】。
- 弹出【联合】对话框，【输入要素】选择"Y 三类空间_裁剪""现状城镇建设用地_融合""国家湿地公园_融合""饮用水水源地_融合""批而未建_融合""稳定耕地_融合""现状陆地水域_融合""生态集成结果为一级_融合""农业集成结果为一级_融合""城镇集成结果为一级_融合"10 个图层，其余均为默认(图 6-26)。

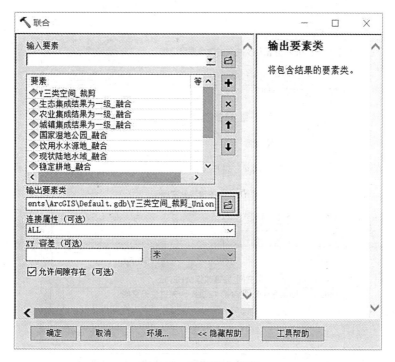

图 6-26　选择联合要素

- 点击【浏览 】按钮，弹出【输出要素类】对话框，修改【保存类型】为"要素类"；修改【名称】为"Y 三类空间_联合校核"；修改数据保存位置为"第六章 双评价校核 \ 第六章 双评价校核 . gdb"；再点击【保存】。

8. 三类空间调整

该步骤是根据双评价校核规则和重叠图斑处理规则，对原三类空间进行调整。由于调整的种类众多，大致可分为"直接调入或调出"和"有重叠"两类。这里分别以"国家湿地公园"(直接调入"关键生态空间")和"批而未建"(有重叠)为例进行演示。

- 打开"Y 三类空间_联合校核"图层属性表，选择【添加字段】，具体操作参照前文。添加"TZHLX"字段，【名称】命名为"TZHLX"①，【类型】选"文本"，【别名】命名为"调整

---

① 这里的字段命名、类型、别名及长度等要求，同样参考 6.4 节中的数据库提交要求。建议这一步严格按照数据库提交要求建立相应字段，以便后续快速建立数据库。

后类型"，【长度】为"10"，再点击【确定】。同理，添加"TZYY"字段，【名称】命名为
"TZYY"，【类型】选"文本"，【别名】命名为"调整原因"，【长度】为"255"，再点击【确定】。

● 打开"Y 三类空间_联合校核"图层属性表，筛选出所有不在原"关键生态空间"内
的国家湿地公园图斑(图 6-27)。

筛选条件：GJSDGY = '国家湿地公园' AND TZQLX <> '关键生态空间'。

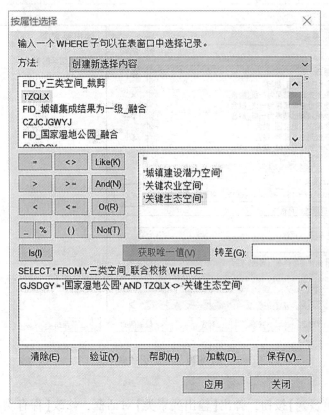

图 6-27　筛选不在原"关键生态空间"内的"国家湿地公园"图斑

● 在"调整后类型"字段名处点击鼠标右键，选择【字段计算器】，在对话框中输入：
"关键生态空间"。再点击【确定】。接着，在"调整原因"字段名处点击鼠标右键，选择
【字段计算器】，在对话框中输入："国家湿地公园"，再点击【确定】，则完成对不在原
"关键生态空间"内的"国家湿地公园"的调整(图 6-28)。

● 同理，对"批而未建"进行调整。基本思路也是先选择出要调整的图斑，然后再对
"调整后类型"和"调整原因"进行字段标注，完成调整。不同之处在于，"批而未建"可能
会与其他校核图层有所重叠，因此在选择调整图斑时，需按照前文所述的重叠图斑处理规
则进行选择。筛选出不在原"城镇建设潜力空间"内的"批而未建用地"，同时又是"非稳定
耕地""非现状陆地水域""非饮用水水源地"和"非国家湿地公园"的区域(图 6-29)。

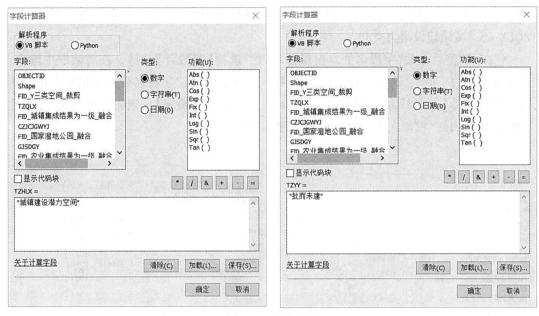

图 6-28　图斑调整

图 6-29　筛选图斑

筛选条件：PEWJ = '批而未建' AND WDGD <> '稳定耕地' AND XZLDSY <> '现状陆地水域' AND YYSSYD <> '饮用水水源地' AND GJSDGY <> '国家湿地公园' AND TZQLX <> '城镇建设潜力空间'。

• 在"调整后类型"字段名处点击鼠标右键，选择【字段计算器】，在对话框中输入："城镇建设潜力空间"。再点击【确定】。接着，在"调整原因"字段名处点击鼠标右键，选择【字段计算器】，在对话框中输入："批而未建"。再点击【确定】，则完成对不在"城镇建设潜力空间"内的"批而未建用地"的调整(图 6-30)。

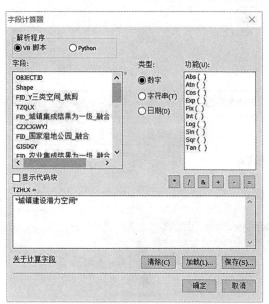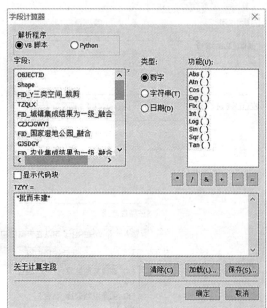

图 6-30　图斑调整

其他同理，最后得到调整后的三类空间。

9. 再次检查拓扑

该步骤是为了检查调整后的三类空间是否存在重叠图斑，操作步骤参考步骤 2。若存在重叠图斑，则需进行重叠图斑擦除，操作步骤参考步骤 3，直至无图斑重叠即可。调整后的三类空间比调整前应更加合理且空间更连续(图 6-31)。

10. 三类空间分别导出单独图层

该步骤是将调整后的三类空间分别导出单独的"关键生态空间""关键农业空间""城镇建设潜力空间"三个图层。这里以导出"关键生态空间"为例。

• 打开"Y 三类空间_联合校核"图层属性表，选择【按属性选择】，具体操作参照前文。在对话框中输入：TZQLX = '关键生态空间' OR TZHLX = '关键生态空间'。再点击

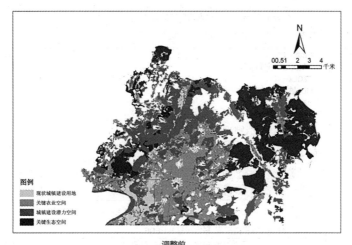

调整前

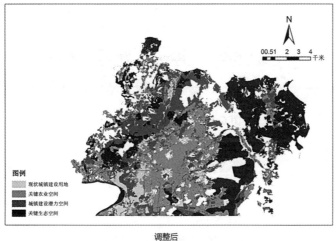

调整后

图 6-31 调整前后的三类空间对比图

【应用】，则选择出调整前和调整后的"关键生态空间"的并集(图 6-32)。

● 鼠标右键点击"Y 三类空间_联合校核"图层，选择【数据】→【导出数据】，【导出】选择【所选要素】，【使用与以下选项相同的坐标系】选择【此图层的源数据】。

● 点击【浏览 】按钮，弹出【保存数据】对话框，修改【保存类型】为"文件和个人地理数据库要素类"；修改【名称】为"H 关键生态空间"；修改数据保存位置为"第六章 双评价校核 \ 第六章 双评价校核 . gdb"；再点击【保存】。

● 其他同理，最终得到"H 关键生态空间""H 关键农业空间""H 城镇建设潜力空间"3 个图层(图 6-33)。

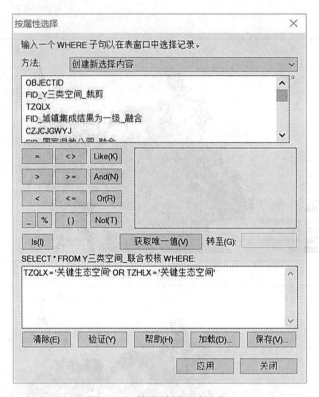

图 6-32　筛选关键生态空间

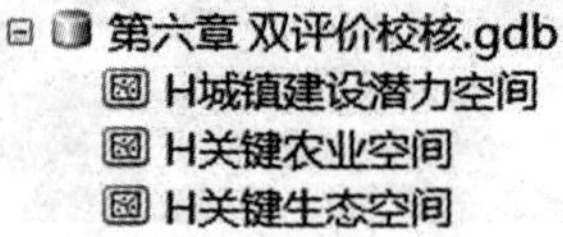

- 第六章 双评价校核.gdb
  - H城镇建设潜力空间
  - H关键农业空间
  - H关键生态空间

图 6-33　步骤 10 得到的图层

6.4　双评价校核成果

6.4.1　成果提交要求

参考《某省关于印发城镇开发边界划定工作方案的通知》，双评价校核成果应作为城镇开发边界划定成果补充材料提交，要求如下。

1. 成果数据汇交内容

双评价校核成果应提交矢量数据，采用(.gdb)格式，文件名称按照"行政区代码+行政区名称+双评价深化细化校核成果"的规则命名。其中行政区代码为 6 位，不足 6 位的后面用 0 补齐。矢量数据包括底线约束条件下的城镇承载力一张图校核结果(即三类空间校核结果)、城镇潜力空间、关键农业空间和关键生态空间(表6-3),对各个矢量数据的属性表结构也作了明确要求,包括字段名称、字段代码、字段类型、字段长度、小数位数、值域等(表6-4~表6-7)。

表6-3 双评价深化细化校核成果图层集

序号	数据库名称	图层名称	几何特征	属性表名	约束条件	备注
1	双评价深化细化校核成果	底线约束条件下的城镇承载力一张图校核结果	面	CZCZLYZTJHJG	C	此图层需提交变化部分图斑
2		城镇潜力空间	面	CZQLKJ	C	此图层需提交校核后的完整图层
3		关键农业空间	面	GJNYKJ	C	此图层需提交校核后的完整图层
4		关键生态空间	面	GJSTKJ	C	此图层需提交校核后的完整图层

注1:约束条件取值:M(必选)、O(可选)、C(条件必选),其中,条件必选为地方具有该内容的编制成果。

注2:当C(条件必选)图层中有数据时,其属性填写要符合属性数据结构的要求。

表格来源:《某省关于印发城镇开发边界划定工作方案的通知》。

表6-4 底线约束条件下的城镇承载力一张图校核结果
属性结构描述表(属性表名:CZCZLYZTJHJG)

序号	字段名称	字段代码	字段类型	字段长度	小数位数	值域	约束条件	备注
1	行政区代码	XZQDM	Char	12		非空	M	见注1
2	行政区名称	XZQMC	Char	100		非空	M	见注1
3	调整前类型	TZQLX	Char	10		非空	M	见注2
4	调整后类型	TZHLX	Char	10		非空	M	见注2
5	调整原因	TZYY	Char	255		非空	M	填写冲突或调整优化原因
6	面积	MJ	Float	16	2	>0	M	单位:平方米
7	备注	BZ	Char	255			O	

注1:市级以县级行政单元进行统计,行政区代码、行政区名称填写到县级行政区。

注2:类型:关键生态空间、关键农业空间或城镇建设潜力空间或其他。

表格来源:《某省关于印发城镇开发边界划定工作方案的通知》。

表 6-5　　　　　　　　**城镇潜力空间属性结构描述表(属性表名：CZQLKJ)**

序号	字段名称	字段代码	字段类型	字段长度	小数位数	值域	约束条件	备注
1	标识码	BSM	Char	18			M	
2	行政区名称	XZQMC	Char	100			M	
3	是否永久基本农田	SFYJJBNT	Char	255			M	
4	面积	MJ	Float	15	2	>0	M	
5	备注	BZ	Char	255			O	

表格来源：《某省关于印发城镇开发边界划定工作方案的通知》。

表 6-6　　　　　　　**关键农业空间属性结构描述表(属性表名：GJNYKJ)**

序号	字段名称	字段代码	字段类型	字段长度	小数位数	值域	约束条件	备注
1	标识码	BSM	Char	18			M	
2	行政区名称	XZQMC	Char	100			M	
3	是否永久基本农田	SFYJJBNT	Char	255			M	
4	地类代码	DLDM	Char	5			M	
5	种植属性代码	ZZSXDM	Char	6			C	
6	面积	MJ	Float	15	2	>0	M	
7	备注	BZ	Char	255			O	

表格来源：《某省关于印发城镇开发边界划定工作方案的通知》。

表 6-7　　　　　　　**关键生态空间属性结构描述表(属性表名：GJSTKJ)**

序号	字段名称	字段代码	字段类型	字段长度	小数位数	值域	约束条件	备注
1	标识码	BSM	Char	18			M	
2	行政区名称	XZQMC	Char	100			M	
3	是否生态保护红线	SFSTBHHX	Char	255			M	
4	面积	MJ	Float	15	2	>0	M	
5	备注	BZ	Char	255			O	

表格来源：《某省关于印发城镇开发边界划定工作方案的通知》。

2. 文件组织结构

报送的双评价深化细化校核成果数据以文件夹形式组织，按照国家和自治区的要求分别将相应数据存储到相应的文件夹下，并明确市(县)级双评价深化细化校核成果数据目录结构(图6-34)。目录名称中的"×××××"指"行政区代码+行政区名称"。

```
-×××××城镇开发边界划定成果补充材料
  --矢量数据
  ---- ×××××双评价深化细化校核成果.gdb
  ------ ×××××底线约束条件下的城镇承载力一张图校核结果
  ------ ×××××城镇潜力空间
  ------ ×××××关键农业空间
  ------ ×××××关键生态空间
```

图 6-34　双评价深化细化校核成果目录结构
(来源:《某省关于印发城镇开发边界划定工作方案的通知》)

6.4.2　成果整理

本节将以上述某省双评价校核提交成果要求为例，介绍其成果整理操作方法。矢量数据共分为4个图层:①底线约束条件下的城镇承载力一张图校核结果;②城镇潜力空间;③关键农业空间;④关键生态空间。

首先在"矢量数据"文件夹下建立"×××××双评价深化细化校核成果.gdb"文件地理数据库(图6-35)。

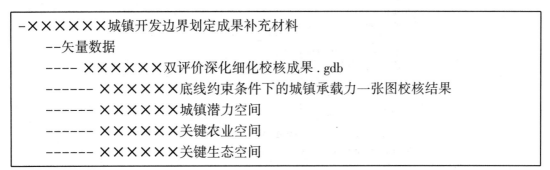

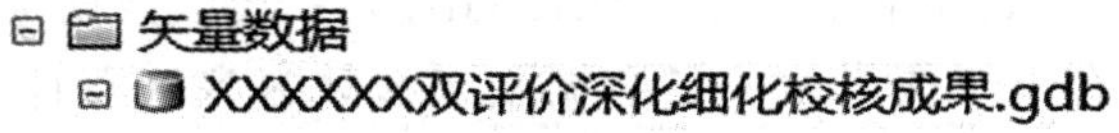

图 6-35　建立"×××××双评价深化细化校核成果"文件地理数据库

1. 底线约束条件下的城镇承载力一张图校核结果

1)筛选城镇承载力一张图校核结果数据

由于城镇承载力一张图校核结果只要求提交有变化的图斑，因此，需筛选出这部分图斑。

● 打开"Y三类空间_联合校核"图层属性表，筛选出所有有调整的图斑。由于之前每一块调整过的图斑，都对其"调整原因"进行了标注，所以"调整原因"不为空值的图斑即为有调整的图斑(图6-36)。

筛选条件:TZYY <> ''。

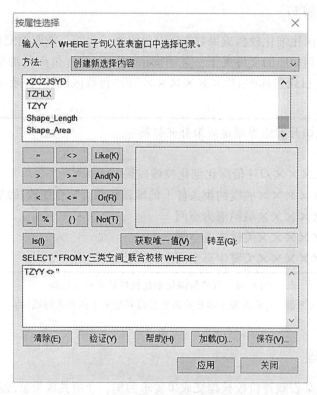

图 6-36　筛选有调整的图斑

• 鼠标右键点击"Y 三类空间_联合校核"图层，选择【数据】→【导出数据】，【导出】选择【所选要素】，【使用与以下选项相同的坐标系】选择【此图层的源数据】。

• 点击【浏览　】按钮，弹出【保存数据】对话框，修改【保存类型】为"文件和个人地理数据库要素类"；修改【名称】为"CZCZLYZTJHJG"；修改数据保存位置为"第六章 双评价校核 \ 双评价校核电子成果 \ 矢量数据 \ ×××××双评价深化细化校核成果.gdb"；再点击【保存】。

2）修改图层别名

• 鼠标右键"CZCZLYZTJHJG"图层，选择【属性】。在【要素类属性】对话框中，点击【常规】，将【别名】修改为"底线约束条件下的城镇承载力—张图校核结果"（图 6-37）。

3）删除多余字段

该图层提交要求需包含"行政区代码""行政区名称""调整前类型""调整后类型""调整原因""面积"和"备注"7 个字段，首先应删除原图层内不需要的字段，再添加需要的字段。

• 选择【ArcToolbox】中【数据管理工具】→【字段】→【删除字段】。

• 在【删除字段】对话框中，【输入表】选择"底线约束条件下的城镇承载力—张图校核结果"，【删除字段】勾选除"TZQLX""TZHLX""TZYY"以外的所有字段，然后点击【确定】（图 6-38）。

图 6-37 修改图层别名

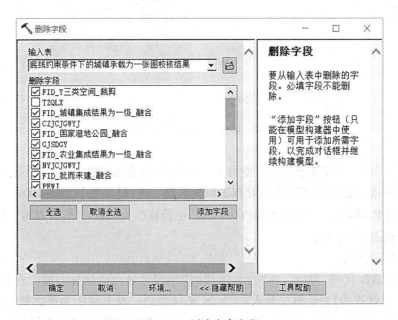

图 6-38 删除多余字段

4)新建字段

• 按底线约束条件下的城镇承载力一张图校核结果属性结构描述表要求(表6-4),新建"XZQDM""XZQMC""MJ""BZ"4个字段(图6-39)。

225

图 6-39 添加"行政区代码"等字段

- 由于"面积"字段要求字段长度为 16，小数位数为 2，因此，需在新建字段后再对其属性进行修改。在"面积"字段名处点击鼠标右键，选择【属性】（图 6-40）。
- 点击【数值 ▣】，小数位数修改为"2"，字符修改为"16"，然后点击【确定】，即完成字段属性修改（图 6-41）。

5）填写字段内容

- 以"行政区代码"为例，在"行政区代码"字段名处点击鼠标右键，选择【字段计算器】。在【字段计算器】对话框中输入："×××"（注意：双引号应为英文格式，×××为该地区行政区代码）。再点击【确定】（图 6-42）。"行政区名称"和"备注"同理，"面积"字段计算方法参考 2.3.2 小节"计算椭球面积"。至此，完成"底线约束条件下的城镇承载力一张图校核结果"成果整理。

图 6-40 打开"面积"字段属性

图 6-41 修改"面积"字段属性

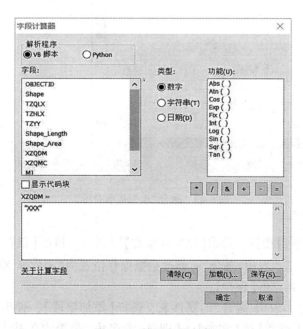

图 6-42 填写字段内容

227

2. 城镇潜力空间

该图层提交要求需包含"标识码""行政区名称""是否永久基本农田""面积"和"备注" 5 个字段。其中"是否永久基本农田"需包含永久基本农田信息，因此，需将"永久基本农田"图层进行融合，再用融合后的"永久基本农田"对"城镇潜力空间"进行标识。其余 4 个字段只需按要求添加字段，再填写字段内容即可，具体步骤参考"底线约束条件下的城镇承载力一张图校核结果"成果整理过程。"标识码"的填写参考 4.3.2 小节相关内容(1. 制作"规划现状基数分类转换"图层)。这里只演示如何将永久基本农田信息标识进该图层。

1)融合并标注"永久基本农田"图层

● 在主菜单栏中选择【地理处理】→【融合】，在【融合】对话框中，【输入要素】选择【永久基本农田】，其余均为默认(图 6-43)。

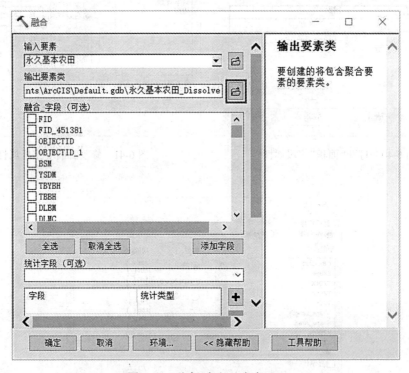

图 6-43　融合"永久基本农田"

● 点击【浏览 】按钮，弹出【输出要素类】对话框，修改【保存类型】为"要素类"；修改【名称】为"永久基本农田_融合"；修改数据保存位置为"第六章 双评价校核 \ 第六章 双评价校核 .gdb"；再点击【保存】。

● 打开"永久基本农田_融合"的属性表，选择【添加字段】，弹出对话框，【名称】命名为"SFYJJBNT"，【类型】选【文本】，【别名】命名为"是否永久基本农田"，【长度】为"255"，再点击【确定】，完成字段添加(图 6-44)。

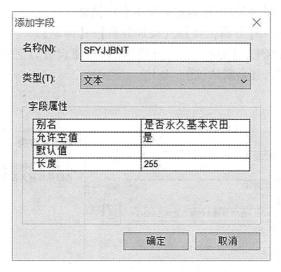

图 6-44 添加"是否永久基本农田"字段

• 在"是否永久基本农田"字段名处点击鼠标右键，选择【字段计算器】，在对话框中输入："是"。再点击【确定】，则完成对"永久基本农田_融合"的信息标注(图 6-45)。

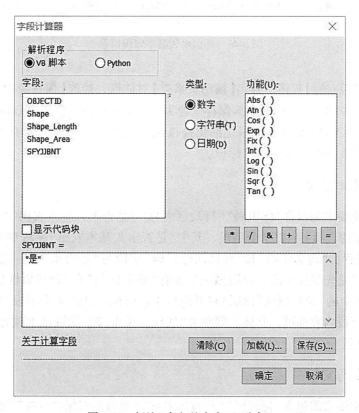

图 6-45 标注"永久基本农田_融合"

2)在"城镇潜力空间"图层中标识永久基本农田信息

• 选择 ArcToolbox 中【分析工具】→【叠加分析】→【标识】。

• 在【标识】对话框中,【输入要素】选择"H 城镇建设潜力空间",【标识要素】选择"永久基本农田_融合",其余默认(图 6-46)。

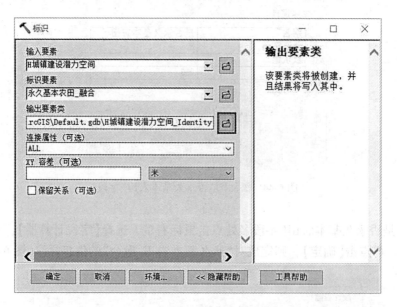

图 6-46 标识永久基本农田信息

• 点击【浏览 】按钮,弹出【输出要素类】对话框,修改【保存类型】为"要素类";修改【名称】为"CZQLKJ";修改数据保存位置为"第六章 双评价校核 \ 双评价校核电子成果 \ 矢量数据 \ XXXXXX 双评价深化细化校核成果 .gdb";再点击【保存】,即完成对城镇潜力空间中的永久基本农田信息标识。

3. 关键农业空间

该图层提交要求需包含"标识码""行政区名称""是否永久基本农田""地类代码""种植属性代码""面积"和"备注"7 个字段。其中"是否永久基本农田"字段参考"城镇潜力空间"成果整理过程;"地类代码"和"种植属性代码"字段与"是否永久基本农田"字段的操作过程同理,也是先建立字段,再用另一个含有"地类代码"和"种植属性代码"信息的图层(可用"三调"中的"地类图斑"图层)对其进行字段标识;其余 4 个字段只需按要求添加字段,再填写字段内容即可,具体步骤参考"底线约束条件下的城镇承载力一张图校核结果"成果整理过程。

4. 关键生态空间

该图层提交要求需包含"标识码""行政区名称""是否生态保护红线""面积"和"备注"5 个字段。其中"是否生态保护红线"字段与"是否永久基本农田"字段的操作过程同理,其余4个字段只需按要求添加字段，再填写字段内容即可，具体步骤参考"底线约束条件下的城镇承载力—张图校核结果"成果整理过程。

5. 最终成果

最终的矢量数据成果为一个命名为"××××××双评价深化细化校核成果"的文件地理数据库，数据库中存放有"底线约束条件下的城镇承载力—张图校核结果""城镇潜力空间""关键农业空间""关键生态空间"4个矢量数据(图6-47)。

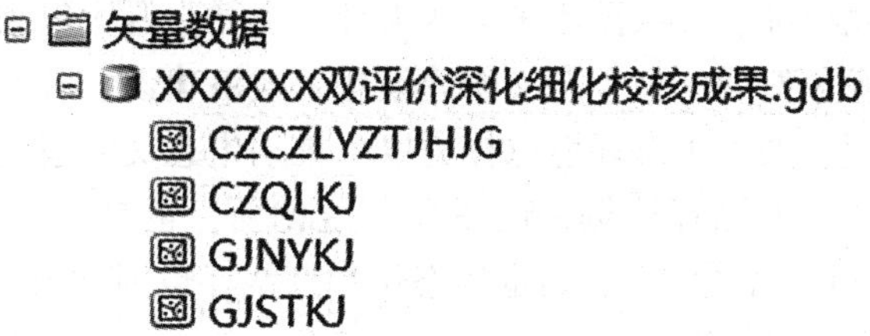

```
□ 🗁 矢量数据
    □ 🗃 XXXXXX双评价深化细化校核成果.gdb
        🔲 CZCZLYZTJHJG
        🔲 CZQLKJ
        🔲 GJNYKJ
        🔲 GJSTKJ
```

图6-47　双评价校核成果数据库

6.5　小结

作为本书的特殊章节，本章的主要目的是为部分地区的双评价校核工作提供技术指导。但实际上，双评价的校核和调整过程与"三区"划定及调整过程也极其类似，都需要与各种图层进行叠加，然后进行调整。因此，本章也可为"三区"划定与调整提供一定的技术参考。

本章首先以某省的相关校核要求为参考，对双评价校核要求、校核规则以及重叠图斑处理规则等作了详细的阐述，以便理解双评价校核工作的本质；然后，介绍了进行双评价校核工作时所需准备的数据。其中用于校核的地方数据只是本书根据项目经历例举可能用到的数据，并非是绝对和全面的，读者应根据实际情况进行补充；接着，阐述了双评价校核的操作思路，并某地区为例，对双评价校核的具体操作过程进行了详细的演示；最后，以某省成果提交要求为参考，对双评价校核成果进行了入库整理。双评价校核的最终成果可为后续城镇开发边界的划定提供依据。

第7章 生态保护红线划定

生态文明建设是中国特色社会主义"五位一体"总体布局和"四个全面"战略布局的重要内容，也是关系人民福祉、关系民族未来的大计。中共十八大以来，党和国家高度重视生态文明建设，坚持绿色发展，把生态文明建设融入经济建设、政治建设、文化建设、社会建设各方面和全过程，加大生态环境保护力度，推动生态文明建设在重点突破中实现整体推进。生态保护红线是我国环境保护的重要制度创新，也是继"18亿亩耕地红线"后，另一条被提到国家层面的"生命线"。划定生态保护红线，也因此成为践行"绿水青山就是金山银山"思想和生态文明建设的重要内容。

7.1 生态保护红线及其划定要求

7.1.1 生态保护红线的概念与划定意义

根据《生态保护红线划定指南》（环办生态〔2017〕48号）（本章下文简称《指南》），生态保护红线是指在生态空间范围内具有特殊重要生态功能、必须强制性严格保护的区域，是保障和维护国家生态安全的底线和生命线。生态保护红线也是调整经济结构、规划产业发展、推进城镇化不可逾越的红线。

生态保护红线的划定具有重要意义。①维护国家生态安全的需要。只有划定生态保护红线，按照生态系统完整性原则和主体功能区定位，优化国土空间开发格局，改善和提高生态系统服务功能，才能构建结构完整、功能稳定的生态安全格局，从而维护国家生态安全。②改善环境质量的关键举措。当前我国环境污染中以细颗粒物（$PM_{2.5}$）为特征的区域性复合型大气污染日益突出。划定并严守生态保护红线，将环境污染控制、环境质量改善和环境风险防范有机衔接起来，才能确保环境质量不降级，并逐步得到改善，从源头上扭转生态环境恶化的趋势，建设天蓝、地绿、水净的美好家园。③增强经济社会可持续发展能力。划定生态保护红线，引导人口分布、经济布局与资源环境承载能力相适应，促进各类资源集约节约利用，对于增强我国经济社会可持续发展的生态支持能力具有极为重要的意义。

7.1.2 生态保护红线划定要求

1. 划定工作具体要求

根据《指导意见》，生态保护红线划定工作应遵守以下要求：①优先将具有重要水源

232

涵养、生物多样性维护、水土保持、防风固沙、海岸防护等功能的生态功能极重要区域，以及生态极敏感脆弱的水土流失、沙漠化、石漠化、海岸侵蚀等区域划入生态保护红线；②其他经评估目前虽然不能确定、但具有潜在重要生态价值的区域也划入生态保护红线，对自然保护地进行调整优化，评估调整后的自然保护地应划入生态保护红线。

2. 禁止和允许进行的活动

生态保护红线内，自然保护地核心保护区原则上禁止人为活动，其他区域严格禁止开发性、生产性建设活动，在符合现行法律法规前提下，除国家重大战略项目外，仅允许对生态功能不造成破坏的有限人为活动，主要包括：

(1)零星的原住民在不扩大现有建设用地和耕地规模前提下，修缮生产生活设施，保留生活必需的少量种植、放牧、捕捞、养殖；

(2)因国家重大能源资源安全需要开展的战略性能源资源勘查、公益性自然资源调查和地质勘查；

(3)自然资源、生态环境监测和执法包括水文水资源监测及涉水违法事件的查处等，灾害防治和应急抢险活动；

(4)经依法批准进行的非破坏性科学研究观测、标本采集，经依法批准的考古调查发掘和文物保护活动；

(5)不破坏生态功能的适度参观旅游和相关的必要公共设施建设；

(6)必须且无法避让、符合县级以上国土空间规划的线性基础设施建设、防洪和供水设施建设与运行维护；

(7)重要生态修复工程。

7.1.3 生态保护红线工作组织与划定方法

1. 生态保护红线工作组织

自2012年起，在原生态保护部门的部署下，全国大部分县市已开展了多轮生态保护红线划定工作。但因为技术标准不统一，未形成全国范围的汇交成果；2017年《指南》出台后，直到2019年上半年，逐步完成全国范围内的生态保护红线划定初步成果(以下简称"原始生态保护红线")。

随着国家机构改革的深化和落实，2019年，生态保护红线划定工作由生态环境保护部门移交自然资源部门统筹推进。本书重点阐述的生态保护红线划定工作，系指基于原始生态保护红线，由自然资源部门统筹推进的工作(也称为生态保护红线的划定调整工作)。对于生态保护红线划定的具体工作组织，不同省份可能有所差异，但通用的做法是：①省级自然资源部门统一下发原始生态保护红线图斑和应划尽划图斑，统一开展生态红线应划尽划评价工作；②县市自然资源部门组织开展矛盾冲突图斑的识别和举证；③县市进行调入调出叠加分析、零星图斑删除和图幅修整等工作，以得到新一轮生态红线划定结果。

2. 生态保护红线初步划定方法

生态保护红线通常包括具有重要水源涵养、生物多样性维护、水土保持、防风固沙、海岸生态稳定等功能的重点生态功能区①以及水土流失、土地沙化、石漠化、盐渍化等生态环境敏感脆弱区②。根据《指南》，生态保护红线的初步划定工作，主要按照如下技术流程进行(图 7-1)。

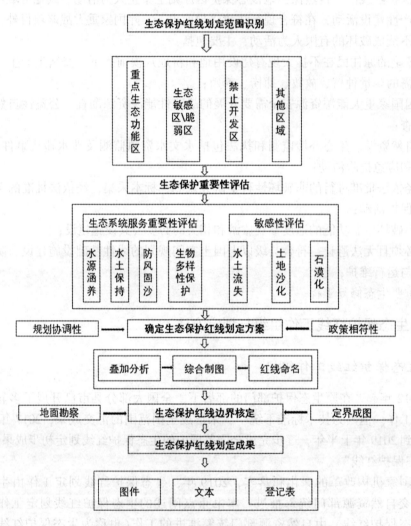

图 7-1　生态保护红线划定技术流程

---

① 重点生态功能区：指生态系统十分重要，关系全国或区域生态安全，需要在国土空间开发中限制进行大规模高强度工业化城镇化开发，以保持并提高生态产品供给能力的区域。

② 生态环境敏感脆弱区：指生态系统稳定性差，容易受到外界活动影响而产生生态退化且难以自我修复的区域。

1)开展科学评估

在国土空间范围内,按照资源环境承载能力和国土空间开发适宜性评价技术方法,开展生态功能重要性评估和生态环境敏感性评估,确定生态功能极重要区域及极敏感区域,纳入生态保护红线。科学评估的主要步骤包括:确定基本评估单元、选择评估类型与方法、数据准备、模型运算、评估分级和现场校验。

2)校验划定范围

根据科学评估结果,将评估得到的生态功能极重要区和生态环境极敏感区进行叠加合并,并与以下保护地进行校验,形成生态保护红线空间叠加图,确保划定范围涵盖国家级和省级禁止开发区域,以及其他有必要严格保护的各类保护地。具体包括如下两大类。

(1)国家级和省级禁止开发区域。主要包括:国家公园,自然保护区,森林公园的生态保育区和核心景观区,风景名胜区的核心景区,地质公园的地质遗迹保护区,世界自然遗产的核心区和缓冲区,湿地公园的湿地保育区和恢复重建区,饮用水水源地的一级保护区,水产种质资源保护区的核心区,其他类型禁止开发区的核心保护区域。对于上述禁止开发区域内的不同功能分区,应根据生态评估结果最终确定纳入生态保护红线的具体范围。位于生态空间以外或人文景观类的禁止开发区域,不纳入生态保护红线。

(2)其他各类保护地。除上述禁止开发区域以外,各地可结合实际情况,根据生态功能重要性,将有必要实施严格保护的各类保护地纳入生态保护红线范围。主要涵盖:极小种群物种分布的栖息地、国家一级公益林、重要湿地(含滨海湿地)、国家级水土流失重点预防区、沙化土地封禁保护区、野生植物集中分布地、自然岸线、雪山冰川、高原冻土等重要生态保护地。

3)确定红线边界

将上述确定的生态保护红线叠加图,通过边界处理、现状与规划衔接、跨区域协调、上下对接等步骤,确定生态保护红线边界。

(1)边界处理。采用地理信息系统软件,对叠加图层进行图斑聚合处理,合理扣除独立细小斑块和建设用地、基本农田。边界调整的底图建议采用第一次全国地理普查数据库或土地利用现状及年度调查监测成果,按照保护需要和开发利用现状,结合自然边界、各类保护地边界等重要界线勾绘调整生态保护红线边界。

(2)现状与规划衔接。将生态保护红线边界与各类规划、区划空间边界及土地利用现状相衔接,综合分析开发建设与生态保护的关系,结合经济社会发展实际,合理确定开发与保护边界,提高生态保护红线划定合理性和可行性。

(3)跨区域协调。根据生态安全格局构建需要,综合考虑区域或流域生态系统完整性,以地形、地貌、植被、河流水系等自然界线为依据,充分与相邻行政区域生态保护红线划定结果进行衔接与协调,开展跨区域技术对接,确保生态保护红线空间连续,实现跨区域生态系统整体保护。

(4)上下对接。采取上下结合的方式开展技术对接,广泛征求各市县级政府意见,修改完善后达成一致意见,确定生态保护红线边界。

4) 形成划定成果

在上述工作基础上，编制生态保护红线划定文本、图件、登记表及技术报告，建立台账数据库，形成生态保护红线划定方案。

5) 开展勘界定标

根据划定方案确定的生态保护红线分布图，搜集红线附近原有平面控制点坐标成果、控制点网图，以高清正射影像图、地形图和地籍图等相关资料为辅助，调查生态保护红线各类基础信息，明确红线区块边界走向和实地拐点坐标，详细勘定红线边界。选定界桩位置，完成界桩埋设，测定界桩精确空间坐标，建立界桩数据库，形成生态保护红线勘测定界图。

3. 生态保护红线划定调整方法

生态保护红线划定调整工作主要包括应划尽划调入、矛盾冲突调出、破碎图斑修整三个部分。具体而言，是在原始生态保护红线基础上，本着应划尽划的原则，将应划入生态保护红线的土地调入生态红线范围；结合人类活动现状与生态保护所起的矛盾冲突，适当将部分土地调出生态保护红线范围；最后从生态保护的实际可行性与综合效益出发，对部分图斑进行修整，从而得到最终的生态保护红线(图 7-2)。其中，在可能划为生态保护红线区域的范围内，自然保护地、生态功能极重要区域、一级饮用水水源保护区等地类不允许调出。因此，应划尽划调入过程应分两步进行，在完成矛盾冲突调出工作后，针对不可调出的地类进行二次调入。

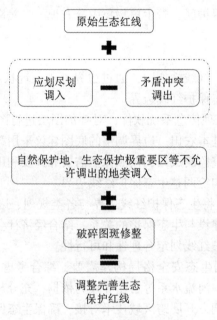

图 7-2　生态保护红线调整工作流程

7.2 数据准备

生态保护红线划定原始数据通常分为两种：一种是综合生态保护重要性、生态脆弱敏感性等多因素评价结果所得到的生态保护红线初步划定数据；另一种是已有的生态保护红线划定结果数据(即原始生态保护红线数据)。本书所阐述的生态保护红线划定工作内容，主要是指基于原始生态保护红线，并结合省、市一级人民政府相关部门提供的其他数据，所进行的生态保护红线划定调整过程。据此，本书在后文的演示中将使用依据相关文件整理的各项原始数据(表 7-1、图 7-3)。

表 7-1 原 始 数 据

序号	数据库	资料类型	主要内容	数据类型	数据格式
1	原始红线数据库	原始红线数据	原始生态保护红线数据	矢量文件	shp
2		应划尽划数据	天然林	矢量文件	shp
3			饮用水源地	矢量文件	shp
4			其他公益林	矢量文件	shp
5			自然保护地	矢量文件	shp
6			生态保护极重要区	矢量文件	shp
7			森林公园	矢量文件	shp
8		矛盾冲突数据	大坝	矢量文件	shp
9			地方道路	矢量文件	shp
10	项目认定数据库		高速公路	矢量文件	shp
11			国省道	矢量文件	shp
12			供水管线	矢量文件	shp
13			渠道	矢量文件	shp
14			风电项目	矢量文件	shp
15			矿产资源开发项目	矢量文件	shp
16			旅游开发项目	矢量文件	shp
17			土地整治项目	矢量文件	shp
18			城镇开发边界	矢量文件	shp

7.2.1 原始生态保护红线数据

本书所说的原始生态保护红线数据，通常以省级自然资源部门统一下发的原始生态红线图斑为准。

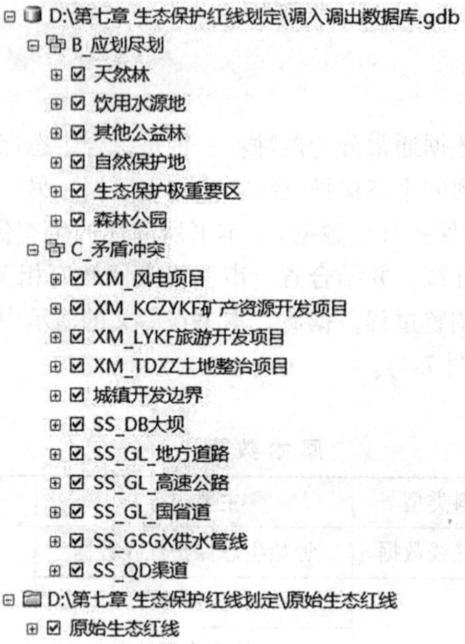

```
⊟ ■ D:\第七章 生态保护红线划定\调入调出数据库.gdb
  ⊟ 🗀 B_应划尽划
    ⊞ ☑ 天然林
    ⊞ ☑ 饮用水源地
    ⊞ ☑ 其他公益林
    ⊞ ☑ 自然保护地
    ⊞ ☑ 生态保护极重要区
    ⊞ ☑ 森林公园
  ⊟ 🗀 C_矛盾冲突
    ⊞ ☑ XM_风电项目
    ⊞ ☑ XM_KCZYKF矿产资源开发项目
    ⊞ ☑ XM_LYKF旅游开发项目
    ⊞ ☑ XM_TDZZ土地整治项目
    ⊞ ☑ 城镇开发边界
    ⊞ ☑ SS_DB大坝
    ⊞ ☑ SS_GL_地方道路
    ⊞ ☑ SS_GL_高速公路
    ⊞ ☑ SS_GL_国省道
    ⊞ ☑ SS_GSGX供水管线
    ⊞ ☑ SS_QD渠道
  ⊟ 📁 D:\第七章 生态保护红线划定\原始生态红线
    ⊞ ☑ 原始生态红线
```

图 7-3　原始数据一览

7.2.2　调入调出数据

　　调入数据主要指应划尽划调入数据，包括各项生态服务重要性评价结果、各类保护地与禁止开发区域等；调出数据指矛盾冲突调出数据，主要包括各项可能与生态保护红线范围产生冲突的人类活动，包括基础设施、重大项目、各级土地利用规划范围内涉及的相关区域等。本书所使用的案例中，"应划尽划"数据涉及自然保护地、饮用水源地、天然林、生态保护极重要区、森林公园与其他公益林六个种类①，"矛盾冲突"数据包括地方道路、风电项目、旅游开发项目等 11 个种类②。

7.3　生态保护红线调整

7.3.1　应划尽划调入

　　所谓"应划尽划"，是指对于具有生态保护必要的土地类型（地类），应尽可能将其调

---

　　①　本书所涉及和使用的"应划尽划"数据，仅为案例所在地区实际"应划尽划"数据的一部分。在生态保护红线划定的实际操作过程中，应划尽划数据的处理方式大同小异，因此只使用部分数据进行演示以简化操作。

　　②　本书所涉及和使用的"矛盾冲突"数据，仅为案例所在地区实际"矛盾冲突"数据的一部分。在生态保护红线划定的实际操作过程中，根据矛盾冲突的类型、地方政策以及划定区域实际情况的不同，矛盾冲突的处理往往十分复杂。本书仅对几种最基本的矛盾冲突调出给予演示。

入生态红线范围。具体操作方式为应当调入的地类地域全部划入生态保护红线范围，再根据人类活动产生的矛盾冲突在后续的工作中将部分地域调出，做到"宜多不宜少"。涉及"应划尽划"调入的地类范围通常以规划区域一级生态保护红线调整规则为准(表7-2)，实际数据通常以省级自然资源部门下发的应划尽划图斑为准①。

表 7-2   **某地区生态保护红线调整规则(应划尽划)**

序号	类型	界定标准	处理规则
1	国家公园	以林业部门评估成果为准	国家公园属于自然保护地，应纳入生态保护红线
2	自然保护区	以林业部门优化调整后的自然保护地为准	经林业部门优化调整后，属于自然保护地的区域应纳入生态保护红线；不属于自然保护地的区域，评估后将其具有重要功能、潜在生态价值而有必要实施严格保护的区域纳入生态保护红线
3	自然公园	以林业部门优化调整后的自然保护地为准	经林业部门优化调整后，属于自然保护地的区域应纳入生态保护红线；不属于自然保护地的区域，评估后将其具有重要功能、潜在生态价值而有必要实施严格保护的区域纳入生态保护红线
4	国家级和国际重要湿地	以林业部门数据为准	国家级和国际重要湿地应纳入生态保护红线。涉及矛盾冲突的，根据具体矛盾冲突调整规则进行处理
5	饮用水水源地	范围以生态环境部门数据为准，县级及以上地表饮用水水源地一级保护区	县级及以上地表饮用水水源地一级保护区应纳入生态保护红线
6	国家一级公益林	在"三调"的林地范围内，以林业部门的最新公益林落界调整成果为准	国家一级公益林应纳入生态保护红线。涉及基本农田矛盾冲突的，结合最新"三调"成果进行处理
7	生态功能极重要区域及极敏感区域	以自然资源部门《资源环境承载能力和国土空间开发适宜性评价技术指南》评价的成果为准	生态功能极重要区域及极敏感区域纳入生态保护红线。涉及矛盾冲突的，根据具体矛盾冲突调整规则进行处理
8	海岸带自然岸线(自然岸滩)	以海洋部门2019年自然岸线修测成果为准	海岸带自然岸线纳入生态保护红线。涉及矛盾冲突的，根据具体矛盾冲突调整规则进行处理
9	红树林	以"三调"数据为准	红树林应全部纳入生态保护红线

---

① 在实际工作中，规划区域内涉及"应划尽划"的土地类型往往不一定会覆盖调整规则中所有"应划尽划"的土地类型。

续表

序号	类型	界定标准	处理规则
10	珊瑚礁		
11	海草床		
12	海藻场		
13	牡蛎礁	以海洋部门数据为准	该类型用地应纳入生态保护红线。涉及矛盾冲突的,根据具体矛盾冲突调整规则进行处理
14	滨海盐沼		
15	重要河口		
16	重要滩涂及浅海水域		
17	特别保护海岛		
18	重要渔业资源产卵场	以海洋部门数据为准	重要渔业资源产卵场应纳入生态保护红线。涉及矛盾冲突的,根据具体矛盾冲突调整规则进行处理
19	其他公益林	以林业部门 2019 年公益林区划成果落界调整数据为准	其他公益林应划入生态保护红线。涉及矛盾冲突的,根据具体矛盾冲突调整规则进行处理
20	天然林	以林业部门提供的数据为准(吸收市县上报的数据)	天然林应划入生态保护红线。涉及矛盾冲突的,根据具体矛盾冲突调整规则进行处理

表格来源:《广西省生态保护红线划定技术指南》。

表 7-2 中涉及矛盾冲突的,根据具体矛盾冲突调整规则,在后续矛盾冲突调出过程中进行处理;部分不允许调出的地类,不纳入应划尽划初次调入工作范畴,而在后文"二次调入"中完成。

"应划尽划"调入具体操作如下。

• 在主菜单栏中选择【地理处理】→【联合】。

• 弹出【联合】对话框,【输入要素】选择"原始生态红线"及"应划尽划"数据,其余均为默认(图 7-4)。

• 点击【浏览 📁】按钮,弹出【输出要素类】对话框,修改【保存类型】为"要素类";修改【名称】为"应划尽划结果";修改数据保存位置为"第七章 生态保护红线划定\第七章 生态保护红线划定.gdb",点击【保存】,点击【确定】,即得到应划尽划的结果(图 7-5)。

图 7-4 选取应划尽划输入要素

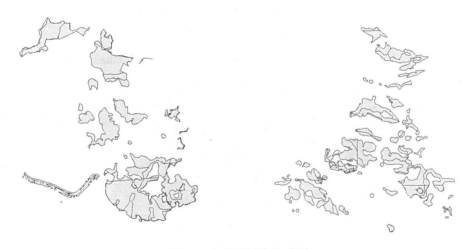

图 7-5 应划尽划结果(部分)

7.3.2 矛盾冲突调出

生态保护红线范围与人类活动的冲突,往往因人类活动种类繁多、情况复杂、难以避让或调整的特点而难以消除。因此,需要对规划区域内影响生态环境的人类活动进行系统性的调查分析,并根据情况不同作出不同选择。

1. 摸清项目基础

根据是否会对生态环境产生较大程度的影响与破坏,可将人类活动分为会造成破环和不会造成破环两类。在处理矛盾冲突时,应对规划区域内所有会对生态环境造成影响的人类活动进行系统性的调查、收集、摸排和整理,得到规划区域内各项产生矛盾冲突的类型与项目汇总数据①，以下为某地区生态保护红线划定工作所需收集的矛盾冲突类型整理汇总表(表 7-3)。

表 7-3　　　　　　　　　　　　　某地区矛盾冲突类型整理汇总表

序号	矛盾冲突类型
1	永久基本农田
2	永久基本农田储备区
3	耕地(一般耕地)
4	人工商品林
5	基本草原
6	承包草原
7	城镇村等现状建设用地
8	园地、设施农用地、养殖坑塘
9	合法矿业权(采矿权、探矿权)
10	战略性矿产储量规模在中型及以上且已纳入规划的矿产地
11	相关规划范围
12	各类自然保护地已调减的范围
13	依法取得使用权的区域
14	依法取得权属的无居民海岛
15	围填海历史遗留问题区域
16	破碎且无保护意义图斑
	陆海重叠范围
17	基础设施
18	重大项目
19	重要生态修复工程
20	经依法批准的非破坏性教学研究活动
21	经依法批准进行的考古调查发掘和文物保护活动

---

① 要注意的是，并非所有项目都会与可能划入生态保护红线的区域产生冲突。与应划尽划(可能划入生态红线区域)存在冲突的重大项目等须通过相关厅级部门的认定并提交至红线厅级审核小组进行核查；与应划尽划(可能划入生态红线区域)未存在冲突的，为保证项目安全顺利落地，在自然资源局前期协调多部门获得的佐证材料相对齐备的情况下，应当保留在生态保护红线基础数据库中。本书所用到的数据，已将不涉及可能划入生态保护红线区域的矛盾冲突预先剔除原始数据，只保留会与可能划入生态保护红线区域产生实际冲突的部分。

2. 矛盾冲突分析

在摸清项目基础的前提下,对不同矛盾冲突类型的项目作出不同的判断,其结果主要分为保留矛盾冲突、退出人类活动和调出生态保护红线三种结果。需要注意的是,任何矛盾分析的结果都需要有一定的材料和文件作为佐证,通常包括项目的立项依据、选址材料、生态环境影响的论述材料、省级认定材料,以及作出矛盾冲突分析判断时所涉的评估结果材料等,具体内容与格式要求以所在行政区域内相关标准与规则为准。

1)情况一:保留矛盾冲突

人类活动产生矛盾冲突的事实客观存在,但其对环境的影响程度较小,且由于客观条件因素,难以退出或短时间内难以退出的,可酌情保留人类活动现状,同时维持生态保护红线划定范围不变。保留矛盾冲突的同时,应对人类活动进行一定程度的限制和约束。在保留矛盾冲突的条件下,不对生态保护红线进行调整。例如,在某地区生态保护红线调整规则中,对于可能划为生态保护红线区域范围内的耕地,考虑到原住民生产生活的基本需要,以及原住民搬迁可行性较低的问题,在自然保护地核心保护区外红线内,可以保留零星分散原住民生产、生活所需的一般耕地,允许在不扩大现有耕地规模的前提下开展耕种、灌溉活动,但禁止使用有害农药。

2)情况二:退出人类活动

人类活动与生态环境产生的矛盾冲突影响较大且不可调和,在有能力退出或避让的条件下,应当优先考虑人类活动退出生态保护红线范围。在退出人类活动的情况下,生态保护红线不作调整。例如,在某地区生态保护红线调整规则中,自然保护地核心保护区内的一般耕地,选择逐步有序退出。自然保护地核心保护区外红线内,以下耕地逐步有序退出:①不能实现水土保持的25度以上的陡坡耕地;②重要水源地(范围内)15~25度的坡耕地;③严重沙漠化、石漠化耕地;④严重污染耕地;⑤移民搬迁后确实无法耕种的一般耕地等。其中,位于饮用水水源地的一级保护区、一级公益林内的一般耕地均逐步有序退出。

3)情况三:调出生态红线

符合调整规则的矛盾冲突,可以调出生态保护红线。例如,在某地区生态保护红线调整规则中,对自然保护地内经林业部门评估,原则上调出对生态功能、生态系统完整性和连通性、生态保护红线格局没有明显影响的一般耕地,以及自然保护地外红线内,调出面积大于等于10亩且对生态功能、生态系统完整性和连通性、生态保护红线格局没有明显影响的一般耕地,允许调出生态保护红线。

3. 调出生态保护红线操作

在矛盾冲突分析结果基础上,生态保护红线调出工作只对上述情况三所涉及部分进行操作。但同时,为了保证规划项目的安全性、完整性以及材料的齐备性,建议保存一份生态保护红线基础数据库,囊括所有类型的矛盾冲突数据,并补充相关环评报告和环保说明等材料,便于按照要求提交并接受核查。

1)确定调出数据

● 在 ArcGIS 的边栏中选择需要修改的图层，右击打开【打开属性表】。

● 点击【编辑器】→【开始编辑】，选择相应的编辑图层，进入编辑模式后，根据实际情况，选择需要剔除的数据项，右击选择【删除所选项】(图 7-6)。

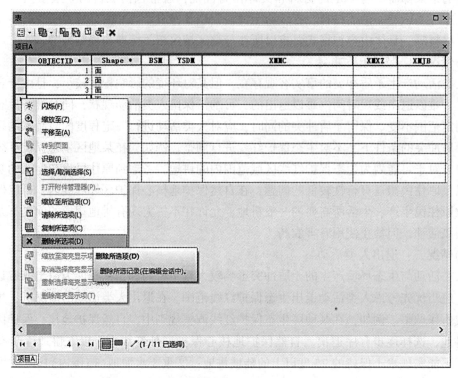

图 7-6　删除所选数据项

● 完成后，在编辑器处先后点击【保存编辑内容】与【停止编辑】。

至此，得到涉及调出生态保护红线的矛盾冲突数据，正式开始调出生态保护红线工作。

2)调出生态保护红线

● 在 ArcToolbox 窗口中选择【分析工具】→【叠加分析】→【擦除】，进入【擦除】数据框。

● 进入数据框后，在【输入要素】栏选择 7.3.1 小节中应划尽划调入的结果图层，在【擦除要素】栏，选择其中一个矛盾冲突图层(图 7-7)。

● 点击【浏览　】按钮，弹出【输出要素类】对话框，修改【保存类型】为"要素类"；修改【名称】为"矛盾冲突调出结果"；修改数据保存位置为"第七章 生态保护红线划定 \ 第七章 生态保护红线划定 .gdb"，点击【保存】。设置完成后，点击【确定】按钮，等待擦除完成(图 7-8)。

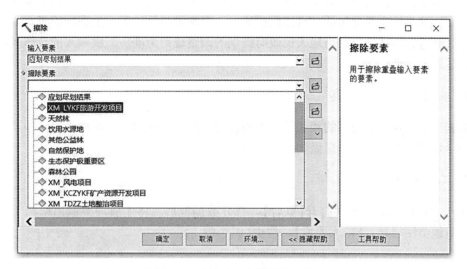

图 7-7 选择需调出的擦除要素

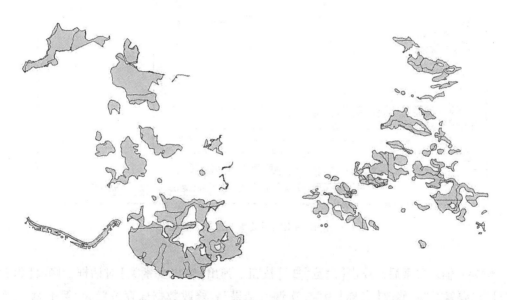

图 7-8 调出结果(部分)

在前一图层擦除结果的基础上,进行下一图层的擦除工作,反复操作,直至所有涉及调出生态保护红线的图层擦除完成。

7.3.3 二次调入

如前文所述,在应当划入生态保护红线的地类中,某些地类具有极为重要的生态保护功能,或者具有重大的战略意义,在生态保护红线与人类活动矛盾冲突中拥有优先地位,不允许调出生态保护红线。对于该部分地类，应当进行二次调入工作，从而保证特殊地类的完整性。这类地类通常包括：自然保护地、一级水源地保护区、生态功能极重要区域或极敏感区域等，具体地类以当地人民政府提供的调整规则为准。二次调入的具体操作流程与应划尽划初次调入类似。

1. 确定二次调入地类

根据当地人民政府提供的相关调整规则确定二次调入地类。二次调入操作涉及的地类与应划尽划调入涉及的地类应做到不重不漏。

2. 二次调入

● 在 ArcToolbox 中再次打开【联合】。打开数据框后，将矛盾冲突调出结果与二次调入的相应地类图层导入【输入要素】一栏中（图 7-9）。

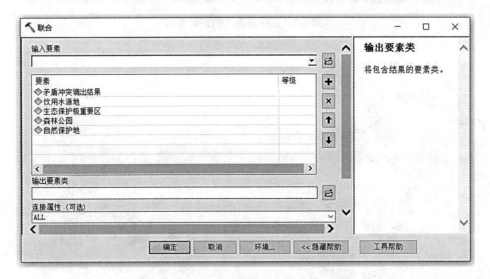

图 7-9　选择调出结果要素与二次调入要素

● 导入输入要素后，点击【浏览　　】按钮，弹出【输出要素类】对话框，修改【保存类型】为"要素类"；修改【名称】为"二次调入结果"；修改数据保存位置为"第七章 生态保护红线划定 \ 第七章 生态保护红线划定 . gdb"；点击【保存】。完成后，点击【确定】（图7-10）。

7.3.4　图幅修整

在实际工作中，由于各种客观条件的制约，生态保护工作往往无法完全按照理论的生态保护红线结果执行。因此，为了在维持生态保护红线优先性和权威性的同时兼顾客观性条件的限制，需要进行图幅修整工作，使修整后的生态保护红线可以在实际保护过程中严格遵守。图幅修整包括红线边界修整与删除破碎图斑。

图 7-10　二次调入结果

（1）红线边界修整。对于已完成调入调出的数据，结合遥感图像与实地踏勘数据，按照明显的地理实体分界线（山脉、河流、道路等），通过视觉判读，对红线不合理之处进行修整。红线边界修整通常需要遵守如下原则。①"只减不增"，只针对红线进行调减，不增加红线。②自然保护地、饮用水水源地、国家一级公益林、红树林、海草床、珊瑚礁等数据要保持完整性，不在修整范围内，不允许修整，因此进行边界修整时，可以将此类矢量数据放入参考。③原则上尽量避免大面积（>1 平方千米）修整，大于 1 平方千米的需作特殊说明。④边界修整完毕的红线成果不能破坏其总体连通性，在视觉效果上不应该太突兀。⑤修整掉的图斑、进行边界修整后的红线都要存储起来，每一块修整图斑的修整原因要在备注中做文字记录，例如"修整狭长边界""修整地理要素边界""修整道路""修整水渠"等。具体要求以当地人民政府提供的相关指导意见及其他文件为准。

（2）删除破碎图斑。为保持生态系统的连续性和完整性，位于生态功能极重要、生态极脆弱区域内零星的耕地、园地、人工商品林、人工草地、改良草地，交通、通信、能源管道、输电等线性基础设施，风电、光伏、海洋能等设施，以及军事、文物古迹、宗教、殡葬等特殊用地，可划入生态保护红线。此外，对于面积较小、实际保护难度较大的生态保护红线类型图斑，应当予以删除。对于删除后的图斑，也可以进行相应的存储备份工作。

1. 红线边界修整

1）边界修整

- 在编辑器处点击【开始编辑】，进入编辑模式，定位到需要修整的图斑（图 7-11）。

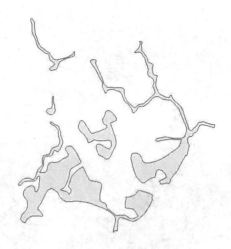

图 7-11　目标图斑

- 点击【编辑工具】(图 7-12)，随后选中需要进行修整的图斑(图 7-13)。

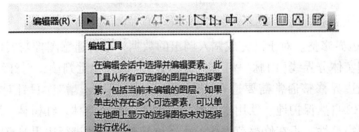

图 7-12　选取修整编辑工具

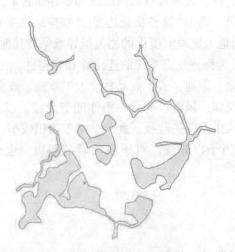

图 7-13　选中修整目标图斑

● 点击【裁剪面工具】(图7-14)，在目标图斑上通过点击画出分界线(图7-15)，随后右键点击【完成草图】(图7-16)，完成分割(图7-17)。

图7-14　红线修整-裁剪面工具

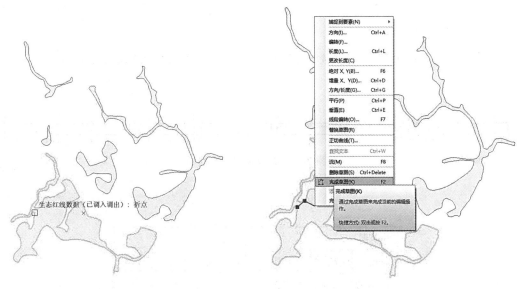

图7-15　红线修整裁剪过程　　　　　　　　图7-16　完成草图

● 裁剪过的图斑，会在数据表中显示为新数据项(图7-18、图7-19)。可根据规则要求多次裁剪。

2)保存修整数据

● 选中在步骤1)中裁剪下的所有图斑，可以在编辑器中选择，也可以在属性表中选择。

● 在对应图层处右击，选择【数据】→【导出数据】，进入数据框。在数据框中选择导出【所选要素】，在【输出要素类】一栏选择输出路径并重命名，点击【确定】，将裁剪数据进行保存(图7-20)。

• 【工具箱 EDIT 工具组】→【裁切】命令，将山脉与山脉上部进行裁切（图 7-17），同时生成新的红线斑块（图 7-18），如图新数据项（图 7-19）。

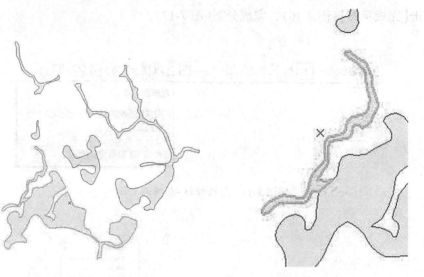

图 7-17　红线边界裁剪结果
图 7-18　红线裁剪图斑

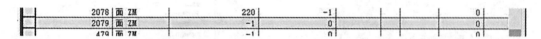

图 7-19　红线裁剪新数据项

图 7-20　导出修整数据

- 保存后，在属性表所选数据项处右击，选择【删除所选项】，即完成修整操作（图 7-21、图 7-22）。

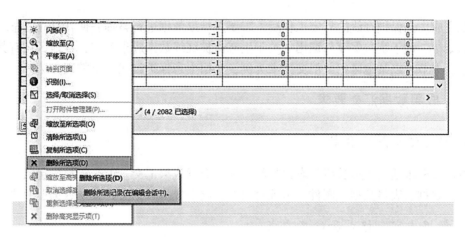

图 7-21 删除所选红线修整数据项

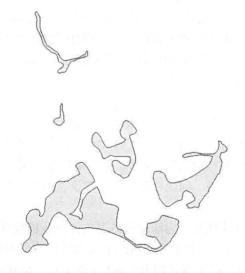

图 7-22 红线边界修整结果（部分）

- 在编辑器一栏先后点击【保存编辑内容】与【停止编辑】，完成操作。

2. 删除破碎图斑

- 选中所有需要删除的图斑后，在图层处右击，选择【导出数据】，完成相应操作将数据导出。具体操作流程与 7.3.4 小节中"1. 红线边界修整"所述相同。
- 导出数据后，在属性表处右击，点击【删除所选项】。在【编辑器】一栏先后点击【保存编辑内容】与【停止编辑】，完成操作。

7.4　数据成果

在完成生态保护红线的划定工作后，需要对结果数据进行整理，使其具有工整、合理的数据结构，便于统一保存与调用。关于生态保护红线数据成果汇交，各地区均有其地方性要求。本节将以某地区相关汇交要求为例，介绍生态保护红线结果整理方法①。

7.4.1　成果数据汇交要求

1. 数据汇交总体要求

本汇交要求适用于市县级生态保护红线评估数据成果汇交。汇交材料应包括：矢量数据、文档数据、表格数据、图件、举证材料等。电子成果数据应符合本数据汇交要求。

2. 数据内容、格式和命名要求

1）矢量数据

矢量数据坐标系统采用"2000 国家大地坐标系（CGCS2000）"，高程系统采用"1985 国家高程基准"，坐标统一以度为单位，采用 ArcGIS GeoDatabase（版本 10.0 及以上）格式。GeoDatabase 命名规则为"市级行政区名称+市级行政区代码+生态保护红线评估数据"；矢量数据文件命名按《某地区生态保护红线评估数据标准》具体要求编写。GeoDatabase 文件存放在"矢量数据"目录下。

2）文档数据

文档数据主要为《生态保护红线自查报告》，按照《某地区生态保护红线评估技术方案》要求编制，命名规则为"市级行政区代码+××市生态保护红线自查报告"，格式为 Word 文件格式，存放在"文档数据"目录中。重点阐述生态保护红线划定基本情况、生态保护红线评估技术流程与方法、问题梳理、调整建议、调整后的划定结果等。

3）表格数据

表格数据主要包括红线调整人为活动清单表与评估分析数据，均按《某地区生态保护红线评估技术方案》要求编制。其中，红线调整人为活动清单表与评估分析数据命名规则均为"市级行政区代码+表名"，格式均为 Excel 文件格式，存放在"表格数据"目录中。

4）图件

按《某地区生态保护红线评估技术方案》要求，绘制两张图件，调整后的生态保护红线图件和划入生态红线的自然保护地图件。图件采用标准（.jpg）格式，分辨率要求在300ppi 以上。以行政区为基础，图件的名称命名规则为"市级行政区代码+图名"。存放在"图件"目录中。

---

① 本章所使用的生态保护红线划定案例为地市级，故本节内容以地市级数据为基础进行成果整理工作。在本节所涉及的汇交要求中，区县级生态保护红线划定工作成果整理要求与地市级相同。

5) 相关佐证材料

相关佐证材料包括自然保护地及相关禁止开发区域、重大工程项目等应划尽划和矛盾冲突数据在评估过程引用到的申请、立项、批复、规划、设计、方案、许可证等材料。对上级下发数据或官方发布数据有异议或者修改的，必须提供相关佐证材料；佐证材料应按照对应的应划尽划、矛盾冲突类型数据分类整理存放。提供电子版（含扫描）材料，格式为（.doc）、（.pdf）、（.jpg）以及 CAD、MapGIS、ArcGIS 数据格式等，存放在"相关佐证材料"目录中。

6) 其他相关附件

其他相关附件包括《××市生态保护红线调整规则》、专家论证意见、征求意见及处理情况、特殊问题处理情况、陆地和海洋红线衔接情况、跨区域协调衔接情况等。格式为（.doc）或（.pdf），存放在"其他相关附件"目录中。若生态保护红线评估数据中提交"各类保护地已调减的范围"数据，则必须相应地提供原生态保护红线划定时的相关过程数据。格式不限，但应包含矢量数据。存放在"其他相关附件"目录中的"原生态保护红线划定的过程数据"文件夹内。

3. 其他要求

(1) 行政区及行政区界线以第三次国土调查数据为准，行政区边界之间必须不重不漏，各图层应确保拓扑正确性。

(2) 陆海统筹按照以海定陆的原则进行衔接，大陆海岸线由最新的全国海岸线修测工作予以界定。

(3) 提交电子成果数据要以保密硬盘或光盘为存储介质，请勿对文件进行压缩处理。

7.4.2 成果形式

至此，生态保护红线划定工作已全部完成（图 7-23、图 7-24）。

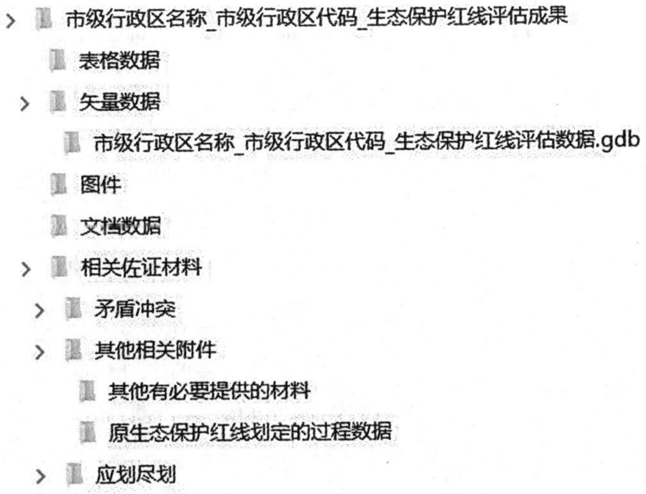

图 7-23 生态保护红线划定提交成果目录图示

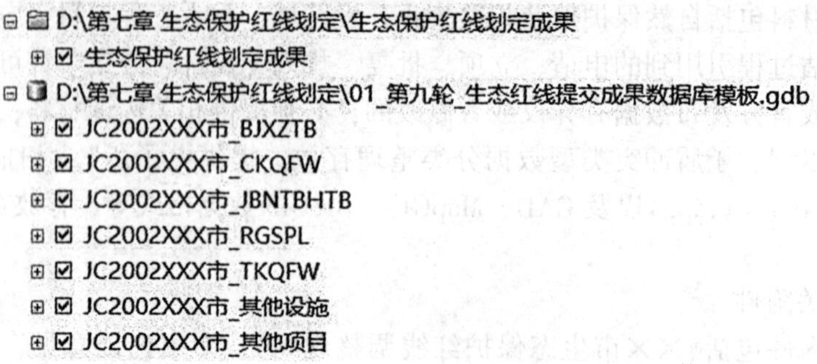

图 7-24　生态保护红线划定矢量数据结果

7.5　小结

本章所阐述的生态保护红线划定工作主要指生态保护红线划定调整工作，即在原始生态保护红线的基础上，通过应划尽划调入、矛盾冲突调出以及破碎图斑修整，得到生态保护红线结果的划定调整工作。其中，应划尽划调入根据相应调整规则，可分为初次调入与二次调入，两次调入工作流程相似，但顺位不同；矛盾冲突调出需要在摸清项目基础的条件下，进行矛盾冲突分析，根据分析结果将部分土地调出生态保护红线；图幅修整涉及红线边界修整与删除破碎图斑。在完成生态保护红线的划定工作后，需要对数据成果进行整理，以便统一保存和调用。

第8章 永久基本农田划定

耕地作为我国宝贵的资源，是国家粮食安全的基石，而永久基本农田①则是耕地中的精华。永久基本农田的划定是保障国家粮食安全，实现土地集约利用以及提高粮食综合生产能力的有效方式。2008 年中共十七届三中全会首次提出划定永久基本农田后，国家陆续出台了一系列政策措施，并于 2017 年总体完成了永久基本农田划定工作。2019 年 1 月，自然资源部与农业农村部联合印发了《关于加强和改进永久基本农田保护工作的通知》(自然资规〔2019〕1 号)，提出要在 2017 年完成的永久基本农田划定成果的基础上，组织对永久基本农田划定成果的全面核实，找出划定不实、违法占用等问题。2021 年 1 月，自然资源部印发的《关于加快推进永久基本农田核实整改补足和城镇开发边界划定工作的函》(自然资空间规划函〔2021〕121 号)中明确，要在生态保护红线基本稳定的基础上，统筹推进永久基本农田核实整改补足和城镇开发边界划定工作，并强调在统筹过程中，优先对永久基本农田进行核实整改补足。本章依据政策文件中的规定，重点阐述此轮国土空间规划背景下永久基本农田核实整改补足的内容及要求，并提供技术操作指导。

8.1 永久基本农田核实整改补足

8.1.1 核实整改补足工作内容

参考"121 号文"要求，以现有永久基本农田为基础，开展永久基本农田核实整改补足工作，充分运用"三调"成果和最新的遥感影像，组织永久基本农田的全面核实。此外，需落实永久基本农田保护任务(另行下达)，将现有永久基本农田中符合要求的稳定利用耕地②继续保留，将现状永久基本农田中的非耕地③、不稳定利用耕地④等实事求是地调

---

① 永久基本农田：即实行永久性保护，无论什么情况下都不能改变其用途，不得以任何方式挪作他用的基本农田。

② 稳定利用耕地：现状地类为耕地，且不属于 25 度以上坡耕地、河道耕地、湖区耕地、林区耕地、牧区耕地、沙漠化耕地、石漠化耕地、盐碱耕地的耕地。

③ 非耕地：种植园用地、林地、草地、水域及水利设施用地、湿地、商业服务业用地、工矿用地、住宅用地、公共管理与公共服务用地、特殊用地、交通运输用地、其他土地。

④ 不稳定利用耕地：25 度以上坡耕地、河道耕地、湖区耕地、林区耕地、牧区耕地、沙漠化耕地、石漠化耕地、盐碱耕地。

出，并在可划为永久基本农田的稳定利用耕地①中补足。

8.1.2 核实整改补足规则

参考"121 号文"，结合实践经验，本书对永久基本农田的整改补足总结为"保留""调出""调入"三种情形(见表 8-1)。

1. 需要继续保留的永久基本农田

这种情形是指在现有永久基本农田保护范围内，"三调"为长期稳定利用耕地的，原则上继续保留。不得以零星分散、图斑面积小为由，擅自将符合要求的稳定利用耕地调出永久基本农田。

稳定耕地属于耕地中条件较好，耕作状态相对稳定的一部分，需要保留的永久基本农田则是可划为永久基本农田的稳定耕地。故以稳定耕地为基础，调出稳定耕地中已被占用的部分，剩余则均可划为永久基本农田(图 8-1)。

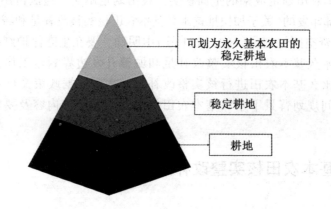

图 8-1 耕地、稳定耕地、永久基本农田的关系示意图

2. 拟调出的永久基本农田

从划定的永久基本农田中调出的永久基本农田包括非耕地地类、不稳定利用耕地和其他不符合保护要求的耕地。此外，存在与自然资源部发放问题图斑情况不一致或发放图斑范围之外拟调出的，需详细说明原因和依据，并提供证明材料。具体又分为以下几种情形。

第一，非耕地地类，包括种植园用地、林地、草地、水域及水利设施用地、湿地、商业服务业用地、工矿用地、住宅用地、公共管理与公共服务用地、特殊用地、交通运输用地、其他土地。第二，不稳定利用耕地，主要包括 25 度以上坡耕地、河道耕地、湖区耕地、林区耕地、牧区耕地、沙漠化耕地、石漠化耕地、盐碱耕地。第三，位于生态保护红

---

① 可划为永久基本农田的稳定利用耕地：稳定利用耕地减去生态保护红线内耕地、严格管控类的污染耕地、批而未用地、经国务院同意已纳入生态退耕规划范围的耕地。

线内按要求需退出的耕地。第四，经国务院同意，纳入生态退耕规划范围内的耕地。在实际工作中针对符合该类的耕地，需提供具体的图斑编号、坐标、文件依据等核实举证材料以及提供单独图层。第五，由自然资源部统一套合下发的土壤污染为严格管控类耕地。第六，"三调"时为耕地，"三调"后新增的建设占用、植树造林等确需保留，不能恢复为耕地的。第七，在确保能完成永久基本农田保护任务的前提下，纳入市县国土空间总体规划的线性基础设施占用的耕地。在任务未明确前暂不调整，但要提供项目清单、图斑编号、坐标、规划依据，并提供单独图层。

涉及违法违规占用破坏永久基本农田的，要明确各类查处情况，包括涉及的项目数、查处的案件数、罚没款金额、拆除或没收违法建筑面积、追责问责情况等。

3. 拟调入的永久基本农田

根据永久基本农田保护任务，在长期稳定利用耕地中，优先补划以下四类优质耕地：未划入永久基本农田的已建和在建高标准农田；有良好水利与水土保持设施的集中连片优质耕地；土地综合整治新增加的耕地；未划入永久基本农田的黑土区耕地①。在实际操作中，各地需根据当地下发的永久基本农田核实整改补足的文件要求，对调入规则作出调整（不局限于下述四类耕地）（表8-1）。

表 8-1 　　　　　　　　　　　　　永久基本农田核实整改补足规则

规则	保留	调出	调入
用地类型	"三调"调查为长期稳定利用耕地	1. 非耕地地类 2. 不稳定利用耕地 3. 生态保护红线内耕地 4. 生态退耕范围内耕地 5. 土壤污染为严格管控类耕地 6. "三调"后新增的建设占用、植树造林等 7. 纳入市县国土空间总体规划的线性基础设施占用的耕地	1. 未划入永久基本农田的已建和在建高标准农田 2. 有良好水利与水土保持设施的集中连片优质耕地 3. 土地综合整治新增加的耕地 4. 未划入永久基本农田的黑土区耕地

8.2 相关数据梳理

8.2.1 永久基本农田调出数据

参考永久基本农田核实整改补足的规则，永久基本农田调出数据可分为确需调出的不

---

① 黑土区耕地是地球上珍贵的土壤资源，是指拥有黑色或暗黑色腐殖质表土层的土地，是一种性状好、肥力高、适宜农耕的优质土地。

稳定耕地以及需举证后才可调出的稳定耕地。本节主要讲述永久基本农田调出涉及的数据处理，该操作的难点在于确定符合要求可占用永久基本农田的项目，而这类项目必须拥有完整的证明材料。故在操作过程中，需进行稳定耕地占用情况分析，包括占用原因及占用面积列表，以确定与永久基本农田有冲突的项目能否占用永久基本农田，确需占用永久基本农田的项目，应根据占用面积进行永久基本农田的调整补划（表 8-2）。

表 8-2　　　　　　　　　　　　　稳定耕地调出原因统计表

调出原因	面积（公顷）
"三调"前批而未用耕地	
"三调"后新批建设用地	
生态红线范围内	
线性基础设施	
其他非线性规划重点项目	
"三调"后非耕地且无法恢复	
影像近三年为非耕地，因"三调"技术规则调为耕地	
现行两规为规划建设用地	
合计	

1. 确需调出的不稳定耕地

由于"不稳定耕地"筛选过程已在本书 5.3.1 小节"现状耕地梳理"中有详细描述，故此处不再重复讲解。

2. 需证明后才可调出的耕地

参考"121 号文"，需要证明后才可调出的耕地包括：①生态保护红线内的耕地；②线性基础设施占用永久基本农田的重大项目；③"三调"前批而未用地及"三调"后新增的建设用地、纳入已批成片开发①方案的用地以及非线性规划的重点项目②。

1）生态保护红线内的耕地

生态保护红线与"三调"耕地的重叠部分即为生态保护红线范围内的耕地。具体操作步骤如下。

- 点击【ArcToolbox 📦】按钮，选择【分析工具】→【叠加分析】→【相交】，打开【相

---

① "成片开发"，是指在国土空间规划确定的城镇开发边界内的集中建设区，由县级以上地方人民政府组织的对一定范围的土地进行的综合性开发建设活动。

② 非线性规划的重点项目：确保除运输部门持续运营的铁路和公路网络、能源管道、引水工程等线性项目以外的对整个国民经济的发展起关键作用的建设项目。

交】对话框。

- 将"生态保护红线"与"三调耕地"依次添加至【输入要素】。点击【浏览 📁】按钮，打开【输出要素类】对话框，选择"第八章 永久基本农田.gdb"文件地理数据库，并将文件命名为"生态保护红线范围内耕地"，点击【保存】，再点击【确定】，即可得到生态保护红线内的耕地(图 8-2)。

图 8-2　相交后得到生态保护红线范围内耕地

2)线性基础设施占用永久基本农田的重大项目

自然资源部发布的《关于做好占用永久基本农田重大建设项目用地预审的通知》(自然资规〔2018〕3 号)中明确规定，以下几类交通设施可纳入用地预审受理范围：国家级规划明确的民用运输机场项目；国家级规划明确的铁路项目，《推进运输结构调整三年行动计划(2018—2020 年)》明确的铁路专用线项目，国务院投资主管部门批准的城际铁路建设规划明确的城际铁路项目，国务院投资主管部门批准的城市轨道交通建设规划明确的城市轨道交通项目；国家级规划明确的公路项目，包括《国家公路网规划(2013—2030 年)》明确的国家高速公路和国道项目，国家级规划明确的国防公路项目。此外，为解决当前地方存在的突出问题，将省级高速公路和连接深度贫困地区、直接为该地区服务的省级公路一起纳入用地预审受理范围。而针对这种情况，必须先行落实永久基本农田补划入库要求，方可受理其用地预审。

在实际操作过程中需根据上述规则选择规划范围内符合要求的线性要素图层。此外，还需按照成果汇交要求建设数据库(下文中简称"标准数据库")，便于后续操作中查找调出各类型数据。本过程需在"线性基础设施"图层中增加"TCLX(调出类型)①"字段，并添加属性。具体操作如下。

---

① "TCLX"：即"调出类型"为标准数据库中的字段命名。

● 打开"线性基础设施"图层属性表，点击【表选项  ▼】按钮→【添加字段】，打开【添加字段】对话框。修改名称为"TCLX""类型"为"文本"，【别名】为"调出类型"、【长度】为"2"，点击【确定】(图8-3)。

图 8-3　添加"调出类型"字段

● 右键单击"调出类型"字段，选择【字段计算器】，键入"6"①，单击【确定】(图8-4)。此时，软件会自动将"线性基础设施"图斑的"调出类型"字段全部填写为"6"。

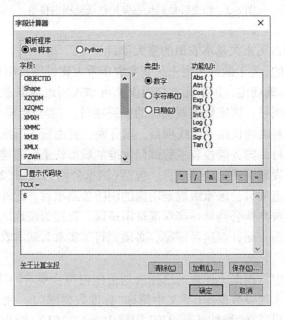

图 8-4　填写"调出类型"时字段计算器的使用

---

① 根据标准数据库中调出及未划入原因代码表(见表8-13)要求，线性基础设施调出类型为"6"。

3)"三调"前批而未用地及"三调"后新增的建设用地、纳入已批成片开发方案的用地

此数据可利用基数转换中土地管理类数据,其中"三调"前批而未用地(即已审批未建设的用地,含批准文号)、"三调"后新增的建设用地①(含批准文号②)以及纳入已批成片开发方案(含批准文号)的用地,需新建"批准文号"字段,并完成对该字段内容的填写(具体操作步骤详见4.2节)。

4)非线性规划的重点项目

自然资规〔2018〕3号文中明确规定,以下几类重点项目可纳入用地预审受理范围:党中央、国务院明确支持的重大建设项目(包括党中央、国务院发布文件或批准规划中明确具体名称的项目和国务院批准的项目);中央军委及其有关部门批准的军事国防项目;国家级规划明确的能源项目,例如电网项目(包括500千伏及以上直流电网项目和500千伏、750千伏、1000千伏交流电网项目,以及国家级规划明确的其他电网项目)、其他能源项目(包括国家级规划明确的且符合国家产业政策的能源开采、油气管线、水电、核电项目);国家级规划明确的水利项目;为贯彻落实党中央、国务院重大决策部署,国务院投资主管部门或国务院投资主管部门会同有关部门支持和认可的交通、能源、水利基础设施项目。

符合上述规则的重大项目可纳入本次占用永久基本农田的用地范围。同样在"非线性规划的重点项目"图层中添加"TCLX(调出类型)"字段,便于查找调出的各类型数据。具体操作如下。

* 打开"非线性规划的重点项目"图层属性表,点击【表选项 ▦ ▾】按钮→【添加字段】,打开【添加字段】对话框。修改名称为"TCLX",【类型】为"文本",【别名】为"调出类型",【长度】为"2",点击【确定】(图8-5)。

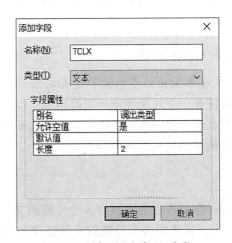

图8-5 添加"调出类型"字段

---

① 其中"未审批已建设用地"不含批准文号,无法调出,能够调出的部分为"'三调'后新批建设用地"中已建设的部分。

② 在本书中调出部分所指"'三调'后新增的建设用地"即为已筛选后含批准文号的已建设部分。调出原因是"'三调'后新批建设用地"。

- 右键单击"调出类型"字段，选择【字段计算器】，键入"7"①，单击【确定】（图 8-6）。此时，软件会自动将"非线性规划的重点项目"图斑的"调出类型"字段全部填写为"7"。

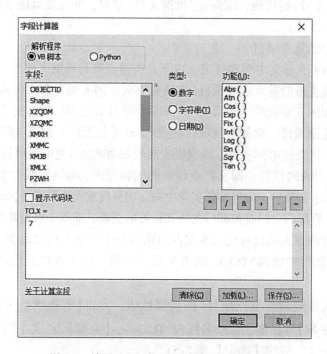

图 8-6　填写"调出类型"时字段计算器的使用

8.2.2　永久基本农田调入涉及数据

结合《关于加快推进永久基本农田核实整改补足和城镇开发边界划定工作的函》中规定，根据永久基本农田保护任务，在长期稳定利用耕地中，以下四类用地可按照优先顺序调入，来调整补足永久基本农田。但在实际操作中调入用地不仅限于此四类用地，当永久基本农田任务未达标时，可从耕地后备资源中调入。

1. 高标准农田

针对高标准农田，实际操作中若收集资料为多个分散的文件，例如"中低产田改造项目""高标准农田建设项目"等，需先将各个分散的文件整合为"高标准农田"图层，再进行后续操作。

1）合并为"高标准农田"图层

- 打开【目录】面板，点击 ✪ · 按钮，依次添加"中低产田改造项目""高标准农田建设

---

① 根据标准数据库中调出及未划入原因代码表（见表 8-13）要求，其他非线性规划的重点项目调出类型为"7"。

项目"等文件数据,导入【内容列表】。

- 点击菜单栏中的【地理处理】→【合并】,打开【合并】对话框。
- 将添加的"中低产田改造项目""高标准农田建设项目"等矢量数据依次添加至【输入数据集】,点击【浏览 📁】按钮,打开【输出要素类】对话框,选择"第八章 永久基本农田.gdb"文件地理数据库,并将文件命名为"高标准农田",点击【保存】,再点击【确定】,即可得到生态保护红线内的耕地(图8-7)。

图8-7 得到"高标准农田"

2)标记图层

为便于查找各类型调整补足数据,需建立标准数据库,并在"高标准农田"图层中添加"CQCSLX(采取措施类型)①"字段。具体操作如下。

- 打开"高标准农田"图层属性表,点击【表选项 ☷ ▾】按钮→【添加字段】,打开【添加字段】对话框。修改名称为"CQCSLX",【类型】为"文本",【别名】为"采取措施类型",【长度】为"2",点击【确定】(图8-8)。
- 右键单击"采取措施类型"字段,选择【字段计算器】,键入"3"②,单击【确定】(图8-9)。此时,软件会自动将"高标准农田"图斑的"采取措施类型"字段全部填写为"3"。

2. 集中连片优质耕地

集中连片优质耕地需从"XJFDDY(县级分等单元)③"图层中自行提取耕地质量较高的耕地,具体操作如下。

---

① "采取措施类型"为标准数据库中的字段命名。
② 根据标准数据库中采取措施类型代码表(表8-16)要求,高标准农田采取措施补足的类型为"3"。
③ 2013年全国分县完成了耕地质量等别评价数据,数据名称为"xjfddy.shp"。

图 8-8 添加"采取措施类型"字段

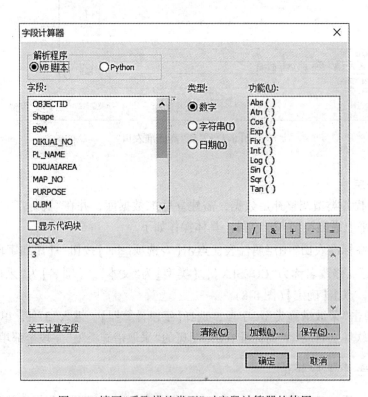

图 8-9 填写"采取措施类型"时字段计算器的使用

- 打开"XJFDDY"图层属性表，筛选出"GJJLYD(国家级利用等别)"小于等于 8 的图斑[①](图 8-10)。

---

① 此处选择的是高等地及优等地。

筛选条件:"GJJLYD"<=8。

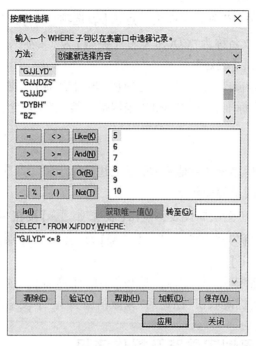

图 8-10　按属性选择

- 在【内容列表】面板中右键单击"XJFDDY"图层,在弹出菜单中选择【数据】→【导出数据】。
- 点击【浏览 🗁 】按钮,打开【输出要素类】对话框,选择"第八章 永久基本农田.gdb"文件地理数据库,并将文件命名为"优质耕地",点击【保存】,再点击【确定】,即可得到集中连片优质耕地。

3. 土地综合整治

针对土地综合整治项目,实际操作中各地区下发的资料文件也多为分散的文件,如"土地整治项目""工矿复垦项目"等,需先将其整合(此过程可参考本节"1. 高标准农田"),再进行后续操作。

1)标记"土地整治项目"图层

- 打开"土地整治项目"图层属性表,点击【表选项 ▤ ▾ 】按钮→【添加字段】,打开【添加字段】对话框。修改名称为"TCLX",【类型】为"文本",【别名】为"采取措施类型",【长度】为"2",点击【确定】。
- 右键单击"采取措施类型"字段,选择【字段计算器】,键入"2"①,单击【确定】。

---

① 根据标准数据库中采取措施类型代码表(见表 8-13)要求,土地整治项目采取措施补足的类型为"2"。

此时，软件会自动将"高标准农田"图斑的"采取措施类型"字段全部填写为"2"。

2）标记"工矿复垦项目"图层

- 打开"工矿复垦项目"图层属性表，点击【表选项 ▤ ▾】按钮→【添加字段】，打开【添加字段】对话框。修改名称为"CQCSLX"，【类型】为"文本"，【别名】为"采取措施类型"，【长度】为"2"，点击【确定】。
- 右键单击"采取措施类型"字段，选择【字段计算器】，键入"1"①，单击【确定】。此时，软件会自动将"高标准农田"图斑的"采取措施类型"字段全部填写为"1"。

4. 黑土区耕地

如若规划范围内包括黑土区耕地②，重复上述操作步骤。即先将多个分散文件整合完成后，再进行后续标记图层的操作。

- 打开"黑土区耕地"图层属性表，点击【表选项 ▤ ▾】按钮→【添加字段】，打开【添加字段】对话框。修改名称为"CQCSLX"，【类型】为"文本"，【别名】为"采取措施类型"，【长度】为"2"，点击【确定】。
- 右键单击"采取措施类型"字段，选择【字段计算器】，键入"3"③，单击【确定】。此时，软件会自动将"高标准农田"图斑的"采取措施类型"字段全部填写为"1"。

8.3　永久基本农田划定思路及操作流程

8.3.1　永久基本农田划定思路

永久基本农田划定需在现状永久基本农田保护范围内，且在"三调"调查为长期稳定利用耕地的基础上，按照一定的评判标准对其进行调入、调出。在实际操作过程中由于耕地保护任务繁重，部分省份(如四川省、山东省、广西省等)下发的永久基本农田划定的规则中，要求现状永久基本农田保护范围外的稳定耕地仍需原则性保留；并且，在最终提交成果中要求，未补划为永久基本农田的稳定耕地要素，需标明未补划原因。基于此，本书将本着"应划尽划、应保尽保"的原则，进行永久基本农田的调整补足操作，将现状永久基本农田内的稳定利用耕地及现状永久基本农田外的稳定耕地均原则性保留。本书中永久基本农田划定的基本思路如下。

---

① 根据标准数据库中采取措施类型代码表(见表 8-13)要求，工矿复垦项目采取措施补足的类型为"1"。

② 黑土区耕地是地球上珍贵的土壤资源，是指拥有黑色或暗黑色腐殖质表土层的土地，是一种性状好、肥力高、适宜农耕的优质土地。

③ 由于在东北黑土区，高标准农田建设本身也是非常重要的组成部分，通过高标准农田建设更好地保护黑土。高标准农田建设牵涉方方面面，这与黑土地保护工程的要求是一致的，两者之间是相互关联、互为支撑的一个有机整体，故根据标准数据库中采取措施类型代码表(见表 8-13)要求，将黑土区耕地项目的采取措施补足类型划为"3"。

首先，以稳定利用耕地为基础，调出"非耕地地类""不稳定利用耕地"图斑等不适合划为永久基本农田的要素图斑；其次，参考永久基本农田保护任务，将符合调入永久基本农田的地类图斑调入永久基本农田保护范围内，如未划入永久基本农田的已建和在建高标准农田、集中连片优质耕地等；最后，将划定的"永久基本农田"图斑进行优化调整，得到最终的"永久基本农田"(图8-11)。

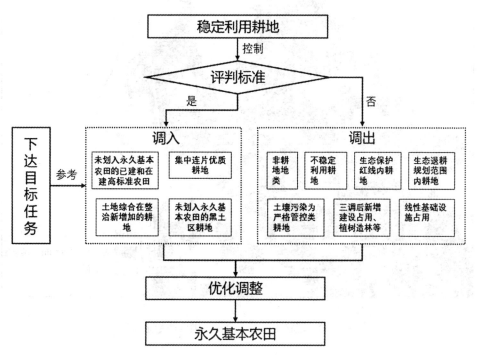

图 8-11　永久基本农田划定思路

8.3.2　永久基本农田划定过程

1. 永久基本农田保留部分划定

根据"121号文"中的核实整改补足的要求，本过程需将所有现状永久基本农田范围内的稳定耕地先行保留，作为划定永久基本农田的基础。具体操作步骤如下。

(1)将现状永久基本农田与稳定耕地相交求交集，得到现状永久基本农田范围内的稳定耕地。

● 点击【ArcToolbox ▦】按钮，选择【分析工具】→【叠加分析】→【相交】，打开【相交】对话框。

● 将"现状永久基本农田""稳定耕地"图层依次添加至【输入要素】("稳定耕地"图层界定的具体过程见本书5.3节，在此不再赘述)。点击【浏览 ▱】按钮，打开【输出要素类】对话框，选择"第八章 永久基本农田.gdb"文件地理数据库，并将文件命名为"现状永久基本农田内的稳定耕地"，点击【保存】，再点击【确定】，即可得到现状永久基本农田范围内的稳定耕地(永久基本农田与稳定耕地相交部分)(图 8-12)。

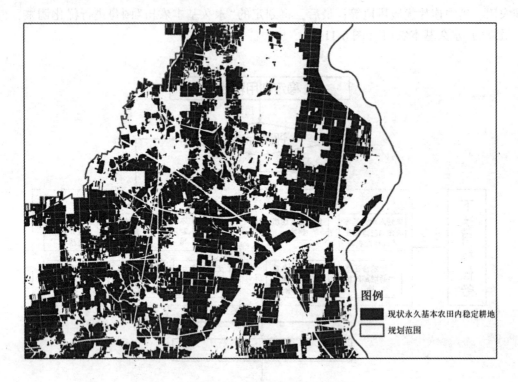

图 8-12　现状永久基本农田范围内的稳定耕地

　　完成上述操作后，将得到的现状永久基本农田范围内的稳定耕地与上级下达的指标进行比较。如果数值差别不大则可跳过步骤(2)，进行永久基本农田调出及调入的操作。反之，如果缺口较大，应依据"应划尽划、应保尽保"的原则，将现状永久基本农田范围外的稳定耕地原则性保留。具体步骤如下。

　　(2)将现状永久基本农田范围外的稳定耕地保留。

　　● 点击【ArcToolbox 📦】按钮，选择【分析工具】→【叠加分析】→【擦除】，打开【擦除】对话框。

　　● 将"稳定耕地"添加至【输入要素】，将"占用永久基本农田的项目"添加至【擦除要素】。点击【浏览 📂】按钮，打开【输出要素类】对话框，选择"第八章 永久基本农田.gdb"文件地理数据库，并将文件命名为"现状永久基本农田外稳定耕地"，点击【保存】，再点击【确定】，即可得到擦除后的"永久基本农田"(图 8-13)和"现状永久基本农田外稳定耕地"(图 8-14)。

　　完成操作后，即将现状永久基本农田范围内的稳定耕地及现状永久基本农田范围外的稳定耕地均予以保留，纳入本轮永久基本农田的范畴。

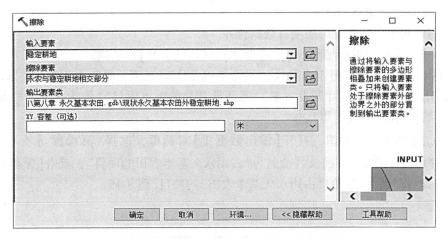

图 8-13　擦除后得到"现状永久基本农田外稳定耕地"

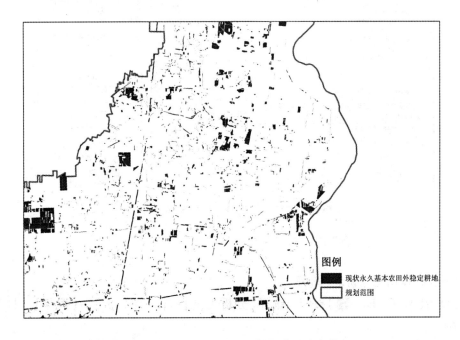

图 8-14　现状永久基本农田范围外的稳定耕地

2. 永久基本农田调出部分划定

将现状永久基本农田范围内的稳定耕地及现状永久基本农田范围外的稳定耕地各自进行占用永久基本农田项目的调出操作，最终得到"调出稳定耕地"①及"未补划稳定

---

① 在原永久基本农田范围内的稳定耕地未纳入永久基本农田的稳定耕地。

耕地"①两个图层，具体步骤如下。

(1)将占用永久基本农田的项目数据合并。

● 点击菜单栏中的【地理处理】→【合并】，打开【合并】对话框。

● 将"生态保护红线范围内耕地""线性基础设施""三调前批而未用地""三调后新增的建设占用""纳入已批成片开发方案""非线性规划的重点项目""调为耕地的非耕地"各图层依次添加至【输入数据集】。

● 点击【浏览 📂】按钮，打开【输出数据集】对话框，选择"第八章 永久基本农田.gdb"文件地理数据库，并将文件命名为"占用永久基本农田的项目"，点击【保存】，点击【确定】，即可得到合并后的"占用永久基本农田"的项目(图 8-15)。

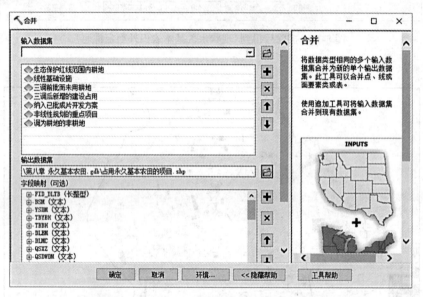

图 8-15　合并"占用永久基本农田"的矢量数据

(2)获取"调出稳定耕地"图斑。

● 点击【ArcToolbox 🔧】按钮，选择【分析工具】→【叠加分析】→【擦除】，打开【擦除】对话框。

● 将"现状永久基本农田内稳定耕地"添加至【输入要素】，将【占用永久基本农田的项目】添加至【擦除要素】。点击【浏览 📂】按钮，打开【输出要素类】对话框，选择"第八章 永久基本农田.gdb"文件地理数据库，并将文件命名为"已调出稳定耕地图斑后面积"，点击【保存】，再点击【确定】(图 8-16)。

● 再次点击【ArcToolbox 🔧】按钮，选择【分析工具】→【叠加分析】→【擦除】，打开【擦除】对话框。

———————————

① 在永久基本农田保护任务未完成时，原永久基本农田范围外的稳定耕地未纳入永久基本农田的稳定耕地。

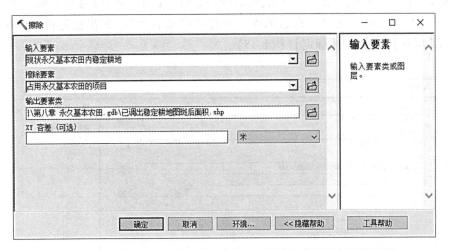

图 8-16 得到现状永久基本农田范围内已调出稳定耕地图斑后面积

• 将"现状永久基本农田内稳定耕地"添加至【输入要素】，将"已调出稳定耕地图斑后面积"添加至【擦除要素】。点击【浏览 】按钮，打开【输出要素类】对话框，选择"第八章 永久基本农田.gdb"文件地理数据库，并将文件命名为"调出稳定耕地"，点击【保存】，再点击【确定】(图 8-17)，即可得到"调出稳定耕地"图斑(见图 8-20)。

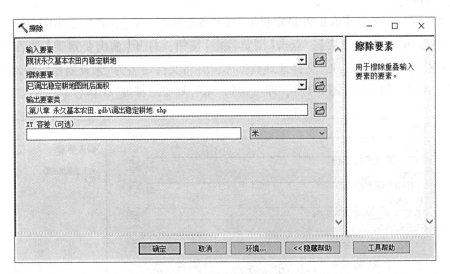

图 8-17 得到"调出稳定耕地"

(3)获取"未补划稳定耕地"图斑。

• 点击【ArcToolbox 】按钮，选择【分析工具】→【叠加分析】→【擦除】，打开【擦除】对话框。

• 将"现状永久基本农田外稳定耕地"添加至【输入要素】，将"占用永久基本农田的项目"添加至【擦除要素】。点击【浏览　】按钮，打开【输出要素类】对话框，选择"第八章　永久基本农田.gdb"文件地理数据库，并将文件命名为"已调出稳定耕地图斑后面积1"，点击【保存】，再点击【确定】(图 8-18)。

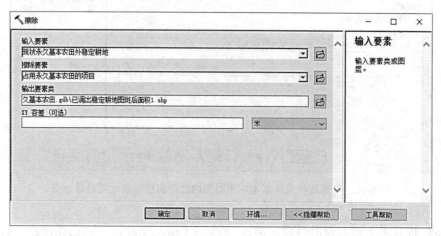

图 8-18　得到现状永久基本农田范围外已调出稳定耕地图斑后面积

- 再次点击【ArcToolbox　】按钮，选择【分析工具】→【叠加分析】→【擦除】，打开【擦除】对话框。
- 将"现状永久基本农田外稳定耕地"添加至【输入要素】，将【已调出稳定耕地图斑后面积1】添加至【擦除要素】。点击【浏览　】按钮，打开【输出要素类】对话框，选择"第八章　永久基本农田.gdb"文件地理数据库，并将文件命名为"未补划稳定耕地"，点击【保存】，再点击【确定】(图 8-19)，即可得到"未补划稳定耕地"图斑(图 8-20)。

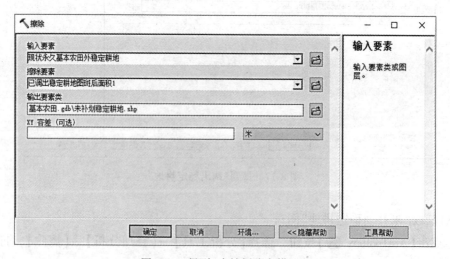

图 8-19　得到"未补划稳定耕地"

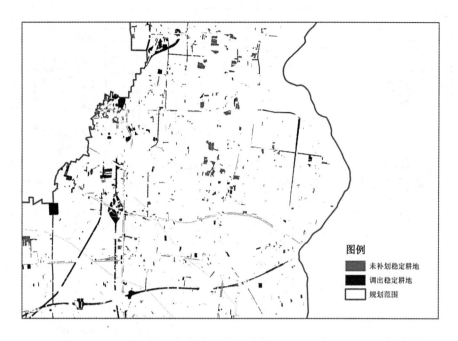

图 8-20　未补划稳定耕地及调出稳定耕地

3. 永久基本农田调入部分划定

各地区应参考本地区的耕地保有量及永久基本农田下达的保护任务进行调整补足。具体操作步骤如下。

(1)合并高标准农田、优质耕地等可调入数据①。

- 点击菜单栏中的【地理处理】→【合并】，打开【合并】对话框。
- 将"高标准农田""土地整治项目""优质耕地""即可恢复耕地""工程恢复耕地"图层依次添加至【输入数据集】。点击【浏览 📁】按钮，打开【输出数据集】对话框，选择"第八章 永久基本农田.gdb"文件地理数据库，并将文件命名为"可用于补足永久基本农田图斑"，点击【保存】，点击【确定】，即可得到合并后的永久基本农田图层(图 8-21)。

(2)得到永久基本农田初步划定成果。

- 点击菜单栏中的【地理处理】→【合并】，打开【合并】对话框。
- 将"已调出稳定耕地图斑后面积""已调出稳定耕地图斑后面积1""可用于补足永久基本农田图斑"图层依次添加至【输入数据集】。点击【浏览 📁】按钮，打开【输出数据集】对话框，选择"第八章 永久基本农田.gdb"文件地理数据库，并将文件命名为"永久基本农田初划"，点击【保存】，点击【确定】，即可得到合并后的永久基本农田图层(图 8-22)。

---

① 符合政策要求的可调入地类依据各地区实际情况进行调整补足，本书使用地类仅为示例。

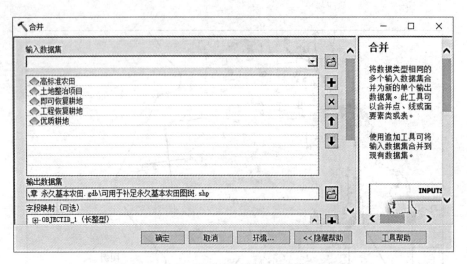

图 8-21　得到"可用于补足永久基本农田"图斑

图 8-22　得到"永久基本农田初划"图斑

(3)对比永久基本农田保护指标,确定是否满足要求。

• 打开"永久基本农田初划"图层属性表,点击【表选项 ▤ ▾】→【添加字段】,打开
【添加字段】对话框。修改【名称】为"AREA",【类型】为"浮点型"。

• 找到"AREA"字段,并计算图斑的椭球面积(具体步骤详见第 2 章)。

• 右键单击"AREA"字段,选择【统计】,打开【统计数据】对话框,即可看到"永久基
本农田初划"的面积总和(图 8-23)。

若已完成永久基本农田的下达任务,则直接得到永久基本农田初划数据;若未完成任
务,则需继续根据政策将可调入永久基本农田的地类尽可能地调入(操作步骤参考上述步
骤(1)至步骤(3)),直至达到永久基本农田的下达任务指标。

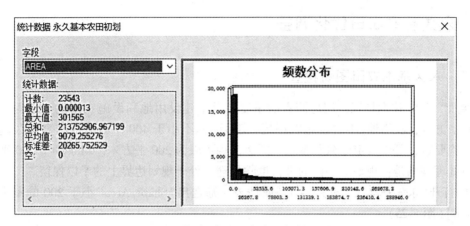

图 8-23　统计"永久基本农田初划"面积

(4)得到"采用其他措施补足永久基本农田"图斑。

• 点击【ArcToolbox 🔲】按钮，选择【分析工具】→【叠加分析】→【相交】，打开【相交】对话框。

• 将"永久基本农田初划"与"可用于补足永久基本农田图斑"依次添加至【输入要素】。点击【浏览 🗀】按钮，打开【输出要素类】对话框，选择"第八章 永久基本农田.gdb"文件地理数据库，并将文件命名为"采用其他措施补足永久基本农田"，点击【保存】，再点击【确定】，即可得到生态保护红线内的耕地(图 8-24)。

图 8-24　得到"采用其他措施补足永久基本农田"图斑

至此，得到永久基本农田初步划定的图斑及采用其他措施补足的永久基本农田图斑。

8.4　永久基本农田优化调整

8.4.1　永久基本农田图斑检查

参照"三调"技术规程，用地调查的精度要求中建设用地和设施农用地实地面积不小于 200 平方米，农用地(不含设施农用地)实地面积不小于 400 平方米。结合永久基本农田的质检要求，可以设定永久基本农田图斑面积下限为 200 平方米。对于小于 200 平方米的图斑处理规则是：规划范围内的进行擦除处理，处于规划边界上的予以保留。

- 打开"永久基本农田初划"图层属性表，筛选出"Shape Area"小于 200 的图斑，单击【应用】(图 8-25)。

筛选条件："Shape Area" <200。

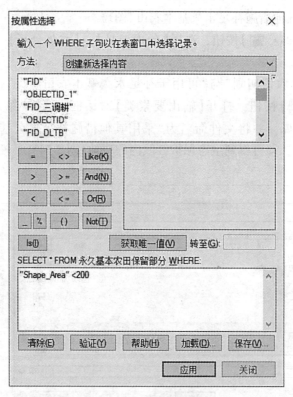

图 8-25　按属性选择

- 再次回到属性表界面，在属性表左侧位置单击右键，选择【删除所选项】。
- 导出数据，命名为"永久基本农田初划 1"，得到去掉图斑小于 200 平方米的永久基本农田图层。

8.4.2 与生态保护红线协调

《永久基本农田核实整改补足方案编制要点》中明确提出：永久基本农田核实整改补足需明确永久基本农田与生态保护红线不交叉、不重叠、不冲突。在当前政策背景下，当生态保护红线与永久基本农田交叉重叠时，原则上优先划定为生态保护红线，故本章将优先保留省厅下发的生态保护红线，调出位于生态保护红线内的耕地。具体的操作步骤如下。

(1)检验与生态保护红线是否有相交。

• 点击【ArcToolbox 🔘】按钮，选择【分析工具】→【叠加分析】→【相交】(图 8-26)，打开【相交】对话框。

• 将"生态保护红线""永久基本农田初划1"图层依次添加至【输入要素】。点击【浏览 📂】按钮，打开【输出要素类】对话框，选择"第八章 永久基本农田.gdb"文件地理数据库，并将文件命名为"永农与生态保护红线相交"，点击【保存】，再点击【确定】，即可得到永久基本农田与生态保护红线相交部分。

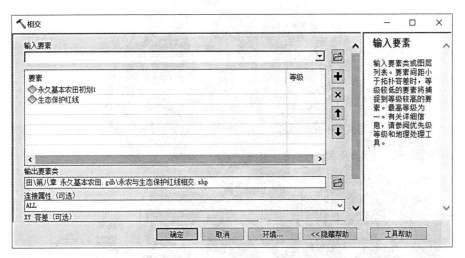

图 8-26 得到"永农与生态保护红线相交"图斑

如果得到的图层属性为空值，则可得到永久基本农田的最终成果。如果有相交的部分，需继续下一步操作。

(2)擦除与生态保护红线相交部分。

• 点击【ArcToolbox 🔘】按钮，选择【分析工具】→【叠加分析】→【擦除】，打开【擦除】对话框。

• 将"永久基本农田初划1"添加至【输入要素】，将"永农与生态保护红线相交"添加至【擦除要素】。点击【浏览 📂】按钮，打开【输出要素类】对话框，选择"第八章 永久基本农田.gdb"文件地理数据库，并将文件命名为"永久基本农田"，点击【保存】，再点击【确定】(图 8-27)，即可得到永久基本农田的最终成果(图 8-28)。

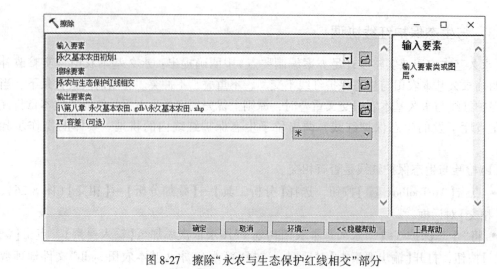

图 8-27 擦除"永农与生态保护红线相交"部分

图 8-28 得到"永久基本农田"图斑

8.5 永久基本农田核实整改补足成果

8.5.1 数据汇交要求

本节参考《永久基本农田数据库标准(2021 版)》以及《永久基本农田数据库成果汇交要求(2021 版)》,以某地汇交要求为例,简要介绍永久基本农田划定成果制作方法。该汇交要求适用于各省、市、县的国土空间规划现状基数成果汇交。

1. 汇交要求

成果汇交材料应包括：矢量数据、举证材料。电子成果数据应符合本数据汇交要求，矢量数据坐标系统采用"2000 国家大地坐标系(CGCS2000)"，高程系统采用"1985 国家高程基准"，坐标统一采用度为单位，精确到小数点后 8 位。

2. 数据内容、格式和命名要求

1)矢量数据

矢量数据格式分别为(.mdb)、(.gdb)两种，各图层之间不可重叠，矢量数据不可存在自相交、重叠等拓扑错误。本次汇交的矢量数据包括"永久基本农田保护"图斑、"调出稳定耕地"图斑、"未补划稳定耕地"图斑、"采取其他措施补足"图斑 4 个图层。

2)举证材料

举证材料要求证明材料为(.pdf)格式，照片为(.jpg)格式。报送的永久基本农田整改补足面积未达到任务指标时，调出和未补划永久基本农田的稳定耕地需逐图斑举证并提供举证材料。其中，纳入市县国土空间规划的线性基础设施占用的耕地，相应的举证目录命名为"线性基础设施"。目录下提供纳入市县国土空间规划的项目矢量坐标文件，所有项目矢量坐标保存在一个 Shapefile 文件中，文件名称按照"县级行政区划代码+线性基础设施"的规则命名，数据属性字段应包含项目名称、纳入规划情况、面积等。其他非线性规划重点项目必须提供选址意见书，命名为"××项目选址意见书"；"三调"前批而未用、"三调"后新批建设用地、纳入已批成片开发方案的必须提报批准文件，命名为"批准文号"。

3. 成果组织形式

1)汇交格式要求

汇交到省的电子成果数据以文件夹的形式组织，不同的数据存储在相应的文件夹下(图 8-29)。

2)汇交目录

主目录下的"××××××市级行政区"指"市级行政区划代码(6 位)+市级名称"，如"370100 济南市"。一级子文件夹名称中的"××××××县级行政区"指"县级行政区划代码(6 位)+县级名称"，如"370103 市中区"。"××××××县级行政区 1""××××××县级行政区 2"指该省同一个市级行政区中的县，一个县设一个文件夹，依次类推。

4. 矢量属性结构

1)永久基本农田图斑属性结构

永久基本农田图斑要素用于记录永久基本农田图斑的基本属性、质量属性、保护责任等信息(表 8-3)。

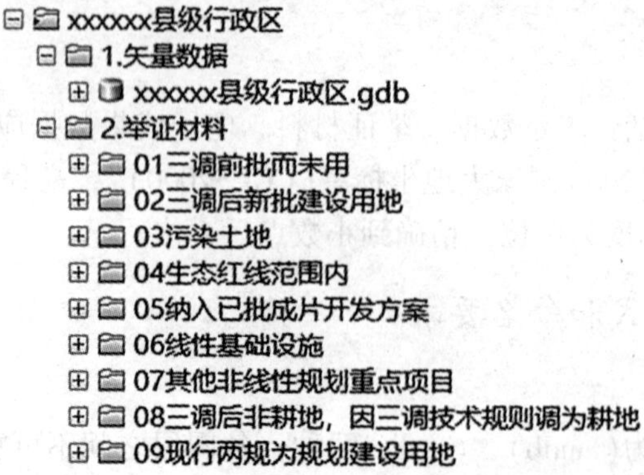

```
□ 🖿 xxxxxx县级行政区
  □ 🖿 1.矢量数据
    ⊞ 🖫 xxxxxx县级行政区.gdb
  □ 🖿 2.举证材料
    ⊞ 🖿 01三调前批而未用
    ⊞ 🖿 02三调后新批建设用地
    ⊞ 🖿 03污染土地
    ⊞ 🖿 04生态红线范围内
    ⊞ 🖿 05纳入已批成片开发方案
    ⊞ 🖿 06线性基础设施
    ⊞ 🖿 07其他非线性规划重点项目
    ⊞ 🖿 08三调后非耕地，因三调技术规则调为耕地
    ⊞ 🖿 09现行两规为规划建设用地
```

图 8-29　资料整理目录及存储格式

表 8-3　　　　　永久基本农田图斑属性结构描述表（属性表名：**YJJBNTBHTB**）

序号	字段名称	字段代码	字段类型	字段长度	小数位数	值域	约束条件①	备注
1	标识码	BSM	Char	18			M	
2	要素代码	YSDM	Char	10		见表8-7	M	
3	永久基本农田图斑编号	YJJBNTTBBH	Char	18			M	见表注2
4	图斑编号	TBBH	Char	8		见表注3		
5	地类编码	DLBM	Char	5		见表注4	M	
6	地类名称	DLMC	Char	60		见表注4	M	
7	权属性质	QSXZ	Char	2		见表8-8	M	
8	权属单位代码	QSDWDM	Char	19		见表注5	M	
9	权属单位名称	QSDWMC	Char	60			M	
10	坐落单位代码	ZLDWDM	Char	19		见表注6	M	
11	坐落单位名称	ZLDWMC	Char	60			M	
12	永久基本农田图斑面积	YJJBNTTBMJ	Float	15	2	>0，见表注7	M	单位：平方米
13	扣除地类编码	KCDLBM	Char	5		见表注4	O	
14	扣除地类系数	KCXS	Float	6	4	[0，1)	O	
15	扣除地类面积	KCMJ	Float	15	2	≥0，见表注8	O	单位：平方米

---

① 参考《永久基本农田数据库标准（2021版）》，约束条件取值：M（必选）、O（可选）、C（条件必选）。

序号	字段名称	字段代码	字段类型	字段长度	小数位数	值域	约束条件①	备注
16	永久基本农田面积	YJJBNTJ	Float	15	2	≥0	M	单位：平方米，见表注9
17	耕地类型	GDLX	Char	2		见表注10	O	
18	耕地坡度级别	GDPDJB	Char	2		见表8-9	O	耕地必选
19	灌溉保证率	GGBZL	Char	10			O	
20	图斑细化代码	TBXHDM	Char	6		见表8-10	C	
21	图斑细化名称	TBXHMC	Char	20		见表8-10	C	
22	种植属性代码	GDZZSXDM	Char	6		见表8-11	C	
23	种植属性名称	GDZZSXMC	Char	20		见表8-12	C	
24	耕地等别	GDDB	Int	2		>0	C	见表注11
25	耕地质量等级	GDDJ	Int	2		>0	C	见表注12
26	质量分类代码	ZLFLDM	Char	12		见表注13	M	
27	飞入地标识	FRDBS	Char	1		见表注14	C	
28	数据年份	SJNF	Int	4			M	见表注15
29	村负责人	CFZR	Char	20			M	
30	组名称	ZMC	Char	50			C	见表注16
31	组责任人(或农户代表)	ZZRR	Char	20			C	见表注17
32	责任人证件号码	ZRRZJHM	Char	18			O	
33	责任人名称	ZRRMC	Char	20			O	
34	联系电话	LXDH	Char	20			O	
35	居住地址	JZDZ	Text	50			O	
36	保护开始时间	BHKSSJ	Date	8			M	格式：YYYYMMDD
37	保护结束时间	BHJSSJ	Date	8			O	格式：YYYYMMDD
38	上级单位编号	SJBH	Char	20			M	
39	上级单位名称	SJMC	Char	50			M	
40	责任书影像	ZRSYX	Char	100			O	见表注18
41	备注	BZ	Char	50			O	

注1：表中的属性值来源于国土调查数据库中地类图斑图层。若地类图斑界线与永久基本农田图斑界线重合，字段属性值从国土调查数据库中地类图斑层直接提取；若永久基本农田图斑界线分割地类图斑，相关属性值按照国土调查规定的方法重新计算后生成。

注2："永久基本农田图斑编号"由"县级行政区划代码(6位)+乡级行政区划代码(3位)+村级行政区划代码(3位)+永久基本农田图斑(6位数字顺序码)"组成，以村为单位，按从上到下，从左到右的顺序编号，下同。

注 3：来源于国土调查数据库中地类图斑编号。图斑以村级调查区为单位统一顺序编号。变更图斑号在本村级调查区最大图斑号后续编。

注 4：地类编码和名称按《第三次全国国土调查技术规程》附录 A"第三次全国国土调查工作分类"执行，填写最末级分类。

注 5：权属单位代码和坐落单位代码到村级，权属单位代码和坐落单位代码为村级行政区代码 + "0000000"。

注 6：坐落单位代码指该地类图斑实际坐落单位的代码。

注 7："永久基本农田图斑面积"指用经过核定的永久基本农田图斑多边形边界内部所有地类的面积（如永久基本农田图斑含岛、孔，则扣除岛、孔的面积）。

注 8：扣除地类面积 = 永久基本农田图斑面积×扣除地类系数。

注 9："永久基本农田面积"（即"永久基本农田图斑地类面积"或"永久基本农田图斑净面积"）= 永久基本农田图斑 面积－扣除地类面积。

注 10：当图斑为坡地耕地时，耕地类型填写"PD"；图斑为梯田耕地时，耕地类型填写"TT"。

注 11：根据 GB/T 28407 开展耕地分等调查评价，填写耕地利用等别。

注 12：按照 GB/T 33469，填写质量等级。

注 13：耕地资源质量分类结果用 12 位代码来表达，具体参考《第三次全国国土调查县级耕地资源质量分类数据库标准（试行）》。

注 14：图斑是飞入地填写"1"，不是飞入地填写"0"。当该地类图斑为飞入地时，实际坐落单位的代码与权属单位代码不同。

注 15：数据生产的年份。

注 16：每个涉及保护责任的"组"填写一条记录。如果村级以下没有组的划分，此字段可以不填，后面相关组的保护信息填写责任农户保护信息。

注 17：如果填写了图斑对应的保护责任的"组"名称，则需要填写"组"责任人。

注 18：用于存储外挂的影像数据文件的路径。如保护责任落到组，则上传到组的责任书，如保护责任落实到具体农户，上传与农户签订的责任书影像。

2）永久基本农田内调出稳定耕地图斑属性结构

调出稳定耕地图斑要素用于记录在原永久基本农田范围内的稳定耕地未纳入永久基本农田的基本属性信息（表 8-4）。

表 8-4　　　调出稳定耕地图斑属性结构描述表（属性表名：TCWDGDTB）

序号	字段名称	字段代码	字段类型	字段长度	小数位数	值域	约束条件	备注
1	标识码	BSM	Char	18			M	见表注 2
2	行政区代码	XZQDM	Char	6		见表注 3	M	
3	行政区名称	XZQMC	Char	15		见表注 4	M	
4	图斑编号	TBBH	Char	8			M	
5	地类编码	DLBM	Char	5			M	
6	地类名称	DLMC	Char	60			M	
7	权属性质	QSXZ	Char	2			M	

续表

序号	字段名称	字段代码	字段类型	字段长度	小数位数	值域	约束条件	备注
8	权属单位代码	QSDWDM	Char	19			M	
9	权属单位名称	QSDWMC	Char	60			M	
10	坐落单位代码	ZLDWDM	Char	19			M	
11	坐落单位名称	ZLDWMC	Char	60			M	
12	图斑面积	TBMJ	Float	15	2	>0,见表注5	M	单位：平方米
13	扣除地类编码	KCDLBM	Char	5			O	
14	扣除地类系数	KCXS	Float	6	4	[0,1)	O	
15	扣除地类面积	KCMJ	Float	15	2	≥0,见表注6	O	单位：平方米
16	图斑地类面积	TBDLMJ	Float	15	2	≥0,见表注7	M	单位：平方米
17	耕地类型	GDLX	Char	2			O	
18	耕地坡度级别	GDPDJB	Char	2			O	
19	图斑细化代码	TBXHDM	Char	6			C	
20	图斑细化名称	TBXHMC	Char	20			C	
21	种植属性代码	GDZZSXDM	Char	6			C	
22	种植属性名称	GDZZSXMC	Char	20			C	
23	调出类型	TCLX	Int	2		见表8-13	M	
24	项目名称	XMMC	Char	255			C	见表注8
25	项目级别	XMJB	Int	2		0	C	见表注8
26	项目类型	XMLX	Int	2			C	见表注8
27	批准文号	PZWH	Char	255				见表注9
28	备注	BZ	Char	50			O	

注1：表中的属性值来源于国土调查数据库中地类图斑图层。字段属性值从国土调查数据库中地类图斑层直接提取；若分割地类图斑，相关属性值按照国土调查规定的方法重新计算后生成。

注2："标识码"需与报送"永久基本农田核实整改补足数据库"中举证材料目录名称一致。

注3：填写县级行政区代码。

注4：填写县级行政区名称。

注5："图斑面积"指用经过核定的图斑多边形边界内部所有地类的椭球面积(如图斑含岛、孔,则扣除岛、孔的面积)。

注6：扣除地类面积=图斑面积×扣除地类系数。

注7：图斑地类面积=图斑面积-扣除地类面积。

注8：调出类型为"6""7"时,项目名称、项目级别、项目类型必填。

注9：调出类型为"1""2""5"时,批准文号必填。

3) 未补划永久基本农田的稳定耕地图斑属性结构

未补划为永久基本农田的稳定耕地要素，用于记录在整改补足面积未达到任务指标时在原永久基本农田范围外稳定耕地未补划永久基本农田的基本属性信息 (表 8-5)。

表 8-5　　　　未补划稳定耕地图斑属性结构描述表 (属性表名：**WBHWDGDTB**)

序号	字段名称	字段代码	字段类型	字段长度	小数位数	值域	约束条件	备注
29	标识码	BSM	Char	18			M	
30	行政区代码	XZQDM	Char	6		见表注 2	M	
31	行政区名称	XZQMC	Char	15		见表注 3	M	
32	图斑编号	TBBH	Char	8			M	
33	地类编码	DLBM	Char	5			M	
34	地类名称	DLMC	Char	60			M	
35	权属性质	QSXZ	Char	2			M	
36	权属单位代码	QSDWDM	Char	19			M	
37	权属单位名称	QSDWMC	Char	60			M	
38	坐落单位代码	ZLDWDM	Char	19			M	
39	坐落单位名称	ZLDWMC	Char	60			M	
40	图斑面积	TBMJ	Float	15	2	>0, 见表注 4	M	单位：平方米
41	扣除地类编码	KCDLBM	Char	5			O	
42	扣除地类系数	KCXS	Float	6	4	[0, 1)	O	
43	扣除地类面积	KCMJ	Float	15	2	见表注 5	O	单位：平方米
44	图斑地类面积	TBDLMJ	Float	15	2	见表注 6	M	单位：平方米
45	耕地类型	GDLX	Char	2			O	
46	耕地坡度级别	GDPDJB	Char	2			O	
47	图斑细化代码	TBXHDM	Char	6			C	
48	图斑细化名称	TBXHMC	Char	20			C	
49	种植属性代码	GDZZSXDM	Char	6			C	
50	种植属性名称	GDZZSXMC	Char	20			C	
51	未补划类型	WBHLX	Int	2		见表 8-13	M	
52	项目名称	XMMC	Char	255			C	见表注 7
53	项目级别	XMJB	Int	2		0	C	见表注 7
54	项目类型	XMLX	Int	2		见表 8-15	C	见表注 7
55	批准文号	PZWH	Char	255				

序号	字段名称	字段代码	字段类型	字段长度	小数位数	值域	约束条件	备注
56	备注	BZ	Char	50			O	

注 1：表中的属性值来源于国土调查数据库中地类图斑图层。字段属性值从国土调查数据库中地类图斑层直接提取；若分割地类图斑，相关属性值按照国土调查规定的方法重新计算后生成。

注 2：填写县级行政区代码。

注 3：填写县级行政区名称。

注 4："图斑面积"指用经过核定的图斑多边形边界内部所有地类的椭球面积（如图斑含岛、孔，则扣除岛、孔的面积）。

注 5：扣除地类面积＝图斑面积×扣除地类系数。

注 6：图斑地类面积＝图斑面积－扣除地类面积。

注 7：调出类型为"6""7"时，项目名称、项目级别、项目类型必填。

注 8：调出类型为"1""2""5"时，批准文号必填。

4）采取其他措施补足的永久基本农田图斑属性结构

采取其他措施补足的永久基本农田图斑要素，用于记录在整改补足面积未达到任务指标时通过土地综合整治、高标准农田建设、农业结构调整等措施补足的图斑（表 8-6）。

表 8-6　　**采取其他措施补足图斑属性结构描述表（属性表名：CQQTCSBZTB）**

序号	字段名称	字段代码	字段类型	字段长度	小数位数	值域	约束条件	备注
1	标识码	BSM	Char	18			M	
2	行政区代码	XZQDM	Char	6		见表注 2	M	
3	行政区名称	XZQMC	Char	15		见表注 3	M	
4	图斑编号	TBBH	Char	8			M	
5	地类编码	DLBM	Char	5			M	
6	地类名称	DLMC	Char	60			M	
7	权属性质	QSXZ	Char	2			M	
8	权属单位代码	QSDWDM	Char	19			M	
9	权属单位名称	QSDWMC	Char	60			M	
10	坐落单位代码	ZLDWDM	Char	19			M	
11	坐落单位名称	ZLDWMC	Char	60			M	
12	图斑面积	TBMJ	Float	15	2	>0，见表注 4	M	单位：平方米
13	扣除地类编码	KCDLBM	Char	5			O	
14	扣除地类系数	KCXS	Float	6	4	[0, 1)	O	

续表

序号	字段名称	字段代码	字段类型	字段长度	小数位数	值域	约束条件	备注
15	扣除地类面积	KCMJ	Float	15	2	≥0，见表注5	O	单位：平方米
16	图斑地类面积	TBDLMJ	Float	15	2	≥0，见表注6	M	单位：平方米
17	采取措施类型	CQCSLX	Int	2		见表8-16		
18	备注	BZ	Char	50			O	

注1：表中的属性值来源于国土调查数据库中地类图斑图层。字段属性值从国土调查数据库中地类图斑层直接提取；若分割地类图斑，相关属性值按照国土调查规定的方法重新计算后生成。

注2：填写县级行政区代码。

注3：填写县级行政区名称。

注4："图斑面积"指用经过核定的图斑多边形边界内部所有地类的椭球面积（如图斑含岛、孔，则扣除岛、孔的面积）。

注5：扣除地类面积=图斑面积×扣除地类系数。

注6：图斑地类面积=图斑面积−扣除地类面积。

5. 矢量属性结构附表

1）永久基本农田数据库要素分类代码

永久基本农田数据库要素分类代码见表8-7。

表8-7 永久基本农田数据库要素分类代码表

要素代码	要素名称	备 注
1000000000	基础地理要素	
1000600000	境界与行政区	引用 TD/T 1057—2020
1000600100	行政区	
1000600200	行政区界线	
1000609000	行政区注记	
2000000000	土地要素	
2001000000	土地利用要素	引用 TD/T 1057—2020
2001010100	地类图斑	
2001010200	地类图斑注记	
2005000000	永久基本农田要素	
2005010000	永久基本农田保护区域	空间信息

要素代码	要素名称	备　注
2005010300	永久基本农田图斑	
2005010900	永久基本农田注记	
2005020000	永久基本农田保护界线	空间信息
2005020100	永久基本农田保护界桩	
2005020900	永久基本农田保护界桩注记	
2005030000	永久基本农田保护标志	空间信息
2005030100	永久基本农田标志牌	
2005030900	永久基本农田标志牌注记	
2005040000	永久基本农田储备要素	空间信息
2005040100	永久基本农田储备区	
2005040900	永久基本农田储备注记	
2005050000	永久基本农田表格要素	表格信息
2005050300	永久基本农田现状登记表	
2005060000	永久基本农田文档要素	文档信息
2005060100	永久基本农田文档	
2005070000	永久基本农田栅格要素	栅格信息
2005070200	乡级永久基本农田保护图	
2005070300	县级永久基本农田分布图	

注1：行政区、行政界线与行政区注记要素参考 GB/T 13923 的结构进行扩充，各级行政区的信息使用行政区与行政界线属性表描述。

注2：基础地理信息要素第 5 位至第 10 位代码参考 GB/T 13923。

2) 权属性质代码

权属性质代码记录权属性质及其代码(表8-8)。

表8-8　　　　　　　　　　　　**权属性质代码表**

代码	权 属 性 质
10	国有土地所有权
20	国有土地使用权
21	国有无居民海岛使用权
30	集体土地所有权
31	村民小组

代码	权 属 性 质
32	村集体经济组织
33	乡集体经济组织
34	其他农民集体经济组织
40	集体土地使用权
41	集体无居民海岛使用权

3)坡度级别代码

坡度级别代码记录坡度级别及其代码(表 8-9)。

表 8-9 坡度级别代码表

代码	坡 度 级 别
1	<2°
2	(2°~6°]
3	(6°~15°]
4	(15°~25°]
5	>25°

4)图斑细化类型代码表

图斑细化类型代码记录图斑细化类型及其代码(表 8-10)。

表 8-10 图斑细化类型代码表

代码	图斑细化类型
HDGD	河道耕地
HQGD	湖区耕地
LQGD	林区耕地
MQGD	牧区耕地
SHGD	沙荒耕地
SMGD	石漠化耕地
YJGD	盐碱化耕地
LQYD	林区种植园用地
LJTM	垃圾填埋

代码	图斑细化类型
GCCD	灌丛草地
HDGY	火电工业用地
GTGY	钢铁工业用地
MTGY	煤炭工业用地
SNGY	水泥工业用地
BLGY	玻璃工业用地
DLGY	电解铝工业用地
FQ	废弃

5）种植属性代码表

种植属性代码记录实际种植情况及其代码（表 8-11）。

表 8-11　　　　　　　　　　　　**种植属性代码表**

代码	实际种植情况
LS	种植粮食作物
FLS	种植非粮食作物
LYFL	粮与非粮轮作
WG	未耕种
XG	休耕
LLJZ	林粮间作
JKHF	即可恢复
GCHF	工程恢复

6）永久基本农田界桩类型代码

界桩类型代码记录永久基本农田界桩类型及其代码（表 8-12）。

表 8-12　　　　　　　　　　　　**界桩类型代码表**

代码	界桩类型
1	钢钉
2	水泥桩
3	石灰桩

代码	界 桩 类 型	
4	喷涂	
5	瓷标志	
6	无标志	
7	电子界桩	
8	其他	

7）调出及未划入原因代码

稳定耕地调出及未划入原因代码见表 8-13。

表 8-13　　　　　　　　　　调出及未划入原因代码表

代码	调出及未划入原因
1	"三调"前批而未用
2	"三调"后新批建设用地
3	污染土地
4	生态红线范围内
5	纳入已批成片开发方案
6	线性基础设施
7	其他非线性规划重点项目
8	"三调"后非耕地，且无法恢复
9	影像近三年为非耕地，因"三调"技术规则调为耕地
10	现行两规为规划建设用地

8）项目级别代码

项目级别代码记录项目级别及其代码（表 8-14）。

表 8-14　　　　　　　　　　项目级别代码表

代码	项 目 级 别
1	国家级
2	省级
3	市级
4	县级

9）项目类型代码

项目级别代码记录项目级别及其代码（表8-15）。

表8-15　　　　　　　　　　　　**项目类型代码表**

代码	项目类型
1	交通
2	能源
3	水利
4	军事国防
5	乡村振兴
6	民生工程

10）采取措施类型代码

采取措施类型代码记录采取措施类型及其代码（表8-16）。

表8-16　　　　　　　　　　　　**采取措施类型代码表**

代码	采取措施类型
1	复耕
2	土地综合整治
3	高标准农田建设
4	农业结构调整

8.5.2　制作"矢量数据"数据库

首先在"1.矢量数据"文件夹下建立"××××××县级行政区.gdb"文件地理数据库（具体步骤略）。然后按要求制作矢量数据的四个图层："YJJBNTBHTB（永久基本农田保护图斑）""TCWDGDTB（调出稳定耕地图斑）""CQQTCSBZTB（采取其他措施补足图斑）""WBHWDGDTB（未补划稳定耕地图斑）"。

1.　制作"YJJBNTBHTB"图层

对于永久基本农田保护图斑的制作，需新建要素类并按照要求新建字段，将建立的新图层与划定操作中得到的"永久基本农田保护"图层进行合并，并检查填写字段内容，最后修改图层名称及别名。具体操作可参考下列步骤。

1) 新建要素类

- 右键单击【目录】面板中的"××××××县级行政区.gdb"文件地理数据库，选择【新建】→【要素类】，弹出【新建要素类】对话框。
- 设置【名称】为"YJJBNTBHTB"，【别名】为"永久基本农田保护图斑"，【类型】保持"面要素"不变，点击【下一步】(图 8-30)。

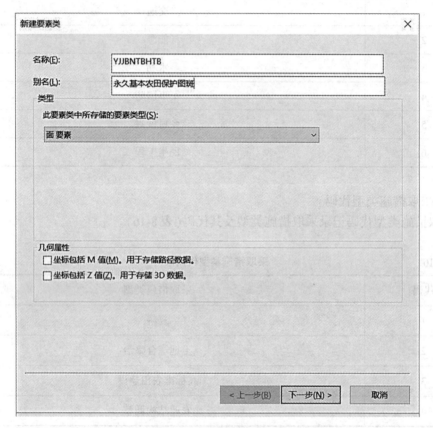

图 8-30　新建要素类命名

- 设置坐标系与"三调"坐标系相同，点击【下一步】。
- 【XY 容差】保持不变，点击【下一步】。
- 【配置关键字】保持不变，点击【下一步】。
- 按照"调出稳定耕地图斑属性结果描述表"要求添加相应【字段】，点击【完成】(图 8-31)。

2) 合并图层

- 点击菜单栏中的【地理处理】→【合并】，打开【合并】对话框。
- 将步骤 1 中新建的"永久基本农田保护图斑"图层与划定操作中得到的"永久基本农田"图层依次添加至【合并】对话框(图 8-32)。

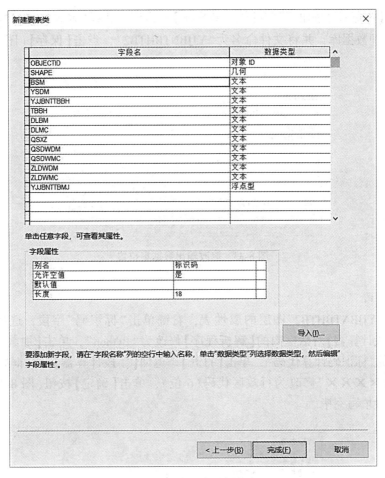

图 8-31 按要求添加字段

图 8-32 合并图层

● 点击【浏览 🗁】按钮，打开【输出数据集】对话框，选择"××××××县级行政区.gdb"文件地理数据库，并将文件命名为"YJJBNTBHTB2"，点击【保存】（图 8-33），点击【确定】。

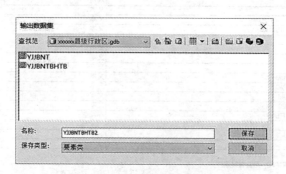

图 8-33　修改输出数据集位置

3）填写字段

● 打开"YJJBNTBHTB2"图层的属性表，右键单击"标识码"字段，选择【字段计算器】，将【字段计算器】对话框内的【解析程序】修改为"Python"，单击【加载】按钮，选择随书数据中的"标识码计算代码"，单击【打开】。返回【字段计算器】对话框后，将代码中前六位"××××××"修改为行政区代码（6 位），单击【确定】按钮（图 8-34），即可将"标识码"字段填写完毕。

图 8-34　计算"标识码"字段

● 右键单击"要素代码"字段，选择【字段计算器】。

● 将【字段计算器】对话框内的【解析程序】修改为"VB 脚本"，取消勾选【显示代码块】，并在空白处填写"2005010300"[①]，单击【确定】(图 8-35)，即可将"要素代码"字段填写完毕。

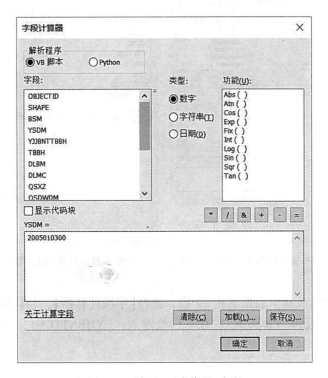

图 8-35 填写"要素代码"字段

● 右键单击"永久基本农田图斑编号"字段，选择【字段计算器】。

● 将【字段计算器】对话框内的【解析程序】修改为"Python"，单击【加载】按钮，选择随书数据中的"永久基本农田图斑编号计算代码"，单击【打开】。返回【字段计算器】对话框后，将代码中前六位"××××××"修改为县级行政区划代码(6 位)，将代码中"AAA"修改为乡级行政区划代码(3 位)，"BBB"修改为村级行政区划代码(3 位)，单击【确定】(图 8-36)，即可将"永久基本农田图斑编号"字段填写完毕。

● 选择"永久基本农田图斑面积"字段，计算图斑的椭球面积(具体步骤详见第 2 章)。

● 右键单击"扣除地类面积"字段，选择【字段计算器】，将【字段计算器】对话框内的【解析程序】修改为"VB 脚本"，在空白处输入：［YJJBNTTBMJ］＊［KCXS］。单击【确定】(图 8-37)。

---

① 根据永久基本农田数据库要素分类代码表(表 8-7)填写，其中永久基本农田图斑要素代码为"2005010300"。

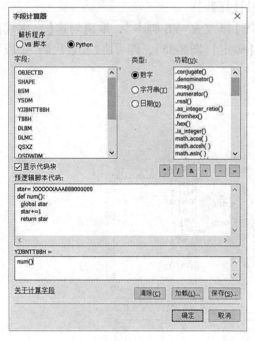

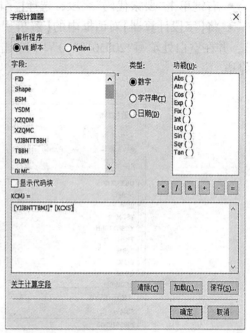

图 8-36　计算"永久基本农田图斑编号"字段　　　图 8-37　计算"扣除地类面积"字段

- 右键单击"永久基本农田面积"字段，选择【字段计算器】，将【字段计算器】对话框内的【解析程序】修改为"VB 脚本"，在空白处输入：[YJJBNTTBMJ]–[KCMJ]。单击【确定】按钮（图 8-38）。

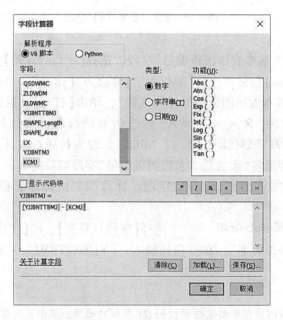

图 8-38　填写"永久基本农田面积"图斑

• 右键单击"质量分类代码"字段，选择【字段计算器】。右键单击"耕地质量等级"字段，选择【字段计算器】，将【字段计算器】对话框内的【解析程序】修改为"VB 脚本"，在空白处输入："××××××××××××"。其中代码中的前两位为耕地所在自然区代码[①]，第 3~12 位分别是耕地的坡度、土层厚度、土壤质地、土壤有机质含量、土壤 pH 值、生物多样性、土壤重金属污染状况、熟制和耕地二级地类代码[②]（图 8-39）。

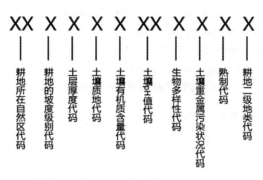

图 8-39 质量分类代码填写规则

• 右键单击"YJJBNTBHTB2"图层，在弹出菜单中选择【连接和关联】→【连接】，打开【连接数据】对话框。

• 【选择该图层中连接将基于的字段】为"YJJBNTTBBH"[③]，并从磁盘中加载"基本农田保护责任一览表"[④]表格文件，选择表格文件中"YJJBNTTBBH"字段作为连接基础的字段，点击【确定】，即可将表中的字段连接到图层的属性表中（图 8-40）。

• 打开"YJJBNTBHTB2"图层的属性表，右键单击"村负责人"字段，选择【字段计算器】。并在空白处键入：［基本农田保护责任一览表·村负责人］。单击【确定】按钮，即可完成"村负责人"字段的填写（图 8-41）。

重复上述字段计算器的操作，即可完成对耕地质量等级""组名称""组责任人""责任人证件号码""责任人名称""联系电话""居住地址""保护开始时间""保护结束时间""上级单位编码""上级单位名称""责任书影像"[⑤]等字段的填写。完成各字段的填写后，需移除与表格的连接，保证数据库的标准格式。

---

① 耕地所在自然区代码的填写，取自《第三次全国国土调查县级耕地资源质量分类数据库标准》表 27 中的代码。

② 耕地的坡度、土层厚度、土壤质地等代码的填写，分别取自《第三次全国国土调查县级耕地资源质量分类数据库标准》表 28~表 36 中的代码。

③ 选择表格与图层中属性及内容相对应的字段即可。

④ 基本农田保护责任一览表，是在永久基本农田图斑最终确定后，由相关部门相关责任人填写。其字段内容包括：村负责人、组名称、组责任人、责任人证件号码、责任人名称、联系电话、居住地址等。

⑤ 本章所述内容为永久基本农田划定的过程阶段，在永久基本农田划定的中间过程中，一般无需填写上述字段内容。上述字段内容的填写待永久基本农田图斑最终确定后，由相关部门相关责任人负责填写入"基本农田保护一览表"。

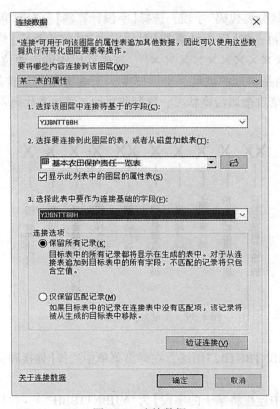

图 8-40　连接数据

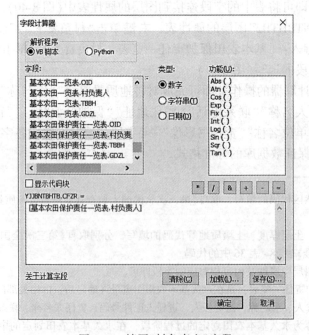

图 8-41　填写"村负责人"字段

• 右键单击"YJJBNTBHTB2"图层，在弹出菜单中选择【连接和关联】→【移除连接】→【基本农田保护责任一览表】，即可移除与表的连接（图8-42）。

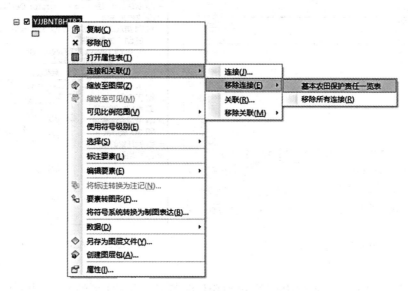

图8-42 移除连接

此外，"图斑编号""地类编码""地类名称""权属性质""权属单位代码""权属单位名称""坐落单位代码""坐落单位名称""图斑细化代码""图斑细化名称""种植属性代码""种植属性名称""耕地等别""飞入地标识""数据年份"等字段与下发的"三调"地类图斑字段的属性一致，该类字段已纳入"YJJBNT"图层。待合并完成后，即可并入"YJJBNTBHTB2"图层字段。

4）删除字段

批量删除"永久基本农田图斑属性结构描述表"中描述的41个字段外的其他字段，具体操作如下。

• 点击【ArcToolbox 🔘】按钮，选择【数据管理工具】→【字段】→【删除字段】，打开【删除字段】对话框。

• 将【输入表】中选择"YJJBNTBHTB3"，在【删除字段】中勾选除"BSM（标识码）""YSDM（要素代码）""YJJBNTTBBH（永久基本农田图斑编号）""TBBH（图斑编号）""DLBM（地类编码）"等41个字段外的所有字段，点击【确定】（图8-43）。

5）修改字段名称及别名

• 右键单击【目录】面板中的"YJJBNTBHTB"要素，选择【删除】，在弹出的【确认删除】对话框中点击【是】（图8-44）。

• 右键单击【目录】面板中的"YJJBNTBHTB3"要素，选择【重命名】，将"YJJBNTBHTB3"修改为"YJJBNTBHTB"。

图 8-43　删除多个字段　　　　　　　　　图 8-44　删除"YJJBNTBHTB"

• 右键单击【目录】面板中的"YJJBNTBHTB"要素，选择【属性】，打开【要素类属性】对话框并切换至【常规】选项卡，将【别名】修改为"永久基本农田保护图斑"，点击【确定】（图 8-45）。

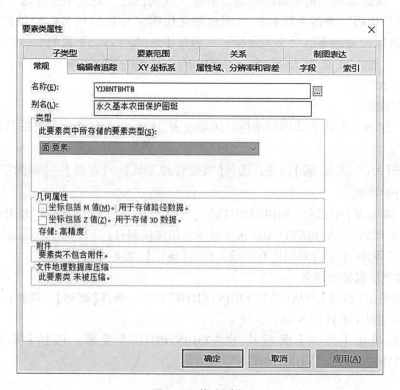

图 8-45　修改别名

2. 制作"TCWDGDTB"图层

对于"调出稳定耕地图斑"图层的制作，首先应按照要求新建要素类，再将内容列表中上述操作得到的"调出稳定耕地"图层与新建的"调出稳定耕地图斑"图层合并，以便于填写字段。字段填写完毕后，再次按照相关要求整理字段、修改图层名称及别名即可。

1) 新建要素类

- 右键单击【目录】面板中的"××××××县级行政区.gdb"文件地理数据库，选择【新建】→【要素类】，弹出【新建要素类】对话框。
- 设置【名称】为"TCWDGDTB"，【别名】为"调出稳定耕地图斑"，【类型】保持"面要素"不变，点击【下一步】。
- 设置坐标系与"三调"坐标系相同，点击【下一步】。
- 【XY容差】保持不变，点击【下一步】。
- 【配置关键字】保持不变，点击【下一步】。
- 按照"调出稳定耕地图斑属性结果描述表"要求添加相应字段（图8-46）。

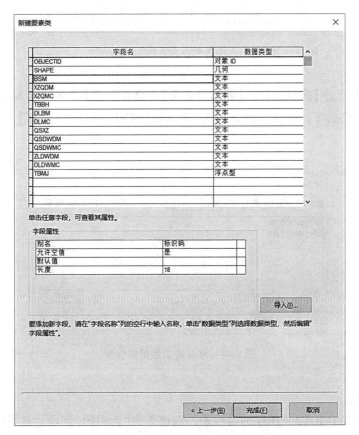

图8-46　添加字段

2) 合并图层
- 点击菜单栏中的【地理处理】→【合并】，打开【合并】对话框。
- 将"调出稳定耕地图斑""调出稳定耕地"图层依次添加至【合并】对话框(图 8-47)。

图 8-47 合并图层

- 点击【浏览 🖳】按钮，打开【输出数据集】对话框，选择"××××××县级行政区 .gdb"文件地理数据库，并将文件命名为"TCWDGDTB2"，点击【保存】(图 8-48)，点击【确定】。

图 8-48 修改输出数据集位置

3) 填写字段
- 打开"TCWDGDTB2"图层的属性表，右键单击"标识码"字段，选择【字段计算器】。将【字段计算器】对话框内的【解析程序】修改为"Python"，单击【加载】按钮，选择随书数据中的"标识码计算代码"，单击【打开】。返回【字段计算器】对话框后，将代码中的前六位"××××××"修改为行政区代码(6位)，单击【确定】(图8-49)，即可将"标识码"字段填写完毕。

- 右键单击"行政区代码"字段，选择【字段计算器】。
- 将【字段计算器】对话框内的【解析程序】修改为"VB脚本"，取消勾选【显示代码块】，并在空白处填写"××××××"(注意：双引号应为英文格式)(××××××为该地区行政区代码)。单击【确定】(图8-50)，即可将"行政区代码"字段填写完毕。

图8-49 计算"标识码"字段

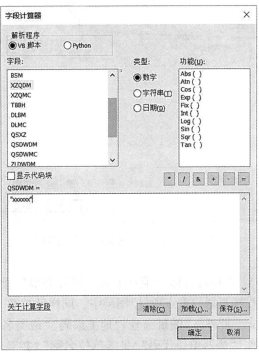

图8-50 填写行政区代码

- 重复上述操作步骤，可将"行政区名称"字段填写完毕。
- 选择"图斑面积"字段，计算图斑的椭球面积(具体步骤详见第2章)。
- 右键单击"扣除地类面积"字段，选择【字段计算器】。
- 将【字段计算器】对话框内的【解析程序】修改为"VB脚本"，取消勾选【显示代码块】，并在空白处填写[TBMJ]＊[KCXS]。单击【确定】(图8-51)，即可将"扣除地类面积"字段填写完毕。
- 右键单击"图斑地类面积"字段，选择【字段计算器】。
- 将【字段计算器】对话框内的【解析程序】修改为"VB脚本"，取消勾选【显示代码块】，并在空白处填写：[TBMJ]-[KCMJ]。单击【确定】(图8-52)，即可将"图斑地类面积"字段填写完毕。

"调出类型"字段在8.2节中已填写完毕，并已纳入"TCWDGD"图层中。

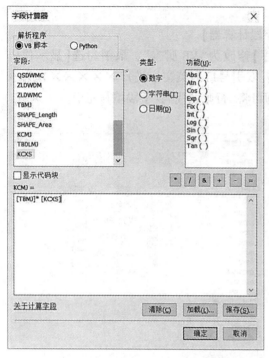
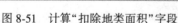
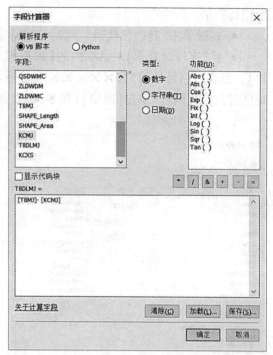

图 8-51　计算"扣除地类面积"字段　　　图 8-52　计算"图斑地类面积"字段

"项目名称""项目级别""项目类型""批准文号"等字段存在于"线性基础设施"及"非线性规划的重点项目"图层中，同样已被纳入"TCWDGD"图层。

此外，"图斑编号""地类编码""地类名称""权属性质""权属单位代码""权属单位名称""坐落单位代码""坐落单位名称""扣除地类编码""扣除地类系数""耕地类型""耕地坡度级别""图斑细化代码""图斑细化名称""种植属性代码""种植属性名称"等字段与下发的"三调"地类图斑字段的属性一致，该类字段已纳入"TCWDGD"图层中。待合并完成后，即可并入"TCWDGDTB2"图层字段中。

4）删除字段

批量删除除"调出稳定耕地图斑属性结果描述表"中描述的 28 个字段以外的其他字段，具体操作如下：

● 点击【ArcToolbox 📦】按钮，选择【数据管理工具】→【字段】→【删除字段】，打开【删除字段】对话框。

● 将【输入表】中选择"TCWDGDTB2"，在【删除字段】中勾选除"BSM（标识码）""XZQDM（行政区代码）""XZQMC（行政区名称）""TBBH（图斑编号）""DLBM（地类编码）"等 28 个字段外的所有字段，点击【确定】（图 8-53）。

5）修改字段名称及别名

● 右键单击【目录】面板中的"TCWDGDTB"要素，选择【删除】，在弹出的【确认删除】对话框中点击【是】（图 8-54）。

图 8-53　删除多个字段

图 8-54　删除"TCWDGDTB"要素

• 右键单击【目录】面板中的"TCWDGDTB2"要素，选择【重命名】，将"TCWDGDTB2"修改为"TCWDGDTB"。

• 右键单击【目录】面板中的"TCWDGDTB2"要素，选择【属性】，打开【要素类属性】对话框并切换至【常规】选项卡，将【别名】修改为"调出稳定耕地图斑"，点击【确定】(图8-55)。

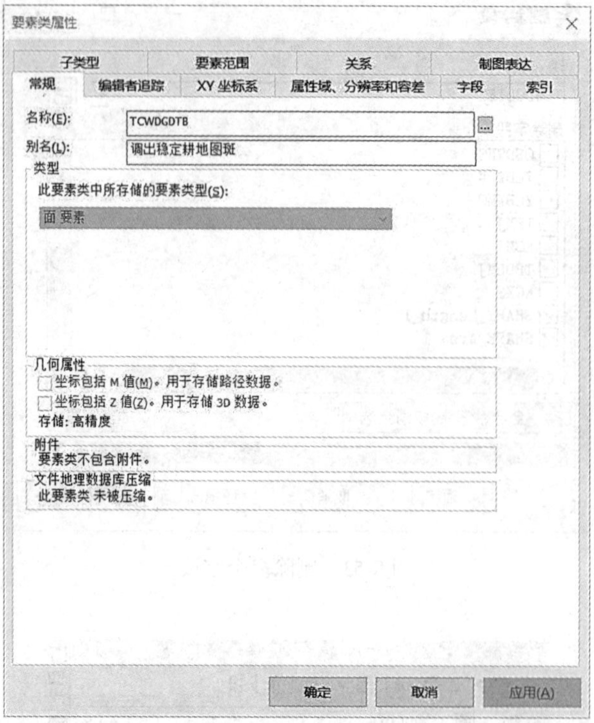

图 8-55　修改别名

3. 制作"WBHWDGDTB"图层

对于未补划稳定耕地图斑图层的制作,首先需按照未补划稳定耕地图斑属性结构描述表(表 8-5)的要求新建要素类,再将内容列表中的"未补划稳定耕地"图层与新建的"未补划稳定耕地图斑"图层合并,并根据属性结构表的要求填写相应字段。字段填写完毕后,修改图层名称及别名即可。(具体操作步骤与本节"2. 制作 TCWDGDTB 图层"一致,在此不再赘述。)

4. 制作"CQQTCSBZTB"图层

"采取其他措施补足图斑"图层的制作方法与"调出稳定耕地图斑"图层类似。首先按照采取其他措施补足图斑属性结果描述表(表 8-6)的要求新建要素类,再将前面操作步骤得到的"采取其他措施补足"图层与新建的"采取其他措施补足图斑"图层合并,并根据属性结构表的要求填写相应字段填写完毕后修改图层名称及别名即可(具体操作步骤与本节"2. 制作 TCWDGDTB 图层"一致,在此不再赘述)。

8.5.3　整理"举证材料"

按"汇交要求",举证材料需提供的证明材料为(.pdf)格式,照片为(.jpg)格式。其中,线性基础设施、其他非线性规划重点项目,命名为"××项目选址意见书";"三调"

前批而未用、"三调"后新批建设用地、纳入已批成片开发方案，命名为"批准文号"。统一放在对应"××××××县级行政区"文件夹目录下。此步骤较为简单，按照要求建立文件夹、命名文件即可，故省略具体步骤。

至此，永久基本农田的数据库建设工作全部完成。

8.6 小结

本章基于永久基本农田的现状，重点阐述永久基本农田核实整改补足的内容及相关操作。首先阐述了在当前政策条件下，永久基本农田划定的工作内容及原则，并梳理了永久基本农田划定的相关数据；其次，根据永久基本农田划定的政策要求制定了本轮永久基本农田的划定思路，本着"应划尽划、应保尽保"的原则，对调入及调出永久基本农田的原则及方法进行了详细的说明。最后，将得到的永久基本农田进行优化调整，并整理出标准数据库。

因国土空间规划编制背景下政策的不确定性，本章仅在当前政策指导下，对永久基本农田的划定进行了操作演示，旨在为国土空间规划编制中永久基本农田的划定工作提供技术指导。在实际工作中，读者可根据政策的动态调整情况，因地制宜地进行操作。

第9章 城镇建设用地规模预测

　　城镇建设用地规模预测是国土空间规划编制的重要内容，也是划定城镇开发边界的基本前提。2019 年 6 月，自然资源部发布《城镇开发边界划定指南(试行，征求意见稿)》，提出："城镇发展规模研究，要分析城镇人口发展趋势和结构特征、经济发展水平和产业结构、城镇发展阶段和城镇化水平，落实上级国土空间规划规模指标要求，根据城镇扩张、稳定或收缩的特点，提出行政辖区内不同城镇的人口和用地规模。"

　　不同于传统的城乡规划和土地利用规划，国土空间规划体系下的用地规模测算，不再是单方向的"以人定地"，而是以资源环境承载力作为底线约束、以国土空间开发适宜性为基础，结合城镇发展趋势和发展需求，综合确定建设用地规模。"121 号文"明确提出：在划定开发边界时贯彻"以水定城、以水定地、以水定人、以水定产"的原则，根据水资源约束底线和利用上限，引导人口、产业和用地的合理规模和布局。

　　基于上述国土空间规划改革对发展规模预测的新要求，本章在进行用地规模预测的过程中，采用如下技术路线(图 9-1)：首先通过不同方法预测人口规模，接着按照城镇发展趋势确定城镇化率和城镇人口，并依据相关规范确定人均城镇建设用地指标，形成不同预测方法下的用地规模预测结果，并分别从水资源约束、土地资源约束、发展约束三种限制角度对不同方法形成的预测结果进行验证和修正，最后确定既满足城镇发展需求又符合地区资源环境承载力的规划人口及用地规模①。其中，"水资源约束"是指将一个地区的可利用水资源按照一定的开采利用率和预期的用水结构测算得出的人口规模作为规划约束；"土地资源约束"是指以一个地区的城镇建设适宜区对规划城镇建设用地进行约束；"发展约束"是指以"用地效率逐年提升"及"建设用地增速逐年降低"两个要求对规划用地规模进行约束。本章以某地区为例，按以上思路进行人口和用地规模预测。

9.1 人口规模预测

　　人口规模预测指对某个地区在规划期末所能达到的常住人口总量的预测，包含多种预测方法，本书尝试将其总结为"从发展趋势角度预测"与"从发展需求角度预测"两大类。"资源环境承载力方法"(包含水资源承载力法、土地资源承载力法等)将在本章后半部分作为验证方法，不作为规模预测方法。如无特别说明，本章所称"人口"均指"常住总人口"。

---

　　① 本章内容基于"黄经南，晏轶凡，张金亭. 新的国土空间规划体系下城镇用地规模预测探究——以广西自治区合山市为例. 城市问题. 2021 年第九期"改编。

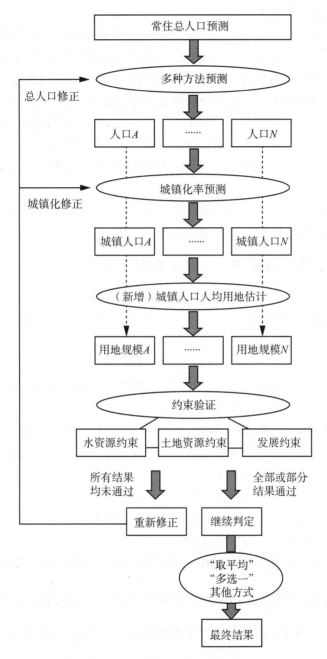

图 9-1　城镇建设用地预测技术路线

(1)从发展趋势角度预测。

通过分析一个地区近几年人口资料,获取人口出生、死亡、迁移以及年龄结构和职业结构等基本信息,综合判断未来人口的发展趋势。通常采取增长率法,包括综合增长率法、指数增长模型、逻辑斯蒂曲线模型等。

（2）从发展需求角度预测。

考虑近期及远期的区域发展需求、发展潜力、发展战略以及重大项目对地区人口增长、用地拓展的带动作用来确定人口规模。国土空间规划的作用之一在于为国家、区域发展规划确定的重大项目落地提供空间保障，"坚持土地要素跟着项目走，在控制总量的前提下，计划指标跟着项目走，切实保障有效投资用地需求"（《自然资源部关于 2020 年土地利用计划管理的通知》（自然资发〔2020〕91 号））。因此在预测城镇规模时，需要充分考虑重大项目落地所需要匹配的人口和土地，合理评估发展项目对城市经济、社会发展的影响力。从这一角度出发，常用的人口预测方法包括地区生产总值法、经济相关分析法、职工带眷系数法等。

本章分别对两大类人口预测方法中较常用的方法进行阐述以及介绍应用，其中发展趋势角度下选用"综合增长率法"，发展需求角度下选用"地区生产总值法"。

9.1.1　从发展趋势角度预测——综合增长率法

人口综合增长率，是指一个地区某年的总人口增长数与上一年该地区总人口的比值。我们常用"人口年均综合增长率（P）"（本章简称为"综合增长率"）表征一个地区某时期人口的整体变化趋势，公式如下：

$$N = N_0 (1 + P)^n \tag{9-1}$$

式中，N_0 为基期年该地区常住总人口，若基期年为 2019 年，预测年为 2035 年，则 n 取 16；P 为未来 n 年内常住人口年均综合增长率。

未来人口综合增长率（P）由历年人口综合增长率（P_0）结合该地区未来的社会经济发展趋势进行预测。所谓社会经济发展趋势，如生育观念、生育政策的改变及医疗水平的提升，可能对当地人口出生率、死亡率产生影响，而如产业转移升级以及区域发展态势等则可能对该地区人口迁入、迁出状况产生影响。

应用于本章选作示例的地区，该方法的计算步骤如下。

（1）过去人口年均增长率（P_0）的计算。

将通过统计年鉴收集到的历年（2010—2019 年）常住人口数据按年份输入表 9-1。按照综合增长率的计算原理，该地区 2010—2019 年期间人口的年均增长率 $P_{2010—2019} = \sqrt[9]{\dfrac{N_{2019}}{N_{2010}}} - 1$，计算结果为 0.48%，即该地区历年人口年均增长率 $P_0 = P_{2010—2019} = 0.48\%$。

表 9-1　　　　　　　　　　　　　　计算历年人口年均增长率（P_0）

年份	2010年	2011年	2012年	2013年	2014年	2015年	2016年	2017年	2018年	2019年	历年人口年均增长率（P_0）
常住人口（万）	114.5	115.2	115.8	116.0	116.0	117.0	117.4	118.6	119.1	119.5	0.48%

（2）未来人口年均增长率（P）的确定。

面向未来（2035 年），考虑该地区的经济发展和城镇建设潜力，判断人口外流情况得以缓解，考虑二胎、三胎政策的推广以及社会养老服务、医疗服务水平的提升，则该地区出生率升高，死亡率降低，因而人口增长趋势相比过去 10 年有所提升。因此，设定认为未来 15 年间，人口年均综合增长率（P）在过去 10 年常住人口综合年均增长率（P_0）0.48% 的基础上提升为 0.60%。

（3）规划期末总人口的计算。

将上一步确定的未来人口年均增长率（P）的取值代入综合增长率法预测人口的公式（9-1），计算得出 2025 年该地区总人口为 123.9 万，2035 年为 131.5 万。

9.1.2 从发展需求角度预测——地区生产总值法

地区生产总值法是指依据城市规划期内的经济发展需求，合理预测规划期内地区生产总值（GDP）和人均地区生产总值，从而预测与该地区经济发展目标相匹配的人口规模，其公式如下：

$$P_t = \frac{Y_0 (1 + r_1)^n}{U_0 (1 + r_2)^n} \tag{9-2}$$

式中，P_t 为预测目标年末人口规模；Y_0 为基期年地区生产总值；U_0 为基期年人均地区生产总值；r_1 为地区生产总值年均增长率；r_2 为人均地区生产总值年均增长率；n 为预测年限。

地区生产总值年均增长率（r_1）和人均地区生产总值年均增长率（r_2）可通过收集分析历年的年均增长率，同时结合该地区国民经济和社会发展规划中确定的经济发展目标以及该地区规划期内重大项目对经济的拉动作用来合理推测。

（1）计算研究区现状地区生产总值和人均地区生产总值的年均增长率。

- 新建表格，计算现状地区生产总值和人均地区生产总值年均增长率。根据该地区 2012—2020 年统计年鉴，输入 2011—2019 年"地区生产总值""人均地区生产总值"数据。
- 计算该地区历年 GDP 及人均 GDP 增长率。GDP 增长率=（第 N+1 年地区生产总值÷第 N 年生产总值）-1，人均 GDP 增长率=（第 N+1 年人均地区生产总值÷第 N 年人均地区生产总值）-1（表 9-2）。

表 9-2　　　　　　　　　　　　　历年 GDP 增长率的计算

年份	地区生产总值（亿元）	GDP 增长率	人均国内生产总值（元/人）	人均 GDP 增长率
2011 年	293.0	—	25748.0	—
2012 年	333.5	13.8%	28610.0	11.1%
2013 年	343.6	3.0%	29137.0	1.8%
2014 年	352.6	2.6%	30393.0	4.3%

年份	地区生产总值（亿元）	GDP 增长率	人均国内生产总值(元/人)	人均 GDP 增长率
2015 年	299.0	−15.2%	25556.0	−15.9%
2016 年	304.4	1.8%	25486.0	−0.3%
2017 年	330.1	8.4%	26981.0	5.9%
2018 年	303.4	−8.1%	25474.0	−5.6%
2019 年	320.4	5.6%	26812.0	5.3%
平均值	—		—	

- 计算历年 GDP 增长率及人均 GDP 增长率的平均值。2011—2019 年 GDP 增长率平均值为该期间历年 GDP 增长率的总和除以增长年份(8 年)，人均 GDP 增长率的平均值计算方式同理，计算求得二者分别为 1.5% 与 0.8%(表 9-3)。

表 9-3 历年 GDP 增长率平均值的计算

年份	地区生产总值（亿元）	GDP 增长率	人均国内生产总值(元/人)	人均 GDP 增长率
2011 年	293.0	—	25748.0	—
2012 年	333.5	13.8%	28610.0	11.1%
2013 年	343.6	3.0%	29137.0	1.8%
2014 年	352.6	2.6%	30393.0	4.3%
2015 年	299.0	−15.2%	25556.0	−15.9%
2016 年	304.4	1.8%	25486.0	−0.3%
2017 年	330.1	8.4%	26981.0	5.9%
2018 年	303.4	−8.1%	25474.0	−5.6%
2019 年	320.4	5.6%	26812.0	5.3%
平均值	—	1.5%	—	0.8%

(2)预测地区生产总值和人均地区生产总值。

- 新建表格，计算 2025 年和 2035 年的地区生产总值和人均地区生产总值。
- 综合考虑该地区现状地区生产总值和人均地区生产总值的年均增长率，同时结合该地区国民经济和社会发展规划中确定的经济发展目标和重大项目的经济推动作用，推测该地区生产总值 2020—2025 年年均增长率(r_1)为 4.5%，2025—2035 年年均增长率(r_1)为 4%；2020—2025 年人均国内生产总值年均增长率(r_2)为 2%，2025—2035 年年均增长率(r_2)为 1%。

● 依据本节计算原理(式(9-2)),可分别求出 2025 年地区生产总值、2035 年地区生产总值、2025 年人均地区生产总值、2035 年人均地区生产总值(表9-4)。

(3)预测规划期末人口规模。

人口规模=地区生产总值÷人均地区生产总值。以发展需求角度下的地区生产总值法预测该地区 2025 年人口规模为 150.7 万,2035 年人口规模为 188.7 万(表9-4)。

表 9-4 　　　　　　　　　　　　规划期人口规模预测

年份	地区生产总值(亿元)	人均地区生产总值(元/人)	人口规模(万人)
2019 年	320.4	26812.0	119.5
2025 年	441.8	29317.4	150.7
2035 年	623.2	33031.7	188.7

9.2 城镇化水平预测

城镇化水平常用的衡量指标为常住人口城镇化率(H)。20 世纪 70 年代,美国地理学家诺瑟姆(R. M. Northam)发现城镇化发展过程的阶段性规律:随时间的推移,城镇化率水平发展呈现 S 形曲线(常称为"诺瑟姆曲线"),该过程存在两个变化拐点,分别发生在城镇化率为 30% 及 70% 附近,即在城镇化率达到 30% 前,为城镇化起始阶段,城镇化进程较慢,30%~70% 期间城镇化发展较为迅速,达到 60%~70% 后,进入城镇化缓慢发展阶段,并逐渐趋向于稳定状态。依据城镇化发展的规律性,我们常用"年均城镇化率(h)"刻画一个地区在某时期的城镇化发展趋势,即某地区某时期内城镇化率年均增长值(如我国"十二五""十三五"10 年期间城镇化率年均增长值为 1.42%)。通过测算过去城镇化发展速率,明确当前城镇化发展阶段,并结合地区未来城镇化发展潜力确定未来一定时期内的城镇化发展速率,最终推导出未来某一时间点的城镇化水平。确定某地区未来城镇化率(H)的公式如下:

$$H = H_0 + nh \qquad\qquad (9\text{-}3)$$

式中,H_0 为基期年常住人口城镇化率,若基期年为 2019 年,预测年为 2035 年,则增长年数 n 取 16;h 为年均城镇化率。

对于本章所分析的地区,依据统计年鉴数据,2019 年该地区常住人口城镇化率为 65.94%,2012—2019 年该地区年均城镇化率为 0.72%,相较于同时期我国的整体增长速率明显偏低,并已呈现放缓的态势:该地区城镇化率在 2015 年左右达到 65% 后,发展速度开始明显放缓(图9-2),与上述城镇化阶段性规律吻合,即该地区已达到城镇化发展进程的第二个拐点,未来城镇化速率将逐渐放缓。

综合考虑省(自治区)主体功能区规划对该地区"重点开发区"的发展定位,以及自身的土地资源、产业基础和发展态势,依据城镇化发展的阶段性规律,确定该地区未来至

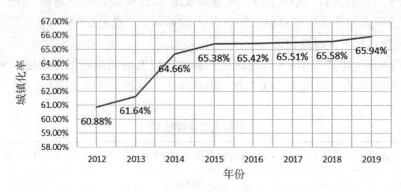

图 9-2　该地区城镇化率增长趋势

2025 年年均城镇化率(h_1)为 0.60%，2025—2035 年年均城镇化率(h_2)为 0.40%。则预测该地区至 2025 年常住人口城镇化率为 69.5%，至 2035 年镇化率为 73.5%。

9.3　城镇建设用地规模预测

9.3.1　人均城镇建设用地

　　未来城镇建设用地的配置应与一个地区的人口、经济发展和自然生态环境相匹配，通常以规划城镇总人口和规划人均城镇建设用地指标来框定城镇建设用地总规模。截至目前，我国有关城镇建设用地规模测算的最新规范为《城乡用地分类与规划建设用地标准(征求意见稿)》(GB 50137)，该标准对规划用地规模测算的思路是：制定新增人口人均城乡居民点建设用地①指标，通过控制新增量实现总量控制，达到节约集约用地、逐步降低人均城乡居民点建设用地面积的目标。规划新增人口人均城乡居民点建设用地指标以现状人均城乡居民点建设用地作为主要依据(表 9-5)；规划期末城乡居民点建设用地总规模等于现状规模、规划期内新增城乡居民点建设用地规模之和，而规划期内新增城乡居民点建设用地规模为规划新增人口和规划新增人口人均城乡居民点建设用地的乘积。读者可结合当地出台的相关标准进一步细化测算方法。

　　对于本章所研究的地区，规划基期年(2019 年)该地区城镇常住人口 78.8 万人(总人口 119.5 万)，城镇建设用地 5771.2 公顷，人均城镇建设用地面积②为 73.2 平方米(≤100)，则依据表 9-5 可知规划新增城镇人口人均城镇建设用地面积应不高于 100 平方米。综合分析，可将该地区新增城镇人口的人均城镇建设用地取为 100 平方米。

---

　　① 城乡居民点建设用地：城市、镇、乡、村庄建设用地，参照《城乡用地分类与规划建设用地标准(征求意见稿)》(GB 50137)。人均城乡居民点建设用地面积是指城市、镇、乡、村庄建设用地之和除以该范围内的常住人口数量，单位为平方米/人。
　　② 本节人均城镇建设用地按照人均城乡居民点建设用地的标准确定。

表 9-5   规划人均城乡居民点建设用地面积指标   单位：（平方米/人）

基本依据		规划新增人口人均城乡居民点 建设用地面积指标
现状人均城乡居民点建设 用地面积指标	现状城镇化水平	
>200	—	$p=0$
>150~≤200	—	$p≤150$
>100~≤150	≥70%	$p≤$现状水平且$p≤120$
	<70%	$p≤$现状水平且$p≤140$
≤100	—	$p≤100$

注：现状人均用地大于 200 平方米的地区，不再新增城乡居民点建设用地，逐步推进减量规划。

9.3.2　不同方法预测城镇建设用地的结果

　　基于总人口和城镇化率的预测可求得研究区域未来的城镇人口，结合新增城镇人口人均城镇建设用地，便可得到规划期末新增城镇建设用地及总城镇建设用地规模，并作为划定城镇开发边界的依据。因为不同方法下预测的总人口规模不同，最终便形成不同的城镇建设用地规模预测值（表 9-6）。

表 9-6   不同方法下的用地规模预测结果

方法	现状总 人口 （万人）	现状城 镇化率	现状城 镇建设 用地 （公顷）	2025 年总人 口 （万人）	2035 年 总人口 （万人）	2025 年 城镇 化率	2035 年 城镇 化率	2025 年 城镇建 设用地 （公顷）	2035 年 城镇建 设用地 （公顷）
综合增 长率法	119.5	65.9%	5771.2	123.9	131.5	69.5%	73.5%	6507.4	7561.9
地区生产 总值法	119.5	65.9%	5771.2	150.7	188.7	69.5%	73.5%	8371.0	11768.4

　　以上两种方法的预测结果尚不能简单地通过取平均或者二选一的方式确定研究区未来的发展规模，应按照新的国土空间规划的要求，通过水资源约束、土地资源约束及发展约束等多种方式加以验证比对，评估以上预测方法所得结果的科学性和可行性，并按评价结论判断是否需要采取适当的修正，以最终确定规划人口、城镇化率及城镇建设用地规模。

9.4　水资源约束

　　水资源约束的思路是：根据研究区不同水平年的水资源可利用总量和开发利用率，确定不同水平年的开发利用量，同时依据现状用水结构，推测出规划期内的用水结构，由此计算出规划期内的生活用水量和三产用水量，再根据前文预测的城镇化率，参考城镇人均生活用水量和农村人均生活用水量规范，综合确定水资源可承载的最大人口规模(图9-3)。

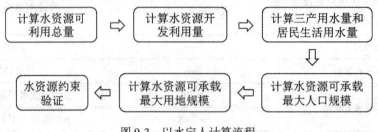

图9-3 以水定人计算流程

9.4.1 水资源承载力分析

(1)计算不同水平年水资源开发利用量。

● 建立表格计算该地区水资源可利用总量(表9-7)。根据该地区《水资源公报》《水利建设规划报告》①，统计出不同水平年的地表水、地下水、重复计算量、客水和其他②。

表9-7 水资源开发利用量的计算

| 水平年 | 来水保障率 | 水资源可利用量(万立方米) | | | | | | 规划年份 | 开发利用率 | 开发利用量(万立方米) |
		地表水	地下水	重复计算量	客水	其他	水资源可利用总量			
多年平均	—	98890.0	46250.0	0.0	271800.0	0.0	416950.0	2025年	25.0%	104237.5
平水年	50.0%	95940.0	44870.0	0.0	271800.0	0.0	412610.0			103152.5
偏枯年	75.0%	75760.0	27930.0	0.0	271800.0	0.0	375490.0			93872.5
枯水年	95.0%	52490.0	10830.0	0.0	271800.0	0.0	335120.0			83780.0
多年平均	—	98890.0	46250.0	0.0	271800.0	0.0	416950.0	2035年	30.0%	125085.0
平水年	50.0%	95940.0	44870.0	0.0	271800.0	0.0	412610.0			123783.0
偏枯年	75.0%	75760.0	27930.0	0.0	271800.0	0.0	375490.0			112647.0
枯水年	95.0%	52490.0	10830.0	0.0	271800.0	0.0	335120.0			100536.0

注：来水保障率是指为以实测资料系列为基础，统计分析某一量级来水或某一水位得到保证的程度。

---

① 《水资源公报》《水利建设规划报告》：该资料可从当地市水务局或者省水利厅收集。

② 我国多数城市的用水来源主要为地表水、地下水、客水及其他水源等。其中，地表水是指陆地表面上动态水和静态水的总称，亦称"陆地水"，包括各种液态的和固态的水体，主要有河流、湖泊、沼泽、冰川、冰盖等[《中国农业百科全书》(1986)]。地下水是指埋藏在地表以下各种形式的重力水[《水文地质术语》(GB/T 14157—93)]。客水是指从本地区以外的来水。因此计算水资源可利用总量时，是将地表水、地下水、客水及其他水源的水量加和，并减去其中的重复计算量。

- 计算水资源可利用总量。水资源可利用总量=地表水+地下水-重复计算量+客水+其他，计算出不同年份、不同水平年情形下的水资源可利用总量。
- 根据该地区所在省份的《水文图集》《水资源综合规划(2010—2030年)》《水利十三五规划报告》《水利建设规划报告》①和现状水资源开发利用率，预测该地区规划近期年水资源开发利用率为25%，规划期末水资源开发利用率为30%。
- 计算该地区水资源开发利用量。开发利用量=水资源可利用总量×开发利用率。
- (2)计算不同水平年三产用水量和居民生活用水量。
- 根据该地区《水资源公报》《水利建设规划报告》，计算出现状居民生活用水占比13.9%，三产用水占比85.7%。
- 在该地区现状用水结构的基础上，综合考虑该地区社会经济发展趋势，预测居民生活用水占比增加，三产用水占比减少，农业用水量也将降低。确定该地区2025年居民生活用水占比15.0%，三产用水占比84.6%；2035年居民生活用水占比20.0%，三产用水占比79.6%。
- 新建表格，以计算该地区规划期内不同水平年的三产用水量和居民生活用水量。其中，三产用水量=开发利用量×三产用水占比，居民生活用水量=开发利用量×居民生活用水占比。结果如表9-8所示。

表9-8　　　　　　　　不同水平年三产用水量和居民生活用水量的计算

规划年份	开发利用率	水平年	开发利用量（万立方米/年）	三产用水量（万立方米/年）	居民生活（万立方米/年）
2025年	25.0%	多年平均	104237.5	89331.5	14489.0
		平水年	103152.5	88401.7	14338.2
		偏枯年	93872.5	80448.7	13048.3
		枯水年	83780.0	71799.5	11645.4
		枯水年(适当降低农业用水量)	83780.0	70877.9	12567.0
2035年	30.0%	多年平均	125085.0	107197.8	17386.8
		平水年	123783.0	106082.0	17205.8
		偏枯年	112647.0	96538.5	15657.9
		枯水年	100536.0	86159.4	13974.5
		枯水年(适当降低农业用水量)	100536.0	80026.7	15080.4

注：多年平均年、平水年、偏枯年、枯水年仍按照现状用水结构计算，枯水年(适当降低农业用水量)按照新预测的用水结构计算。

_____

① 《水文图集》《水资源综合规划(2010—2030年)》《水利十三五规划报告》《水利建设规划报告》：该资料可从市人民政府官网、市水务局或者省水利厅收集。

（3）计算水资源可承载最大人口规模。

该地区现状城镇人均生活用水量为 0.18 立方米/天，农村人均生活用水量为 0.12 立方米/天，参考《城市居民生活用水量标准》（GB/T 50331—2002），取 2025 年城镇人均生活用水量为 0.2 立方米/天，农村人均生活用水量为 0.15 立方米/天；2035 年城镇人均生活用水量为 0.15 立方米/天，农村人均生活用水量为 0.10 立方米/天。

- 新建表格（表9-9），以计算该地区水资源可承载最大人口规模。将上文计算所得居民生活用水量、城镇及乡村人均生活用水量和城镇化率等数据按水平年填入表中。
- 人口承载规模=居民生活用水量÷365÷[城镇人均综合用水×城镇化率+农村人均综合用水×（1-城镇化率）]，计算 2025 年人口承载规模为 186.4 万人，2035 年为 302.1 万人（表9-9）。

表 9-9　　　　　　　　　　　　　水资源可承载最大人口规模的计算

规划年份	开发利用率	水平年	居民生活用水量（万立方米/年）	城镇人均综合用水（立方米/天）	农村人均综合用水（立方米/天）	城镇化率	人口承载规模（万人）
2025 年	25%	多年平均	14489.0	0.20	0.15	69.5%	214.9
		平水年	14338.2	0.20	0.15	69.5%	212.6
		偏枯年	13048.3	0.20	0.15	69.5%	193.5
		枯水年	11645.4	0.20	0.15	69.5%	172.7
		枯水年（适当降低农业用水量）	12567.0	0.20	0.15	69.5%	186.4
2035 年	30%	多年平均	17386.8	0.15	0.10	73.5%	348.3
		平水年	17205.8	0.15	0.10	73.5%	344.7
		偏枯年	15657.9	0.15	0.10	73.5%	313.7
		枯水年	13974.5	0.15	0.10	73.5%	280.0
		枯水年（适当降低农业用水量）	15080.4	0.15	0.10	73.5%	302.1

（4）计算水资源可承载最大用地规模。

- 新建表格（表9-10），以计算该地区水资源可承载最大用地规模。将现状城镇人口、现状城镇用地及上文计算的水资源可承载最大人口规模、规划城镇化率填入表中。根据《城乡用地分类与规划建设用地标准（征求意见稿）》（GB 50137），取该地区新增城镇人口的人均城镇建设用地为 100 平方米。

- 可承载城镇人口＝可承载总人口×规划城镇化率，新增城镇人口＝可承载城镇人口－现状城镇人口，可承载城镇建设用地＝现状城镇用地＋新增城镇人口×新增城镇人口人均城镇建设用地，依据此计算规则求出各类指标(表9-10)。

表9-10 水资源可承载最大用地规模的计算

年份	现状城镇人口(万人)	可承载人口(万人)	规划城镇化率	可承载城镇人口(万人)	新增城镇人口(万人)	现状城镇用地(公顷)	新增城镇人口人均城镇建设用地(平方米/人)	可承载城镇建设用地(公顷)
2025年	78.8	186.4	69.5%	129.6	50.8	5771.2	100.0	10853.5
2035年	78.8	302.1	73.5%	222.2	143.4	5771.2	100.0	20107.7

故水资源可承载最大用地规模为：2025年10853.5公顷，2035年20107.7公顷。

依据"121号文"对城镇开发边界划定成果数据汇交的要求，各地区需要提交"水资源约束下城镇建设承载规模评价结果汇总表"，属性表名为"SYSCZCZGM(水约束城镇承载规模)"，对于本章案例，依据以上水资源承载力分析结果，可填写该表的相关关键数值(表9-11)，按照汇交成果数据库格式建立表格的操作方法见13.3节。

表9-11 水约束城镇承载规模相关数值表

字段	填写结果	备注
情景①	生产生活方式转变	—
城镇可用水量	1.21655亿立方米	这里指城镇居民生活可用水量，本章未直接求出该值，可由城镇人均需水量和可承载城镇人口规模反推
城镇人均需水量	54.75立方米/年	由0.15立方米/天换算
可承载城镇人口规模	222.2万人	—
人均城镇建设用地	90.5平方米/人	本章9.3.1小节中介绍了新增城镇人口人均城镇建设用地，但人均城镇建设用地未直接给出，应通过城镇建设用地与城镇人口反推
可承载城镇建设用地规模	201.077平方千米	—
现状城镇建设用地面积	57.712平方千米	见5.1节

---

① 包含"气候变化、技术进步、重大基础设施建设、生产生活方式转变等不同情景"，见《资源环境承载能力和国土空间开发适宜性评价指南(试行)》。

9.4.2　水资源约束验证

将 9.1 节的人口规模预测结果和 9.3 节预测的城镇建设用地与本节计算的水资源可承载最大人口规模和最大用地规模进行比较(表 9-12)。从城市发展趋势(综合增长率法)预测的结果和从城市发展需求角度(地区生产总值法)预测的结果均在水资源可承载的最大规模范围内,故两种角度预测的结果均暂可保留。

表 9-12　水资源约束验证

方法	现状总人口(万人)	现状城镇化率	现状城镇建设用地(公顷)	2025 年总人口(万人)	2035 年总人口(万人)	2025 年城镇化率	2035 年城镇化率	2025 年城镇建设用地(公顷)	2035 年城镇建设用地(公顷)
从发展趋势的角度	119.5	65.9%	5771.2	123.9	131.5	69.5%	73.5%	6507.4	7561.9
从发展需求的角度	119.5	65.9%	5771.2	150.7	188.7	69.5%	73.5%	8371.0	11768.4
水资源约束	119.5	65.9%	5771.2	186.4	302.1	69.5%	73.5%	10853.5	20107.7

9.5　土地资源约束

土地资源约束是指一个地区未来的城镇建设用地规模,不宜超出该地区适合城镇建设的土地资源总量。自然资源部 2020 年 1 月发布的《资源环境承载力和国土空间开发适宜性评价指南(试行)》要求各市县深化利用双评价成果,识别城镇建设适宜区和不适宜区,并用于城镇开发边界的划定,要求"从空间约束的角度,将生态保护重要区和城镇建设不适宜区以外区域的规模,作为空间约束下城镇建设的最大规模",即以"城镇建设适宜区"规模作为城镇建设可承载规模,结合水资源承载分析(水资源约束),按照"短板理论"对城镇建设进行约束。

土地资源约束分析的关键是对城镇建设适宜区进行提取测算。城镇建设适宜区须符合两个基本条件:一是不能和生态保护空间相冲突;二是适宜城镇建设。因而测算的流程便是从双评价成果中提取出城镇适宜性评价的高值区[①],并将其中与生态保护相冲突的区域(按生态保护红线)剔除。

如果所研究的地区对于双评价成果的运用及城镇建设适宜区的测算有更深入的要求,则可参考本书第 6 章对双评价成果进行深化校核的方法介绍,测算提取出经过生态安全底

[①] 各个省(自治区、直辖市)双评价技术标准有一定差异,按照研究区所在区域标准提取"城镇建设适宜性高值区域"作为城镇建设适宜区初步成果,如本章所研究地区双评价成果中城镇建设适宜性分为 1~5 级,其中 1~2 等级表示适宜城镇建设。

线、粮食安全底线及国土安全底线等多种数据校核后的城镇建设潜力空间，与现状城镇建设用地合并作为城镇建设适宜区或者土地资源约束。本章仅以最简单的思路介绍城镇建设适宜区的提取。

9.5.1 城镇建设适宜区测算

依据《资源环境承载力和国土空间开发适宜性评价指南(试行)》，利用双评价初始数据进行城镇建设适宜区(土地资源约束)分析测算的步骤如下。

(1)提取"城镇建设适宜性评价高值区域"。

• 启动 ArcMap，将双评价成果中的"城镇建设适宜性评价结果"矢量数据添加至【内容列表】，打开该图层属性表，筛选出"区位条件修正"①值为1、2的图斑(图9-4)。

筛选条件：qwtjxz <= 2。

图9-4 筛选"城镇建设适宜性评价高值区域"

• 选中相关要素后，右键点击该图层，在弹出的菜单栏中依次选择【数据】→【导出数据】，打开【导出数据】对话框。

• 在【导出数据】对话框中，点击【浏览 📂】按钮，弹出【保存数据】对话框，修改

---

① 对于本章研究地区所在省(自治区)的双评价成果，城镇建设适宜性评价结果矢量图层的"区位条件修正"字段代表城镇建设适宜性最终的集成评价结果，取值为"1~5"等级，其中1等级最高，5等级最低，并认为1~2等级表示适宜城镇建设。

【保存类型】为"文件和个人地理数据库要素类"；修改【名称】为"城镇建设适宜性评价高值区域"；查找选择数据保存位置为"第九章 城镇建设用地规模预测 \ 土地资源约束.gdb"；点击【保存】→【确定】，将导出的数据添加至地图图层。

（2）擦除"生态保护红线"。

● 将"生态保护红线"矢量数据添加至【内容列表】。点击【ArcToolbox 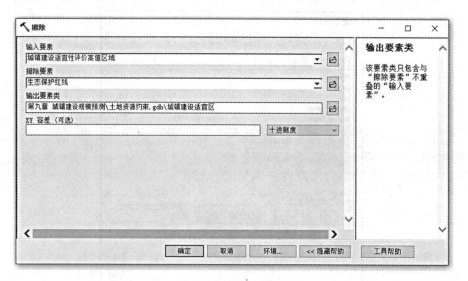】按钮，选择【分析工具】→【叠加分析】→【擦除】，打开【擦除】对话框。

● 在【输入要素】栏中添加"城镇建设适宜性评价高值区域"图层，在【擦除要素】输入栏中添加"生态保护红线"图层，点击【输出要素类】的【浏览 📁】按钮，打开【输出要素类】对话框，查找选择保存位置为"第九章 城镇建设用地规模预测 \ 土地资源约束.gdb"文件地理数据库，输入【名称】为"城镇建设适宜区"，点击【保存】→【确定】（图 9-5），将处理结果添加至地图图层。

图 9-5　输出设置

（3）计算"城镇建设适宜区"总面积。

● 打开"城镇建设适宜区"图层属性表，点击【表选项 ▦ ▾】→【添加字段】，打开【添加字段】对话框。修改【名称】为"AREA"，【类型】为"浮点型"。

● 选择"AREA"字段，计算图斑的椭球面积（具体步骤详见第 2 章）。

● 右键单击"AREA"字段，选择【统计】，打开【统计数据】对话框，即可看到该地区城镇建设适宜区的面积总和，为 15924.35 公顷。

依据"121 号文"对城镇开发边界划定成果数据汇交的要求，各地区需要提交"土地资源约束下城镇建设承载规模评价结果汇总表"，属性表名为"TDYSCZCZGM（土地约束城镇承载规模）"。对于本章案例，依据城镇建设适宜区测算结果，可填写该表的相关关键数值（表 9-13），按照汇交成果数据库格式建立表格的操作方法见后文 13.3 节。

表 9-13   土地约束城镇承载规模相关数值表

字段	结果	备注
可承载建设规模	159.2435 平方千米	—
现状城镇建设用地面积	57.712 平方千米	见 5.1 节

9.5.2　土地资源约束验证

在土地资源约束条件下，对前文不同方法下所预测的人口、用地规模进行验证。对于本章所研究地区，前文在综合增长率法和地区生产总值法下所预测的 2035 年城镇建设用地规模分别为 7561.9 公顷与 11768.4 公顷，而该地区的城镇建设适宜区面积为 15924.4 公顷，即适合城镇建设的土地资源总量为 15924.4 公顷，两种预测方法所预测结果均小于该值，认为两种预测结果均符合土地资源约束，下文将继续从其他角度做进一步验证。

9.6　发展约束

国土空间规划是以高质量发展为导向的规划，相较于过去较为粗放的扩张式发展规划，国土空间规划更应该在底线管控的基础上推动节约集约发展。对于前文的城镇建设用地预测方案，在满足水资源和土地资源承载力之后，还应该基于该地区历史发展趋势，积极体现集约和高效的发展走向，即应当呈现出节约集约性不断上升的历史趋势，避免预测规模"大而空"。

9.6.1　限制条件选择

基于上文的出发点，本书提出如下两个限制条件，分别从用地效率和用地增长速度两个角度实现对规模预测方案集约高效性的评判。

1. 用地效率逐年上升

高质量发展的目标是通过转变发展方式，提高资源利用率，实现更高质量、更可持续的发展，在"优化存量、严控增量、释放流量"的政策背景下，国家提倡节约集约利用土地资源、提高土地利用率，用尽可能少的土地获得尽可能多的产值，因此从目标导向出发，校核要求之一是满足用地效率逐年上升，即预测方案的地均产值应该高于历年水平，同时预测方案远期地均产值应该高于近期地均产值。

2. 用地增长速度逐年下降

目前我国发展进入新常态，依据 S 形曲线所呈现的城镇化发展规律，当城镇化率超过 60%，经济发展速度由高速转为中高速，城市建设的步伐逐渐放缓，城市进入存量规划阶段。规划应在保护的基础上合理确定未来城镇建设用地规模，满足生态保护红线、耕地及永久基本农田的基本指标需求，保证生产安全底线的同时宜节约集约利用城镇土地，适度增长。因此，从发展新常态出发，校核要求之二是满足城镇用地规模增长速度逐年下降，即建设用地增长速度应该低于历年水平和现行规划，同时预测方案远期建设用地增长速度也应该低于近期建设用地增长速度。

9.6.2 校核指标的选择

国土空间规划指标体系的指标属性分为三类：约束性指标、预期性指标、建议性指标。其中约束性指标是指在规划期内不得突破或者必须实现的指标；预期性指标是指按照经济社会发展预期，规划期内要努力实现或不突破的指标；建议性指标目前没有统一解读，本书理解为依据地区实际情况，规划期内建议实现的指标。

本书所介绍的发展约束应是规划期内必须实现和不得突破的，因此可从约束性指标中选取合适的校核指标。国土空间规划中与城镇用地规模有关的约束性指标包括：城乡建设用地、建设用地总规模、人均城镇建设用地面积等①。其中，人均城镇建设用地面积在建设用地规模预测时的取值已经满足增长速度逐年下降的要求，故不需要校核，只需要对城乡建设用地、建设用地总规模两个指标做用地增长速度逐年下降的验证。用地效率可以通过地均产值量化计算。故只需要借助城乡建设用地、建设用地总规模和地均产值三个校核指标。

9.6.3 校核框架

1. 增长速度逐年降低——校核城乡建设用地、建设用地总规模

首先，由于城镇建设用地增长速度应该逐年降低，故需要将国土空间规划预期目标与现状以及现行规划进行对比。现状包括省或自治区审核通过的"三调"基数转换后得到的规划基期年用地规模 j，和根据历年土地变更调查数据计算出的历年年均增长 k；现行规划数据 m 来源于现行土地利用总体规划所确定的规划目标，建立表格进行规模校核（表9-14）。

根据预测的近期年末目标 n，计算得出基期年–近期年年均增长 p，与历年年均增长和现行规划年均增长对比，分别得出倍数 q、r，同理根据预测的规划期末目标 o，计算得出规划期末用地规模预测方案年均增长与历年年均增长的倍数 u 和现行规划年均增长的倍数 v，表格中 $p=(n-j)/t_1$，t_1＝近期年年份–基期年年份；$s=(o-n)/t_2$，t_2＝规划期末年份–近期年年份。

---

① 《市级国土空间总体规划编制指南（试行）》中，与城镇用地规模直接相关的约束性指标有三个：城乡建设用地、建设用地总规模和人均城镇建设用地面积；另有间接影响城镇用地规模的约束性指标，如林地保有量等，因本章节是以人口规模预测城镇用地规模，故只选择与城镇用地规模直接相关的指标作为校核指标。国家暂未出台县级国土空间规划的统一标准，多数省份制定的《县级国土空间总体规划编制指南》中，只有城乡建设用地和人均城镇建设用地面积是约束性指标，建设用地总规模不是约束性指标。

表9-14 用地规模预测校核表

方案	现状		现行规划	国土空间规划预期目标							
				近期年末目标	规划期末目标	基期年–近期年年均增长			近期年–规划期末年均增长		
	规划基期年	历年年均增长	现行规划年均增长			是历年年均增长的倍数	是现行规划年均增长的倍数		是历年年均增长的倍数	是现行规划年均增长的倍数	
计算公式	j	k	m	n	o	p	$q=p/k$	$r=p/m$	s	$u=s/k$	$v=s/m$

若满足增长速度逐年下降的要求，则预测基期年–近期年年均增长速度应该大于近期年–规划期末年年均增长速度，即 q、$r \geqslant u$、v。同时，预测的目标年年均增长与历年年均增长和现行规划年均增长的比值应该至少有一个小于1，即 q、r 中至少一个小于1，u、v 至少一个小于1。即城乡建设用地和建设用地总规模都应该同时满足两个要求：①q、$r \geqslant u$、v；②q、r 中至少一个小于1，u、v 中至少一个小于1。

2. 用地效率逐年上升——校核地均产值

若满足用地效率逐年上升的要求，则预测的规划期末地均产值 g 应该高于近期年地均产值 d，d 高于基期年地均产值 a，即 $g \geqslant d \geqslant a$。收集分析该地区多年地区生产总值，同时参考国民经济和社会发展规划中确定的地区生产总值年均增长率，预测该地区在规划期内的地区生产总值年均增长率，分别计算得出近期年地区生产总值 b 和规划期末的地区生产总值 e；再除以建设用地总规模预测的数值，得出近期年地均产值 d 和规划期末地均产值 g，与基期年地均产值 a 比较（表9-15）。

表9-15 地均产值预测校核表

方案	基期年地均产值（亿元/平方千米）	近期年GDP（亿元）	近期年建设用地总规模/公顷	近期年地均产值（亿元/平方千米）	规划期末GDP（亿元）	规划期末建设用地总规模（公顷）	规划期末地均产值（亿元/平方千米）
计算公式	a	b	c	$d=b/c$	e	f	$g=e/f$

3. 方案判定——同时满足两个条件

若方案同时满足建设用地增长速度逐年降低和用地效率逐年上升的要求，则该方案所对应的城镇用地规模符合发展约束。

9.6.4 发展约束校核

1. 增长速度逐年降低——校核城乡建设用地、建设用地总规模

1)城乡建设用地校核

依据预测的总人口和新增人口人均城乡居民点建设用地,便可得到规划期末城乡建设用地规模。

(1)计算规划期城乡建设用地规模。

依据《城乡用地分类与规划建设用地标准(征求意见稿)》(GB 50137),该地区现状人均城乡居民点建设用地面积指标为 120.7 平方米/人,因此取该地区 2025 年和 2035 年的规划新增人口人均城乡居民点建设用地面积指标均为 125 平方米/人,两种人口预测方法下的城乡建设用地规模计算结果见表 9-16。

表 9-16　　　　　　　　　　　　　城乡建设用地规模的计算

方案	年份	现状总人口(万人)	规划总人口(万人)	新增人口(万人)	新增人口人均城乡居民点建设用地面积指标(平方米/人)	现状城乡建设用地(公顷)	规划城乡建设用地(公顷)
从发展趋势的角度	2025 年	119.5	123.9	4.4	125.0	14428.2	14974.5
	2035 年	119.5	131.5	12.0	125.0	14428.2	15928.2
从发展需求的角度	2025 年	119.5	150.7	31.2	125.0	14428.2	18327.0
	2035 年	119.5	188.7	69.2	125.0	14428.2	23073.2

(2)城乡建设用地规模校核。

● 新建用地规模预测校核表(表 9-17)。根据 5.1 节,该地区现状城镇建设用地为 5771.2 公顷,村庄用地为 8656.9 公顷,故现状城乡建设用地为 14428.1 公顷。

● 根据该地区《土地变更调查》[①]《城市总体规划》和《十四五规划纲要》,计算历年城乡建设用地的年均增长规模和现行规划年均增长规模。

根据校核要求,即城乡建设用地应该同时满足两个要求:①q、$r \geq u$、v;②q、r 中至少一个小于 1,u、v 中至少一个小于 1。因此从发展趋势角度预测的方案满足校核要求,从发展需求角度预测的方案不能通过验证,应予以舍弃。

2)建设用地总规模校核

建设用地总规模=城乡建设用地+区域基础设施用地+其他建设用地[②]。

---

① 《土地变更调查》:该资料可从市自然资源局收集。

② 根据《自然资源部办公厅关于规范和统一市县国土空间规划现状基数的通知》的附件二《国土空间功能结构调整表》。

表 9-17 城乡建设用地规模预测校核

方案	现状		现行规划	国土空间规划预期目标							
				近期年末目标（公顷）	规划期末目标（公顷）	基期年－近期年年均增长			近期年－规划期末年均增长		
	规划基期年（公顷）	历年年均增长（公顷）	现行规划年均增长（公顷）				是历年年均增长的倍数	是现行规划年均增长的倍数		是历年年均增长的倍数	是现行规划年均增长的倍数
计算公式	j	k	m	n	o	p	$q = p/k$	$r = p/m$	s	$u = s/k$	$v = s/m$
从发展趋势的角度	14428.2	112.6	170.5	14974.5	15928.2	91.1	0.8	0.5	95.4	0.8	0.6
从发展需求的角度	14428.2	112.6	170.5	18327.0	23073.2	649.8	5.8	3.8	474.6	4.2	2.8

现今我国已进入存量规划时代，为使"增量用地"更精准、更有效率，预测区域基础设施用地时应以项目为导向，梳理规划期内重点项目清单，明确已建设项目和未建设项目，分别计算 2020—2025 年（近期）和 2026—2035 年（远期）规划新增的区域基础设施用地规模，以省级人民政府审核通过的"三调"数据基数转换后的区域基础设施用地规模作为基期年数据，两者加和计算出规划期内区域基础设施用地规模。

其他建设用地也可根据历年其他建设用地的增长速度和重大项目的实施来预测规划近期年和规划期末的其他建设用地规模。上述三种用地相加求得建设用地总规模。

（1）预测规划期内区域基础设施用地规模。

• 根据 5.1 节，该地区现状区域基础设施用地为 447.23 公顷。

• 区域基础设施用地需求，即规划期内区域基础设施类重大项目的新增建设用地需求。新建表格来梳理规划期内重大项目用地需求，明确项目类型、性质、规模、建设年限[①]和是否建成。

• 利用【筛选】工具，分别将"近期""远期"区域基础设施类的"未建成"项目筛选出来，包括"交通类""水利类""基建类"[②]项目，并统计出"近期"区域基础设施用地的新增建设用地规模[③]为 363.4 公顷，"远期"区域基础设施用地的新增建设用地规模为 328.5 公

---

① 2035 年国土空间规划的建设年限是 2020—2025 年为近期，2026—2035 年为远期。

② 区域基础设施用地是指：铁路用地、公路用地、机场用地、港口码头用地、管道运输用地、城市轨道交通用地、干渠、水工设施用地，对应的项目类型有："交通类""水利类""基建类"，可以依据项目建设的主要内容判断是否属于区域基础设施类项目。

③ 建设规模包括总规模和新增建设用地规模，在预测区域基础设施用地需求时，应该统计新增设用地规模。

顷(图 9-6)。

	A	B	C	D	E	F	G	H
1	规划期内某市重大项目清单（2020-2035年）							
2	序号	项目类	项目名	建设性	建设规模/公		是否建	建设年
7	4	交通类	A17	扩建	1.44	1.40	未建成	近期
8	5	交通类	A18	新建	36.78	35.65	未建成	近期
12	9	交通类	A22	新建	78.00	39.00	未建成	近期
16	13	交通类	A26	新建	3.20	3.20	未建成	近期
17	14	交通类	A27	新建	0.95	0.95	未建成	近期
19	16	交通类	A29	新建	1.35	1.35	未建成	近期
25	22	交通类	A35	新建	54.92	53.57	未建成	近期
26	23	交通类	A36	新建	17.37	15.18	未建成	近期
29	26	交通类	A39	改建	133.33	133.30	未建成	近期
34	31	基建类	A44	新建	30.00	27.89	未建成	近期

图 9-6　规划期内区域基础设施类重大项目新增建设用地总需求的计算

- 区域基础设施用地=现状区域基础设施用地+区域基础设施类重大项目新增建设用地需求，则 2025 年规划区域基础设施用地为 2493.2 公顷，2035 年规划区域基础设施用地为 2821.7 公顷(表 9-18)。

表 9-18　**规划区域基础设施用地的计算**

项　目	2019 年	2025 年	2035 年
区域基础设施类重大项目新增建设用地需求(公顷)	—	363.4	328.5
区域基础设施用地(公顷)	2129.8	2493.2	2821.7

(2)预测其他建设用地规模。

- 根据 5.1 节，该地区现状其他建设用地为 385.53 公顷。
- 根据该地区 2012 年至 2018 年的《土地变更调查》，将近几年的其他建设用地规模(其中 2019 年为“三调”数据)按对应年份输入【其他建设用地规模】列。增长规模=(第 N+1 年其他建设用地规模)-(第 N 年其他建设用地规模)，计算出历年其他建设用地增长规模，并计算出平均值(表 9-19)。

表 9-19　**其他建设用地年均增长值的计算**

项　目	2012 年	2013 年	2014 年	2015 年	2016 年	2017 年	2018 年	2019 年	平均值
其他建设用地规模(公顷)	1097.4	1115.6	1151.6	1164.9	1178.8	1161.3	1179.5	1185.4	—
增长规模(公顷)	—	18.2	36.0	13.3	13.9	-17.5	18.2	5.9	12.6

● 2025 年其他建设用地规模=2019 年其他建设用地规模+其他建设用地规模增长平均值×6,2035 年其他建设用地规模=2025 年其他建设用地规模+其他建设用地规模增长平均值×10(计算结果见表 9-20)。

表 9-20　　　　　　　　　　　规划期间其他建设用地规模的计算

项　　目	2019 年	2025 年	2035 年
其他建设用地规模(公顷)	1185.4	1261.0	1387.0

(3)建设用地总规模校核。

● 新建表格,以计算建设用地总规模。建设用地总规模=城乡建设用地+区域基础设施用地+其他建设用地(表 9-21)。

表 9-21　　　　　　　　　　　计算规划期间建设用地总规模

年份	方案	城乡建设用地 (公顷)	区域基础设施 (公顷)	其他建设用地 (公顷)	建设用地总 规模(公顷)
2019 年	现状	14428.2	2129.8	1185.4	17743.4
2025 年	从发展趋势的角度	14974.5	2493.2	1261.0	18728.7
	从发展需求的角度	18327.0	2493.2	1261.0	22081.2
2035 年	从发展趋势的角度	15928.2	2821.7	1387.0	20136.9
	从发展需求的角度	23073.2	2821.7	1387.0	27281.9

● 新建用地规模预测校核表。根据该地区的《土地变更调查》《城市总体规划》和《十四五规划纲要》计算历年建设用地总规模的年均增长规模和现行规划年均增长规模(表9-22)。

根据校核要求:即建设用地总规模应该同时满足两个要求:① q、$r \geqslant u$、v;② q、r 中至少一个小于 1,u、v 中全少一个小于 1。对于本章所研究地区,通过表 9-22 中的计算结果来看,从发展趋势角度(综合增长率法)预测的方案满足约束要求,从发展需求角度(地区生产总值法)预测的用地方案不符合发展约束,应予以舍弃。

2. 用地效率逐年提高——校核地均产值

新建地均产值预测校核表,按照 9.6.3 小节所述方法和步骤计算各项指标(表9-23)。

表 9-22　校核建设用地总规模预测

方案	现状 规划基期年(公顷)	现状 历年年均增长(公顷)	现行规划 现行规划年均增长(公顷)	国土空间规划预期目标 近期年末目标(公顷)	规划期末目标(公顷)	p	基期年–近期年年均增长 q=p/k 是历年年均增长的倍数	r=p/m 是现行规划年均增长的倍数	近期年–规划期末年均增长 s	u=s/k 是历年年均增长的倍数	v=s/m 是现行规划年均增长的倍数
计算公式	j	k	m	n	o	p	q=p/k	r=p/m	s	u=s/k	v=s/m
从发展趋势的角度	17743.4	214.4	258.96	18728.7	20136.9	164.2	0.8	0.6	140.8	0.7	0.5
从发展需求的角度	17743.4	214.4	258.96	22081.2	27281.9	723.0	3.4	2.8	520.1	2.4	2.0

表 9-23　校核规划期间地均产值

方案	基期年地均产值(亿元/平方千米)	近期年GDP(亿元)	近期年建设用地总规模(公顷)	近期年地均产值(亿元/平方千米)	规划期末GDP(亿元)	规划期末建设用地总规模(公顷)	规划期末地均产值(亿元/平方千米)
计算公式	a	b	c	d=b/c	e	f	g=e/f
从发展趋势的角度	1.8	441.8	18728.7	2.4	623.2	20136.9	3.1
从发展需求的角度	1.8	441.8	22081.2	2.0	623.2	27281.9	2.3

根据校核要求,地均产值应该满足要求: $g \geq d \geq a$,对于该地区,根据表 9-23 中计算结果来看,从发展趋势角度(综合增长率法)预测的方案和从发展需求角度(地区生产总值法)预测的方案均满足要求,应予以保留。

3. 最终结果

从发展趋势角度(综合增长率法)预测的方案同时满足“增长速度逐年降低”和“用地效率逐年提高”两个校核要求,从发展需求角度(地区生产总值法)预测的方案无法满足“用地效率逐年提高”的校核要求,因而前者可作为最终选定的预测方案,后者应予以舍弃。

此外,读者可以增加更多的预测方法,或者对不符合约束条件的预测结果所对应的方法进行适当调整(如改变人口增长率、经济增长率或者城镇化增长速度),使得最后产生多个方案通过验证，为最终方案规模的决策提供选择空间，并进一步通过求平均、情景分析等方式判定最终规模(图 9-1)。

9.7 小结

本章以一个人口约 119 万的地区为例，介绍了城镇开发边界划定过程中用地规模预测的一套完整技术方法。该套方法在把握国土空间规划改革对发展规模预测的新要求的基础上，结合"以人定地"与"底线约束"，体现了发展与约束的平衡。按照"以人定地"的基本思路，本章从"发展趋势"与"发展需求"两个角度介绍了人口预测方法，并形成不同的人口预测结果，接着按照城镇发展趋势确定城镇化率和城镇人口，并依据相关规范确定人均城镇建设用地指标，以形成不同预测方法下的用地规模预测结果，接着分别从水资源约束、土地资源约束、发展约束三种限制角度对不同方法形成的预测结果进行验证，以最终确定既满足城镇发展需求又符合地区资源环境承载力的规划人口及用地规模。

本章重点介绍城镇建设用地规模预测的整体技术框架，尤其是强调资源约束验证方法和相关技术，而对于规模预测方法本身的介绍和方案的最终决策着墨相对较少，读者可在实际业务中进一步补充强化。

第10章　城镇开发边界初步划定

在国土空间规划体系中，城镇开发边界是为防止城镇规模盲目扩张和建设用地无序蔓延，推动城镇由外延扩张向内涵提升转变的重要工具。为指导各地划定城镇开发边界，自然资源部在2020年发布了《市级国土空间总体规划编制指南（试行）》（本章下文简称《指南》），并提出了城镇开发边界划定技术流程，包括基础数据收集、开展评价研究、边界初划、方案协调、边界划定入库5个环节。而其中的关键在于通过收集基础数据来确定城镇开发边界划定的基数。

目前，除了以"三调"为基础结合管理数据来确定基数这一通用做法外，还有部分省份相继出台相关政策，将城区范围作为划定开发边界的基数，如山东省出台的《永久基本农田及城镇开发边界划定方案审查规则》。除此之外，城区范围的确定也是当前各地正在广泛开展的城市体检评估等工作的重要支撑。因此，城区范围划定也成为当前国土空间规划编制工作的必要内容。

10.1　城区范围确定

确定城区范围的关键在于准确识别城市实体地域。但是目前，在学界、业界以及国家各行政部门，如国家发展和改革委、公安部、国家统计局、住房和城乡建设部等之间，对于城区实体地域范围的定义、确定方法等没有形成共识，也因此存在多个不同的统计口径。即使国务院印发的《关于调整城市规模划分标准的通知》（国发〔2014〕51号），规定了城区概念，但也未明确其具体的地理空间位置和范围确定标准，因此各个城市执行的标准也不尽相同，在统计结果上往往相差甚远。造成这一问题的主要原因在于，当前我国的城乡统计工作主要以行政范围为基本统计单元，存在城市统计范围与实体地域范围分离的现象。而城区实体地域范围的结论不相同，给国土空间规划的编制与实施带来了诸多不确定性。鉴于此，为充分发挥自然资源部国土空间规划、国土测绘和地理信息等方面的管理职责，进一步理顺城区实体地域范围概念，确定真实可靠的城区空间位置和边界，自然资源部从2020年4月起，按照地域分布、发展状况、人口规模等条件，选取14个省（市）的23个试点城市，组织开展了三轮试划工作，并于2021年6月正式发布《城区范围确定规程》（TD/T 1064—2021）（下文简称《规程》）。《规程》第一次从界定城市实体地域角度出发建立了城区范围确定标准。本节将根据《规程》，介绍实际操作流程。

10.1.1 相关概念界定

1. 概念界定

城区范围(urban area)：在市辖区和不设区的市，区、市政府驻地的实际建设连接到的居民委员会所辖区域和其他区域①，是实际已开发建设、市政公用设施和公共服务设施基本具备的建成区。

城区实体地域(physical urban area)：城区实际建成的空间范围，是城市实际开发建设、市政公用设施和公共设施基本具备的空间地域，是确定城区范围的依据。

城区初始范围(initial urban area)：城区实体地域确定过程中的初始区域，通常由基础参考数据或上一期的城区实体地域数据构成。

城区最小统计单元(minimum urban statistical unit)：一般是指城区范围确定过程中涉及的街道办事处(镇)所辖区域。可依据城市统计调查需要，将城区最小统计单元细化至居(村)民居委会所辖区域。

图斑(land patch)：是指地图上被行政区、城镇、村庄等调查界线、土地权属界线、功能界线以及其他特定界线分割的单一地类地块。

2. 确定原则

(1)客观真实。城区范围的确定应以客观反映城市建设现状为前提，以真实可信的数据为基础。

(2)科学合理。城区范围的确定应采用科学的理论方法，避免主观性较强的指标或技术方法。

(3)定量准确。城区范围的确定应使用定量化的标准，明确确定结果中包含的城区最小统计单元的数量和范围。

10.1.2 城区范围确定的技术流程

《规程》确定的城区范围划定方法主要包括四个步骤：第一步，利用"三调"数据，筛选城市图斑数据，确定城区实体地域初始范围；第二步，建立距离判断标准，基于边缘连接性及功能判断，通过迭代更新、边界核查等，确定城区实体地域范围；第三步，根据市政公用设施和公共服务设施等数据，结合城区实体地域面积占比，筛选出与城区实体地域边界对应的城区最小统计单元；第四步，进一步结合城市开发建设实际情况，对最小统计单元开展城市功能地域一致性的相关校核，最终确定城区范围(图10-1)。

1. 城区实体地域范围确定技术流程

《规程》中明确了城区实体地域范围确定技术流程(图10-2)。

---

① 国务院《关于调整城市规模划分标准的通知》(国发〔2014〕51号)。

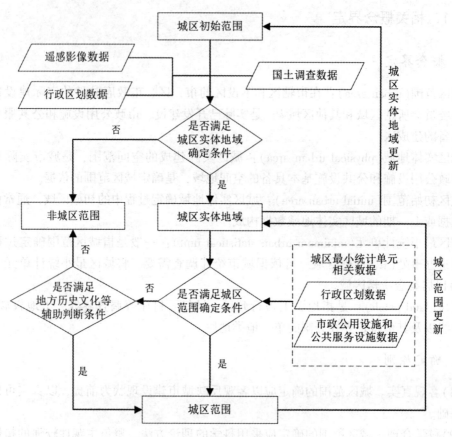

图 10-1　城区范围确定的技术流程
(来源:《城区范围确定标准》, 2020)

1) 城区初始范围确定

首次确定城区初始范围时, 以"三调"数据为基底, 主要包括地类图斑、城镇村用地、行政区、村级调查区和数字正射影像等数据。从中选取"三调"属性代码为"201"及"201A"的数据作为城区初始范围。其中,"201"是指城市居民点, 以及与城市连片的和区政府、县级市政府所在地镇级辖区内的商服、住宅、工业、仓储、机关、学校等单位用地。"201A", 则是指城市辖区(属于城市又在集中连片外)的独立工业、仓储用地。

2) 确定待纳入城区实体地域的图斑

以城区初始范围为基础, 向外缓冲 100 米 范围内(含与 100 米 范围相交)的图斑地类是否符合城区实体地物必选类别或候选类别(见附录 A): ①若符合必选类别, 则进行下一步连接条件判断; ②若符合候选类别, 则综合考虑城市实际情况, 选择具备城市居住和承担城市休闲游憩、自然和历史文化保护及其他城市相关必要功能的地物, 进行下一步连接条件判断; ③若都不符合, 则不纳入城区实体地域。

3) 连接条件判断

对于待纳入城区实体地域的图斑, 逐个判断图斑是否与城区初始范围连接, 即测量某

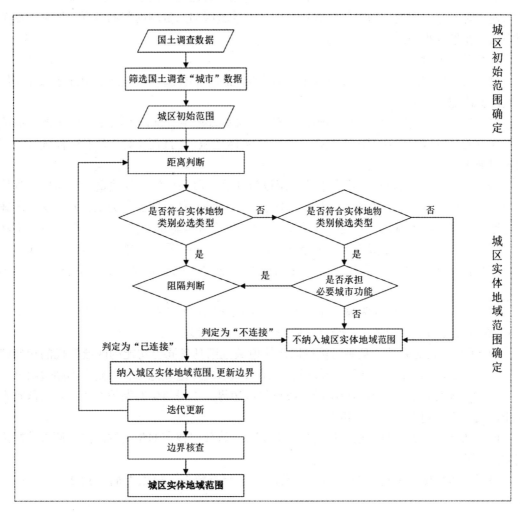

图 10-2 城区实体地域范围确定流程
(来源:《城区范围确定规程》, 2021)

单一地物或多个连片地物距城区初始范围的最短距离,若该距离小于等于 100 米,继续下一步"阻隔判断";若距离大于 100 米,则不纳入城区实体地域(见附录 B)。

4)迭代更新判断

对于新纳入城区实体地域的图斑,继续向外缓冲 100 米(含与 100 米范围相交),判断其范围内的图斑地类,重复上文 2)至 3)步骤。当没有新的、符合条件的图斑纳入城区实体地域时,停止迭代。所有新纳入的图斑与城区初始范围共同构成城区实体地域。迭代次数原则上不超过 5 次,纳入图斑的空间范围不宜超出与第 5 次迭代边界相交的城区最小统计单元范围。最后一次迭代结束后,将延伸在集中连片面状城区实体地域范围外的道路和沟渠等线状特征地物进行截断删除,仅保留当前城区实体地域范围内的部分。

不应参与迭代的有:①通过上面步骤 2)至 3)纳入城区实体地域范围中的湿地、林地、草地、水域及水利设施用地图斑；②铁路用地、轨道交通用地、公路用地、城镇村道路用地、管道运输用地、沟渠等线状特征图斑；③城区初始范围内部的空洞。城区初始范围中独立在外且小的图斑不宜参与迭代。

5) 特殊情况判断

对于已是城市的重要组成部分且承担城市功能的地类图斑，若其通过上述步骤无法纳入城区实体地域，分以下 4 类进行判断。

(1) 开发区、工业园区。经过国家、省两级自然资源主管部门参与审定确定的建成或正在建设的开发区、工业园区，直接纳入城区实体地域，"批而未建"等不符合城区特征的不得纳入。

(2) 城市重要交通枢纽、重大市政公用设施和公共服务设施、其他重要功能区。具体如下：①机场。若其已建设并承担城市功能，且以经济发展、物流等为主，直接交通干线与连通，则将其纳入城区实体地域；若其仅为承担旅客运输的小型机场，不承担城市功能，则不纳入。②高铁站等重要交通枢纽、城市博览中心等重要功能区、其他重大市政公用设施和公共服务设施。若其已建成使用或开展建设，则直接纳入；尚在规划中的不纳入。

(3) 已建设完全且已成为城市重要组成部分的区域(例如相邻镇区、城市重要遗址区等)。结合实际情况进行举证，经审核后纳入城区实体地域。

(4) 承担城市必要功能且不可被城区实体地域范围具备同类功能的区域替代的相邻镇区。可结合城市体检评估佐证，局部或整体纳入城区实体地域范围，原则上不超过两处。

注：城区实体地域范围不得跨越市级行政区边界，不得与生态保护红线、永久基本农田相冲突，不宜超出城镇开发边界。

城区初始范围更新时，根据最新的自然资源主管部门核定的相关城区国土调查数据确定城区初始范围。

城区实体地域范围更新时，利用最新的国土调查数据，根据上面步骤 2) 至 5) 进行更新。

2. 城区范围确定技术流程

在实体地域范围划定的基础上，结合设施条件，进行最小统计单元内的占比核算，从而延伸确定城区范围(图 10-3)。

不具备市政公用设施和公共服务设施数据的城市，结合四至边界清楚的城区最小统计单元行政管理现状，逐个判定各单元城区属性，汇总形成相对合理的、集中连片的城区范围。

具备市政公用设施和公共服务设施数据的城市，按下述方法判定形成城区范围。叠加城区最小统计单元管辖范围数据和城区实体地域范围，将区、市政府驻地所在城区最小统计单元、城区实体地域范围边界内的城区最小统计单元直接纳入城区范围；筛选出城区实体地域范围边界上的城区最小统计单元作为待纳入城区范围的单元，并按下述步骤进行判断。

(1) 若该城区最小统计单元中城区实体地域范围面积占比小于 20%，则不纳入城区范围。

(2)若该城区最小统计单元中城区实体地域范围面积占比大于等于50%，则将其直接纳入城区范围。

(3)对于城区实体地域范围面积占比小于50%且大于等于20%的城区最小统计单元，开展市政公用设施和公共服务设施建设情况调查，按照附录C的要求判定：①若其属于生活居住功能为主的居住型城区最小统计单元，同时满足5项市政公用设施和3项公共服务设施条件后，纳入城区范围；②若其属于非生活居住功能为主的非居住型城区最小统计单元，如商业金融、商务办公、工业生产、生态绿化、文化展示等，满足5项市政公用设施条件后，纳入城区范围；③若其属于国家级、省级历史文化名城的历史文化街区，或由省、自治区、直辖市人民政府核实公布的历史文化街区，经出具相关举证材料后，纳入城区范围。

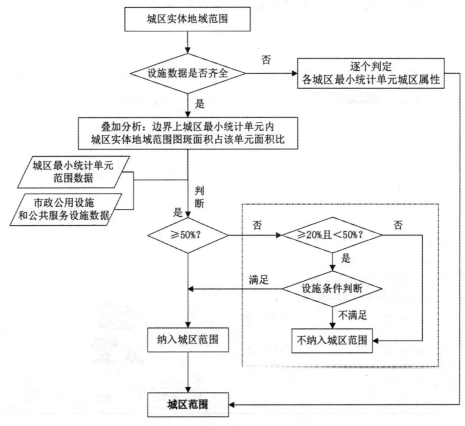

图10-3 城区范围确定流程

(来源：《城区范围确定规程》，2021)

注：以上新纳入的地类图斑均不参与迭代。城区范围更新时，利用城区最小统计单元管辖范围数据和更新后的城区实体地域范围，根据上述步骤进行更新。

10.1.3　数据准备

城区范围确定过程中，主要涉及的数据有：①影像数据，最新的行政区内不低于 2 米分辨率的遥感影像；②矢量数据，最新的行政区划矢量边界数据、全国国土调查或年度变更调查数据等，主要以"三调"数据中的 DLTB（地类图斑）、CZCDYD（城镇村等用地）、XZQ（行政区）和 DOW 数字正射影像作为城区划定的基础数据库；③最新的城区最小统计单元管辖范围数据；④最新的城区最小统计单元市政公用设施和公共服务设施空间数据等。

10.1.4　实际操作步骤

（1）获取城区初始范围。

• 打开 ArcMap，加载"三调"中的"DLTB"数据，双击内容列表中【DLTB】，进入【图层属性】对话框，将图层名称改为"三调地类图斑"（图 10-4）。

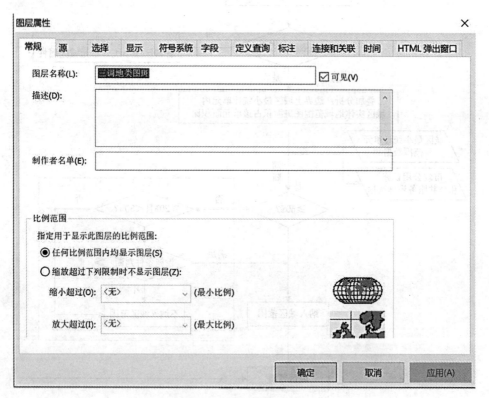

图 10-4　更改图层名称

• 点击【选择】→【按属性选择】，在【按属性选择】对话框中，【图层】选择"三调地类图斑"，输入命令：［CZCSXM］='201' OR ［CZCSXM］='201A'。点击【确定】（图 10-5），得到城区初始范围（图 10-6）。

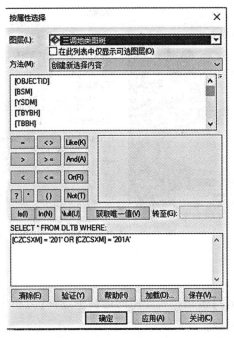

图 10-5　选择"201"和"201A"

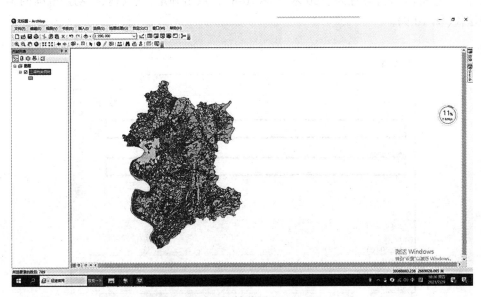

图 10-6　城区初始范围（201、201A）

● 右击内容列表中"三调地类图斑"图层，选择【数据】→【导出数据】，将所选择的
"201、201A"数据导出为单独的数据图层（图 10-7），并加载到内容列表中，并将其名称改
为【初始范围】。

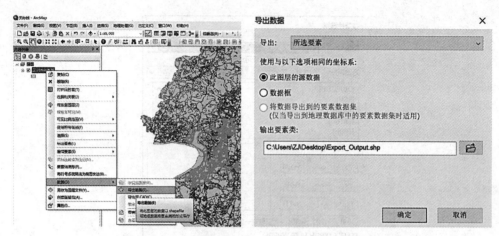

图 10-7　导出所选数据

（2）距离判断。

• 点击【ArcToolbox █】按钮，在弹出的边栏中选择【分析工具】→【领域分析】→【缓冲区】，加入缓冲区分析界面。

• 点击【缓冲区】对话框中，输入要素为"初始范围"，输出要素类建议命名为"第一次缓冲"，并将【距离】设置为"100 米"（图 10-8），点击确定，然后获得初始范围的第一次缓冲迭代（图 10-9）。

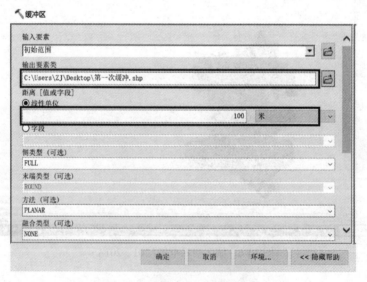

图 10-8　"缓冲区"分析的设置

• 点击【ArcToolbox】，选择【分析工具】→【叠加分析】→【擦除】，将第一次缓冲区中的初始范围数据擦除。在【擦除】对话框中，输入要素为"第一次缓冲"，擦除要素为"初始

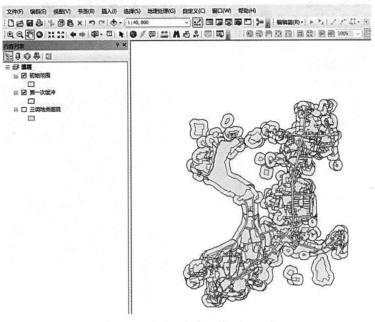

图 10-9 "初始范围"的第一次缓冲

范围",并导出为单独图层,命名为"第一次缓冲_Erase"(图 10-10),并最后得到擦除后的图层(图 10-11)。

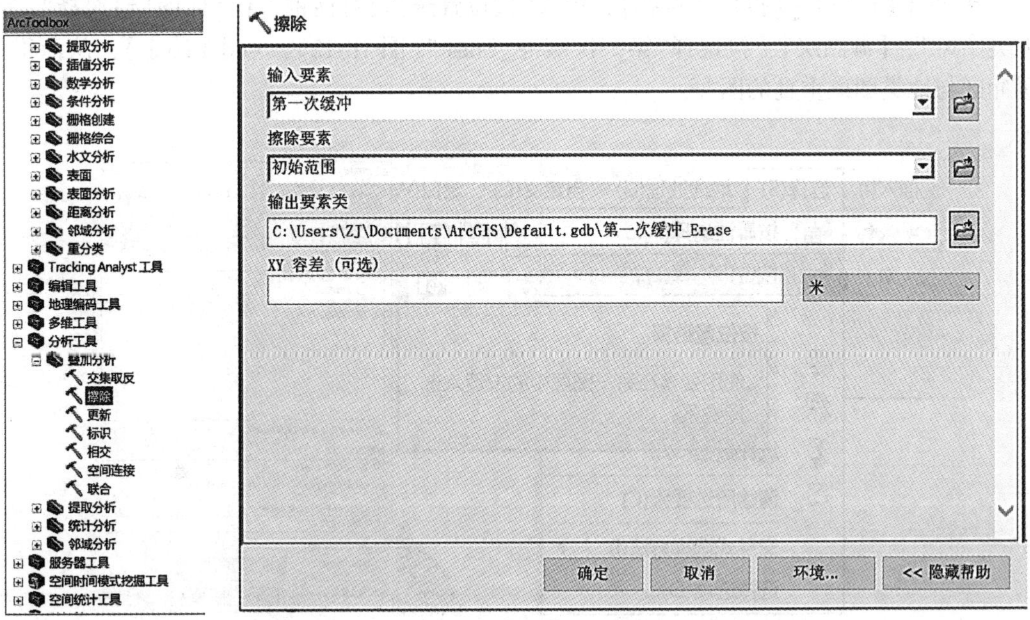

图 10-10 【擦除】对话框

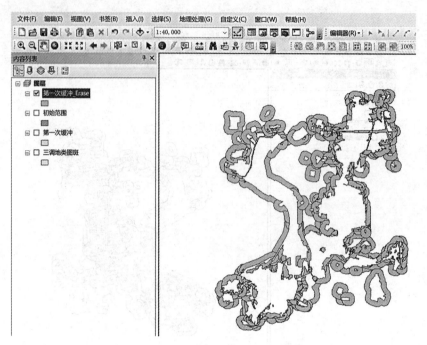

图 10-11　擦除"初始范围"后的图层

（3）实体地物判读。

● 将"第一次缓冲_Erase"图层与"三调地类图斑"进行匹配，读取 100 米缓冲区（含 100 米）范围内的地类图斑。

● 点击【选择】→【按位置选择】，进入【按位置选择】对话框，【目标图层】选择"三调地类图斑"，【源图层】下拉选择"第一次缓冲_Erase"（图 10-12），点击【确定】，从而得到缓冲区与地类图斑重叠的图斑。

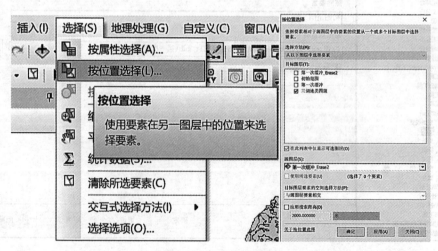

图 10-12　按位置选择

• 右击"三调地类图斑",选择【数据】→【导出数据】,将缓冲区内的地类图斑进行导出,并形成新的图层,命名为"第一次迭代"(图 10-13)。在此基础上,点击【ArcToolbox】,选择【分析工具】→【叠加分析】→【擦除】(图 10-14),将"初始范围"数据擦除。在【擦除】对话框中,输入要素为"第一次迭代",擦除要素为"初始范围",并导出为单独图层,命名为"第一次迭代擦除"(图 10-15)。

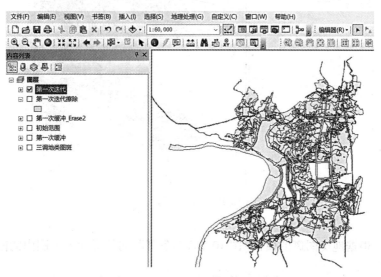

图 10-13 第一次迭代

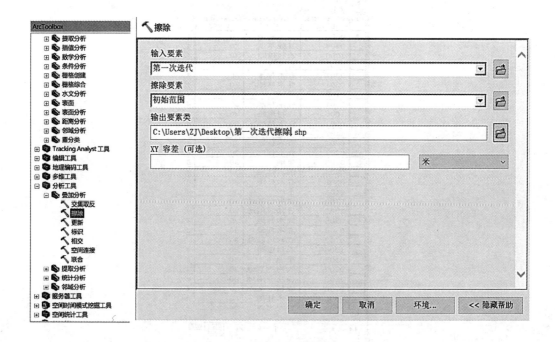

图 10-14 【擦除】命令

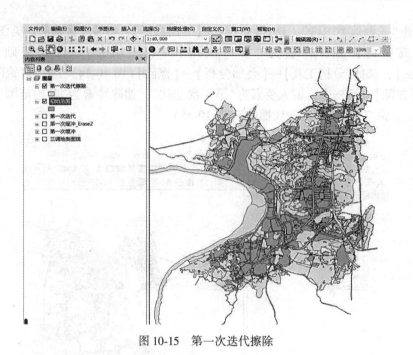

图 10-15　第一次迭代擦除

擦除后，根据地类图斑的属性(图 10-16)逐条判断向外缓冲区范围内的图斑地类是否

表

第一次迭代擦除

DLBM	DLMC	QSXZ	
0305	灌木林地	20	4
0404	其他草地	20	4
1006	农村道路	30	4
0301	乔木林地	30	4
0301	乔木林地	30	4
0301	乔木林地	30	4
0103	旱地	30	4
0301	乔木林地	30	4
1006	农村道路	30	4
0301	乔木林地	30	4
1107	沟渠	30	4
0301	乔木林地	30	4
0301	乔木林地	30	4
0103	旱地	30	4
0305	灌木林地	30	4
0301	乔木林地	30	4
0101	水田	30	4
0702	农村宅基地	30	4
1202	设施农用地	20	4
0305	灌木林地	20	4
0305	灌木林地	30	4
0702	农村宅基地	30	4
1006	农村道路	30	4
0103	旱地	30	4
0702	农村宅基地	30	4
1202	设施农用地	30	4
0702	农村宅基地	30	4
0305	灌木林地	30	4
1006	农村道路	30	4

表选项　第一次迭代擦除

图 10-16　地类图斑属性

符合城区实体地物必选类别或候选类别(附录 A(规范性))。若符合必选类别,则进行下一步连接条件判断(附录 B(规范性));若符合候选类别,则综合考虑城市实际情况,选择具备城市居住和承担城市休闲游憩、自然和历史文化保护及其他城市相关必要功能的地物,进行下一步连接条件判断;若都不符合,则不纳入城区实体地域。

针对不纳入城市实体地域范围的情况,以城市线性要素为例进行操作说明。在《规程》中说明,线性要素不参与迭代,如铁路、乡镇道路等。其他不纳入的要素,也可参考线性要素,进行操作。

● 首先,按属性选择"DLMC"中的线性要素,包含城镇村道路、公路、铁路和农村道路等(图 10-17)。然后,【打开属性表】→【显示所选记录】(图 10-18),再点击【编辑器】→【开始编辑】,右击所选的线性要素后删除,再点击【编辑器】→【停止编辑】,从而得到第一次迭代之后的城区实体地域范围(图 10-19)。

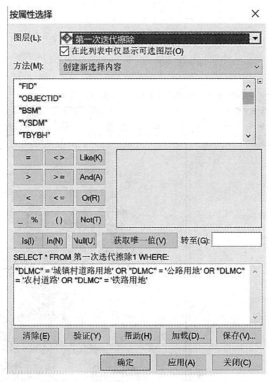

图 10-17 选择线性要素

(4)迭代更新。

第二、三次迭代,具体操作如上文中的第一次迭代。经过三次迭代后,将得到城区实体地域范围,为下一步进行城区范围的确定奠定基础。

(5)最小统计单元核算。

在实体地域范围划定的基础上,结合设施条件,进行最小统计单元内的占比核算,从而延伸确定城区范围。不具备市政公用设施和公共服务设施数据的城市,结合四至边界清

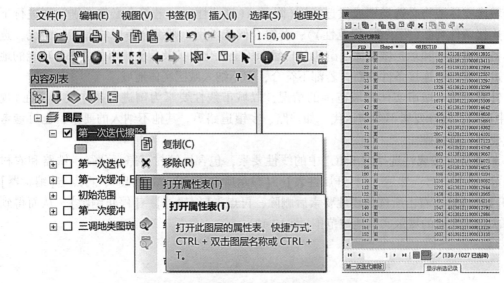

图 10-18　打开属性表

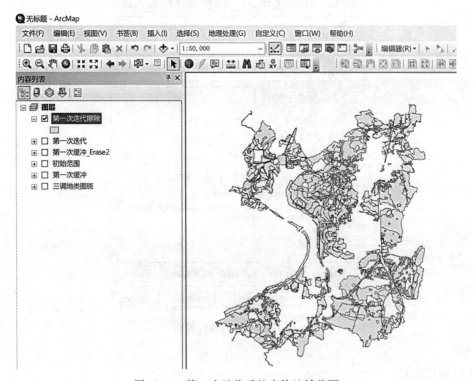

图 10-19　第一次迭代后的实体地域范围

楚的城区最小统计单元行政管理现状，逐个判定各单元城区属性，汇总形成相对合理的、集中连片的城区范围。

具体流程如上文 10.1.2 小节"2. 城区范围确定技术流程"所述。

（6）城区范围确定结果输出。

在步骤（5）逐个进行最小统计单元占比核算后，确定城区范围，并将其图层结果导出。

10.1.5　实体地域确定中的特殊情况说明

在实体地域的确定过程中，常常会出现一些特殊情况（表10-1），或纳入实体地域范围，或不纳入实体地域范围，或不参与迭代。

表10-1　　　　　　　　　　**实体地域确定过程中的特殊情况说明（部分）**

类型	情 况 说 明	图斑状态	图示
不纳入实体地域范围	位于城市边缘、不具备城市功能的成片未改造村庄	农村宅基地	图10-20
	位于城市边缘已拆迁待改造、待增减挂的村庄	农村宅基地	图10-21
	位于城市边缘或远离城市的零星小面积特殊用地，多数为村庄的殡葬用地	特殊用地	图10-22
	位于城市边缘的村庄的宅基地未被纳入实体地域范围的，其内部道路也不纳入	城镇村道路	图10-23
纳入实体地域范围	在城市公园范围内、被公园绿地包络的特殊用地	特殊用地	图10-24
	具备城市功能的机场，纳入实体地域	特殊用地	图10-25
	已建成的广场用地，在"三调"中被划入特殊用地的	特殊用地	图10-26
纳入实体地域范围，但不参与迭代	位于城市边缘的新建社区，若无法缓冲，经过特殊情况判断纳入实体地域	农村宅基地	图10-27
	在郊野公园范围内的具备公共属性的特殊用地（如教堂等），纳入实体地域	特殊用地	图10-28
	个别长期驻扎在城区的部队营区，与生产生活空间融为一体，纳入实体地域	特殊用地	图10-29
	已经是现状城区路网一部分的城镇村道路，纳入实体地域	城镇村道路	图10-30
	被实体地域、纳入实体地域的必选和候选类图斑包围的，纳入实体地域	城镇村道路	图10-31
	与绿地系统专项规划确定的城市现状公园相交的草地、林地，纳入实体地域	草地、林地	图10-32
	城市道路两侧较宽绿化景观体系中的草地、林地，或被实体地域包围的林地、草地，纳入实体地域	草地、林地	图10-33
	人工景区范围内已建成沙滩等景观设施的沿海滩涂，纳入实体地域	沿海滩涂	图10-34

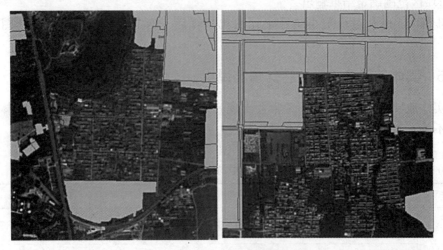

图 10-20　城市边缘的成片未改造村庄，不具备城市功能，统一不纳入实体地域

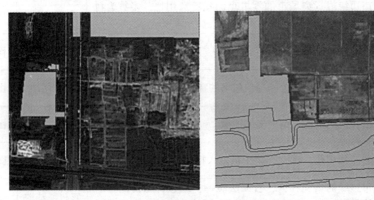

图 10-21　城市边缘已拆迁待改造、待增减挂的村庄，不纳入实体地域

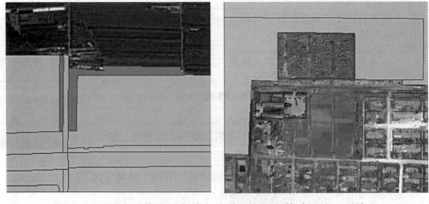

图 10-22　城市边缘或远离城市的零星小面积特殊用地，不纳入

图 10-23　城市边缘村庄的宅基地未被纳入实体地域范围的，其内部道路不纳入

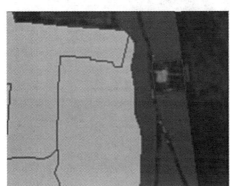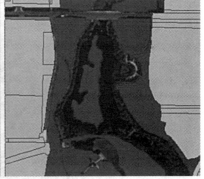

图 10-24　城市公园范围内、被公园绿地包络的特殊用地纳入范围

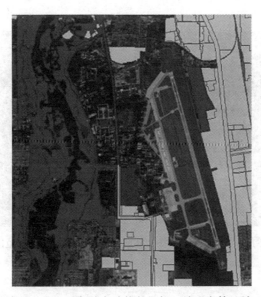

图 10-25　具备城市功能的机场，纳入实体地域

图 10-26　已建成的广场用地，在"三调"中被划入特殊用地的，纳入实体地域

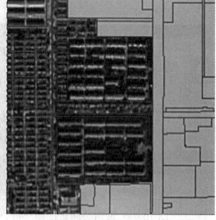

图 10-27　城市边缘、无法缓冲的新建社区，经过特殊情况判断纳入范围，不参与迭代

图 10-28　在郊野公园范围内的具备公共属性的特殊用地，纳入范围，不参与迭代

图 10-29　长期驻扎在城区的部队营区，纳入实体地域，不参与迭代

图 10-30　现状城区路网一部分的城镇村道路，纳入实体地域，但不参与迭代

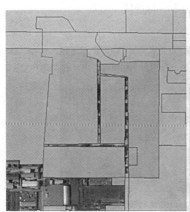

图 10-31　被实体地域、纳入实体地域的必选和候选类图斑包围的，纳入实体地域，但不参与迭代

图 10-32　与绿地系统专项规划确定的城市现状公园相交的草地、林地，纳入实体地域，但不参与迭代

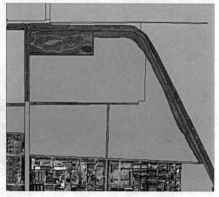

图 10-33　城市道路两侧较宽绿化景观体系中的草地、林地，或被实体地域包围的林地、草地，纳入实体地域，但不参与迭代

图 10-34　人工景区范围内已建成沙滩等景观设施的沿海滩涂，纳入实体地域，但不参与迭代

10.2 城镇开发边界初步划定

当前国土空间规划编制尚处于实践探索阶段，如何初步划定城镇开发边界没有形成统一的标准，因此本节根据《指南》和相关文件中明确提出的应划入边界要素作为城镇开发边界初划的基础。

10.2.1 划定依据

应划入城镇开发边界的要素主要有以下两种。一是现状建成区和重大建设项目用地。根据《指南》中提出的要求，在边界初划阶段应该将现状建成区、规划集中连片的城镇建设区和城中村、城边村，依法合规设立的各类开发区，国家、省、市确定的重大建设项目用地等应划入城镇开发边界的城镇集中建设区。"121号文"提出的城镇开发边界划定规则中也明确规定"三调"的现状城镇集中建成区应划入城镇开发边界。

二是规划现状基数分类转换用地。根据《自然资源部办公厅关于规范和统一市县国土空间规划现状基数的通知》要求，对已审批未建设的用地、用海等五类情形分类进行转换，转换结果是对建设用地的补充认定，应纳入城镇开发边界。

实际工作中，若城镇开发边界只包括应划入要素，则结果与预测规模相比较小。其原因在于应划入要素实质上是已经确定用地属性为城镇建设用地的总和，可理解为广义的"现状"用地，即包含已建和待建的城镇建设用地。而在预测规模中考虑了新增人口所带来的用地需求，因此预测规模是包括了"现状"用地和新增用地，导致预测规模大于应划入城镇开发边界规模。因此除了可划入城镇开发边界的要素外，还需补划部分用地以满足预测规模。除了前文所说的应划入要素外，还需可划入要素作为参考以补足城镇开发边界的规模。

目前关于可划入要素没有统一规定，参考自然资源部和各省出台的相关政策要求，总结出可划入要素主要有以下几种。

一是"双评价"数据。《资源环境承载能力和国土空间开发适宜性评价指南(试行)》中提出，资源环境承载能力和国土空间开发适宜性评价是划定生态保护红线、永久基本农田、城镇开发边界(简称"三条控制线")的参考依据。"121号文"也提出，将资源环境承载能力和国土空间开发适宜性评价(简称"双评价")结果作为划定城镇开发边界的重要基础，同时要避让地质灾害风险区、蓄滞洪区等不适宜建设区域。

二是既有管控规划要素。这类要素是指现有(上一轮)规划对土地开发利用所制定的管控。部分省市对于现有规划的管控要素是否纳入开发边界提出了指导性意见。如山东省出台《山东省城镇开发边界划定技术规范(征求意见稿)》中对既有规划管控要素做了整理(表10-2)，明确以已批复的城市总体规划、土地利用总体规划为基础，依据城镇建设用地规模，合理纳入未来重点发展区域，按照"先分散划界、后组团连线"的方法，初步划定集中建设区。因此可以将建议纳入城镇开发边界的既有管控规划要素作为参考。

表 10-2 　　　　　　　　　　　　　既有管控规划要素分析表

规划类型	要素	建议纳入开发边界中的集中建设区	建议纳入开发边界中的特别用途区	建议不纳入城镇开发边界中
城市总体规划	规划的城镇建设用地	✓		
历史文化名城保护规划	历史文化名城保护范围	✓（按照相应要求管控）		
历史文化名镇保护规划	历史文化名镇保护范围	✓（按照相应要求管控）		
历史文化名村保护规划	历史文化名村保护范围			✓
土地利用总体规划	规划的城镇建设用地	✓		
永久基本农田划定成果	永久基本农田			✓
地质灾害防治规划	地质灾害不易发区和低易发区	✓		
地质灾害防治规划	地质灾害高易发区和中易发区			✓
耕地质量等别年度更新评价	耕地国家利用等（1~8 等）			✓
生态保护红线划定成果	生态保护红线			✓
山体保护规划	重点保护山体、一般保护山体		✓（位于集中建设区内或边缘的，按照山体管控要求管控）	✓
林地规划	生态公益林			✓
海洋功能区划	农渔业区、矿产与能源区、旅游休闲娱乐区、海洋保护区、特殊利用区、保留区			✓
海洋功能区划	港口航运区、工业与城镇用海区	✓		

续表

规划类型	要素	建议纳入开发边界中的集中建设区	建议纳入开发边界中的特别用途区	建议不纳入城镇开发边界中
水源地保护规划	饮用水源地一级			✓
	二级保护区、饮用水源地准保护区		✓（位于集中建设区内或边缘的，按照相关管控要求管控）	
湿地规划	各级湿地公园		✓（位于集中建设区内或边缘的，按照相关管控要求管控）	
自然保护区规划	各级自然保护区			✓
风景名胜区规划	各级风景名胜区		✓（位于集中建设区内或边缘的，按照相关管控要求管控）	✓
森林公园规划	各级森林公园		✓（位于集中建设区内或边缘的，按照相关管控要求管控）	✓
地质公园规划	各级地质公园		✓（位于集中建设区内或边缘的，按照相关管控要求管控）	✓
……	……	……	……	……

来源：《山东省城镇开发边界划定技术规范(征求意见稿)》。

三是城区范围实体地域。在国土空间规划编制的过程中，要在城区范围实体地域基础上，对城市扩张与收缩、城市开发强度、发展驱动力等问题进行分析与探讨。因此可将10.1节中划定的城区范围实体地域视为划定城镇开发边界的可划入要素。

10.2.2　划定思路

根据预测的规模，根据"应划尽划"原则，统筹自然资源条件和城镇发展现状以及考虑地方发展设想，在城镇可选择区域内统筹划定。城镇开发边界的初划过程大致如下。

1. 纳入应划入要素

主要考虑作为城镇开发边界主体部分的现状城镇建设用地、城镇重大项目用地以及补充建设用地，将所有应划入要素空间叠加，形成初步城镇开发边界。

2. 补足初步城镇开发边界规模和预测规模的差值

具体补划时，结合可划入要素以及城镇发展战略确定补划的空间方向和范围，完善初步叠加的城镇开发边界，使之形态相对规整，布局集中连片。因后续会对初划城镇开发边界进行校核，补划得到的初划城镇开发边界的规模需略大于预测的规模。

10.2.3　数据准备

用于初划城镇开发边界的数据主要为应划入要素数据和可划入要素数据。由于操作步骤大同小异，因此，本节将选取其中的部分数据进行操作演示（表 10-3）。

表 10-3 用于初划的数据

序号	资料类型	主要内容	数据类型	数据格式
1	应划入数据	现状城镇建设用地	矢量文件	shp
2		规划现状基数分类转换用地	矢量文件	shp
3		重大项目用地	矢量文件	shp
4	可划入数据	城镇建设适宜区	矢量文件	shp
5		城市总体规划	矢量文件	shp
6		土地利用总体规划	矢量文件	shp
7		城区范围	矢量文件	shp

10.2.4　初划操作

（1）加载数据。

- 将所需数据加载至【内容列表】面板（图 10-35）。

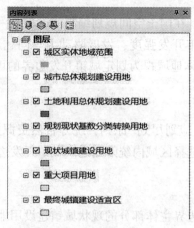

图 10-35　数据加载至内容列表

（2）合并"现状城镇建设用地""规划现状基数分类转换用地"和"重大项目用地"。

• 点击菜单栏中的【地理处理】→【合并】工具，输入数据选择"现状城镇建设用地""规划现状基数分类转换用地"和"重大项目用地"，命名为"初步叠加城镇开发边界"，修改数据保存位置为"第十章 城镇开发边界初划 \ 第十章 城镇开发边界初划 .gdb"，点击【确定】（图 10-36）。

图 10-36　合并图层

（3）补足初步城镇开发边界规模和预测规模的差值。

参考"城区范围""城市总体规划建设用地""土地利用总体规划建设用地"，在"初步叠加城镇开发边界"的基础上补足初步叠加城镇开发边界规模和预测规模的差值。城镇开发边界范围不应超出"城镇建设适宜区"（详见 9.5 节"土地资源约束"）中的建设适宜区。对于本章范例，根据发展趋势研判得知城区发展方向主要向东南方向扩展，所以此次开发边界初划划定方向也以此方向为主。

• 右键点击"初步叠加城镇开发边界"→【编辑要素】→【开始编辑】。

• 再在【编辑器】工具栏中，点击【创建要素 ▣】→"初步叠加城镇开发边界"，当光标成为+时，则可开始划定城镇开发边界（图 10-37）。

• 点击需要划定入城镇开发边界的面域，可运用【编辑器】中的【直线段 ✎】、【端点弧段 ◠】和【追踪 ◿】工具进行划定，单击图面，框选出需划定入开发边界面域，双击结束（图 10-38）。

• 划定结束后，点击【编辑器】→【停止编辑】，弹出【保存】对话框，提示【是否要保存编辑内容?】，点击【是】。

（4）融合"初步叠加城镇开发边界"。

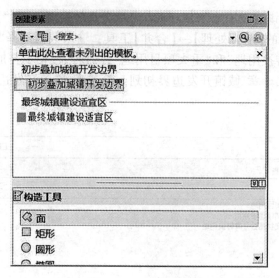

图 10-37　创建要素

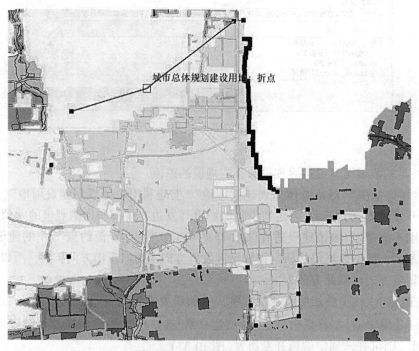

图 10-38　补划城镇开发边界

　　划定完成后的"初步叠加城镇开发边界"是由多个图斑组成,所以要将划定后的图层进行融合。

　　● 点击菜单栏中的【地理处理】→【融合】。【输入要素】选择"初步叠加城镇开发边界",命名为"城镇开发边界初划",修改数据保存位置为"第十章 城镇开发边界初划 \ 第十章 城镇开发边界初划 .gdb",点击【确定】(图 10-39)。

图 10-39 融合"初步叠加城镇开发边界"图层

(5)检查面积,进行补划。

融合过后,应计算"城镇开发边界初划"图层面积,检查图层是否符合预测规模,若不足规模面积,应将继续补划。

• 打开"初步叠加城镇开发边界"图层属性表,点击【表选项██ ▼】→【添加字段】,打开【添加字段】对话框(图 10-40)。修改【名称】为"面积",【类型】为"双精度",点击【确定】。

图 10-40 添加"面积"字段

• 找到"AREA"字段,右键选择【字段计算器】,在弹出的【字段计算器】对话框中,将【解析程序】设置为"Python",输入:! shape. geodesicArea! /10000。点击确定,开始计算以公顷为单位的每个图斑面积(图 10-41)。

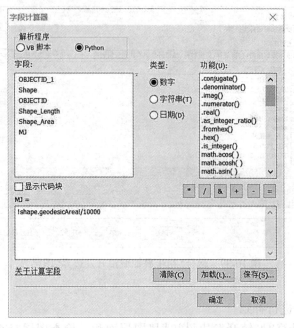

图 10-41 计算"城镇开发边界初划"椭球面积

• 若面积不足,则重复步骤(3)的操作。补划完成后全选"城镇开发边界初划"所有图斑(图 10-42),并在【编辑器】中选【合并】→【确定】(图 10-43)。计算图斑面积,直至满足预测规模。

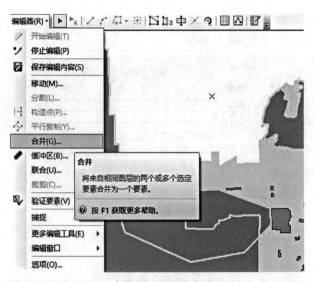

图 10-42 合并所选图斑

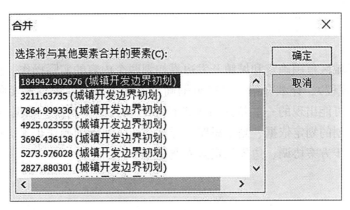

图 10-43 【合并】界面

10.2.5 城镇开发边界初划结果

开发边界的初划是开发边界划定过程的首要环节。在实际操作过程之中，需要多次对局部进行增补以及计算面积，使得初划面积与预测规模相当。同时尽量在叠加的城镇开发边界基础上，补充图斑之间的区域，使边界形态连续。

通过上述操作，本节初步划定城镇开发边界(图 10-44)。至此，城镇开发边界范围已经大致确定，得到的结果作为下一章城镇开发边界协调的基础数据。

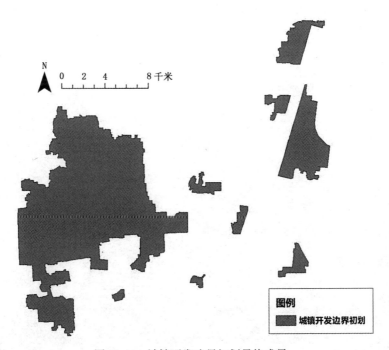

图 10-44 城镇开发边界初划最终成果

10.3　小结

　　本章示范了城区范围确定和城镇开发边界初划两个内容的实际操作。首先，依据自然资源部制定的《规程》，详细介绍了城区范围确定的相关技术流程以及实际操作，并且将实际操作过程中可能出现的一些特殊情况进行总结和归纳。其次，根据《指南》，梳理了城镇开发边界初划的划定依据、划定思路，详细介绍了实际的操作步骤。这些内容和实际操作，将为下一步方案协调、边界划定入库奠定基础。

第11章 城镇开发边界与三条底线协调

《指导意见》中提出"坚守底线思维，保护优先。要强化底线约束，优先保障生态安全、粮食安全以及国土安全底线"，明确了"三线"划定的基本原则。在第10章中，已经根据应划入和可划入原则初步划定了城镇开发边界，而在实际工作过程中，仍会存在与红线有冲突或不适宜建设的区域被纳入城镇开发边界内的情况。故本章的主要内容是在参考各地政策的基础之上，提出可供参考的城镇开发边界与生态安全底线①、粮食安全底线②以及国土安全底线③这三条底线协调规则，并将与其有冲突、不应纳入开发边界内的图斑进行处理，以完善初步划定的城镇开发边界。

11.1 生态安全底线协调

《指导意见》中提出，"三条控制线出现矛盾时，生态保护红线要保证生态功能不降低、面积不减少、性质不改变；城镇开发边界要避让重要生态功能。"由此可见生态保护红线划定的优先地位。各地相关规范文件中，也提出城镇开发边界以及城市建设需要避让生态保护红线，如《广西壮族自治区城镇开发边界划定指导意见》(桂自然资办〔2021〕12号)中提到"充分衔接生态保护红线评估调整成果，做到城镇开发边界与生态保护红线不冲突、不重叠"。浙江省政府印发的《关于在国土空间规划中统筹划定落实三条控制线的实施意见》中提出"生态保护红线内，自然保护地核心保护区原则上禁止人为活动，其他区域严格禁止开发性、生产性建设活动，在符合现行法律法规前提下，除国家重大战略项目外，仅允许对生态功能不造成破坏的有限人为活动"等。

从国土空间规划编制现阶段情况来看，生态安全底线的概念较为模糊，所包含的内容不明确，但比较确定的是，国家和各地制定的政策中都明确强调生态保护红线的重要地位，故本节主要内容为生态保护红线与城镇开发边界之间的协调。

---

① 生态安全底线：在国家或区域尺度上，为了保障生态系统结构合理、功能完善、格局稳定，并能够为人类生存和经济社会发展持续提供生态服务的状态，必须坚守和保护的各类生态要素，是国家和区域生态安全的底线。

② 粮食安全底线：为坚决制止耕地"非农化"、防止耕地"非粮化"，为了国家粮食供给数量充足及质量保障，必须守住的包括永久基本农田以及长期稳定利用耕地在内的各类红线底线。

③ 国土安全底线：基于区域国土空间自然和谐与国土空间安全的基础上，需要牢固坚守的水资源底线、安全风险底线等。

11.1.1　协调思路

城镇开发边界与生态保护红线重叠时，应当将重叠部分在城镇开发边界内擦除，优先保证生态红线的完整性。此处需要说明的是，第 10 章中明确了城镇开发边界初划由可划入及应划入两部分组成。由于可划入部分参考了城镇建设适宜区结果，其中已不存在与生态红线重叠部分，故此处与生态保护红线的矛盾与协调内容主要是城镇开发边界应划入部分(图 11-1)。

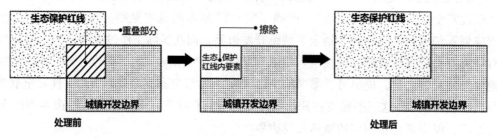

图 11-1　生态保护红线冲突图斑处理规则

11.1.2　数据准备

涉及的基础数据包括"城镇开发边界初划"以及"生态保护红线"(表 11-1)。

表 11-1　　　　　　　　　　生态安全底线协调基础数据汇总表

序号	数据名称	数据类型
1	生态保护红线	shp.
2	城镇开发边界初划	shp.

11.1.3　协调过程

- 点击【ArcToolbox　】按钮，选择【分析工具】→【叠加分析】→【擦除】，打开【擦除】对话框。
- 将"城镇开发边界初划"添加至【输入要素】，将"生态保护红线"添加至【擦除要素】(图 11-2)。
- 点击【浏览　】按钮，打开【输出要素类】对话框，选择"第十一章 城镇开发边界与三条底线协调 \ 11.1 生态安全底线协调 . gdb"文件地理数据库，并将文件命名为"与生态安全底线协调后城镇开发边界"，点击【保存】，点击【确定】。

11.1.4　协调结果

城镇开发边界与生态保护红线协调过程中，擦除了占用生态红线图斑，两线不再呈现

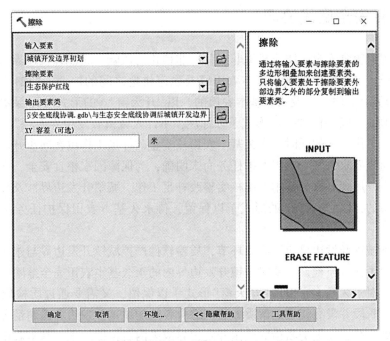

图 11-2 "城镇开发边界初划"擦除"生态保护红线"

冲突情形。协调后的图层命名为"与生态安全底线协调后城镇开发边界",作为下一节"粮食安全底线协调"的基础数据(图 11-3)。

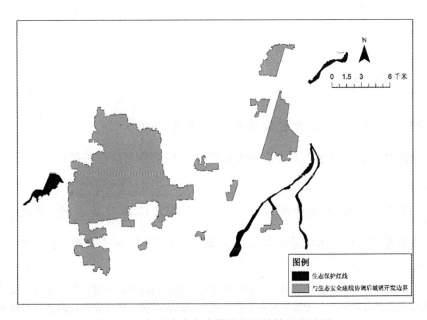

图 11-3 与生态安全底线协调后城镇开发边界

11.2　粮食安全底线协调

为保障国家粮食安全，防止耕地非农化、非粮化的风险，城镇开发边界需要充分衔接粮食安全底线，主要包括与永久基本农田以及稳定耕地之间的协调。"121 号"文中提出"城镇开发边界划定时，涉及永久基本农田的，以'开天窗'①的形式予以保留。涉及长期稳定利用耕地的，以'开天窗'的形式予以标注，不计入城镇开发边界面积"。此外，城镇开发边界划定工作开展的同时，永久基本农田核实整改补足工作也在同步开展。考虑到新一轮国土空间规划永久基本农田保护任务尚未明确，为保障国家粮食安全，在划定城镇开发边界前优先开展现有永久基本农田核实整改补足工作。城镇开发边界涉及核实整改补足永久基本农田的，以"开天窗"的形式予以保留，待永久基本农田保护任务明确后进一步优化调整。

而在实际城镇开发边界成果质检环节，质检软件严控城镇开发边界与永久基本农田重叠的情况。为了通过质检，需要对城镇开发边界内的永久基本农田完全擦除。对于政策文件中明确可以对永久基本农田以"开天窗"形式予以保留，又需要通过质检软件不重叠检测的矛盾，现阶段并没有相应的解决办法。综合各地的城镇开发边界编制情况来看，许多省份采取的做法是，在上交质检的城镇开发边界成果内直接擦除永久基本农田，以便通过质检。而实际方案中，擦除永久基本农田后城镇开发边界过于破碎而无法利用，为保持完整性，继续将图斑保留，做好"开天窗"标注，等待后期规则明确后对这些冲突图斑进一步协调与处理。

参考现阶段的现实情况，本节与永久基本农田的协调主要考虑两种情况。情形一：如何调出城镇开发边界内的永久基本农田。情形二：如何保留城镇开发边界内永久基本农田图斑并对其进行"开天窗"标注。而稳定耕地的协调方法与情形二操作方法相同，可以此为参考，故在此不做具体操作演示。

11.2.1　协调思路

1. 情形一：调出城镇开发边界内永久基本农田

对于城镇开发边界与永久基本农田重叠部分，将重叠图斑在城镇开发边界内擦除（图11-4）。

2. 情形二：保留城镇开发边界内永久基本农田并对其进行"开天窗"标注

对于城镇开发边界与永久基本农田重叠部分，无需对图斑本身进行任何的擦除或删除

---

①　开天窗：对于"开天窗"的理解，没有官方文件对其进行详细的解释。就大众所接受的开天窗含义来说，主要包含两种理解。一种理解是基于其字面意思，表示在一整块完整的图斑内直接剔除一块空的图斑，使得完整图斑中呈现出镂空的现象。另一种理解是，仍然保留完整的矢量图斑，但是对于图斑内需要特别标注的部分，进行标注。此处所提及的"开天窗"取第二种理解。

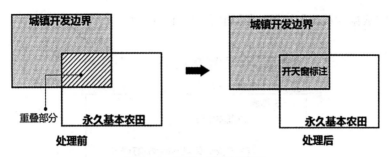

图 11-4 情形一协调示意图

处理，而是需要在城镇开发边界中筛选出重叠图斑并在备注字段内对其进行"开天窗"标注(图 11-5)。

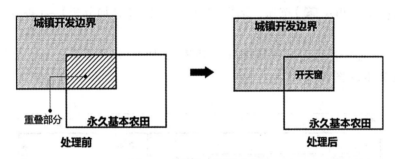

图 11-5 情形二协调示意图

11.2.2 数据准备

本节用到的数据主要是"永久基本农田""稳定利用耕地"和"与生态安全底线协调后城镇开发边界"(表 11-2)。

表 11-2　　　　　　　　　　　　　　基 础 数 据

序号	数据名称	数据类型
1	永久基本农田	矢量文件(.shp)
2	稳定利用耕地	矢量文件(.shp)
3	与生态安全底线协调后城镇开发边界	矢量文件(.shp)

11.2.3 操作过程

1. 情形一：调出城镇开发边界内的永久基本农田

(1)加载数据。

- 将所需数据加载至【内容列表】面板(图 11-6)。

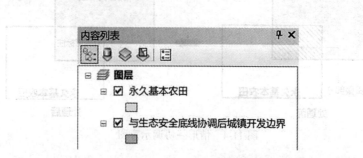

图 11-6　加载"永久基本农田"与"与生态安全底线协调后城镇开发边界"

(2)擦除与永久基本农田重叠图斑。

- 点击【ArcToolbox　】按钮,选择【分析工具】→【叠加分析】→【擦除】,打开【擦除】对话框。

- 将"与生态安全底线协调后城镇开发边界"添加至【输入要素】,将"永久基本农田"添加至【擦除要素】(图 11-7)。

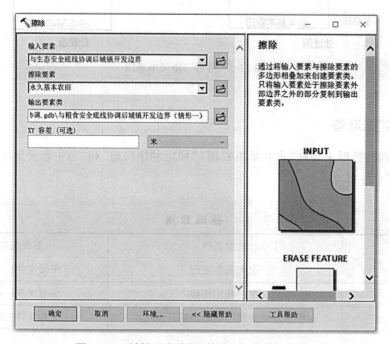

图 11-7　"城镇开发边界"擦除"永久基本农田"

- 点击【浏览】按钮,打开【输出要素类】对话框,选择"第十一章 城镇开发边界与三条底线协调 \ 11.2 粮食安全底线协调 .gdb"文件地理数据库,并将文件命名为"与粮食安全底线协调后城镇开发边界(情形一)",点击【保存】,点击【确定】。

2. 情形二：保留城镇开发边界内的永久基本农田并进行"开天窗"备注

(1)加载数据。

● 将所需数据加载至【内容列表】面板(图11-8)。

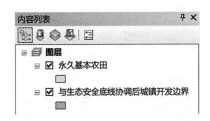

图11-8 加载"永久基本农田"与"与生态安全底线协调后城镇开发边界"

(2)对永久基本农田字段进行融合，简化字段。

● 点击菜单栏中的【地理处理】→【融合】，打开【融合】对话框。

● 将"永久基本农田"添加至【输入要素】对话框(图11-9)。

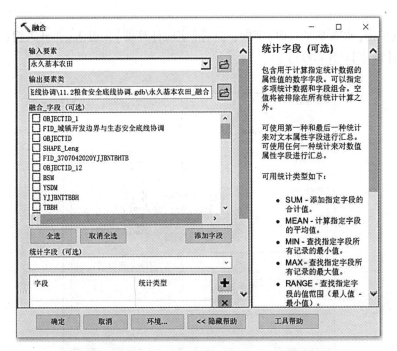

图11-9 添加"永久基本农田"至【输入要素】对话框

● 点击【浏览 ⬚】按钮，打开【输出要素类】对话框，选择"第十一章 城镇开发边界与三条底线协调 \ 11.2 粮食安全底线协调 .gdb"文件地理数据库，并将文件命名为"永久基本农田_融合"，点击【保存】(图11-9)，点击【确定】。

• 右键单击"永久基本农田_融合"图层→选择【打开属性表】。点击【表选项  ▾】→【添加字段】，打开【添加字段】对话框（图 11-10）。修改【名称】为"YJJBNT"①【类型】为"文本"，【别名】为"永久基本农田"，【长度】为"255"，点击【确定】，完成字段添加。

图 11-10　添加"永久基本农田"字段

• 右键单击【永久基本农田】字段，选择【字段计算器】，键入："开天窗（永久基本农田）"。单击【确定】（图 11-11）。

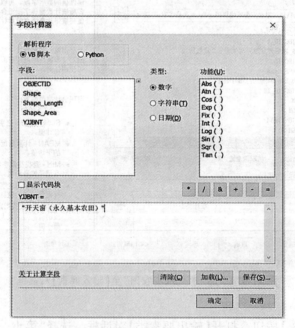

图 11-11　标注"永久基本农田"

---

① 为后续方便操作，这里以图层名命名该字段。

（3）融合后的永久基本农田标识开发边界。

- 点击【ArcToolbox 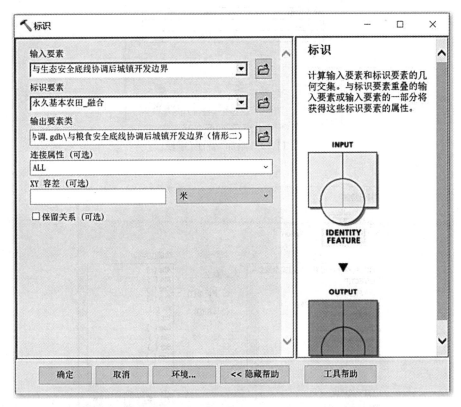】按钮，选择【分析工具】→【叠加分析】→【标识】，打开【标识】对话框。

- 将"与生态安全底线协调后城镇开发边界"添加至【输入要素】，将"永久基本农田_融合"添加至【标识要素】（图11-12）。

图 11-12　"永久基本农田"标识"与生态安全底线协调后城镇开发边界"

- 点击【浏览 】按钮，打开【输出要素类】对话框，选择"第十一章 城镇开发边界与三条底线协调 \ 11.2 粮食安全底线协调成果 .gdb"文件地理数据库，并将文件命名为"与粮食安全底线协调后城镇开发边界(情形二)"，点击【保存】，点击【确定】。

（4）完善相关字段，实现"开天窗"备注。

- 打开"与粮食安全底线协调后城镇开发边界(情形二)"图层属性表，点击【表选项】→【添加字段】，打开添【加字段】对话框（图11-13）。修改【名称】为"BZ"，【类型】为"文本"，【别名】为"备注"，【长度】为"255"，点击【确定】。

- 右键单击新建的"备注"字段→选择【字段计算器】，键入：YJJBNT。将"YJJBNT(永久基本农田)"字段的值赋给"BZ"字段（图11-14），点击【确定】。

图 11-13　添加"备注"字段

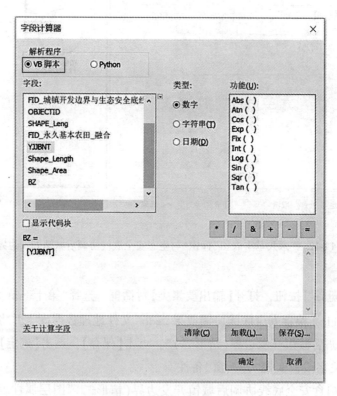

图 11-14　【字段计算器】对话框

- 由于使用标识工具会自动生成字段，此时需要将这些字段删除。分别右键单击冗余字段，选择【删除字段】(图 11-15)，在弹出的【确认删除字段】对话框中，点击【是】。

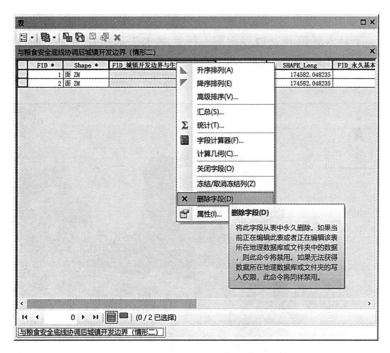

图 11-15 删除冗余字段

11.2.4 协调结果

情形一：协调过后，"城镇开发边界"与"永久基本农田"不再有图斑重叠(图 11-16)。

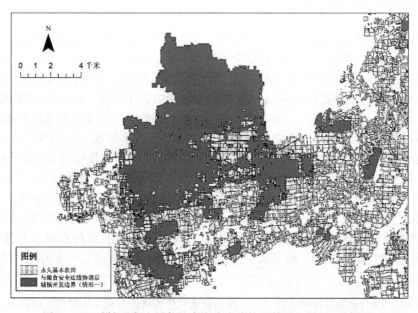

图 11-16 城镇开发边界与粮食安全底线协调情形一结果(局部图)

情形二："城镇开发边界"内仍旧保存"永久基本农田"图斑，但在备注字段里进行了"开天窗"备注，不计入城镇开发边界面积。待后续永久基本农田核实整改工作完成、协调规则明确后对此类图斑做进一步处理(图 11-17)。

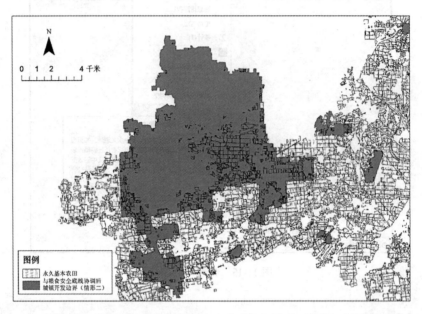

图 11-17　城镇开发边界与粮食安全底线协调情形二结果(局部图)

11.3　国土安全底线协调*

城镇开发边界作为城镇发展的核心抓手，其作用不应仅停留在规模的管控之上，还应在保证国土空间自然和谐与国土空间安全的基础上塑造美丽国土空间。不同地区，因地方实际情况的差异，对于国土安全底线的解读与相关需要衔接的内容规定亦有所差异。如《山东省城镇开发边界划定技术导则(试行)》(2020 年 12 月)中提出"地质灾害风险区、水源保护地、历史文化保护区等，对其管控要素进行分级分类，明确不适宜城镇建设的区域，形成管控要素分析图"；《湖北省城镇开发边界划定技术规程》(2021 年 4 月)提出"加强与水体保护线、蓝线、紫线、黄线、红线的协同"；《湖南省城镇开发边界划定技术指南》(2019 年 5 月)提出"划出生态保护红线、基本农田保护线以及采空区、山体、水体、湿地等各类禁止、限制建设区域"；《广西壮族自治区城镇开发边界划定指导意见》(桂自然资办〔2021〕12 号)提出"国土安全底线……(需要)识别并划定灾害风险区、洪涝风险控制线、重要矿产保护区，明确海洋、河湖水系、湿地、蓄滞洪区和水源涵养地的保护范围。要关注历史文化保护线、地下采空区、邻避设施和重要的化工产业园区对城镇开发边

---

*　表示各地因地方实际情况的不同，对于国土安全底线的解读与相关需要衔接的内容规定有所差异，不一定需要此项的协调。

界划定的影响"；等等。

11.3.1 协调内容

本节参考《某省城镇开发边界划定补充要求》，结合实际情况，将国土安全协调工作应避让或衔接的底线红线总结为"5+3+N"。

"5"：与生态保护红线、永久基本农田、水资源底线、安全风险底线(洪涝风险控制线、地质灾害风险区、蓄滞洪区等)、耕地占补共5条底线进行避让或衔接。

"3"：自然的山体、水体、绿地。守住自然生态安全边界，不得侵占和破坏自然形成的山、水、田、林、湖、草、湿地等自然地理格局，识别并保留需要保护和管控的山体、水体、绿地等蓝绿空间，原则上不挖山、不填湖。

"N"：结合各地实际，需要避让或衔接的其他底线红线。如重要矿产资源保护区、历史文化保护线、地下采空区、尾矿库、邻避设施和重要的化工产业园区等，划定相应安全控制范围，明确相关管控要求。

根据文件要求，还可将各类涉及范围较广的国土安全底线类型做进一步梳理，分为水资源及安全风险类和其他根据实际情况需要协调的底线类(表11-3)。

表11-3 需要协调的国土安全底线类型汇总表

底线红线类型		底线名称
国土安全底线	水资源及安全风险类	地质灾害风险区
		蓄滞洪区
		洪涝风险控制线
		河湖岸线
	其他根据实际情况需要考虑的底线类	地下采空区
		历史文化保护线
		重要化工产业园区
		重要矿产保护区

11.3.2 协调要求及规则

本节主要讲解水资源底线及安全风险底线协调规则(表11-4)和其他根据实际情况需要考虑的底线类协调规则。

除了上述提及的需要协调的国土安全底线之外，各地方在实际工作中，仍有许多底线红线需要与城镇开发边界协调与衔接。例如，以煤矿开采为主而发展起来的资源型城市，需要考虑地下采空区[①]以及重要矿产保护区对于城市发展的影响。对于地下采空区，出现

---

① 地下采空区：指地下矿产资源被采出后残留下的空洞，按照矿产资源被开采的时间先后可将采空区划分为老采区、现采区和未来采区。

表 11-4　　　　　　　　　　　　水资源底线及安全风险底线协调规则汇总表

需协调的控制线	冲突要素	原则上应调出城镇开发边界	可保留在开发边界内
地质灾害风险区	地质灾害高风险区、地质灾害高易发区	✓	
	地质灾害中等风险区	✓	确需建设或者为现状建设用地可保留在开发边界内，在城市发展中要严格控制建设用地性质并按照相关管控要求进行管控。
	地质灾害低易发、不易发区、地质灾害低风险区		✓
蓄滞洪区	滞洪区指定的分洪口门附近和洪水主流区域重叠	✓	
	使用几率较大的重要蓄滞洪区	✓	
	与使用机遇较少的一般蓄滞洪区、蓄滞洪保留区	✓	确需纳入的，建议纳入特别用途区，按照相关管控要求管控
洪涝风险控制区	洪涝风险控制线	✓	
河湖岸线	岸线保留区或岸线保护区	✓	
	岸线开发利用区或岸线控制利用区		✓（建议纳入特别用途区，按照相关管控要求管控，同时开发边界的形态应顺应河湖岸线自然边界）

采空后，其上覆盖的岩层将失去支撑，原来的平衡条件被破坏，使得上覆岩层产生移动变形，直到破坏塌落，最后导致地表各类建筑变形破坏，地表大面积下沉、凹陷，一般不适宜进行开发与建设。当城镇开发边界与其发生冲突时，原则上考虑将冲突图斑调出开发边界。若采空区通过某种工程措施修复后，能够保障相关开发建设和人类活动的安全，可以在城镇开发边界内保留冲突部分。历史文化底蕴足、保留历史文物多的城市也需要考虑历史文化保护与城市发展之间的关系。而历史文化保护线与开发边界相协调时，尽量保障历史文化区范围是完整的，不被城镇开发边界所切割。

其他情况还包括：重要化工产业园，由于其生产性质的特殊性，可能会对环境以及人体生理机能造成一定的危害。重要矿产保护区是根据矿产资源特点和供需形势分析，结合资源环境承载能力，对矿产资源实行保护性开发利用而划定的区域。原则上，城镇开发边界应注意避让重要化工产业园区和重要矿产保护区，当城镇开发边界与上述两者发生重叠冲突时，考虑将冲突图斑调出城镇开发边界。若城镇开发边界确需占用，明确相关防控要求，并提出具体的防控措施(表 11-5)。

表 11-5 　　　　　　　　　 **其他需要避让或衔接的底线红线协调规则汇总表**

序号	需协调的控制线	调整优化措施
1	地下采空区	将冲突图斑调出开发边界，若采空区通过某种工程措施修复后，能够保障相关开发建设和人类活动的安全，可以在开发边界内保留冲突部分
2	历史文化保护线	开发边界不应切割完整的历史文化保护区
3	重要化工产业园区	考虑将冲突图斑调出城镇开发边界，确需占用的，应明确相关防控要求，并提出具体的防控措施
4	重要矿产保护区	考虑将冲突图斑调出城镇开发边界，确需占用的应明确相关防控要求，并提出具体的防控措施

注：表格不尽全面，可根据各地实际情况增加需要协调的各类底线。

以上仅列举了一部分需要结合实际情况而进行协调的底线与红线，可能不尽全面，还需要在城镇开发边界划定时，根据各地的实际情况加以考虑。

1. 地质灾害风险区[①]

高风险区调出城镇开发边界，中风险区内非现状城镇建设用地、规划现状基数分类转换用地调出城镇开发边界。

根据地质灾害风险的实际情况，判别其是否适宜城市建设。用地的地质条件较好，处于地质灾害低易发、不易发区或地质灾害低风险区，并且在地质灾害现状调查中一般不产生地质灾害影响，可以认为适合城市开发建设，一般归为城市适宜建设区。若开发边界与其有重叠，一般可不做任何操作，保留在城镇开发边界内即可。

处于地质灾害中等风险的地区，原则上应调出城镇开发边界。若确需建设或者本已经是集中连片的现状城镇建设用地以及规划现状基数分类转换用地，则可以保留在城镇开发边界内。根据《地质灾害防治条例》(国务院令第 394 号)的规定，若确需在地质灾害易发区内进行工程建设，必须在可行性研究阶段进行地质灾害危险性评估，提出相应防治措施。

处于地质灾害高风险区或地质灾害高易发区，一般归结为城市禁止开发建设的区域。若与城镇开发边界存在冲突，则直接将冲突部分调出开发边界。

---

① 地质灾害风险区：包括自然因素或者人为活动引发的易发生危害人民生命和财产安全的山体崩塌、滑坡、泥石流、地面塌陷、地裂缝、地面沉降等与地质作用有关的灾害发生的区域。

2. 蓄滞洪区①

根据蓄滞洪区所处位置及使用频率判断，将使用概率较大的重要蓄滞洪区及洪水主流区调出城镇开发边界。

国务院批转《关于加强蓄滞洪区建设与管理的若干意见》（国务院办公厅以国办发〔2006〕45 号转发）中将蓄滞洪区分为三类，即：重要蓄滞洪区②、一般蓄滞洪区③和蓄滞洪保留区④。《蓄滞洪区安全与建设指导纲要》（国务院以国发〔1988〕74 号批转）对蓄滞洪区的开发建设提出如下要求："在指定的分洪口门附近和洪水主流区域内，不允许设置有碍行洪的各种建筑物。上述地区的土地，一般只限于农牧业以及其他露天方式的使用，以保持其自然空地状态。蓄滞洪区内工业生产布局应根据蓄滞洪区的使用机遇进行可行性研究。对使用机遇较多的蓄滞洪区，原则上不应布置大中型项目；使用机遇较少的蓄滞洪区，建设大中型项目必须自行安排可靠的防洪措施。禁止在蓄滞洪区内建设有严重污染物质的工厂和储仓。"

参考该文件要求，在蓄滞洪区指定的分洪口门附近和洪水主流区域内，一般保持自然空地状态，城镇开发边界与其发生冲突时，考虑将冲突图斑调出城镇开发边界；在使用概率较大的重要蓄滞洪区，原则上不应布置项目，冲突时考虑将冲突图斑调出城镇开发边界；与使用概率较少的蓄滞洪区发生冲突时，尽量调出城镇开发边界，确需保留的，充分考虑其功能，根据未来该地建设是否会对防洪造成影响而综合判断。

3. 洪涝风险控制线⑤

洪涝风险控制线调出城镇开发边界。

国务院办公厅《关于加强城市内涝治理的实施意见》（国办发〔2021〕11 号）中提出，"要充分考虑洪涝风险，合理布局城市功能，在规划建设管理等阶段，落实排水防涝设施、调蓄空间、雨水径流和竖向管控要求，严查违法违规占用河湖、水库、山塘、蓄滞洪空间和排涝通道等的建筑物、构筑物"。参考这一文件，原则上，当城镇开发边界与洪涝风险控制线发生冲突时，应将冲突图斑调出城镇开发边界。

---

① 蓄滞洪区：指河堤外洪水临时储存的低洼地区及湖泊等，其中多数历史上就是江河洪水淹没和蓄洪的场所。

② 重要蓄滞洪区：是指涉及省际间防洪安全，保护的地区和设施极为重要，运用概率较高，由国务院、国家防汛抗旱总指挥部或流域防汛抗旱总指挥部调度的蓄滞洪区。

③ 一般蓄滞洪区：是指保护局部地区，由流域防汛抗旱总指挥部或省级防汛指挥机构调度的蓄滞洪区。

④ 蓄滞洪保留区：是指运用概率较低但暂时还不能取消的蓄滞洪区。

⑤ 洪涝风险控制线：指为保障防洪排涝系统的完整性和通达性，为雨洪水蓄滞和行泄划定的自然空间和重大调蓄设施用地范围，包括河湖湿地、坑塘农区、绿地洼地、涝水行泄通道等，以及具备雨水蓄排功能的地下调蓄设施和隧道等预留的空间。

4. 河湖岸线①

岸线保留区和岸线保护区调出开发边界，其余可划为特别用途区。

《河湖岸线保护与利用规划编制指南（试行）》中规定了不同岸线功能区的保护要求，包括岸线保护区、岸线保留区、岸线控制利用区和岸线开发利用区四种区域。岸线保护区，是指岸线开发利用对其有明显不利影响的岸段，一般不宜进行开发建设。岸线保留区，是指暂时不宜开发利用或不具备开发利用条件，为生态保护预留的岸段。岸线控制利用区，是指开发利用可能造成一定影响，需要控制开发利用强度或调整开发利用用途的岸段。岸线开发利用区，是指开发利用对其影响较小的岸段。参考该文件要求，若岸线保护区或岸线保留区与城镇开发边界存在冲突，需将冲突图斑调出开发边界。若岸线控制利用区或岸线开发利用区与开发边界存在冲突，应采取相关保留措施，充分考虑其功能，根据未来该地建设是否会对其造成影响而综合判断，必要时划为特别用途区。

11.3.3　操作思路

由于各线协调规则不同、所涉及的协调方法也不相同。本节以三种可能出现的协调情况进行演示，其他各线涉及的操作方法可以此为参考。

1. 情形一：原则上应调出城镇开发边界，但需要与地方相关数据协调

针对此种情况，以地质灾害风险区为例，需要将地质灾害风险区与城镇开发边界进行叠加分析，筛选出两者的重叠部分。识别出两者重叠部分中属于地质灾害高风险区的图斑，并将其擦除。对于重叠部分中属于中风险区且为非建设用地的部分，同样在开发边界内擦除。

在操作过程中，运用到的数据较多，而每个数据的字段也较为复杂。为了减少数据的冗余量，可以先通过融合操作来简化数据字段，只保留所需字段即可。对字段进行简化后，也可将多个数据联合到一个图层，以此减少图层数量。在调整过程中，为了判断城镇开发边界图斑是否属于现状城镇建设用地（含规划现状基数分类转换用地），便于后续协调，需要用联合好的数据去标识开发边界（图11-18）。需要说明的是，有些底线在协调时无需考虑现状城镇建设用地（含规划现状基数分类转换用地），可直接擦除，在操作过程中省略第2~4步骤即可。

2. 情形二：不应被开发边界从中切割

针对情形二，以历史文化保护线为例进行演示。首先通过叠加分析，筛选历史文化保护线与城镇开发边界的重叠部分。此时需要识别重叠部分是否被开发边界完整包围，若开发边界将其从中切割，则需要进行处理。可将被切割部分直接调出开发边界，也可将未纳

---

① 河湖岸线：河流两侧、湖泊周边，一定范围内的水陆相交的带状区域。

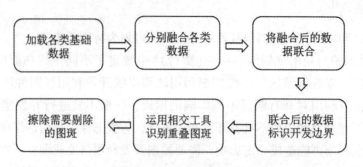

图 11-18　与底线冲突部分调出城镇开发边界操作流程

入部分直接在城镇开发边界内补全。此处提供两种处理情况的操作方法，可根据现实情况选择如何处理(图 11-19)。

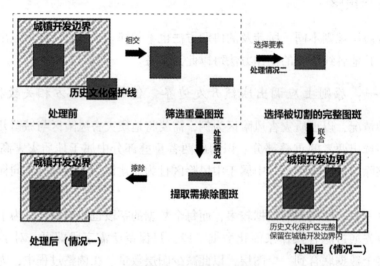

图 11-19　协调思路示意图

3. 情形三：可以继续保留在城镇开发边界内

情形三以河湖岸线协调为例进行演示。首先通过叠加分析，识别河湖岸线与城镇开发边界的重叠部分。由于本例中的河湖岸线并非位于岸线控制区和保护区，故可以继续保留在城镇开发边界内，无需对城镇开发边界做图斑处理。

11.3.4　数据准备

在操作过程中用到的基础数据包含两类：一类是用于协调的各类底线红线矢量数据，另一类是现状城镇建设用地、规划现状基数分类转换用地(表 11-6)。

表 11-6　　　　　　　　用于协调的各类底线红线数据梳理表

序号	数据名称	数据格式
1	地质灾害风险区	矢量数据(.shp)
3	洪涝风险控制线	矢量数据(.shp)
5	河湖岸线	矢量数据(.shp)
6	蓄滞洪区	矢量数据(.shp)
7	地下采空区	矢量数据(.shp)
8	历史文化保护线	矢量数据(.shp)
9	重要化工产业园区	矢量数据(.shp)
10	现状城镇建设用地	矢量数据(.shp)
11	规划现状基数分类转换用地	矢量数据(.shp)
12	与粮食安全底线协调后城镇开发边界	矢量数据(.shp)

11.3.5　协调过程

1. 地质灾害风险区协调

(1)加载数据。

• 将所需数据加载至【内容列表】面板(图 11-20)。

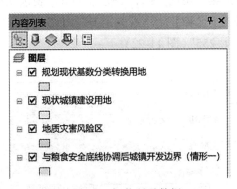

图 11-20　加载所需数据

(2)分别融合用于协调的数据,简化各数据的字段。

• 点击菜单栏中的【地理处理】→【联合】,打开【融合】对话框。

• 将"现状城镇建设用地"图层添加至【输入要素】(图 11-21)。

• 点击【浏览 🗁】按钮,打开【输出要素类】对话框,选择"第十一章 城镇开发边界与三条底线协调 \ 11.3 国土安全底线协调.gdb"文件地理数据库,并将文件命名为"现状城

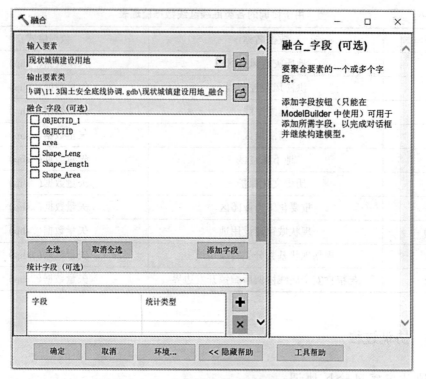

图 11-21　融合"现状城镇建设用地"字段

镇建设用地_融合",点击【保存】,点击【确定】。

　　• 右键点击"现状城镇建设用地_融合"图层,点击【表选项▦▾】→【添加字段】,打开【添加字段】对话框。修改【名称】为"XZCZJSYD",【类型】为"文本",【别名】为"现状城镇建设用地",【长度】为"255"(图 11-22)。

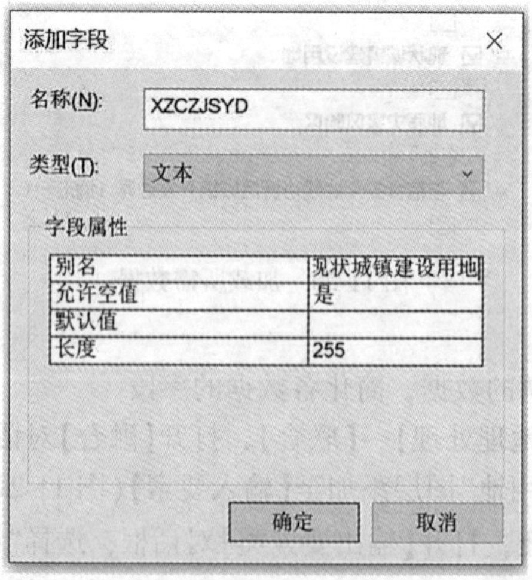

图 11-22　添加"现状城镇建设用地"字段

• 右键单击新建的"现状城镇建设用地"字段→选择【字段计算器】，键入"是"（图11-23）。点击【确定】。

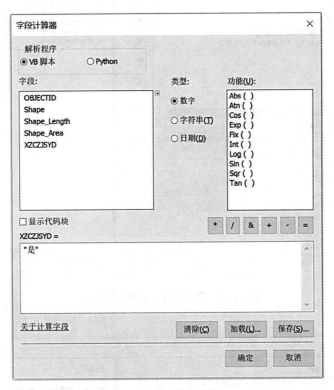

图 11-23　字段计算器

"规划现状基数分类转换用地"图层处理方法相同，在此不再赘述。

（3）将融合后的数据进行联合。

• 点击菜单栏中的【地理处理】→【联合】，打开【联合】对话框。

• 将"现状城镇建设用地_融合""规划现状基数分类转换用地_融合"图层添加至【输入要素】对话框（图 11-24）。

• 点击【浏览 ⏏】按钮，打开【输出要素类】对话框，选择"第十一章 城镇开发边界与二条底线协调 \ 11.3 国土安全底线协调成果数据 \ 国土安全底线协调 . gdb"文件地理数据库，并将文件命名为"两类数据联合"，点击【保存】，点击【确定】。

（4）运用联合后的数据标识城镇开发边界。

• 点击【ArcToolbox ⬛】按钮，选择【分析工具】→【叠加分析】→【标识】，打开【标识】对话框。

• 将"与粮食安全底线协调后城镇开发边界（情形一）"添加至【输入要素】，将"两类数据联合"添加至【标识要素】（图 11-25）。

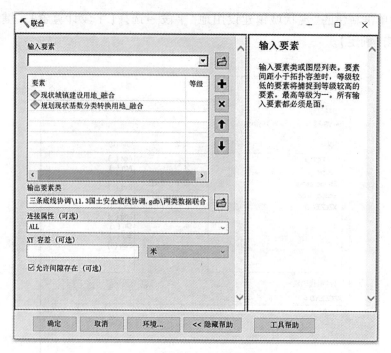

图 11-24　添加要素至【联合】对话框

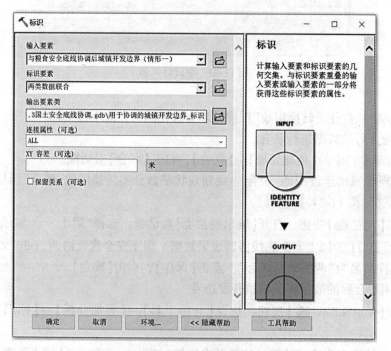

图 11-25　将要素添加至【标识】对话框

- 点击【浏览 📁】按钮，打开【输出数据集】对话框，选择"第十一章 城镇开发边界与

三条底线协调 \ 11.3 国土安全底线协调.gdb"文件地理数据库,并将文件命名为"用于协调的城镇开发边界_标识",点击【保存】,点击【确定】。

(5)运用相交工具识别重叠图斑。

• 点击菜单栏中的【地理处理】→【相交】,打开【相交】对话框。

• 将"地质灾害风险区""用于协调的城镇开发边界_标识"图层添加至【输入要素】(图11-26)。

图 11-26 将数据添加至【相交】对话框

• 点击【浏览 📁】按钮,打开【输出要素类】对话框,选择"第十一章 城镇开发边界与三条底线协调 \ 11.3 国土安全底线协调.gdb"文件地理数据库,并将文件命名为"城镇开发边界与地质灾害风险区冲突图斑",点击【保存】(图11-27),点击【确定】。

(6)擦除需要剔除的图斑。

• 选择重叠图斑中高易发区或中易发区内非现状建设用地(含现状),调出开发边界。右键点击"城镇开发边界与地质灾害风险区冲突图斑"图层→【打开属性表】。筛选出"易发分区"等于"中易发区"且不属于"现状城镇建设用地",也不属于"规划现状基数分类转换用地"的图斑(图11-28)。

筛选条件:YFFQ = ' 地质灾害中易发区 ' AND XZCZJSYD < > ' 是 ' AND GHXZJSFLZHYD <> ' 是 ' 。

• 右键单击"城镇开发边界与地质灾害风险区冲突图斑"图层,在弹出菜单中选择【数据】→【导出数据】,打开【导出数据】对话框。

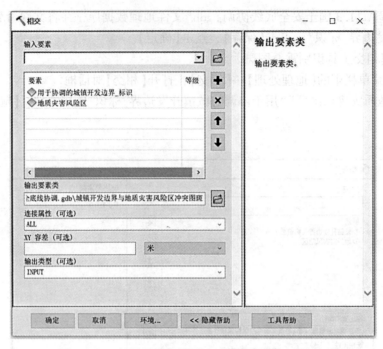

图 11-27　"城镇开发边界"与"地质灾害风险区"相交

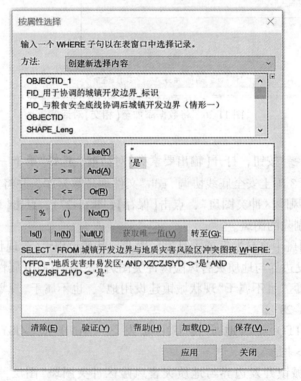

图 11-28　筛选剔除图斑

- 点击【浏览　】按钮，弹出【保存数据】对话框，修改【保存类型】为"文件和个人地理数据库要素类"；修改【名称】为"拟擦除地质灾害风险区图斑"；修改数据保存位置为"第十一章 城镇开发边界与三条底线协调 \ 11.3 国土安全底线协调 . gdb"；点击【保存】。
- 点击【ArcToolbox　】按钮，选择【分析工具】→【叠加分析】→【擦除】，打开【擦除】对话框。
- 将"与粮食安全底线协调后城镇开发边界（情形一）"添加至【输入要素】，将"拟擦除地质灾害风险区图斑"添加至【擦除要素】（图 11-29）。

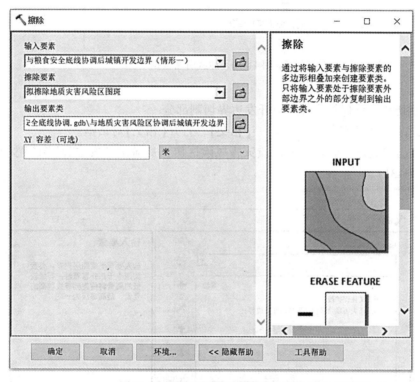

图 11-29　添加要素至【擦除】对话框

- 点击【浏览　】按钮，弹出【保存数据】对话框，修改【保存类型】为"文件和个人地理数据库要素类"；修改【名称】为"与地质灾害风险区协调后城镇开发边界"；修改数据保存位置为"第十一章 城镇开发边界与三条底线协调 \ 11.3 国土安全底线协调 . gdb"；点击【保存】。

至此，开发边界与地质灾害风险区的协调完成。

2. 历史文化保护区协调

1）加载数据
- 将所需数据加载至【内容列表】面板（图 11-30）。

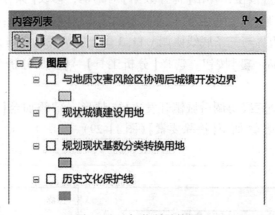

图 11-30　加载所需数据

2）识别历史文化保护线被城镇开发边界切割部分

- 点击菜单栏中的【地理处理】→【相交】，打开【相交】对话框。
- 将"历史文化保护线""与地质灾害风险区协调后城镇开发边界"图层添加至【输入要素】（图 11-31）。

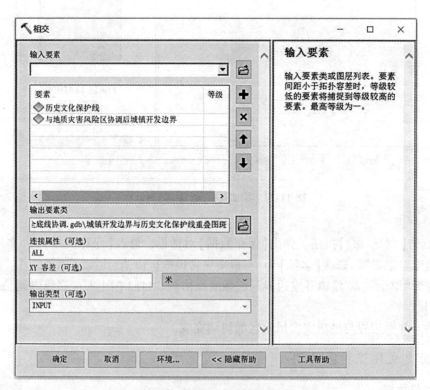

图 11-31　将数据添加至【相交】对话框

- 点击【浏览 📁】按钮，打开【输出要素类】对话框，选择"第十一章 城镇开发边界与三条底线协调 \ 11.3 国土安全底线协调 . gdb"文件地理数据库，并将文件命名为"城镇开发边界与历史文化保护线重叠图斑"，点击【保存】，点击【确定】。
- 点击【选择要素 🖱 ▾】按钮，选择重叠图斑中被城镇开发边界从中切割的部分（不含被城镇开发边界完整包围的片区），选中图斑将会高亮显示。
- 右键单击"城镇开发边界与历史文化保护线重叠图斑"图层，在弹出菜单中选择【数据】→【导出数据】，打开【导出数据】对话框。
- 点击【浏览 📁】按钮，弹出【保存数据】对话框，修改【保存类型】为"文件和个人地理数据库要素类"；修改【名称】为"拟擦除历史文化保护线图斑"；修改数据保存位置为"第十一章 城镇开发边界与三条底线协调 \ 11.3 国土安全底线协调 . gdb"；点击【保存】。

3）处理被切割部分（在开发边界内剔除或补全）

（1）处理情况一：在开发边界内剔除切割部分。

- 点击【ArcToolbox 🗄】按钮，选择【分析工具】→【叠加分析】→【擦除】，打开【擦除】对话框。
- 将"与地质灾害风险区协调后城镇开发边界"添加至【输入要素】，将"拟擦除历史文化保护线图斑"添加至【擦除要素】（图11-32）。

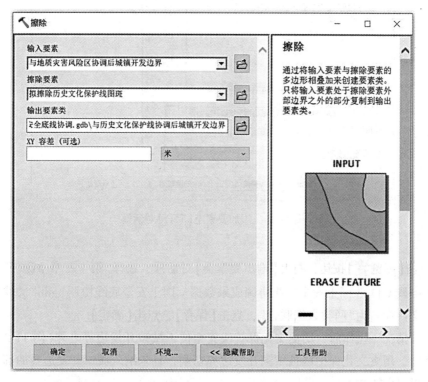

图11-32 "与地质灾害风险区协调后城镇开发边界"擦除"拟擦除历史文化保护线图斑"

●点击【浏览 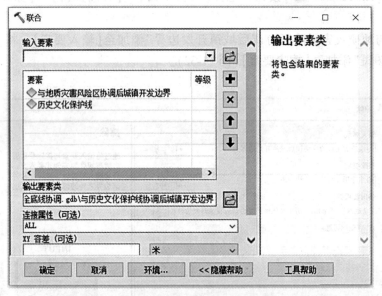】按钮，弹出【保存数据】对话框，修改【保存类型】为"文件和个人地理数据库要素类"；修改【名称】为"与历史文化保护线协调后城镇开发边界"；修改数据保存位置为"第十一章 城镇开发边界与三条底线协调 \ 11.3 国土安全底线协调.gdb"；点击【保存】。

（2）处理情况二：补全另一部分。

●打开"历史文化保护线图层"，点击工具栏中的【选择要素 】按钮，选择被城镇开发边界从中切割的图斑，选中图斑将会高亮显示。

●点击菜单栏中的【地理处理】→【联合】，打开【联合】对话框。

●将"与地质灾害风险区协调后城镇开发边界""历史文化保护线"（由于上一步操作中直选中了历史文化保护线中被切割的图斑，所以此处城镇开发边界只会与该图层中的选中图斑联合）添加至对话框（图 11-33）。

图 11-33　添加要素至【联合】对话框

●点击【浏览 】按钮，打开【输出要素类】对话框，选择"第十一章 城镇开发边界与三条底线协调 \ 11.3 国土安全底线协调成果数据 \ 国土安全底线协调.gdb"文件地理数据库，并将文件命名为"两类数据联合"，点击【保存】，点击【确定】。

按处理情况一操作后，历史文化保护线完全位于城镇开发边界之外（图 11-34）；按情况二处理后，历史文化保护区被城镇开发边界切割，且未纳入城镇开发边界的部分调入城镇开发边界（图 11-35）。

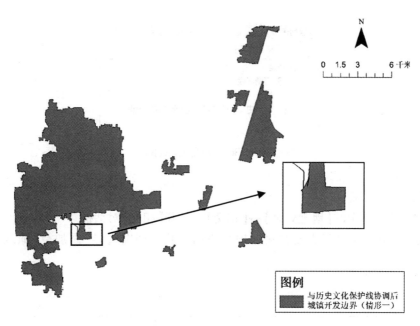

图 11-34　按处理情况一操作后协调结果

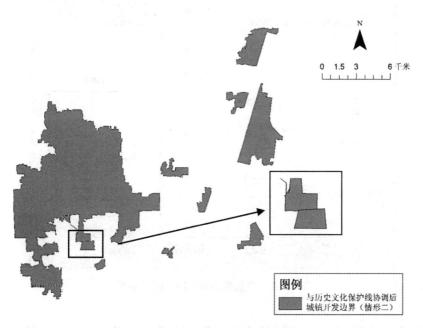

图 11-35　按处理情况二操作后协调结果

3. 河湖岸线协调

1)加载数据

● 将所需数据加载至【内容列表】面板(图 11-36)。

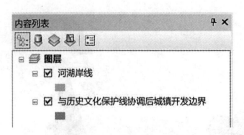

图 11-36 加载所需数据

2) 筛选重叠图斑

- 点击菜单栏中的【地理处理】→【相交】，打开【相交】对话框。
- 将"河湖岸线""与历史文化保护线协调后城镇开发边界"添加至【输入要素】(图 11-37)。

图 11-37 将数据添加至【相交】对话框

- 点击【浏览 📂】按钮，打开【输出要素类】对话框，选择"第十一章 城镇开发边界与三条底线协调 \ 11.3 国土安全底线协调 . gdb"文件地理数据库，并将文件命名为"城镇开发边界与河湖岸线重叠图斑"，点击【保存】，点击【确定】。
- 重叠部分均位于开发边界内部区域，且并未存在开发边界将河湖岸线切割的情况，故无需再对开发边界做任何处理(图 11-38)。保留在城镇开发边界内的河湖岸线，建议在"三区"划定时划为特别用途区(具体操作见 13.2.3 节"分区划定操作")。

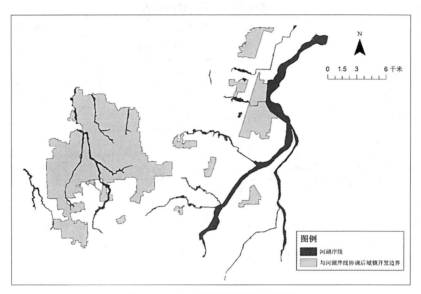

图 11-38　与河湖岸线协调后结果

11.3.6　国土安全底线协调成果入库

参考"121 号文"的要求，与本章相关的内容是地质灾害风险区及蓄滞洪区矢量图层，其数据汇交要求如下。

1. 坐标系统要求

坐标系统采用"2000 国家大地坐标系（CGCS2000）"，高程系统采用"1985 国家高程基准"，采用"高斯－克吕格投影"，国家标准分带，存在跨带的，采用经纬度坐标。

2. 矢量数据图层相关要求（表 11-7）

表 11-7　　　　　　　　　　　　　　　　矢量数据图层表

序号	图层名称	几何特征	属性表名	约束条件	备注
1	地质灾害风险区	面	DZZHFXQ	M	
2	蓄滞洪区	面	XZHQ	M	

此处的"属性表名"对应【要素类属性】中图层的【名称】，"图层名称"对应【要素类属性】中图层的【别名】。

3. 图层属性结构相关要求

"121 号文"对地质灾害风险区和蓄滞洪区图层的属性结构进行了规定（表 11-8）。

表 11-8 地质灾害风险区属性结构表

序号	字段名称	字段代码	字段类型	字段长度	小数位数	值域	约束条件	备注
1	标识码	BSM	Char	18			M	见注1
2	要素代码	YSDM	Char	10			M	见注1
3	行政区代码	XZQDM	Char	12			M	
4	行政区名称	XZQMC	Char	100			M	
5	风险区名称*	FXQMC	Char	100*			M	
6	位置	WZ	Char	50			M	
7	风险区面积	FXQMJ	Float	16	2	>0	M	单位：平方千米
8	风险区特征	FXQTZ	Char	255			O	
9	灾害特征	ZHTZ	Char	255			O	

注1：市级以县级行政单元进行统计，行政区代码、行政区名称填写到县级行政区。

注2：要素代码为"2080050310"。

注3：参考《1∶50000地质灾害调查信息化成果技术要求》。

注："风险区名称"字段及其字段长度"100"后标*，原因是在"121号文"原文中，此处字段长度为"3"，后自然资源部将其调整为"100"，但并未更新相关文件通知，质检时仍按"100"要求进行。为避免误导，此处将其更正为"100"。

需要注意的是，表 11-8 中的"字段代码"对应【属性表】中字段的【名称】，"字段名称"对应【属性表】中字段的【别名】（表 11-9）。

表 11-9 蓄滞洪区属性结构表

序号	字段名称	字段代码	字段类型	字段长度	小数位数	值域	约束条件	备注
1	标识码	BSM	Char	18			M	
2	要素代码	YSDM	Char	10			M	见注2
3	行政区代码	XZQDM	Char	12			M	见注1
4	行政区名称	XZQMC	Char	100			M	见注1
5	蓄滞洪区名称	XZHQMC	Char	3			M	
6	位置	WZ	Char	50			M	
7	蓄滞洪区面积	XZHQMJ	Float	16	2	>0	M	单位：平方千米
8	蓄滞洪区特征	XZHQTZ	Char	255			O	

注1：市级以县级行政单元进行统计，行政区代码，行政区名称填写到县级行政区。

注2：要素代码为"2080050311"。

4. 操作步骤

1)新建要素类

• 右键单击"100000某某县城镇开发边界"文件夹,在弹出的数据框中选择【新建】→【要素类】(图11-39)。

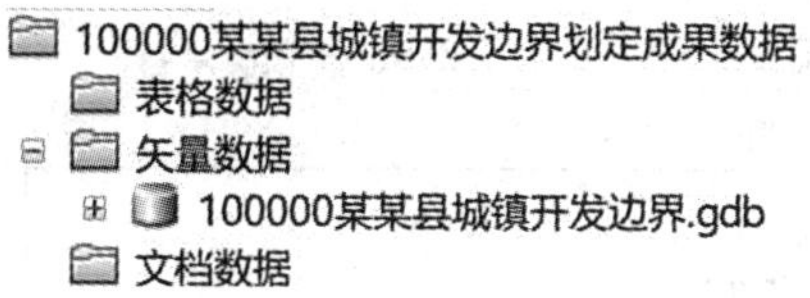

📁 100000某某县城镇开发边界划定成果数据
　📁 表格数据
　📁 矢量数据
　　🛢 100000某某县城镇开发边界.gdb
　📁 文档数据

图 11-39　新建要素类

• 设置名称为"DZZHFXQ",【别名】为"地质灾害风险区",【类型】为"面要素",点击【下一页】(图11-40)。

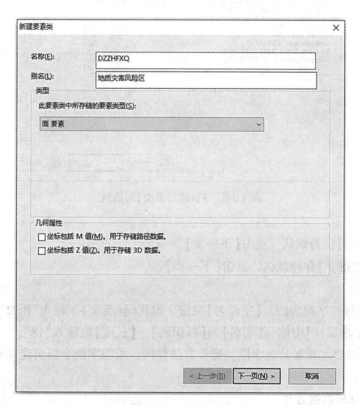

图 11-40　新建名称

• 坐标系统选择"2000国家大地坐标系(CGCS2000)",采用国家标准分带,存在跨带的,采用经纬度(图11-41)。

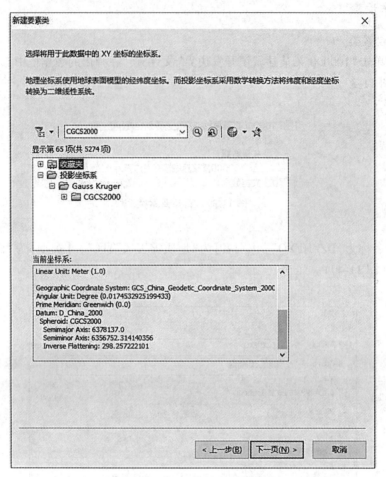

图 11-41　【新建要素类】对话框

- 【XY 容差】保持默认，点击【下一步】。
- 【配置关键字】保持默认，点击【下一步】。

2）添加字段

- 以"标识码"字段为例，【字段名】对应字段代码（英文），输入"BSM"，数据类型选择【文本】，【字段属性】中填写【别名】为【标识码】，【长度】内输入"18"。
- 同理，按要求添加其他字段，操作方法相同，所需字段全部新建完成后，点击【确定】（图 11-42）。

3）空库与基础数据合并

- 点击菜单栏中的【地理处理】→【合并】，打开【合并】对话框。
- 在【输入数据库】中加载上一步建立好的空库和搜集到的基础数据。将"地质灾害风险区""地质灾害风险区基础数据"添加至【输入数据集】（图 11-43）。

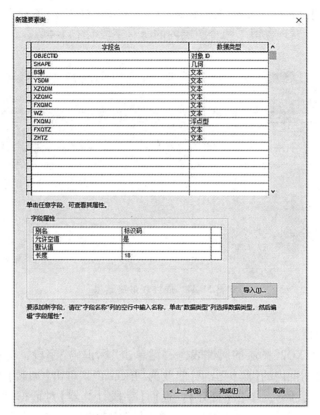

图 11-42　创建字段对话框

图 11-43　【合并】对话框

● 点击【确定】，此时可以发现，新的图层"DZZHFXQ2"已加载至【内容列表】面板，打开其属性表，可以发现保留了两个图层内的所有字段(图 11-44)。

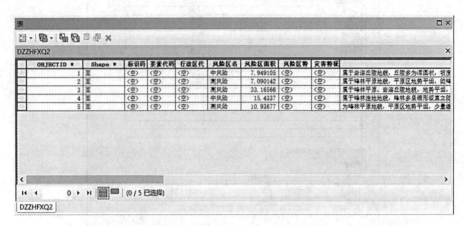

图 11-44　属性表最终结果

4)填写字段内容

● 打开"DZZHFXQ2"图层的属性表，右键单击"标识码"字段，选择【字段计算器】，将【字段计算器】对话框内的【解析程序】修改为"Python"，单击【加载】按钮，选择随书数据中的"标识码计算代码"，单击【打开】。返回【字段计算器】对话框后，将代码中的"××××××"修改为"行政区代码"(6 位)，单击【确定】(图 11-45)。

图 11-45　【字段计算器】对话框

• 右键单击"要素代码"字段，选择【字段计算器】。键入"2080050310"，点击【确定】（图 11-46）。

图 11-46　【字段计算器】对话框

• 若要将某字段的值赋给另一字段，采用【字段计算器】，右键点击需要修改的字段"风险区特征"，选择【字段计算器】（图 11-47）。直接在代码块中选择所需要的字段。

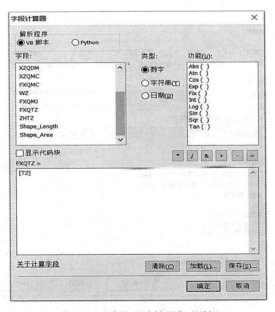

图 11-47　【字段计算器】对话框

● 批量删除冗余字段。点击【ArcToolbox 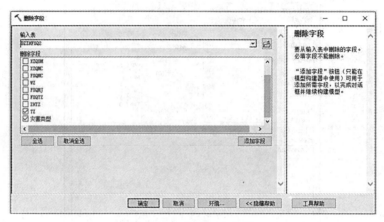】按钮，选择【数据管理工具】→【字段】→【删除字段】，打开【删除字段】对话框。将【输入表】中选择"DZZHFXQ2"，在【删除字段】中勾选删除"TZ（特征）""灾害类型"，点击【确定】按钮（图 11-48）。

图 11-48　删除冗余字段

5）删除空数据库，更改要素类别名
● 在【目录】面板中浏览到"步骤 1）"中所建规范文件夹，找到空库"DZZHFXQ"，右键点击【删除】→【是】；右键点击"DZZHFXQ2"要素类，在弹出的数据框中选择【重命名】，将其名称更改为"DZZHFXQ"；右键点击上一步重命名后的要素"DZZHFXQ"，在弹出的数据框中选择【属性】；在【要素属性类】数据框中点击【常规】。设置【别名】为"地质灾害风险区"（图 11-49）。

图 11-49　【要素类属性】对话框

● 至此,"地质灾害风险区"要素类已按"121 号文"要求在数据库中建好。"蓄滞洪区"要素类的操作同上。

11.4　城镇开发边界与三条底线协调结果

三条底线协调完之后,将协调后的开发边界导出并命名为"协调后城镇开发边界"(图 11-50),处理完成的数据作为下一章继续对城镇开发边界进行调整的基础。

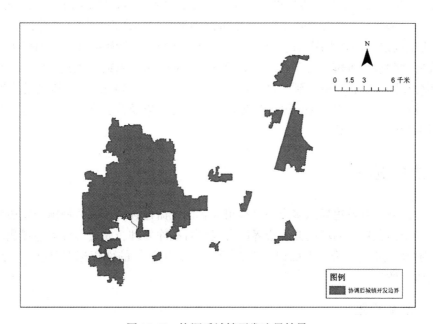

图 11-50　协调后城镇开发边界结果

11.5　小结

城镇开发边界的协调贯穿于其划定全过程,需要其在与各线之间协调的过程中,不断得到完善。本章具体阐述了城镇开发边界与生态安全底线、粮食安全底线以及国土安全底线之间的协调规则以及具体操作。但是,本章所提供的操作顺序以及相关协调规则也只是理想状态之下的参考,在实际操作过程之中,协调可能并不一定会遵循某个严定的步骤和顺序,大多数时候还要根据实际情况(例如获取相关基础数据的先后)来灵活操作。

第12章 城镇开发边界调整及划定

本书第 10 章对城镇开发边界进行了初步划定，并在第 11 章中将其与三条底线协调。协调后的边界基本与预测规模一致，但是通常仍存在局部形态分散、零碎的状况。而在《市级国土空间总体规划编制指南（试行）》（本章下文简称《指南》）文件中明确提出，城镇开发边界要做到清晰可辨、便于管理。城镇开发边界应由一条或多条连续闭合线组成，并且单一闭合线围合面积还应达到一定的规模（原则上不小于 30 公顷）。因此还需对协调后的城镇开发边界进行调整以保证开发边界的紧凑、完整以及符合指标要求。这一过程可以分为删减和规整两个步骤。

12.1 边界删减

校核后的城镇开发边界由多个闭合线组成，因此需检查每个独立城镇开发边界闭合线的面积，对于面积较小的城镇开发边界闭合线进行剔除处理，此过程称为边界删减。本节依照《指南》中规定的标准，即面积小于 30 公顷，各地具体的面积标准可能不一致，但操作思路大体一致。

12.1.1 删减思路

将城镇开发边界拆分为独立的闭合线，计算每一独立地块闭合线的面积，对小于 30 公顷的独立闭合线可考虑删除（图 12-1）。实际操作中若是小于 30 公顷、但又必须保留的闭合线，对其合理性和必要性予以特殊说明即可。

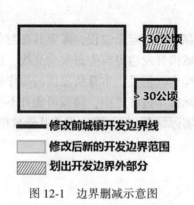

图 12-1 边界删减示意图

12.1.2 删减操作

此处涉及的基础数据是"协调后城镇开发边界"(表 12-1)。

表 12-1   **边界删减操作基础数据汇总表**

序号	数据名称	数据类型
1	协调后城镇开发边界	.shp

1) 添加字段

- 将"协调后城镇开发边界"图层加载至【内容列表】面板(图 12-2)。

图 12-2   加载数据

- 右键单击"协调后城镇开发边界"图层,在弹出菜单中选择【打开属性表】。点击【表选项 ⊟ ▾】→【添加字段】,弹出【添加字段】对话框(图 12-3)。修改【名称】为"MJ",【类型】为"双精度",【别名】为"面积(公顷)"。

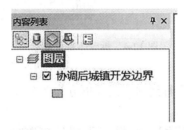

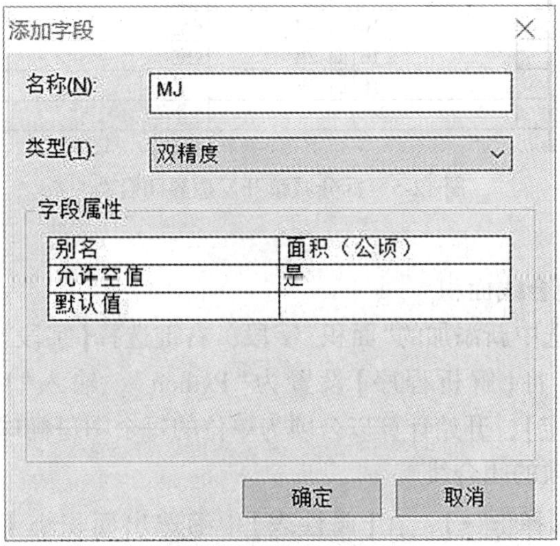

图 12-3   添加字段

2)拆分城镇开发边界为独立的闭合线
- 右键单击"协调后城镇开发边界"图层,选择【编辑要素】→【开始编辑】。
- 点击【编辑工具】,选中协调后城镇开发边界图斑,该图斑会被高亮显示。
- 在【高级编辑器】中选择【拆分多部件要素 ✖】(图 12-4)。

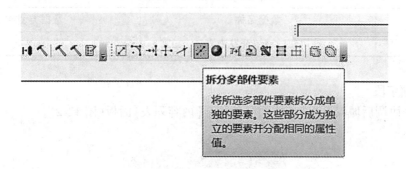

图 12-4　拆分多部件要素

- 再打开【属性表】,即可看到图层已经拆分为多个独立闭合线(图 12-5)。

协调后城镇开发边界			
OBJECTID	Shape *	面积	
16	面 ZM	〈空〉	
16	面 ZM	〈空〉	
16	面 ZM	〈空〉	
16	面 ZM	〈空〉	
16	面 ZM	〈空〉	
16	面 ZM	〈空〉	
16	面 ZM	〈空〉	
16	面 ZM	〈空〉	
16	面 ZM	〈空〉	
16	面 ZM	〈空〉	
16	面 ZM	〈空〉	

图 12-5　拆分城镇开发边界闭合线

3)计算开发边界闭合线面积
- 在【属性表】中选中新添加的"面积"字段,右键选择【字段计算器】,在弹出的【字段计算器】对话框中,将【解析程序】设置为"Python",输入"! shape. geodesicArea! ／10000"代码,点击【确定】,开始计算以公顷为单位的每个图斑椭球面积(图 12-6)。

4)删除小于 30 公顷的闭合线
- 选择【按属性选择 ▣ ▾】,在【属性表】中筛选出面积小于 30 公顷的闭合线(图 12-7)。

筛选条件:[MJ] <30。

图 12-6　计算图斑椭球面积

图 12-7　筛选面积

- 再次回到属性表界面，在属性表左侧位置右键单击，选择【删除所选项】（图12-8）。

图 12-8 删除所选项

● 完成后，点击【编辑器】→【停止编辑】，弹出【保存】对话框，提示【是否要保存编辑内容?】，点击【是】。

5) 导出数据

● 右键单击"协调后城镇开发边界"图层，在图层处右击，在弹出的菜单栏中依次选择【数据】→【导出数据】，打开【导出数据】对话框。

● 点击【浏览 📂 】按钮，弹出【保存数据】对话框，修改【保存类型】为"文件和个人地理数据库要素类"；修改【名称】为"删减后城镇开发边界"；修改数据保存位置为"第十二章 城镇开发边界调整及划定 \ 第十二章 城镇开发边界调整及划定 . gdb"；点击【保存】。

至此，"边界删减"转换操作全部完成。

12.2 边界规整

删减后的城镇开发边界仍会有较多锯齿、形态凌乱的情况，因此还需进行规整处理。《指南》中建议处理过程中尽量利用各类行政区界线、地块边界线、地理边界线、行政管辖线、交通线等边界线。

12.2.1 规整思路

规整的思路是对城镇开发边界内可划入要素(详见 10.2 节部分)超出边界线的部分沿

着边界线删除，使得边界规则整齐。目前可参照的边界线及规整规则如表 12-2 所示。

表 12-2   参照边界线

参考要素	具体内容	规整要素	规整原因	规整结果
行政管理界线	各级行政边界	城镇开发边界内可划入要素（双评价城镇建设适宜区、城区范围、既有管控规划要素）	超出部分形态参差不齐或者面积较小不适宜建设	删除超出部分，规整边界至参考要素线一致
地块边界线	现状城镇建设用地、规划现状基数分类转换用地、重大项目用地			
交通线	城市道路红线、省道、国道等			
地理边界线	水库管理线、山体保护线等			

本书以交通线为例，对于划定的城镇开发边界进行规整检查。在城镇开发边界的边缘区域，道路红线将开发边界分为两部分。若左部分斑块（图中虚线方框中间部分）为可划入要素，此时该图斑面积较小且形态曲折不适宜建设，则建议剔除多余部分以规整边界（图 12-9）。

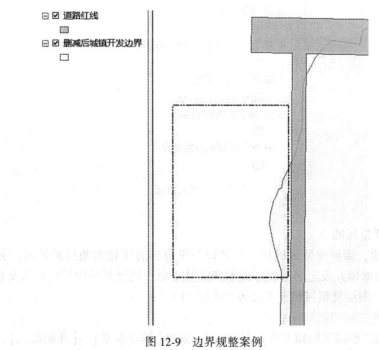

图 12-9 边界规整案例

12.2.2　规整操作

依据前文分析整理了用于规整的数据，包括参考要素数据、城镇开发边界类数据（表12-3）。本书以道路红线数据为例示范边界规整的操作，其他边界线的操作同理。

表 12-3　　　　　　　　　　　　　用于规整的数据

序号	资料类型	主要内容	数据类型	数据格式
1	参考要素数据	城市道路红线	矢量文件	shp
2		现状城镇建设用地	矢量文件	shp
3		规划现状基数分类转换用地	矢量文件	shp
4		重大项目用地	矢量文件	shp
5	城镇开发边界	删减后城镇开发边界	矢量文件	shp

1）添加数据
- 将所需数据加载至【内容列表】面板（图 12-10）。

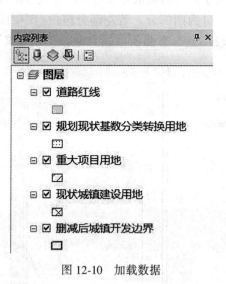

图 12-10　加载数据

2）检查需规整区域
- 一般来说，需要规整区域都是在城镇开发边界边缘较为曲折的区域。如图中虚线方框所示，框内城镇开发边界边线参差不齐，且不属于城镇开发边界应划入要素，因此可利用"道路红线"图层规整城镇开发边界（图 12-11）。

3）边界规整
- 右键单击"删减后城镇开发边界"图层，选择【编辑要素】→【开始编辑】。

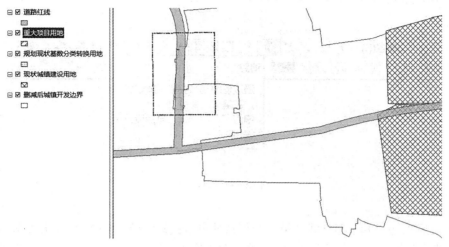

图 12-11　检查边缘区域

- 点击【编辑工具】，选中城镇开发边界的图斑(图 12-12)。

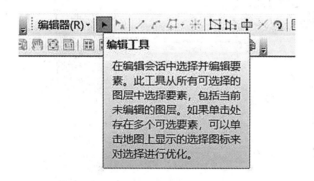

图 12-12　编辑工具

- 点击【裁剪面工具】(图 12-13)，在目标图斑上通过点击画出分界线。

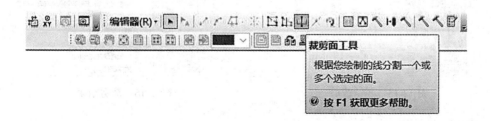

图 12-13　裁剪面工具

● 在【编辑器】里选择【追踪】功能(图 12-14)。

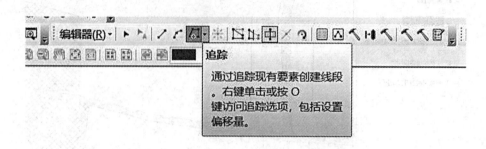

图 12-14　追踪工具

● 在开发边界和道路红线的第一个折点处单击鼠标左键(图 12-15),开始裁剪。沿着道路红线直至第二个折点(图 12-16),单击左键停止追踪,右击【完成草图】,完成裁剪。

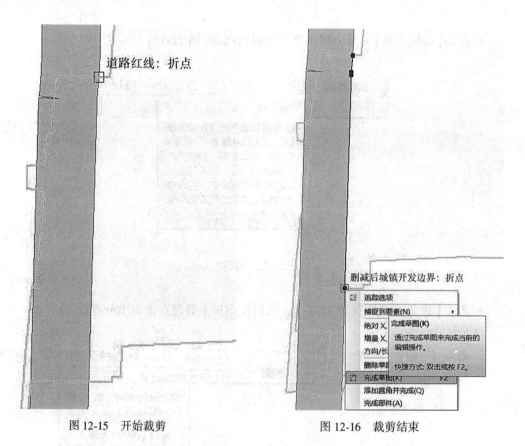

图 12-15　开始裁剪　　　　　　　　　　　图 12-16　裁剪结束

● 裁剪过的图斑,会在属性表中生成为新数据项(图 12-17)。
● 点击【编辑工具】,选中需要删除的图斑,右键点击【删除】,删除图斑。

OBJECTID_1 *	Shape *
1	面 ZM
2	面 ZM
3	面 ZM
4	面 ZM
5	面 ZM
6	面 ZM
7	面 ZM
8	面 ZM
9	面 ZM
10	面 ZM
11	面 ZM
12	面 ZM

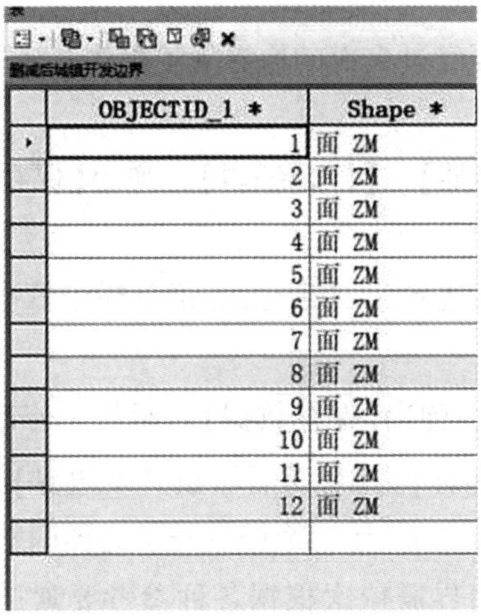

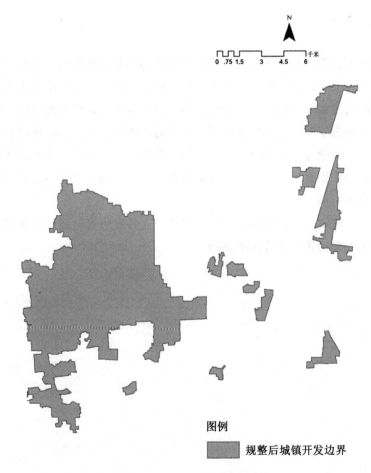

图 12-17　生成新数据项

图 12-18　规整后城镇开发边界

4）导出数据

具体操作中开发边界需要经过多次的边界规整操作，待边界所有规整操作结束后，将结果导出即可。

- 规整完成后点击【编辑器】→【停止编辑】，弹出【保存】对话框，提示【是否要保存编辑内容？】，点击【是】。
- 右击"删减后城镇开发边界"，在弹出的菜单栏中依次选择【数据】→【导出数据】，打开【导出数据】对话框。
- 点击【浏览 🖰】按钮，弹出【保存数据】对话框，修改【保存类型】为"文件和个人地理数据库要素类"；修改【名称】为【规整后城镇开发边界】；修改数据保存位置为"第十二章 城镇开发边界调整及划定 \ 第十二章 城镇开发边界调整及划定 . gdb"；点击【保存】。

实际操作中，城镇开发边界需依次根据各种参考要素进行规整，多次规整后，此时"边界规整"操作全部完成(图 12-18)。

12.3 小结

开发边界的调整是开发边界划定过程不可或缺的环节。本章基于协调后的城镇开发边界，依据相关文件要求，展示如何对边界进行调整，目的在于通过调整边界使得城镇开发边界更符合实际管理需要。按工作流程将边界调整分为边界删减和边界规整两个操作，其中边界删减操作是为了删除小而零散的城镇开发边界地块。在实际操作过程之中，由于各省之间政策差异，所设定的最小单个边界规模需要依据地方政策文件和具体的实际情况而定。而边界规整操作则是根据多个参考要素数据，检查并裁剪开发边界的边缘区域，使得城镇开发边界清晰可辨。

在本章之中，城镇开发边界调整之后也就意味着开发边界范围已经确定，得到的结果作为下一章城镇开发边界内部分区的基础。

第13章 城镇开发边界分区划定

为落实城市发展与国土资源的合理配置，科学实施国土空间用途管制，需要对城镇开发边界进行分区，对边界内的国土空间保护开发做出综合部署和总体安排，形成保护环境和节约资源的可持续发展空间格局。《市级国土空间总体规划编制指南(试行)》(本章下文简称《指南》)对于分区划定提出了原则性、导向性的要求，但并没有规定具体的分区划定方法和流程。本章介绍如何在开发边界基本确定的基础上划分内部的具体分区。根据分区划定的原则，结合《指南》要求，整体划定思路是优先划定特别用途区，其次保证现状城镇建设用地划入集中建设区，最后协调集中建设区和弹性发展区的空间分布以及面积比例要求。

13.1 分区概念以及划定原则

13.1.1 分区的概念

城镇开发边界内部的三个分区分别为集中建设区、弹性发展区和特别用途区。这一部分的概念在第1章"国土空间规划背景"部分已作详细解释，这里不再赘述。

13.1.2 分区划定原则

1. 特别用途区划定原则

《指南》提出，特别用途区原则上禁止任何城镇集中建设行为，因此需要进行刚性管控(表13-1)。划定特别用途区的目的主要有两点：完善城市重要功能，保证开发边界完整性。具体要求包括：①完善城市生活功能。即为城市居民日常生活提供功能性服务的河湖水系、生态湿地等需纳入特别用途区范围内。若被区域性交通干道切割的两个组团之间功能联系紧密，将区域性交通干道(铁路和高速)两侧的防护隔离地区作为特别用途区。②完善城市生态功能。即对城市有重要生态涵养作用、与城市紧密联系的山体、水体，建议纳入特别用途区。与城市距离较远，联系较小的自然要素可不纳入特别用途区。③面积比例要求。《指南》中指出对于开发边界围合面积超过城镇集中建设区面积1.5倍的，对其合理性及必要性应当予以特殊说明，所以对特别用途区的面积占比也有一定约束。

2. 集中建设区划定原则

集中建设区主要是为了将现状和增量用地集约紧凑布局，提高土地利用效率，实现由原先的增量扩张向以存量利用为主转变。划定原则主要有以下四点(表 13-1)。①识别现状城镇空间(存量空间)。根据"三调"、土地利用现状、重大建设项目，识别现状城镇空间。根据"应划尽划"原则，"三调"现状城镇集中建成区域要划入城镇开发边界。其他用地如批而未供、批而未建、在建、已建等有记录的项目，均纳入存量空间。②叠加增量空间。根据中心城区空间演变历程，多因子叠加分析规划的重大产业项目、重大交通廊道、设施，综合考虑未来城市发展方向、发展潜力、发展需求(城镇化发展需求、用地需求等)，识别城镇发展潜力地区。③合理确定边界，保护地理格局。充分利用河流、山川湖泊、山体线、交通设施等自然地理和人工地物等各种边界，同时也要结合实际，充分考虑权属和管理需求，防止出现简单切割用地管理边界的现象。④符合面积比例要求。《指南》中提出应该将绝大部分规划城镇建设用地划入集中建设区内，其中市级总规要求至少80%的市辖区规划城镇建设用地总规模应划入集中建设区，县级总规要求 90%。因此在划定的时候需要将现状的城镇建设用地作为划定集中建设区的基础，补足规划城镇建设用地面积要求的增量部分，则尽量落在集中建设区内。

3. 弹性发展区划定原则

弹性发展区需要研判城镇发展潜力，为可能的发展留有弹性空间，以适应将来城镇发展的不确定性。划定原则主要有以下三点(表 13-1)。①筛选未来有发展潜力区域。根据城市功能结构，发展诉求和重要的交通节点、重点项目等，筛选未来有发展动力的区域。②明确弹性发展区规模和布局。按照城镇集中建设区的相应比例，合理划定弹性发展区规模，保证城市未来发展可行性；并且要与集中建设区有效衔接，调整弹性发展区的布局和规模。③符合面积比例要求。城镇弹性发展区面积，原则上不超过城镇集中建设区面积的15%；其中现状城区常住人口 300 万以上的城市的城镇弹性发展区面积，原则上不超过城镇集中建设区面积的10%；现状城区常住人口 500 万以上城市、收缩城镇及人均城镇建设用地显著超标的城镇，应进一步收紧弹性发展区所占比例，原则上不超过城镇集中建设区面积的 5%。

表 13-1　　分区划定原则

分区名称	纳入要素	面积要求	考虑因素
特别用途区	1. 山水要素 2. 被区域性交通干道切割的两个组团之间功能联系紧密，将区域性交通干道(铁路和高速)两侧的防护隔离地区作为特别用途区 3. 历史要素	对于开发边界围合面积超过城镇集中建设区面积 1.5 倍的，对其合理性及必要性应当予以特殊说明	当划定特别用途区时，可能会有没有矢量数据的大面积山体、水体，此时需要具体问题具体分析：可根据卫星图和"三调"属性自行判断

分区名称	纳入要素	面积要求	考虑因素
集中建设区	1. 保留现状空间 2. 叠加增量空间	市级总规城镇开发边界划定要求至少80%的市辖区规划城镇建设用地总规模应划入集中建设区，县级总规要求90%	合理确定边界，防止出现简单切割地管理边界的现象
弹性发展区	筛选未来有发展潜力区域	城镇弹性发展区面积原则上不超过城镇集中建设区面积的15%	按照城镇集中建设区的相应比例，合理划定弹性发展区规模

13.2 划定思路及技术路线

13.2.1 划定思路

"三区"划定时，可首先划定特别用途区，后划定集中建设区和弹性发展区(图13-1)。

1. 划定特别用途区

在《指南》里提出开发边界内优先划定生态涵养、休闲游憩、防护隔离、自然和历史文化保护等地域空间。融合此类空间之后，与城镇开发边界重叠的部分即为特别用途区的范围(表13-2)。

表13-2 **纳入特别用途区要素分析表**

需纳入特别用途区要素	矢量文件
山水要素：为城市居民日常生活提供功能性服务的河湖水系、生态湿地等和对城市有重要生态涵养作用，与城市紧密联系的山体、水体	水域范围线、重要保护山体范围线、湿地公园保护线等
防护绿带：若被区域性交通干道切割的两个组团之间功能联系紧密，将区域性交通干道(铁路和高速)两侧的防护隔离地区作为特别用途区	基数转换数据相关用地图斑
历史遗迹：需要保留的历史遗迹，或有明确的历史保护线范围可作为特别用途区	历史保护线

2. 划定集中建设区和弹性发展区

城镇开发边界除特别用途区外剩余部分即为集中建设区和弹性发展区。集中建设区和弹性发展区划定之前，应根据上级下达指标确定二者面积比例，以控制"三区"规模（图13-1）。

确定面积后，首先进行集中建设区的划定。优先将现状城镇建设用地、规划现状基数分类转换用地、重大项目等必划入空间全部纳入集中建设区范围内。若此时面积指标未满足，则继续根据划定原则在剩余未划定空间内划定剩余集中建设区，直到满足面积指标。两次划定的区域即为集中建设区。剩余未划定空间即为弹性发展区。

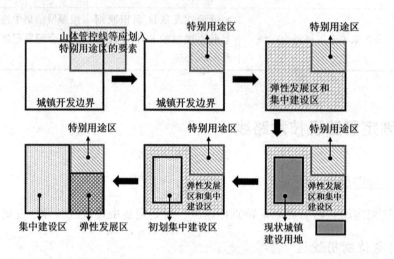

图 13-1　"三区"划定思路图

13.2.2　数据准备

本节整理了用于分区划定的数据，包括纳入特别用途区的管控线、现状城镇建设用地和第 12 章所生成的城镇开发边界（表 13-3），由于操作步骤大同小异，因此本节将选取其中的部分数据进行操作演示。

本节实例中的城镇开发边界内需划入特别用途区的部分只有河湖水岸线范围，因此将河湖水域岸线管理保护范围边界的划定成果整理为"河湖划界"图层，以便后续操作。

表 13-3　　　　　　　　　　　　　　　用于分区划定的数据

序号	资料类型	主要内容	数据类型	数据格式
1	纳入特别用途的管控线	河湖划界	矢量文件	shp
2	初划集中建设区	现状城镇建设用地	矢量文件	shp
3	城镇开发边界	规整后城镇开发边界	矢量文件	shp

13.2.3 分区划定操作

1. 划定特别用途区

操作前应将每个图层进行融合，融合后进行城镇开发边界"三区"划定。

(1)导入数据。

• 为了划定特别用途区，导入所需数据"规整后城镇开发边界""河湖划界"和"现状城镇建设用地"图层(图 13-2)。

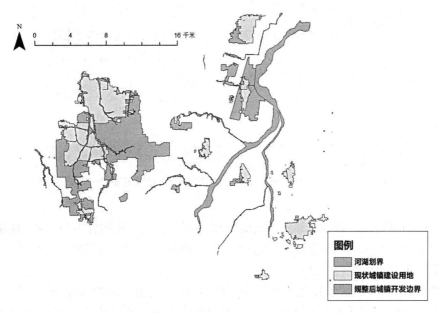

图 13-2 "河湖划界""规整后城镇开发边界"与"现状城镇建设用地"

(2)规整后城镇开发边界、河湖划界与现状城镇建设用地三者进行联合。

• 联合工具的介绍可以详见本书 2.1.1 小节"ArcGis 界面介绍"。打开【系统工具箱】→【Analysis Tool.tbx】→【叠加分析】→【联合】工具。

• 在【输入要素】中点击【浏览🗁】，添加"河湖划界""规整后城镇开发边界"和"现状城镇建设用地"图层，在【输出要素类】中，点击【浏览🗁】按钮，弹出【保存数据】对话框，修改【保存类型】为"文件和个人地理数据库要素类"；修改【名称】为"城镇开发边界联合"；数据保存位置为"第十三章 城镇开发边界分区划定 \ 第十三章镇开发边界分区划定.gdb"，点击【确定】(图 13-3)。

(3)根据"城镇开发边界联合"属性表筛选特别用途区。

• 打开"城镇开发边界联合"属性表，可看见自动生成的"FID_河湖划界""FID_规整后城镇开发边界"和"FID_现状城镇建设用地"字段。属性表中系统自动生成字段内容存在

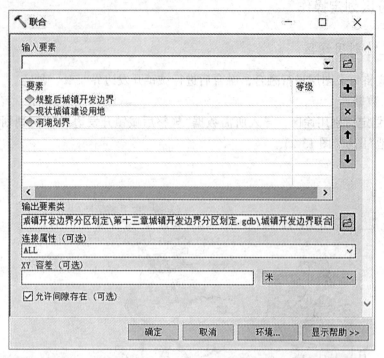

图 13-3　"规整后城镇开发边界""河湖划界"和"现状城镇建设用地"联合

"1"或"-1"两种情况。例如，某一图斑的"FID_河湖划界"字段内容为"1"时，则说明此图斑与河湖划界完全相交，当字段内容为"-1"时，则此图斑与河湖划界没有交集。

现有如下四种情况(图 13-4)。

①当"FID_规整后城镇开发边界"字段为"-1"时，则说明河湖划界和现状城镇建设用地均不在规整后城镇开发边界之内，之后不会纳入考虑，此次操作中有三个图斑为这种情况。

②当"FID_规整后城镇开发边界"字段为"1"时，"FID_河湖划界"字段为"1"时，此类图斑为城镇开发边界内的河湖划界，划为"特别用途区"，此次操作中有两个图斑为这种情况。

③当"FID_规整后城镇开发边界"字段为"1"时，"FID_河湖划界"字段为"-1"时，"FID_现状城镇建设用地"字段为"1"时，此类图斑为规整后城镇开发边界和现状城镇建设用地重叠部分，即此图斑划为"集中建设区"，此次操作中有一个图斑为这种情况。

④当"FID_规整后城镇开发边界"字段为"1"时，"FID_河湖划界"字段为"-1"时，"FID_现状城镇建设用地"字段为"-1"时，此类图斑为规整后城镇开发边界与河湖划界和现状城镇建设用地不重合部分，即此图斑划为"剩余集中建设区和弹性发展区"，此次操作中有一个图斑为这种情况。

(4)添加分区字段，划定特别用途区。

• 打开"城镇开发边界联合"属性表，点击【表选项 ▤ ▾】→【添加字段】，【名称】填

城镇开发边界联合					
	OBJECTID *	Shape *	FID_现状城镇建设用地	FID_规整后城镇开发边界	FID_河湖划界
	2	面 ZM	-1	1	-1
	4	面 ZM	1	1	-1
	6	面 ZM	-1	1	1
	7	面 ZM	1	1	1
	1	面 ZM	1	-1	-1
	3	面 ZM	-1	-1	1
	5	面 ZM	1	-1	1

图 13-4 "城镇开发边界联合"属性表

写"分区名称",【类型】选取"文本",【长度】设置为"20",点击"确定"(图 13-5)。

图 13-5 添加"分区名称"字段

- 右键单击"城镇开发边界联合"图层,选择"编辑要素"→"开始编辑"。
- 由于"三区"划定是在城镇开发边界内部进行,所以将置于开发边界外的,即"FID_规整后城镇开发边界"字段为"-1"的图斑删除。选中图斑,删除此图斑。
- 在"FID_河湖划界"字段为"1"且"FID_规整后城镇开发边界"字段为"1"的图斑的"分区名称"字段中填写"特别用途区"。
- 在"FID_河湖划界"字段为"-1","FID_规整后城镇开发边界"字段为"1"且"FID_现状城镇开发边界"字段为"1"的图斑的"分区名称"字段中填写"集中建设区"。
- 填写完成后点击【编辑器】→【停止编辑】,弹出【保存】对话框,提示【是否要保存编辑内容?】,点击【是】。

2. 划定集中建设区和弹性发展区

(1)计算边界内剩余面积。
- 由指标确定弹性发展区和集中建设区的面积总和,以方便划定"三区"。
- 打开"城镇开发边界联合"属性表,点击【表选项 】→【添加字段】,【名称】填写"MJ"，【类型】选择"双精度"，点击【确定】（图 13-6）。

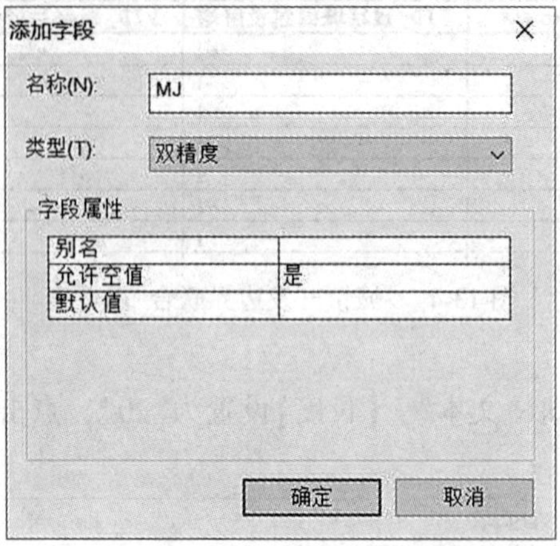

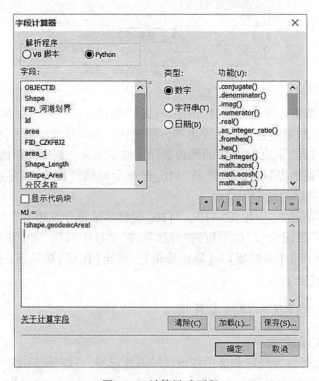

图 13-6　新建"MJ"字段

• 打开"城镇开发边界联合"图层属性表，右键单击"面积"字段，右键选择【字段计算器】，在弹出的【字段计算器】对话框中，将【解析程序】设置为"Python"，输入"！shape. geodesicArea！/10000"代码，点击【确定】，开始计算以公顷为单位的每个图斑椭球面积（图 13-7）。

图 13-7　计算椭球面积

得到城镇开发边界除特别用途区外的剩余面积，即集中建设区和弹性发展区的面积。按照集中建设区满足预测之后所需的建设用地指标，并且弹性发展区面积原则上不超过城镇集中建设区面积的 15% 的原则进行划分，具体数值以实际操作为准。

（2）将"城镇开发边界河湖划界联合"与"现状城镇建设用地"联合。

- 打开【系统工具箱】→【Analysis Tool. tbx】→【叠加分析】→【联合】工具。

- 在【输入要素】中点击【浏览】，添加"城镇开发边界河湖划界联合"和"现状城镇建设用地"，在【输出要素类】中，点击【浏览】按钮，弹出【保存数据】对话框，修改【保存类型】为"文件和个人地理数据库要素类"；修改【名称】为"城镇开发边界联合"；数据保存位置为"第十三章 城镇开发边界分区划定 \ 第十三章镇开发边界分区划定 .gdb"，点击【确定】（图 13-8）。

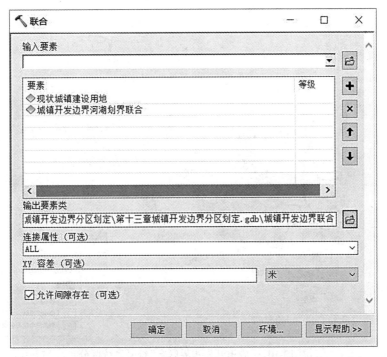

图 13-8　"城镇开发边界河湖划界联合"与"现状城镇建设用地"联合

- 右键单击"城镇开发边界联合"图层，选择【编辑要素】→【开始编辑】。

- 打开"城镇开发边界联合"属性表，因为集中建设区中不能与特别用途区重叠，所以在"FID_河湖划界"字段为"-1"，"FID_城镇开发边界河湖划界"字段为"1"，"FID_现状城镇建设用地"字段为"1"的图斑的"分区名称"字段中填写"集中建设区"（图 13-9）。

（3）将不同区域进行颜色区分，方便分区划定。

- 右键单击"城镇开发边界联合"图层，选择【属性】。选择【图层属性】→【符号字

城镇开发界联合					
	OBJECTID *	Shape *	FID_现状城镇建设用地	FID_城镇开发边界河湖划界联合	分区名称
	1	面 ZM	1	-1	
	2	面 ZM	-1	2	<空>
	3	面 ZM	-1	3	特别用途区
	4	面 ZM	1	2	<空>
	5	面 ZM	1	3	特别用途区

图 13-9　"城镇开发边界联合"属性表

段】→【显示】→【类别】→【唯一值】，再在【值字段】中选择"分区名称"，再点击【添加所有值】，点击【确定】(图 13-10)。

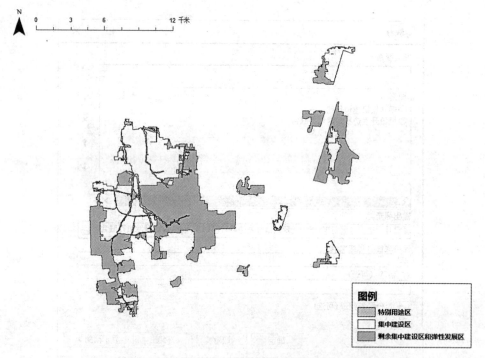

图 13-10　"城镇开发边界联合"符号系统区分

(4)划定剩余集中建设区。

· 点击【编辑器】中的【开始编辑】，进入开始编辑状态。

· 选中整个图层，再在【高级编辑器】中选择【拆分多部件要素 ✂ 】，此时，"城镇开发边界联合"图层已经被拆分为多个图斑(图 13-11)。

(5)裁剪过大图斑。

若当图斑过大，需根据具体情况进行裁剪，或根据卫星图进行划分；如果不需裁剪图斑，则跳过此步骤。

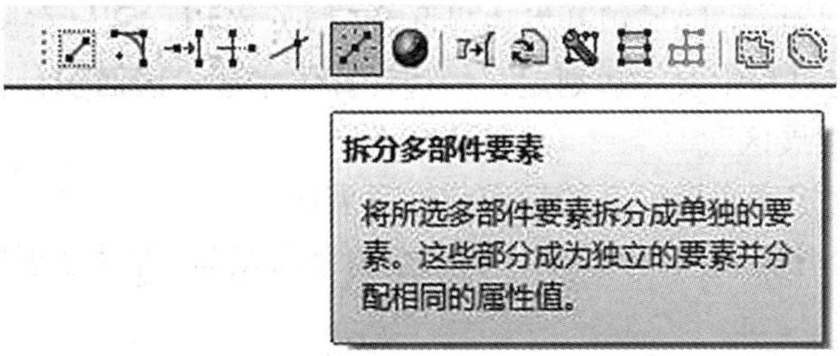

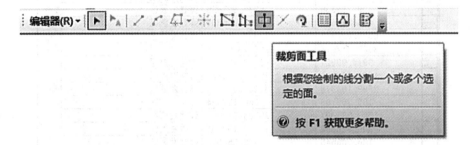

图 13-11　拆分多部件要素

- 用▶指针点击要编辑的要素，再在编辑器工具条中选择⊞【裁剪面工具】(图13-12)。

图 13-12　点击裁剪面工具

- 当光标箭头变为+时，可以对需要增加的地方进行拆分。结束时双击即可结束拆分，图斑就一分为二(图13-13)。

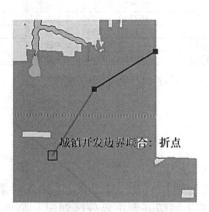

图 13-13　拆分图斑

(6)划定"集中建设区"。
- 选择适合纳入"集中建设区"的图斑，并在【属性表】中"分区名称"字段填写"集中建设区"(图 13-14)。

• 之前步骤中已计算过"城镇开发边界联合"椭球面积,所以在属性表中可以查看每个图斑面积,在划定过程中要一边划定,一边计算集中建设区面积,直至满足面积规模。

(7)划定"弹性发展区"。

在集中建设区划定完成后,开始划定弹性发展区。

• 在属性表中"分区名称"字段中,剩余空值字段填写"弹性发展区"(图 13-14)。

Shape_Length	Shape_Area	分区名称
4036.46908	200226.32857	弹性发展区
9798.887743	333293.799767	弹性发展区
65.438636	138.052035	弹性发展区
429.755638	5377.587825	弹性发展区
646.846648	3063.05301	弹性发展区
5353.909816	173033.943695	弹性发展区
3469.047914	205249.66484	弹性发展区
3914.99827	172919.177606	弹性发展区
1904.803102	72302.348144	弹性发展区
2598.193318	60264.984663	弹性发展区
105.369768	350.157384	弹性发展区
1823.082307	29505.342777	弹性发展区
909.826898	18169.158401	弹性发展区
106.906545	426.358519	弹性发展区
6174.069357	1218368.762661	弹性发展区
1280.12872	19894.472722	弹性发展区
112.095171	526.297382	弹性发展区
1464.248943	14063.270575	弹性发展区
95.734038	562.771982	弹性发展区
2140.086925	213306.95928	弹性发展区
6103.486872	690361.044412	弹性发展区
2419.799635	392570.897593	弹性发展区
4489.270175	303730.428899	弹性发展区
154.238415	1479.078861	集中建设区
39.717133	76.047552	集中建设区
927.108491	13158.887785	集中建设区

图 13-14 填写"分区名称"

3. 整合"三区"

按照"分区名称"字段融合图层。

• 点击菜单栏中的【地理处理】→【融合】工具。【输入要素】选择"城镇开发边界联合",数据保存位置为"第十三章 城镇开发边界分区划定 \ 第十三章镇开发边界分区划定.gdb",命名为"城镇开发边界分区融合";【融合_字段】选择"分区名称",点击【确定】(图 13-15)。

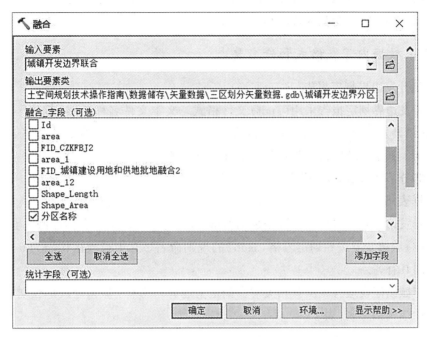

图 13-15 根据"分区名称"融合"城镇开发边界联合"

13.3 "三区"划定成果入库

13.3.1 成果提交要求

本节将以"121 号文"的要求为主,介绍与城镇开发边界相关的成果数据制作方法,具体要求如下。

1. 成果数据汇交总体要求

城镇开发边界划定成果内容以县区级为,成果上报基本单元(包括各类城市、建制镇、开发区等的开发边界),对于中心城区所在市辖区大于等于 2 个时,应将相关市辖区数据成果整合后作为一个基本单元上报,上报基本单元边界采用第三次国土调查中县(区)级行政区边界。城镇开发边界划定成果数据汇交材料应包括:纸质的加盖省级自然资源主管部门公章的数据报送公文 1 份、电子成果数据 1 套。其中电子成果数据包括:城镇开发边界划定报告、矢量数据、表格数据。电子成果数据应符合本数据汇交要求的数据内容、格式和命名要求。

坐标系统采用"2000 国家大地坐标系(CGCS2000)",高程系统采用"1985 国家高程基准",采用高斯-克吕格投影,国家标准分带,存在跨带的,采用经纬度坐标。各级行政边界统一使用第三次全国国土调查使用的行政区划边界，各个行政区之间不重、不漏，与第三次全国国土调查县级行政区代码和名称保持一致。

2. 成果数据内容、格式和命名要求

1）城镇开发边界划定报告

城镇开发边界划定报告采用（.pdf）文件格式。文本文件名称按照"行政区代码+行政区名称+城镇开发边界划定报告.pdf"的规则命名。对于中心城区所在市辖区，划定报告应合并编制，其中行政区代码为6位，后面用0补齐。

报告部分不涉及 ArcGIS 操作，故本书不做演示。

2）数据表格

城镇开发边界划定成果表格数据采用（.mdb）文件格式。文件名称按照"行政区代码+行政区名称+城镇开发边界划定表格.mdb"的规则命名。其中行政区代码为6位，不足6位的后面用0补齐。

其中与城镇建设适宜区测算相关的数据是土地资源约束下城镇建设承载规模评价结果汇总表属性结构描述表（表13-4）。

表 13-4　　　土地资源约束下城镇建设承载规模评价结果汇总表属性结构描述表

（属性表名：TDYSCZCZGM）

序号	字段名称	字段代码	字段类型	字段长度	小数位数	值域	约束条件	备注
1	要素代码	YSDM	Char	10			M	见注1
2	行政区代码	XZQDM	Char	12			M	见注2
3	行政区名称	XZQMC	Char	100			M	见注2
4	可承载建设规模	KCZJSGM	Float	15	2	>0	M	单位：平方千米
5	现状城镇建设用地面积	XZCZJSYDMJ	Float	15	2	>0	M	单位：平方千米
6	备注	BZ	Char	255			O	

注1：要素代码为2080070207。

注2：市级以县级行政单元进行统计，行政区代码、行政区名称填写到县级行政区。

表格来源：《关于加快推进永久基本农田核实整改补足和城镇开发边界划定工作的函》（自然资空间规划函〔2021〕121号）。

其中与水资源承载力分析相关的数据是水资源约束下城镇建设承载规模评价结果汇总表属性结构描述表（表13-5）。

表 13-5 水资源约束下城镇建设承载规模评价结果汇总表属性结构描述表
(属性表名：SYSCZCZGM)

序号	字段名称	字段代码	字段类型	字段长度	小数位数	值域	约束条件	备注
1	要素代码	YSDM	Char	10			M	
2	行政区代码	XZQDM	Char	12			M	见注1
3	行政区名称	XZQMC	Char	100			M	见注1
4	情景	QJ	Char	10			M	见注2
5	城镇可用水量	CZKYSL	Float	15	2	>0	M	单位：亿立方米/年
6	城镇人均需水量	CZRJXSL	Float	15	2	>0	M	单位：立方米/年
7	可载城镇人口规模	KZCZRKGM	Float	15	2	>0	M	单位：万人
8	人均城镇建设用地	RJCZJSYD	Float	15	2	>0	M	单位：平方米/人
4	可承载城镇建设用地规模	KCZCZJSYDGM	Float	15	2	>0	M	单位：平方千米
5	现状城镇建设用地面积	XZCZJSYDMJ	Float	15	2	>0	M	单位：平方千米
6	备注	BZ	Char	255			O	

注1：要素代码为2080070208。

注2：市级以县级行政单元进行统计，行政区代码、行政区名称填写到县级行政区。

注3：参考《资源环境承载能力和国土空间开发适宜性评价指南(试行)》。

表格来源：《关于加快推进永久基本农田核实整改补足和城镇开发边界划定工作的函》(自然资空间规划函〔2021〕121号)。

其中与城镇开发边界相关的表格是城镇开发边界划定相关指标表(表13-6)。

表 13-6 城镇开发边界划定相关指标表(属性表名：CZKFBJZBTJ)

序号	字段名称	字段代码	字段类型	字段长度	小数位数	值域	约束条件	备注
1	行政区代码	XZQDM	Char	12			M	
2	行政区名称	XZQMC	Char	100			M	
3	2020GDP	GDP2020	Long			>0	M	单位：亿元
4	2020城镇人口规模	CZRKGM2020	Long			>0	M	单位：万人

序号	字段名称	字段代码	字段类型	字段长度	小数位数	值域	约束条件	备注
5	2035 城镇人口规模	CZRKGM—2035	Long			>0	M	单位：万人
6	现状城镇建设用地	XZCZJSYD	Float	16	2	>0	M	单位：公顷
7	城镇开发边界围合区面积	CZKPBJWHQMJ	Float	16	2	>0	M	单位：公顷
8	城镇集中建设区面积	CZJZJSQMJ	Float	16	2	>0	O	单位：公顷
9	城镇弹性发展区面积	CZTXFZQMJ	Float	16	2	>0	O	单位：公顷
10	特别用途区面积	TBYTQMJ	Float	16	2	≥0	O	单位：公顷

注 1：行政区代码填写县级行政区单元。

注 2：城镇开发边界围合区＝城镇集中建设区＋城镇弹性发展区＋特别用途区。

注 3：规划批准后数据入库阶段，城镇集中建设区、城镇弹性发展区、特别用途区的约束条件将调整为"M"。

表格来源：《关于加快推进永久基本农田核实整改补足和城镇开发边界划定工作的函》（自然资空间规划函〔2021〕121 号）。

3）矢量数据

城镇开发边界划定成果矢量数据采用（.gdb）格式，文件名称按照"行政区代码＋行政区名称＋城镇开发边界划定表格"的规则命名。其中行政区代码为 6 位，不足 6 位的后面用 0 补齐。

其中与城镇开发边界相关的矢量数据是城镇开发边界划定属性结构描述表（表 13-7）。

表 13-7　　　　城镇开发边界划定属性结构描述表（属性表名：CZKFBJ）

序号	字段名称	字段代码	字段类型	字段长度	小数位数	值域	约束条件	备注
1	标识码	BSM	Char	18			M	
2	要素代码	YSDM	Char	10			M	
3	行政区代码	XZQDM	Char	12			M	
4	行政区名称	XZQMC	Char	100			M	
5	规划分区代码	GHFQDM	Char	3			O	见注 4
6	规划分区名称	GHFQMC	Char	50			O	见注 4

续表

序号	字段名称	字段代码	字段类型	字段长度	小数位数	值域	约束条件	备注
7	面积	MJ	Float	16	2	>0	M	单位：平方米
8	备注	BZ	Char	255			O	

注1：本图层与《市级国土空间总体规划数据库规范(试行)》中城镇开发边界属性结构保持一致。

注2：约束条件取值：M(必填)、O(可填)、C(条件必填)。

注3：城镇开发边界要素代码为：2090020213。

注4：规划分区名称、规划分区代码包括城镇集中建设区(410)、城镇弹性发展区(420)、特别用途区(430)；规划批准后数据入库阶段，约束条件将调整为"M"。

注5：城镇开发边界面积数据要与城镇开发边界报告中的面积保持一致。

表格来源：《关于加快推进永久基本农田核实整改补足和城镇开发边界划定工作的函》(自然资空间规划函〔2021〕121号)。

至此，城镇开发边界的汇交要求已经介绍完毕，下面将详细阐述城镇开发边界入库的操作步骤。

13.3.2 表格数据操作步骤

现以城镇开发边界划定相关指标表为例，进行表格数据操作。

1)新建城镇开发边界划定相关指标表

• 右键单击【表格数据】文件夹，在弹出的数据框中选择【新建】→【新建个人文件地理数据库】，更改其名字为"000000某某县城镇开发边界表格"(图13-16)。

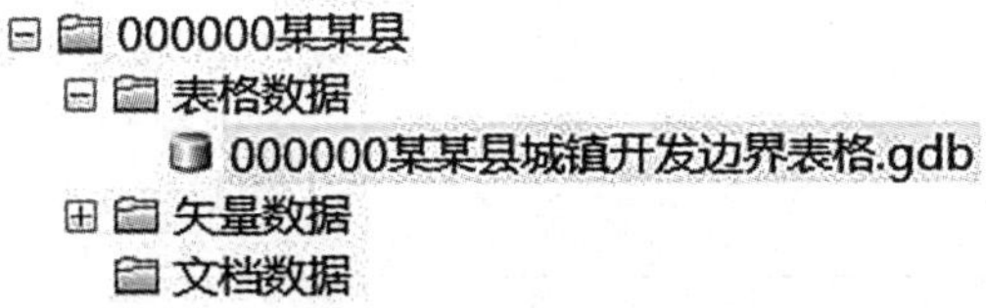

```
□ 📁 000000某某县
  □ 📁 表格数据
        🗊 000000某某县城镇开发边界表格.gdb
  ⊞ 📁 矢量数据
     📁 文档数据
```

图13-16 新建个人地理数据库

• 右键单击"000000某某县城镇开发边界表格"，在弹出的数据框中选择【新建】→【表】，名称为"CZKFBJZBTJ"，别名不填，点击【下一页】(图13-17)。【配置关键字】选【默认】，点击【下一页】(图13-18)。

2)新建字段

• 以"行政区代码"字段为例，【字段名】对应字段代码(英文)，输入"XZQDM"，【数据类型】选择"文本"，【别名】中填写"行政区代码"，【长度】内输入"12"(图13-19)。

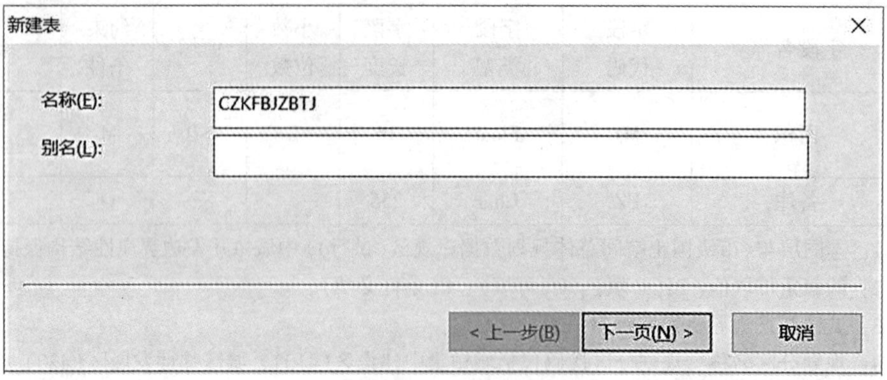

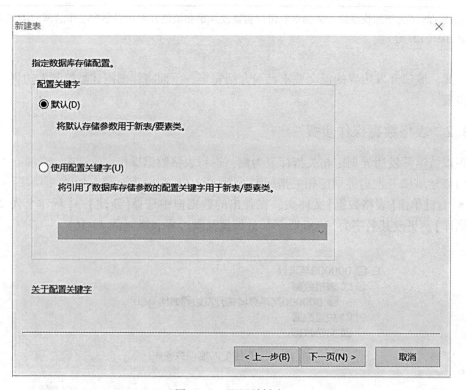

图 13-17　新建表

图 13-18　配置关键字

• 同理按要求新建其他字段, 操作方法相同, 所需字段全部新建完成后, 点击【完成】(图 13-20)。

3)填写内容

• 在【内容列表】界面, 右键单击"CZKFBJZBTJ"。在弹出的数据框中选择【编辑要素】→【开始编辑】。

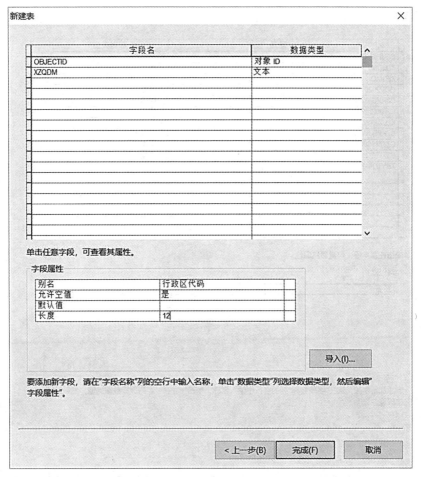

图 13-19　添加字段

● 在【行政区代码】, 双击进入单元格, 输入"000000"(图 13-21)。同理填写其他字段, 操作方法相同。

● 填写完成后点击【编辑器】→【停止编辑】, 弹出【保存】对话框, 提示【是否要保存编辑内容?】, 点击【是】。

至此, 城镇开发边界表格数据填写完成, 开始矢量数据处理。

13.3.3　矢量数据操作步骤

1)将分区文件导入数据库

● 右键点击"000000 某某县城镇开发边界"数据库(图 13-22), 在弹出的数据框中选择【导入】→【要素类(单个)】(图 13-23)。【输入要素】选择"城镇开发边界分区融合",【输出要素】命名为"CZKFBJ"。

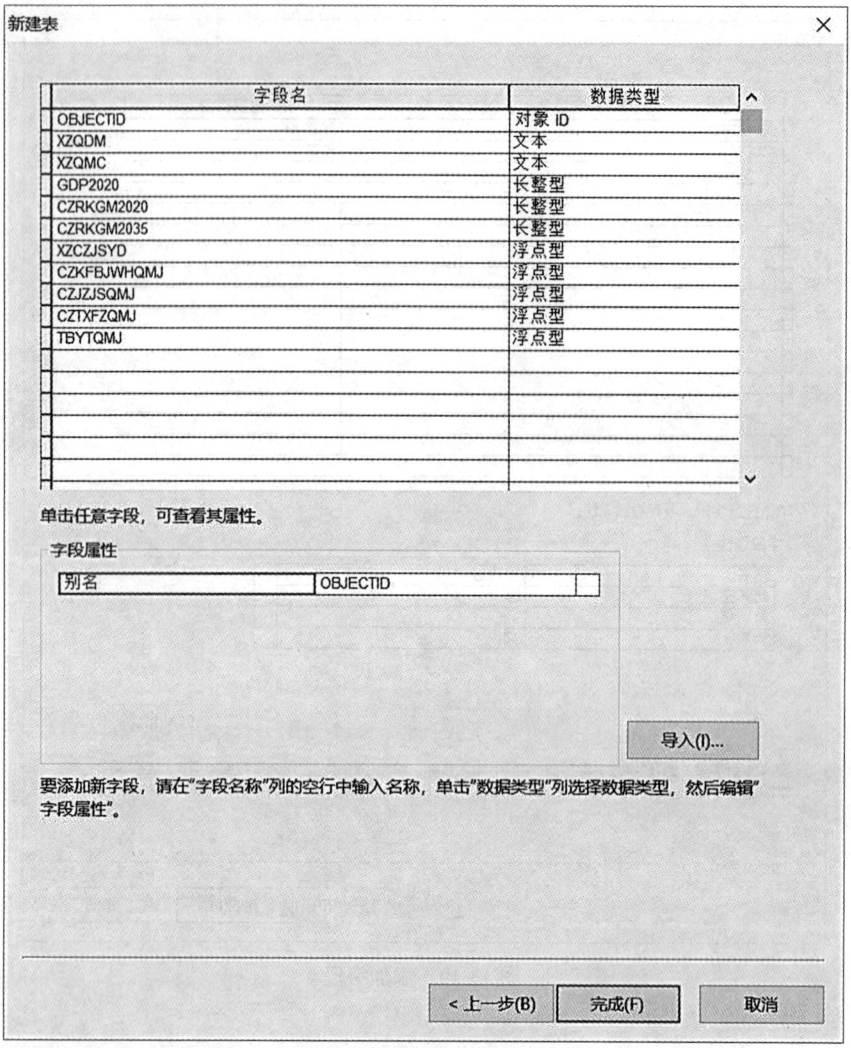

图 13-20　添加全部字段

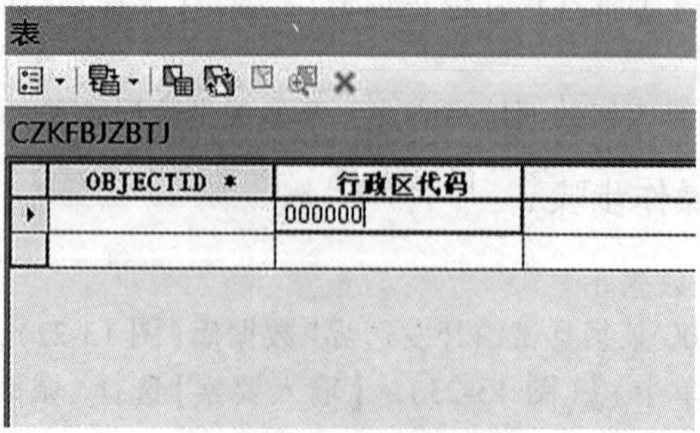

图 13-21　填写行政区代码

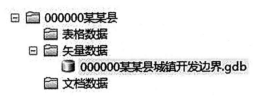

图 13-22 数据库

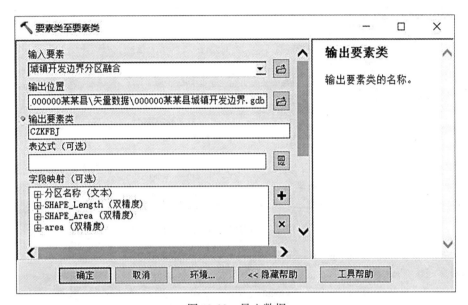

图 13-23 导入数据

2)添加字段

● 右键点击"CZKFBJ"图层，选择【属性】，打开【要素类属性】对话框，切换至【字段】选项卡。

● 以"标识码"字段为例，【字段名】输入"BSM"，【数据类型】选择"文本"，【别名】中填写"标识码"，【长度】内输入"18"（图 13-24）。

● 同理按要求添加其他字段，操作方法相同，所需字段全部新建完成后点击【确定】（图 13-25）。

3)填写内容

● 打开"CZKFBJ"图层的属性表，右键单击"标识码"字段，选择【字段计算器】，将【字段计算器】对话框内的【解析程序】修改为"Python"，单击【加载】按钮，选择随书数据中的"标识码计算代码"，单击【打开】。返回【字段计算器】对话框后，将代码中的"××××××"修改为"行政区代码"（6 位），单击【确定】按钮（图 13-26）。

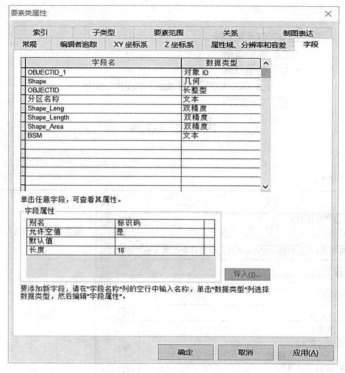

图 13-24　添加"标识码"字段

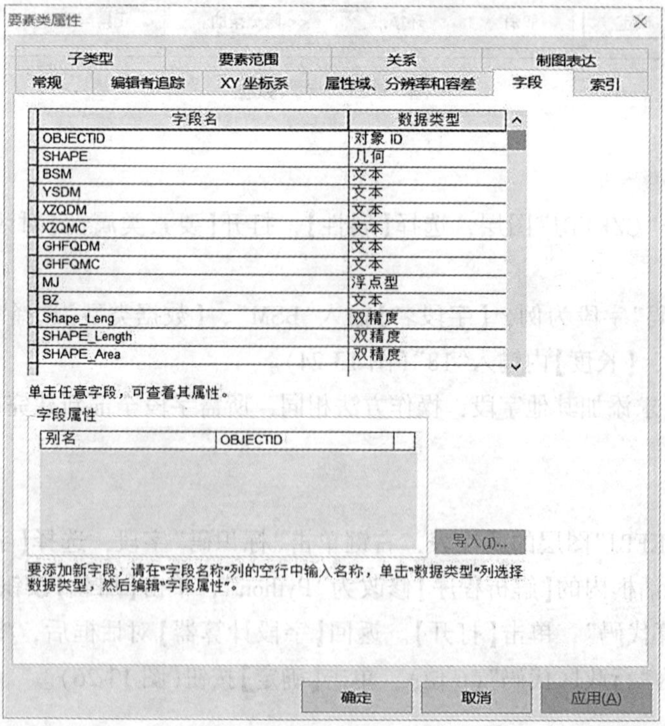

图 13-25　添加全部字段

图 13-26　填写标识码

- 右键点击"要素代码"字段，在下拉数据框中选择【字段计算器】。勾选"VB 脚本"，设置【YSDM】为"2090020213"，点击【确定】（图 13-27）。
- 同理对"行政区代码"和"行政区名称"进行操作。以"行政区代码"为例，在"行政区代码"字段名处点击鼠标右键，选择【字段计算器】。在【字段计算器】对话框中输入："×××"（注意：双引号应为英文格式，×××为该地区行政区代码）。再点击【确定】（图 13-28）。
- 填写规划分区代码时，以"集中建设区"为例，通过"分区名称"字段筛选出"集中建设区"（图 13-29）。

筛选条件：分区名称='集中建设区'。

- 点击【显示所选记录 ▤】，右键点击"规划分区代码"字段，选择【字段计算器】。在【字段计算器】对话框中输入"410"，点击【确定】（图 13-30）。

图 13-27　填写要素代码

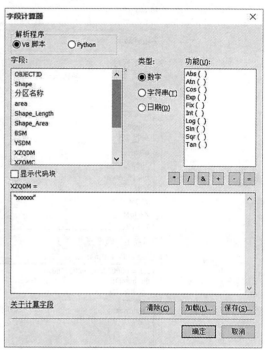

图 13-28　填写行政区代码

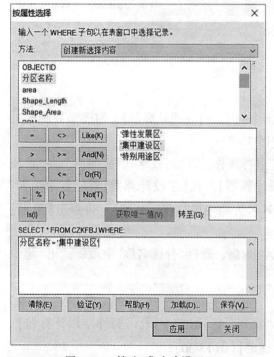

图 13-29　筛选"集中建设区"

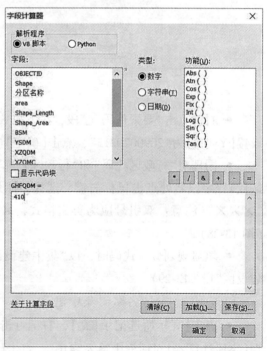

图 13-30　填写规划分区代码

• 填写"规划分区名称"字段时，只需要将"分区名称"赋值到"规划分区名称"。右键点击"规划分区名称"，选择【字段计算器】，在【字段计算器】对话框中输入：[分区名称]（图 13-31）。

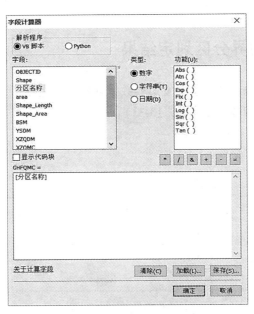

图 13-31　填写规划分区名称

• 填写"备注"字段需要根据实际情况。
• 填写"面积"字段，通过"椭球面积"字段计算图斑的椭球面积（图 13-32）。

图 13-32　计算图斑椭球面积

- 删除多余字段。以删除"分区名称"字段为例，右键点击"分区名称"，选择"删除字段"，在弹出的【确认删除字段】对话框中，点击【是】。

至此，城镇开发边界与分区划定相关的入库成果整理完成，待所有成果都整理完成，进行质量检查步骤。

13.4　城镇开发边界分区划定结果

本章分区划定后，也就意味着开发边界数据处理操作完成了。其结果作为下一章城镇开发边界划定成果质检的基础数据(图 13-33)。

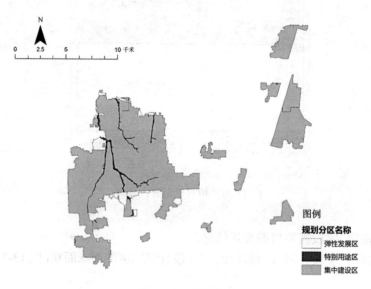

图 13-33　分区划定

13.5　小结

开发边界的分区划定是开发边界划定的最后环节。本章介绍了集中建设区、弹性发展区以及特别用途区"三区"的划分原则，以及当城镇开发边界划定结束后，进行"三区"划分的具体流程：首先将生态涵养、休闲游憩、防护隔离、自然和历史文化保护等地域空间划入特别用途区范围内，再根据城镇开发边界内去除特别用途区后的面积计算弹性发展区和集中建设区的面积指标，以控制"三区"规模。计算规模后，把必划入空间全部纳入集中建设区范围内，再根据面积比例等划定要求划定剩余集中建设区，剩余未划定的空间即为弹性发展区。

在实际操作过程之中，分区划定需要与边界划定协调。当出现分区划定时图斑面积过小，就应剔除部分图斑，因而需要重新融合生成城镇开发边界。本章所提供的操作步骤、思路，仅作为参考，读者应结合当地实际情况灵活掌握。

第14章 数据库质检

2019年1月中央深改委发布的《若干意见》中,对国土空间基础信息平台的搭建提出了明确目标,即在2020年底基本完成"市县以上各级国土空间总体规划编制,初步形成全国国土空间开发保护一张图"。为此自然资源部要求对国土空间规划的成果进行检查校核,最终才能形成坐标一致、边界吻合、上下(省、市、县)贯通的一张图。

为统一规范国土空间规划的成果(当前主要为城镇开发边界划定成果),方便及时报部、省审查和备案,自然资源部对汇交数据的内容、格式、命名、组织形式和数据质量都提出了相应要求,按照这一要求进行检查的过程称为数据库质检(以下简称为质检)。这一过程具体分为数据完整性检查、空间数据基本检查、空间属性数据标准检查、空间图形数据拓扑检查、表格数据检查及图数一致性检查6个部分①。这些检查类别众多、内容驳杂。为统一标准,自然资源部2021年7月5日发布了"城镇开发边界划定成果数据库质量检查软件V1.01"(以下简称为"质检软件",具体软件可以到自然资源部官网下载②)。最后上报的汇交数据必须满足质检的相关要求,提交成果还包括由质检软件自动生成的质检报告(后文会讲述如何生成)。

总体来说,数据库质检是国土空间规划过程中汇交数据核查的必要内容。对于城镇开发边界而言,对划定成果的数据库进行质检不仅能完善提交成果的格式和内容,也为不同区县数据一致性提供了保证,是开发边界划定的最后一道工序,必不可少。

14.1 软件部署与安装

当前国土空间规划编制过程中,不仅自然资源部发布了质检软件,各省也根据自身需要,开发了自己的数据库质检软件。本书仅对自然资源部发布的"城镇开发边界划定成果数据库质量检查软件V1.01"进行介绍。

由于质检要求高,且需要对矢量文件和文本文件一起校核,因此质检软件的安装对计算机环境提出了一定要求,具体如下。

(1)操作系统:Windows XP(SP2及更高版本)、Windows7、Windows10。

(2)安装Micro NET Framework 4.0。

---

① 检查分类分类的6个部分具体内容请参考《城镇开发边界划定成果数据质量检查内容表》。

② 质检软件官网. http://www.mnr.gov.cn/fw/xzfw/rj/td_19223/sjkzljcrj/202107/t20210705_266 1125.html.

（3）安装 ArcGIS10.2 版，ArcEngine 10.1 Runtime①。

（4）安装 Microsoft Office 2007 及以上版本的 Word、Excel、Acess。

上述安装环境配置好之后，双击打开"城镇开发边界划定成果数据库质量检查软件.exe"安装程序，依次点击【下一步】，完成软件安装。此处需要特别指出，在进行软件安装时，必须要提前安装好 ArcEngine10.1 Runtime，而 ArcEngine10.1 Runtime 的安装需要Microsoft.NET Framework 4.0 配置完成，因此必须严格按照此安装顺序，否则在安装质检软件时会报错。

14.2　数据准备

汇交数据格式必须严格按照《城镇开发边界划定成果数据汇交要求（试行）》进行。汇交数据分为城镇开发边界划定成果数据（也叫待检数据）和用于辅助检查的外部数据（图14-1）。待检数据包括经省预检后以市为基本组织单元的分批次城镇开发边界划定成果数据、本批次汇交的省级数据库建设文档及其数据库说明文档。外部数据包含国土调查数据、生态保护红线数据和永久基本农田数据。

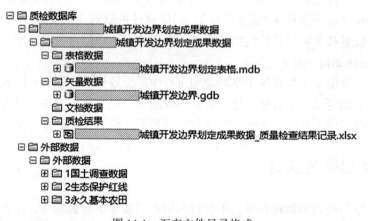

图 14-1　汇交文件目录格式

14.2.1　待检数据组织结构

待检数据包括表格数据、矢量数据、文档数据和质检结果四个部分（图 14-2）。其中表格数据以个人地理数据库格式存储在"××城镇开边界划定表格.mdb"中，矢量数据为以文件地理数据库存储在"××城镇开发边界.gdb"中，文档数据为"××城镇开发边界划

---

① Runtime 是 ArcGIS Engine 的一部分，ArcGIS Engine 是 ArcGIS 系列软件中用来二次开发的嵌入式组件，它能脱离 ArcGIS Desktop 运行。ArcGIS Engine Runtime（称为"运行时"）一般是在部署的时候用的，要运行 AE 开发出来的应用程序必须安装 Runtime。

定报告.pdf",质检结果为质检软件质检之后生成的报告。进行质检的待检数据必须严格按照以下文件目录结构进行存储(图14-2)。

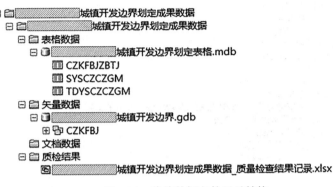

图14-2 待检数据文件目录结构

(1)主目录下的"×××××省级行政区"指"省级行政区划代码(6位)+省级名称",如"130000河北省第01批次城镇开发边界划定成果数据"。

(2)"第××批"是该省第几批汇交数据,"第××批"中"××"为两位数字,从01开始;如"第01批"。

(3)一级子文件夹名称中的"××××××市城镇开发边界划定成果数据"指"市级行政区划代码(6位)+市级名称+城镇开发边界划定成果数据",如"130100石家庄市城镇开发边界划定成果数据",一个市一个文件夹,依次类推。

(4)"文档数据"目录中存放城镇开发边界划定文档资料,包括各市的城镇开发边界划定报告,数据格式采用(.pdf)格式,文件名称按照"行政区代码+行政区名称+城镇开发边界划定报告.pdf"的规则命名。

(5)"表格数据"目录存放城镇开发边界表格数据,为各市的城镇开发边界划定表格,数据采用 Microsoft Office Access 2003 的(.mdb)格式,文件名称按照"行政区代码+行政区名称+城镇开发边界划定表格.mdb"的规则命名,其中数据表按照《城镇开发边界划定成果数据汇交要求(试行)》中的表格属性表名命名。

(6)"矢量数据"中存放该区域的矢量数据。矢量数据格式为(.gdb)。(.gdb)格式文件按照"行政区代码+行政区名称+城镇开发边界.gdb"的规则命名,其中各图层按照"图层属性表名"的规则命名。

14.2.2 外部数据

外部数据包括国土调查数据、生态保护红线数据和永久基本农田数据(图14-3)。其中,国土调查数据为"三调"数据中的行政区,生态保护红线数据为调整划定后的生态保护红线,永久基本农田数据为耕保部门调整划定后的永久基本农田保护图斑。

《城镇开发边界划定成果数据汇交要求(试行)》规定了外部数据的命名方式和约束条

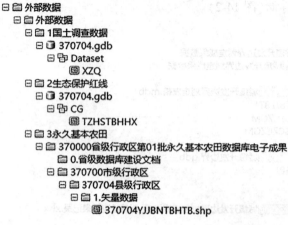

图 14-3　外部数据组织结构

件要求(表 14-1)，约束条件 M 为必填选项，约束条件 O 为选填选项，外部数据必须包含必填选项的数据类别。外部数据中，国土空间调查数据(序号 1)、生态保护红线(序号 2)、永久基本农田(序号 3)三者为必填数据，其余两项为选填选项。

表 14-1　　　　　　　　　　　外部数据命名方式和约束条件表

序号	数据类别	命名方式	约束条件
1	国土调查数据	XZQ	M
2	生态保护红线	TZHSTBHHX	M
3	永久基本农田	行政区代码+基础数据年份+YJJBNTBHTB	M
4		行政区代码+基础数据年份+ YJJBNTCBQTB	O
5		行政区代码+基础数据年份+ YJJBNTZJ	O

注：约束条件取值：M(必选)、O(可选)、C(条件必选)。

14.3　质检流程

安装好质检软件，准备好质检数据，便可以进行质检工作。整个质检流程可以分为创建任务、数据质检及结果输出、错误检查及修改三个步骤(图 14-4)。按照流程完成检测后，如果符合质检成果要求，质检完成；如果质检结果不符合要求，需修改相应错误，并重新质检。

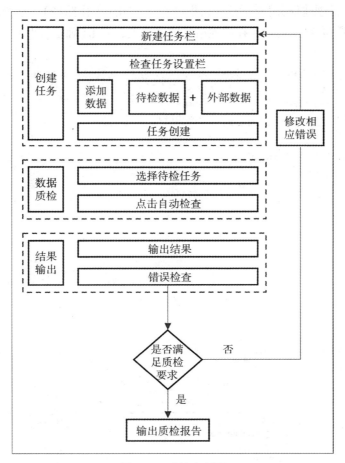

图 14-4　质检流程图

14.3.1　创建任务与数据导入

1. 连接工作路径

● 双击🖳城镇开发边界质检软件图标，弹出【任务中心】主界面，点击【新建任务】（图 14-5）。

图 14-5　质检软件打开界面

● 在弹出的【创建任务】对话框中(图 14-6)，点击【工作路径】，在弹出的【浏览文件夹】对话框中(图 14-7)，选择保存质检结果的文件夹，点击【确定】即可。

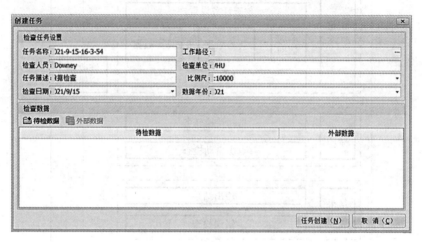

图 14-6　创建任务对话框

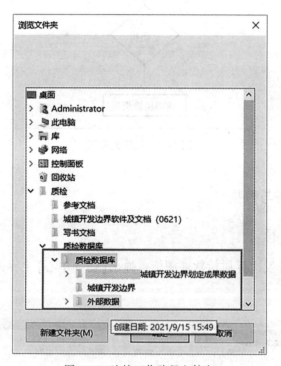

图 14-7　连接工作路径文件夹

2. 添加汇交数据

单击【创建任务】对话框中的【待检数据】按钮，选择存储待检数据的文件夹。

注意，质检对文件组织格式的要求很高，待检数据必须严格按照待检数据和外部数据的目录格式命名，否则很容易出错。而文件组织格式一旦出错，后续的检查都会出现连带问题。因此在数据导入时，【选择数据路径】对话框会对文件组织格式进行初步检查，在对话框的描述栏中会对具体问题进行说明，如果报错，需要修改文件组织格式，之后重新添加数据。

以图14-8演示文件为例，在添加数据时，待检文件中出现了冗余错误，此时，需要检查待检数据的数据格式，对冗余数据进行检查并删除，对字段名称报错的数据重命名，直至【选择数据路径】对话框中的数据描述没有任何问题为止。至此，待检数据添加结束。

图 14-8　添加待检数据

3. 匹配外部数据

• 点击【创建任务】对话框上的【外部数据按钮】，分别连接到对应的外部数据，点击【确定】即可（图14-9）。

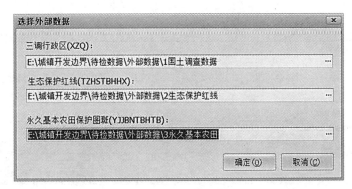

图 14-9　添加外部数据

● 选中待检数据，并确保外部数据一一匹配，点击【创建任务】，创建数据检查任务（图 14-10）。

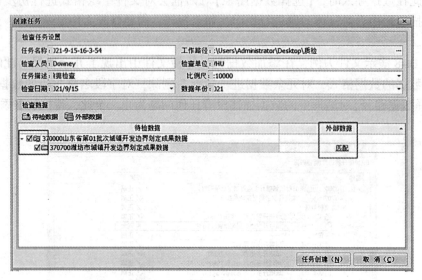

图 14-10　【创建任务】对话框

● 在弹出的【数据导入】对话框中，点击【数据导入】，将上文连接好的待检数据和外部数据导入质检软件，直至数据导入完成（图 14-11）。

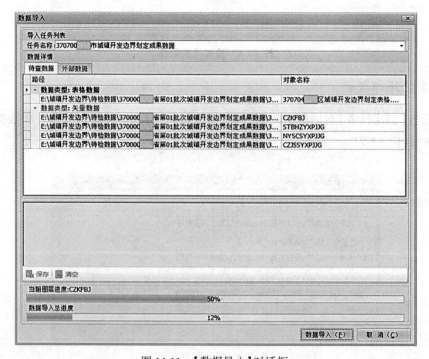

图 14-11　【数据导入】对话框

14.3.2　数据质检与结果输出

- 数据导入完成后，返回软件【任务中心】界面，此时可以看到创建的任务已经添加到任务中心，此界面可以看到待查任务和已查任务(图 14-12)。

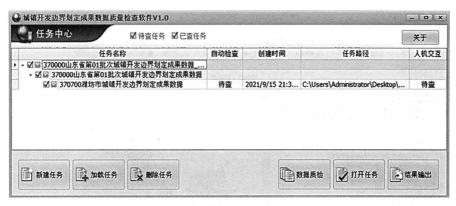

图 14-12　任务中心界面

- 点击【任务中心】界面的【数据质检】按钮，即可进行质检，此时会弹出【批量检查】对话框，实时显示当前质检进度和当前任务总进度，以及提示已完成的检查项目、已经执行的检查时间和错误个数(图 14-13)。检查完成后，软件会自动弹出【任务检查完成】对话框，此时质检软件运行结束。

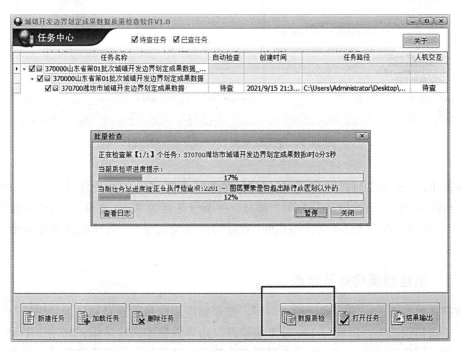

图 14-13　批量检查数据

● 点击【任务中心】对话框中的【打开任务】按钮，在弹出的【质检细则】对话框中，可以查看错误个数(图 14-14)。单击【质检细则】命令栏下的错误个数(图 14-14)，在【错误列表】中选择【显示全部错误】，在【错误列表】中有错误的具体描述，错误级别中可以查看具体的错误级别。其中，值得注意的是，质检错误中不能包含一级错误。

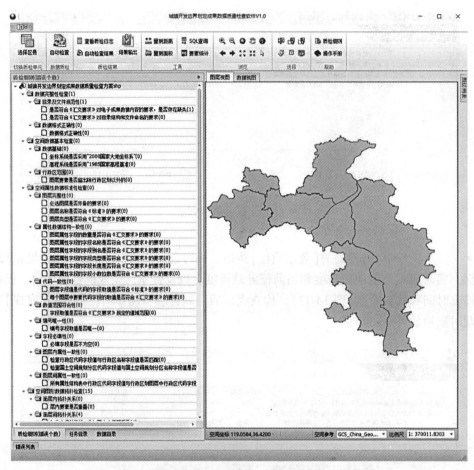

图 14-14　【质检细则】(错误个数)对话框

在弹出【质检完成】对话框后，在创建任务第一步连接的文件夹目录下，可以查看质检报告(图 14-15)。质检报告分为两个部分，一部分是存为 Word 文件格式的"质量检查报告"，另一部分是存为 Excel 文件格式的"质量检查结果记录"，质检记录要作为最后成果一并提交。

14.3.3　质检错误检查及修改

数据质检发现的错误，根据检查内容，按照错误程度从重到轻划分为一级错误、二级错误、三级错误三类。以满分 100 分来衡量开发边界数据库质检结果，85 分(含 85 分)以上为合格。同样的检查内容可能检查发现多个错误，全部计入错误个数统计。每个三级错

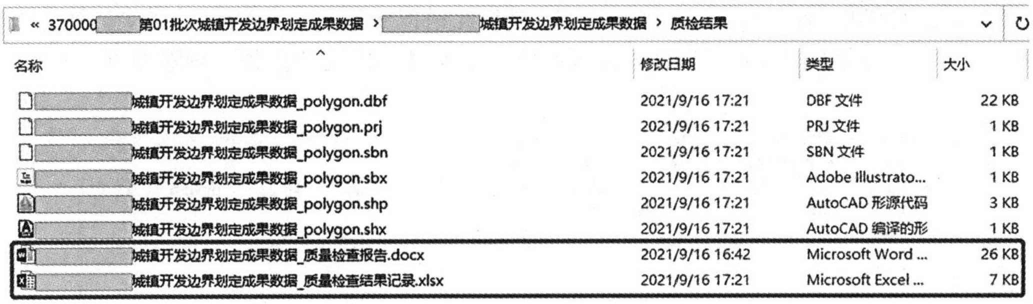

图 14-15　质检结果

误扣 0.1 分，每个二级错误扣 1 分，出现 1 个一级错误即视为数据不合格（表 14-2），具体错误级别、检查内容及编号请见附表 6。

表 14-2　　　　　　　城镇开发边界划定成果数据质量检查错误分级表

错误级别	检查内容及编号	
一级错误	目录及文件规范性	1101
		1102
	数据格式正确性	1201
	……	5102
	图数一致性	6101
二级错误	代码一致性	3301
		3302
	数值范围符合性	3401
	……	5302
	表格数值范围符合性	5401
		5402
	表格字段编号唯一性	5501
	表格必填字段不为空	5601
	表间逻辑一致性	5701
三级错误	碎面检查	4301

根据城镇开发边界质量报告 Word 文件中的缺陷个数和缺陷等级，以及对应错误扣分原则，即可算出质检结果最后得分。针对不同的错误，可以在质检软件中找出对应错误的错误细则，进行针对性修改。下面以目录及文件规范性为例：找到【质检细则（错误个数）】目录→【数据完整性检查】→【目录及文件规范性】，双击【是否符合《汇交要求》对电子成果数据内容的要求，是否存在缺失（1）】命令，在弹出的【质检细则（错误个数）】目录

449

下就能看到详细的错内容（图 14-16）。可以看到此错误级别为一级错误，错误描述为"城镇开发边界划定报告（冗余）"，此时需要找到汇交文件中的冗余报告，删除即可。

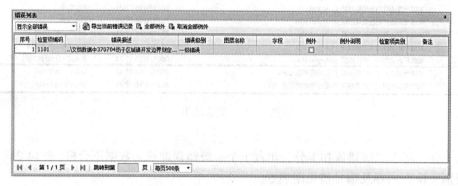

图 14-16　错误列表中详细错误内容

在【错误列表】对话框中，可以查询"显示全部错误"，错误列表中可以调整每一页显示的错误内容，默认为每页 500 条。以序号 1 的错误为例（图 14-17）：检查项目编码，是指检查的项目内容，错误描述中会对错误的原因进行解释说明，错误级别中反映一级错误、二级错误和三级错误。其中，例外是指当错误对检查结果没有影响的时候，可以将此错误勾选"例外"。此时把错误列表中的【显示全部错误】更改为【显示未忽略错误】（图 14-17），便可以查看还有哪些错误需要订正。

图 14-17　显示未忽略的错误对话框

由于质检软件中只能查询具体错误，无法对错误进行修改，因此查询到具体矢量图斑错误之后，需要返回 ArcGIS 中进行相应处理，具体操作方法此处不再重复说明，请参考本书第 2 章。

对出现的错误修改完善后，重新准备好汇交数据，再次质检，直到满足汇交要求的得分为止。此时质检结束，导出质检报告，作为附件按照前文所述的数据格式一并提交即可。

14.4　小结

数据库质检是当前城镇开发边界划定工作的最后一环。本章从软件的安装、数据准备和质检流程三个部分简要阐述了数据库质检的相关内容，并对质检流程中数据创建、数据质检、错误修改三个部分的操作举例详细说明。

由于篇幅有限,本章并没有详细阐述对质检错误进行修改的操作方法,一则是现阶段各县市国土空间规划实操中,出现的问题五花八门,难以涵盖所以错误类型;二则是质检软件只能检测错误,并不能直接修改,修改操作均在 ArcGIS 或者 Office 中进行,和质检软件无关;三则是不同县市针对数据库质检,也相应开发了具有地方特色的质检软件,并不完全依靠自然资源部发行的质检软件;四则是质检错误是跟随划定规则进行变化的,目前国土空间规划许多规则并未完全确定,因此质检规则也是处于不停变化的状态。本章对自然资源部发行的"城镇开发边界划定成果数据库质量检查软件 V1.01"进行简要介绍,只是在总体上把握质检的流程,实际工作中可能仍有疏漏和不足之处,需随着国土空间规划编制工作推进而不断完善。

第 15 章 结 语

国土空间规划诞生于我国全面深化改革的背景下，是推进国家治理体系和治理能力现代化的重要工具之一，旨在"构建以空间治理和空间结构优化为主要内容，全国统一、相互衔接、分级管理的空间规划体系，着力解决空间性规划重叠冲突、部门职责交叉重复、地方规划朝令夕改等问题。"（2015 年 9 月《生态文明体制改革总体方案》）

国土空间规划产生的背景决定了编制工作的系统性、复杂性和不可预见性。其系统性主要体现在五级三类的规划体系上，国家级、省级、市级、县级、乡镇级五级规划采用统一标准、上下联动，总体规划、详细规划、专项规划三类规划协同编制，最终形成全国规划一张图。其复杂性主要体现在多规合一的要求上，将城乡规划、土地利用规划、主体功能区规划等不同部门、不同用途的规划合而为一，形成集保护、开发、利用、修复和用途管制于一体的法定空间规划。其不可预见性主要体现在众多问题需集中解决的困难上，各类规划内容不一致，各部门管理优先顺序不一致，开发与保护如何协调，城市与乡村如何协同，约束性指标如何传导与分配，历史遗留问题无法溯源，技术问题没有先例参照等。

自 2019 年 5 月自然资源部通知全面开展国土空间规划编制工作以来，各省、市、县、乡镇、村庄均积极开展了此项工作，各级政府、自然资源部门、规划编制单位探索出各类不同的解决方案。截至目前，国土空间规划仍未形成统一的正式成果，尤其是"三线"划定工作仍然没有定论。"三线"划定难以落地，从技术层面来看，主要有三个原因。

一是技术规范不稳定。自然资源部先后研究起草了多轮《市级国土空间总体规划编制指南（试行）》（征求意见稿）以及各类专项指南，各省也研究起草了多轮《××省市级国土空间总体规划编制指南（试行）》（征求意见稿）《××省县级国土空间总体规划编制指南（试行）》（征求意见稿）《××省村庄规划编制指南（试行）》（征求意见稿），各地在实际工作中，由于各类问题不停出现，造成技术规范的适用性不强，编制工作都在"摸着石头过河"。

二是技术细则不成熟。"三线"划定涉及面广、政策性强、信息敏感、工作量大、要求高，现有的技术细则尚未完全成型，不能解决各类典型问题。如基数转换中仍然难以区分城镇建设用地和村庄建设用地；如永久基本农田核实整改补足中，重大工程、重点项目认定仍然存在分歧；如城镇开发边界划定中，现状基数认定、存量用地、流量用地识别仍然存在争议；又如生态保护红线划定中，人类活动与生态保护存在部分矛盾冲突等。因此，在划定过程中，存在着诸多的不确定因素，导致"三线"划定工作仍然处于探索和攻坚阶段。

三是指标分配不明朗。现阶段，生态保护红线划定基本成型，但是永久基本农田保护指标和城镇开发边界指标暂无明确的目标和分配原则。永久基本农田保护指标是按照原有指标进行控制，还是按照"三调"成果进行重新确定，暂无定论。城镇开发边界是控制城镇建设用地总量，还是控制新增城镇建设用地规模，也无定论。指标的不确定，导致"三线"划定工作仍然处于试划阶段。

国土空间规划是一项功在当代、利在千秋的工作，势必会存在诸多困难和问题，如何逐项解决问题是现阶段的工作重点。本书针对国土空间规划编制中面临的技术问题，结合现有的技术规范和细则，提出了系统性的操作指南。以当前市县级的国土空间规划编制为抓手，基于 ArcGIS 10.2，从工作环境、数据准备、基数转换到双评价校核、"三线"划定，最后到数据库的质检，详细介绍了"怎么操作""如何实现"，让读者即学即用，无论是国土空间规划编制的新手，还是经验丰富的专业人员，都可以在最短的时间内掌握实际步骤和操作。

书中以案例的方式进行实践操作的介绍，案例均为笔者及研究团队参与的课题。由于本书截稿日期先于部分课题的完成时间，书中的实践操作并不代表最终的课题成果。当前国土空间规划编制尚处于实践探索阶段，相应的成果要求也是动态的、阶段性的。读者也应根据各地的实际情况，在本书操作指南的基础上，补充、细化相应的技术规定和操作流程，切实提高针对性和可操作性。此外，本书从国土空间规划编制中的实际工作流程出发，因篇幅有限，只是有针对性地简要讲解相关操作命令和对应功能按钮，并非全面深入地对所有 ArcGIS 命令一一阐述，其他详细内容请参考 ArcGIS 用户手册和其他文献。

本书的出版，离不开研究团队的共同努力。每一次的集中交流与讨论，都推动了书稿的完善和深化。在此，感谢武汉大学城市设计学院的硕士研究生晏轶凡、李刚翊，对本书进行了仔细校对！

由于笔者水平有限，本书内容中难免存在不妥与疏漏之处，敬请读者批评指正，以期不断完善。

参考文献

[1] 喻本德, 叶有华, 郭微, 等. 生态保护红线分区建设模式研究——以广东大鹏半岛为例[J]. 生态环境学报, 2014(6): 962-971.

[2] 李干杰. "生态保护红线"——确保国家生态安全的生命线[J]. 求是, 2014(2): 44-46.

[3] 乔文怡, 李玏, 管卫华, 等. 2016—2050年中国城镇化水平预测[J]. 经济地理, 2018, 38(2): 51-58.

[4] 林坚, 吴宇翔, 等. 论空间规划体系的构建——兼析空间规划、国土空间用途管制与自然资源监管的关系[J]. 城市规划, 2018(5): 9-17.

[5] 钱慧, 罗震东. 欧盟"空间规划"的兴起、理念及启示[J]. 国际城市规划, 2011(3): 66-71.

[6] 林坚, 许超诣. 土地发展权、空间管制与规划协同[J]. 城市规划, 2014(1): 26-34.

[7] 朱江, 邓木林, 等. "三规合一": 探索空间规划的秩序和调控合力[J]. 城市规划, 2015(1): 41-47.

[8] 顾朝林. 论中国"多规"分立及其演化与融合问题[J]. 地理研究, 2015(4): 601-613.

[9] 刘彦随, 王介勇. 转型发展期"多规合一"理论认知与技术方法[J]. 地理科学进展, 2016(5): 529-536.

[10] 黄经南, 敖宁谦, 张媛媛. 基于"三生空间"的乡村多规协调探索——以武汉邾城街村庄体系实施规划为例[J]. 城市与区域规划研究, 2017(4): 72-84.

[11] 张媛媛, 王国恩, 黄经南, 等. 空间规划背景下我国乡村规划的融合与发展——基于历史和现实的视角[J]. 现代城市研究, 2021(4): 64-70.

[12] Zhang Yuanyuan, Huang Jingnan, Wang Guo'en. From Directive to Legislation, from Separation to Integration: Rural Planning Evolution Since the Founding of New China[J]. China City Planning Review, 2019, 28(1): 6-16.

[13] 黄经南, 杜碧川, 王国恩. 控制性详细规划灵活性策略研究——新加坡"白地"经验及启示[J]. 城市规划学刊, 2014(5): 104-112.

[14] 万成伟. 新时代我国社区营造发展趋势及对策——基于国际经验比较研究[C]//2018城市发展与规划论文集, 2018: 494-501.

[15] 朱宇. 51.27%的城镇化率是否高估了中国城镇化水平: 国际背景下的思考[J]. 人口研究, 2012, 36(2): 31-36.

[16] 陈前池, 周瓛. 基于P-S-R模型法的城乡居民点建设用地规模预测——以重庆市长寿区城乡总体规划为例[J]. 西部人居环境学刊, 2013(1): 85-89.

[17]庄会霞.基于主要经济指标的城市建设用地规模预测模型——以广东省为例[J].中国人口·资源与环境,2016(S2):211-214.

[18]迪力沙提·亚库甫.京津冀协同发展战略下河北省建设用地需求规模预测[J].地理与地理信息科学,2020(3):90-96.

[19]何灵聪.城市总体规划中的人口规模预测方法和结果检讨——武汉市的实证分析[J].规划师,2015(10):28-33.

[20]唐兰.城市总体规划与土地利用总体规划衔接方法研究[D].天津:天津大学,2012.

[21]孙祥龙,何鑫.规划中人口规模预测的非理性现象及对策建议[C]//中国城市规划学会,东莞市人民政府.持续发展理性规划——2017中国城市规划年会论文集(11城市总体规划),2017.

[22]陈为邦.重视国土空间规划战略思路的科学性完整性[J].现代城市,2019(2):1-2.

[23]吴成鹏.再谈基于水资源承载力的人口规模预测——以霍尔果斯市为例[J].智能城市,2018(16):27-28.

[24]程小于.城镇开发边界视角下的城镇建设用地规模研究[D].重庆:西南大学,2020.

[25]周一星.城市地理学[M].北京:商务印书馆,1995:88-93.

附录及附表

附录 A
（规范性）

表 A-1 规定了城区初始范围边界外围临近区域符合城区实体地物类别的用地类型及最小面积要求，并规定了该用地类型在城区实体地域范围确定时的必选/候选属性，其地物分类及编码参考第三次全国国土调查工作分类表。

表 A-1   实体地物类别及最小面积要求列表

一级类		二级类		最小面积要求	必选/候选
编码	名称	编码	名称		
00	湿地	0303	红树林地	400 平方米	候选
		0304	森林沼泽	400 平方米	候选
		0306	灌丛沼泽	400 平方米	候选
		0402	沼泽草地	400 平方米	候选
		0603	盐田	400 平方米	候选
		1105	沿海滩涂	600 平方米	候选
		1108	沼泽地	600 平方米	候选
03	林地	0301	乔木林地	400 平方米	候选
		0302	竹林地	400 平方米	候选
		0305	灌木林地	400 平方米	候选
		0307	其他林地	400 平方米	候选
04	草地	0404	其他草地	600 平方米	候选
05	商业服务业用地	05H1	商业服务业实施用地	200 平方米	必选
		0508	物流仓储用地	200 平方米	必选
06	工矿用地	0601	工业用地	200 平方米	必选

一级类		二级类		最小面	必选/候选
编码	名称	编码	名称	积要求	
07	住宅用地	0701	城镇住宅用地	200 平方米	必选
		0702	农村宅基地	200 平方米	候选
08	公共管理与公共服务用地	08H1	机关团体新闻出版用地	200 平方米	必选
		08H2	科教文卫用地	200 平方米	必选
		0809	公共设施用地	200 平方米	必选
		0810	公园与绿地	200 平方米	必选
09	特殊用地		军事设施	200 平方米	候选
			涉外	200 平方米	候选
			宗教	200 平方米	候选
			监狱	200 平方米	候选
			殡葬	200 平方米	候选
			风景名胜	200 平方米	候选
		1005	交通服务场站用地	200 平方米	必选
		1007	机场用地	200 平方米	必选
		1008	港口码头用地	200 平方米	必选
		1009	管道运输用地	保持实际长宽比例	候选
10	交通运输用地	1001	铁路用地	保持实际长宽比例	必选
		1002	轨道交通用地	保持实际长宽比例	必选
		1003	公路用地	保持实际长宽比例	必选
		1004	城镇村镇道路用地	保持实际长宽比例	候选
		1005	交通服务场站用地	200 平方米	必选
		1007	机场用地	200 平方米	必选
		1008	港口码头用地	200 平方米	必选
		1009	管道运输用地	保持实际长宽比例	候选
11	水域及水利设施用地	1101	河流水面	600 平方米	候选
		1102	湖泊水面	600 平方米	候选
		1103	水库水面	400 平方米	候选
		1104	坑塘水面	400 平方米	候选
		1107	沟渠	保持实际长宽比例	候选
		1109	水工建筑用地	200 平方米	候选

对候选类别进行分类判断：

（1）针对农村宅基地，根据待确定城市实际情况，以是否具备城市用地形态和发挥城市居住功能进行判断。判定过程中可综合运用城市市政公用设施和公共服务设施数据、各类城市大数据和实地勘察等手段。

（2）若城市郊野公园具备人工常规设施，则可将该城市郊野公园内的候选地类图斑纳入城区实体地域。

对于其他候选地类图斑：

（1）若其被迭代后纳入城区实体地域的必选图斑包围，则纳入城区实体地域。

（2）对于城区外围的地类图斑，需判断其是否具备承担城市休闲游憩、自然和历史文化保护及其他城市相关必要功能。

注：湿地仅考虑具备城市公园功能的湿地。公共管理与公共服务用地中：08H2 包括 08H2A，0810 包括 0810A。

首次确定城区实体地域时，若地类图斑最小面积小于上述规定的最小上图面积，则以当地"三调"图斑规定的最小上图面积为准。

附录 B
（规范性）连接条件

B.1 距离判断

测量某单一地物或多个连片地物距城区初始范围的最短距离，若该距离小于等于 100 米，继续下一步"阻隔判断"；若距离大于 100 米，则不纳入城区实体地域。

B.2 阻隔判断

阻隔在地物与城区初始范围之间的要素有"河流"（图 B-1）、"高速公路"（图 B-2）、"铁路"（图 B-3）3 种。根据以下步骤判断地物是否与城区初始范围"已连接"。

（1）若地物与城区初始范围之间无任一阻隔要素，则判定该地物与城区初始范围"已连接"。

（2）若地物与城区初始范围之间有任一阻隔要素，则须判定这三类阻隔要素上是否有桥梁、涵洞、隧道或轮渡等使得此地物与城区初始范围连接（图 B-1、图 B-2、图 B-3 以桥梁为例，涵洞、隧道情况类似）。①若该地物与城区初始范围之间的阻隔要素上有桥梁、涵洞或隧道，且桥梁、涵洞或隧道的两端分别到两侧地物最短距离之和小于等于 100 米时，则判定该地物与城区初始范围"已连接"。②若该地物与城区初始范围分别位于河流两侧，河流上无桥梁或者桥梁两端分别到两侧地物最短距离之和小于等于 100 米时，存在连通两岸的轮渡，使得城区初始范围到同侧的渡口（或码头）所在建设用地边界的距离小于等于 100 米，且地物到同侧渡口（或码头）所在建设用地边界的距离小于等于 100 米时，判定该地物与城区初始范围"已连接"。③其余情形则判定该地物与城区初始范围"不连接"。

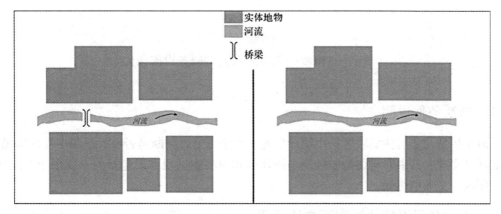

（a）河流有桥梁　　　　　　　（b）河流无桥梁

图 B-1　地物之间的河流

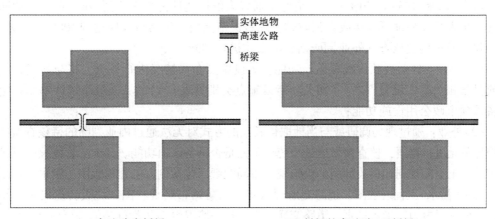

（a）高速路有桥梁　　　　　　（b）封闭的高速路（无桥梁）

图 B-2　地物之间的高速路

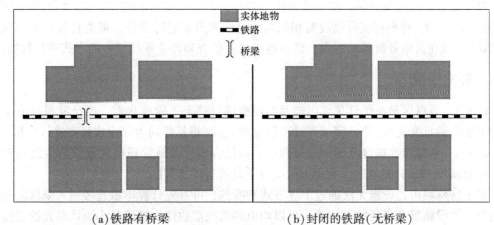

（a）铁路有桥梁　　　　　　　（b）封闭的铁路（无桥梁）

图 B-3　地物之间的铁路

附录 C

(规范性)市政公用设施和公共服务设施条件

C.1 判断条件说明

对居住型与非居住型城区最小统计单元的辨别可通过判断是否有大量集中性的居民生活活动来实现，其中非居住型城区最小统计单元的功能呈现方式包括但不仅限于开发区、工业园区、交通枢纽等。

C.2 市政公用设施功能判断方法说明

市政公用设施功能判断：电力应达到100%供应、给水应达到100%供应，或定时给水、排水(污水)应达到80%覆盖，道路交通以人的通达性为准应达到100%覆盖，消防应实现救援人员5分钟可到达或在消防站实际救援范围内，生活垃圾应达到100%转运处理。

建议通过内业核查和外业调研结合的方式进行判断。

(1)内业：针对现状管线覆盖、功能相关设施点布局情况进行核查，将与各级管线相交或具备相关功能设施点之一(相关功能设施点类别见表C-1)的城区最小统计单元认定为具备该项市政公用设施功能；

(2)外业：通过现场调研或与当地取得联系的方式对无法通过内业判断的待核查城区最小统计单元进行调研，核查该城区最小统计单元是否具备该项功能。其中，管线核查可结合城市的国土空间规划和市政部门的设施现状布局图纸，包括电力工程现状图、给水工程现状图、排水(污水)工程现状图、道路交通现状图、消防站布局现状图、垃圾转运设施布局现状图，分别对电力、给水排水、道路交通、消防和环境卫生5类设施功能进行核查。

C.3 公共服务设施功能判断方法说明

公共服务设施功能判断：应具备文化、教育、卫生三类功能的设施点(相关功能设施点类别见表C-2，可根据实际情况对相似功能的设施类别进行增补，每类具备其中一项设施点即可)或在其服务覆盖范围内。建议通过内业核查和外业调研结合的方式进行判断。

C.4 补充说明

C.4.1 若城区最小统计单元内涉及的设施项目处于未建成状态，但已取得政府主管部门对项目的批准文件(即已完成开发项目立项)，则将其等同为已建成状态进行分析。

C.4.2 各城市在城区范围确定过程中，可结合本市设施管理模式及设施信息完善程度，结合城市POI分布情况，利用大数据等手段进行辅助判断。

对于特殊城市，设施无法通过上述方式判断的，可首先计算本市直接纳入城区范围部分的每一类设施服务半径的平均值，再以均值的适当倍数作为城区最小统计单元的设施服务半径。表C-1、表C-2仅起到参照作用，因各城市设施名称有差别，可在此基础上自行补充。

表 C-1   **市政公用设施项目类别参照表**

功能种类	设施项目		
电力	变电站	变配电所	开闭所
	电厂	—	—
给水排水	再生水厂	自来水厂	加压泵站
	高位水池	城市水源地	城市取水设施
	排水河渠	污泥处理厂	污水处理厂
	污水泵站		
道路交通	客运交通枢纽	货运交通设施	大型停车场
	地铁站点	公交站点	—
消防	消防站(微型消防站)	消防通信中心	消防指挥训练中心
	消防水池	消防栓	消防水鹤
环境卫生	生活垃圾处理站	垃圾转运站	—

表 C-2   **公共服务设施项目类别参照表**

功能种类	设施项目		
文化	活动室	文化站	文化馆
	儿童活动中心	文化活动中心	青少年宫
	会展中心	老年活动中心	图书馆
	博物馆	科技馆	纪念馆
	美术馆	城市展览馆	档案馆
教育	幼儿园	小学	初中
	高中	大学	专科学校
卫生	卫生室	社区卫生服务站	社区卫生服务中心
	卫生院	综合医院	门诊部
	护理院	专科医院	—

注：表 C-2 部分设施的参考覆盖范围如下。

五分钟生活圈设施类别(服务半径不宜大于 300 米)：活动室、文化站、幼儿园、卫生室、社区卫生服务站。

十分钟生活圈设施类别(服务半径不宜大于 500 米)：小学。

十五分钟生活圈设施类别(服务半径不宜大于 1000 米)：文化活动中心、儿童活动中心、老年活动中心、初中、社区卫生服务中心、门诊部、护理院。

附录 D 数据清单

序号	资料类型		主要内容	数据类型	数据格式	约束条件	备注
1	规划数据	上位规划数据	国土空间总体规划	文本/图件	多种格式	C	
			主体功能区规划	文本/图件	多种格式	C	
			其他上位规划	文本/图件	多种格式	C	
		城乡规划数据	城市发展战略规划	文本/图件	多种格式	C	
			城市总体规划	文本/图件/矢量文件	多种格式	M	
			控制性详细规划	文本/图件/矢量文件	多种格式	C	
			功能区(高新区、开发区等)规划	文本/图件/矢量文件	多种格式	C	
			综合交通专项规划	文本/图件/矢量文件	多种格式	M	
			其他各类专项规划	文本/图件/矢量文件	多种格式	C	
		土地规划数据	土地利用总体规划	文本/图件/矢量文件	多种格式	M	
			地质灾害防治规划	文本/图件/矢量文件	多种格式	M	
			土地整治规划	文本/图件/矢量文件	多种格式	M	
			矿产资源规划	文本/图件/矢量文件	多种格式	M	
			耕地质量等别年度更新评价	矢量文件	shp	M	
			2017年永久基本农田划定成果	矢量文件	shp	M	
			2017年永久基本农田调整补划数据	矢量文件	shp	C	

续表

序号	资料类型		主要内容	数据类型	数据格式	约束条件	备注
2	现状数据	现状文本数据	第七次人口普查	文本	文本	M	包括近 10 年内历年 GDP、财政收入、三产总产值、居民可支配收入等社会、经济、产业发展数据等
			国民经济和社会发展统计公报	文本	Excel、Word 文件格式或 pdf	M	
			历年统计年鉴	文本	文本	M	
			国民经济和社会发展第十三个五年规划纲要实施中期评估报告	文本	文本	M	
			公安局人口报表	文本	Excel、Word 文件格式，或 pdf	C	
			国民经济和社会发展第十四个五年规划和二〇三五年远景目标纲要	文本	文本	C	
			十四五规划重大工程项目	文本	Excel、Word 文件格式，或 pdf	C	包括重大项目的立项批文、项目类型、性质、规模、建设年限和是否已建成
			卫生健康局近十年人口出生情况一览表	文本	文本	C	
			水资源公报	文本	Excel、Word 文件格式，或 pdf	C	
			水利建设规划报告	文本	Excel、Word 文件格式或 pdf	C	
			水文图集	文本	Excel、Word 文件格式，jpg 或 pdf	C	
			水资源综合规划（2010—2030 年）	文本	Excel、Word 文件格式，jpg 或 pdf	C	

续表

序号	资料类型		主要内容	数据类型	数据格式	约束条件	备注
2	现状数据	遥感影像	影像图	栅格文件	tiff	M	
		"二调"数据	"二调"数据	矢量文件	gdb	M	
		"三调"数据	"三调"数据	矢量文件	gdb	M	2021年3月国家统一时点下发数据
		其他现状数据	城市蓝线	矢量文件	shp	C	
			城市绿线	矢量文件	shp	C	
			城市紫线	矢量文件	shp	C	
			城市黄线	矢量文件	shp	C	
			历史文化保护线	矢量文件	shp	C	
			重要化工产业园区	矢量文件	shp	C	
			重要矿产保护区	矢量文件	shp	C	
			低效用地	矢量文件	shp	C	
			区域基础设施	矢量文件	shp	C	
			线性设施	矢量文件	shp	C	
			土地年度变更调查数据	矢量文件	shp	C	
			重大建设项目	矢量文件	shp	C	
			"两规"一致性处理的城镇建设用地	矢量文件	shp	C	
			影像图近三年为非耕地，因三调技术规则调为耕地	栅格文件/矢量文件	shp	C	
		重大建设项目批复文件	重大建设项目批复文件	文本文件	pdf	C	

序号	资料类型	主要内容	数据类型	数据格式	约束条件	备注
3	生态保护数据	生态保护红线	矢量文件	shp	M	上一轮生态红线成果
		项目认定数据(调入调出)	矢量文件	shp	C	
		饮用水水源地	矢量文件	shp	C	
		重要湿地	矢量文件	shp	C	
		河湖岸线	矢量文件	shp	C	
4	水资源及国土安全风险类数据	地质灾害风险区	矢量文件	shp	C	
		洪涝风险控制线	矢量文件	shp	C	
		地下采空区	矢量文件	shp	C	
		蓄滞洪区	矢量文件	shp	C	
5	双评价数据	双评价集成评价结果	矢量文件	gdb	M	
		双评价单项评价结果	矢量文件	gdb	M	
		双评价综合评价结果	矢量文件	gdb	M	包括"城镇潜力空间""农业底线""生态底线"
6	土地管理数据	增减挂钩数据:增减挂钩建新区	矢量文件	shp	C	
		增减挂钩拆旧区				
		其他土地管理数据:批次用地	矢量文件	shp	C	
		供地数据	矢量文件	shp	C	
		征地数据	矢量文件	shp	C	
		不动产数据	矢量文件	shp	C	
		未审批已建设的用地(违法建设)数据	矢量文件	shp	C	
		纳入已批成片开发方案的用地数据	矢量文件	shp	C	
		低效用地再开发数据	矢量文件	shp	C	
		原拆原建数据	矢量文件	shp	C	
		矿山关闭再利用数据	矢量文件	shp	C	

约束条件:约束条件取值:M(必选)、C(条件必选)、O(可选)。其中条件必选为数据内容存在则必选。

附录 E 术语列表

术　语	释　义
POI 数据	POI 是"Point of Interest"的缩写，中文可以翻译为"兴趣点"，每条 POI 数据包含多个方面的信息：名称、类别、坐标、分类等。POI 数据可通过百度、高德开放平台下载或通过爬虫等方式获取，一般以表格形式储存
第三次全国国土调查(简称"三调")	第三次全国性的国土调查
一张底图	是基于第三次全国国土调查成果，采用国家统一的测绘基准和测绘系统，在坐标一致、边界吻合、上下贯通的前提下，可整合集成遥感影像、基础地理、基础地质、地理国情普查等现状类数据，共享发改、环保、住建、交通、水利、农业等部门国土空间相关信息，开展地类细化调查和补充调查形成的"底图"，用以支撑国土空间规划编制。且应随年度国土利用变更调查、补充调查等工作及时更新
国土空间基础信息平台	指《国土资源部 国家测绘地理信息局关于推进国土空间基础信息平台建设的通知》中，关于信息化建设的数据平台层全称。为统筹推进国土空间基础信息平台建设，协调国家级、省级、市级、县级国土、测绘、发改、环保、住建、交通、水利、农业、林业等空间基础数据生产和管理部门，共同建设信息信息共享、上下贯通、统一底图、权威准确的国土空间基础信息数据集与开放共享的应用服务平台
一张图	是指以自然资源调查监测数据为基础，采用国家统一的测绘基准和测绘系统，整合各类空间关联数据，建成全国统一的国土空间基础信息平台后，再以此平台为基础载体，结合各级各类国土空间规划编制，建设从国家到市县级、可层层叠加打开的国土空间规划"一张图"实施监督信息系统，形成覆盖全国、动态更新、权威统一的国土空间规划"一张图"
管理数据	指的是与国土空间相关的原各行政部门在国土空间规划改革之前按照工作职责在各自管理范围之内确定的数据，这类数据主要涉及建设项目用地预审、建设用地预审、城乡规划许可、不动产登记、土地供应、土地整治、占补平衡、探矿权、采矿权、用岛用海审批、自然资源开发利用、生态修复、执法督察等
资源环境承载能力和国土空间开发适宜性评价(简称"双评价")	双评价是编制国土空间规划的前提和基础，也是国土空间规划编制过程中系列研究分析的重要组成部分。双评价目标是：分析区域资源禀赋与环境条件，研判国土空间开发利用问题和风险，识别生态保护极重要区(含生态系统服务功能极重要区和生态极脆弱区)，明确农业生产、城镇建设的最大合理规模和适宜空间，为编制国土空间规划，优化国土空间开发保护格局，完善区域主体功能定位，划定三条控制线，实施国土空间生态修复和国土综合整治重大工程提供基础性依据，促进形成以生态优先、绿色发展为导向的高质量发展新路子

术　语	释　义
不稳定耕地	根据《自然资源部国土空间规划局自然资源部耕地保护监督司关于加快推进永久基本农田核实整改补足和城镇开发边界划定工作的函》（自然资空间规划函〔2021〕121号）说明，不稳定耕地包括25度以上耕地、污染耕地、河道耕地、湖区耕地、林区耕地、牧区耕地、沙荒耕地、石漠化耕地、盐碱耕地等
线性基础设施	线性基础设施包括确保运输部门持续运营的铁路和公路网络、能源管道、引水工程等。它是一切企业，单位和居民生产经营工作和生活的共同物质基础，是城市主体设施正常运行的保证
重大项目	重大项目是指对国民经济和社会发展影响巨大，投资额巨大，且需经过多个部门研究才能决定实施的工程建设项目。可分为国家级重大项目、省级重大项目、市级重大项目和县级重大项目
举证材料	本书所指的举证材料是指在对"三调"地类图斑进行属性更改、图斑删减或增加时提供的纸质版或者电子版红头文件
基数转换	以"三调"成果为基础，结合国土空间规划用途分类与"三调"数据的差异之处，分类对"三调"数据进行归并或细分形成国土空间规划分类
国土空间规划用途分类转换	该词出现于各地出台的《国土空间总体规划基数转换技术指南》中，意在结合土地管理的实际情况，对多种用途的地类进行分类转换
现状建设用地基数	指城镇开发边界划定过程中认定的"现状建设用地"。符合相关政策要求和规划管理规定的用地，无论现状建设与否，均视为"现状建设用地"，且不占用新增建设用地的指标。如：已完成农转用审批手续（含增减挂钩建新用地手续），但尚未供地的。（其他具体情形请参考表4-10规划现状基数分类转换规则）
农转用审批	包括"批次用地审批"和"单选用地审批"，但由于目前国土空间规划编制过程中暂不涉及对"单选用地"的处理，所以本次"农转用审批手续"的用地只针对"批次用地"
增减挂钩建新用地	"增减挂钩"是指依据土地利用总体规划，将若干拟整理复垦为耕地的农村建设用地地块（即拆旧地块）和拟用于城镇建设的地块（即建新地块）等面积共同组成建新拆旧项目区，通过建新拆旧和土地整理复垦等操作，保证项目区内农用地与建设用地面积不变。"增减挂钩建新用地"指的就是拟用于城镇建设的地块，数据存储形式为矢量格式，名称为"建新地块"
已办理土地使用权登记	自2015年3月1日《不动产登记暂行条例》正式启用，城市居民的"房产证"和"土地使用权证"陆续换发为"不动产证"，因此针对"已办理土地使用权登记的"情形，实际处理中直接采用"不动产"数据
未审批已建设的用地	指"二调"以来没有取得合法审批手续的建设用地，属于违法建设用地。针对这类用地，执法督察部门会进行备案，给出每个地块的处置意见，所以针对这一类情形的处理不仅会涉及到"二调""三调"数据，同时还需要执法督察数据

术　语	释　义
成果汇交要求	为统一规范市级国土空间总体规划成果数据汇交，保障市级国土空间总体规划成果及时报部、省审查和备案，实现规划成果的数字化辅助审查，各个地区在收集各阶段性成果时，对数据内容、格式和命名、成果组织形式以及数据质量等方面提出的相关要求
空间数学基础	指 GIS 的地理参考系统，包括空间坐标系、投影方式等
存量建设用地	此处取其狭义，即指现有城乡建设用地范围内的闲置未利用土地和利用不充分、不合理、产出低的土地，即具有开发利用潜力的现有城乡建设用地
流量指标	是指通过以复垦、再开发等方式减少存量建设用地形成的可用于新增建设用地的指标
增减挂钩	指依据土地利用总体规划，将若干拟整理复垦为耕地的农村建设用地地块(即拆旧地块)和拟用于城镇建设的地块(即建新地块)等面积共同组成建新拆旧项目区(简称项目区)，通过建新拆旧和土地整理复垦等措施，在保证项目区内各类土地面积平衡的基础上，最终实现建设用地总量不增加，耕地面积不减少、质量不降低，城乡用地布局更合理的目标
耕地占补平衡	国家实行占用耕地补偿制度。在国土空间规划确定的城市和村庄、集镇建设用地范围内经依法批准占用耕地，以及在国土空间规划确定的城市和村庄、集镇建设用地范围外的能源、交通、水利、矿山、军事设施等建设项目经依法批准占用耕地的，分别由县级人民政府、农村集体经济组织和建设单位负责开垦与所占用耕地的数量和质量相当的耕地；没有条件开垦或者开垦的耕地不符合要求的，应当按照省、自治区、直辖市的规定缴纳耕地开垦费，专款用于开垦新的耕地。(《中华人民共和国土地管理法实施条例》，2021 年 7 月 2 日中华人民共和国国务院令第 743 号第三次修订)
永久基本农田	即实行永久性保护，无论什么情况下都不能改变其用途，不得以任何方式挪作他用的基本农田
不稳定利用耕地	25 度以上坡耕地、河道耕地、湖区耕地、林区耕地、牧区耕地、沙漠化耕地、石漠化耕地、盐碱耕地
稳定利用耕地	现状地类为耕地，且不属于 25 度以上坡耕地、河道耕地、湖区耕地、林区耕地、牧区耕地、沙漠化耕地、石漠化耕地、盐碱耕地的耕地
土地整理	是指采用工程、生物等措施，对田、水、路、林、村进行综合整治，增加有效耕地面积，提高土地质量和利用效率，改善生产、生活条件和生态环境的活动
土地复垦	是指采用工程、生物等措施，对在生产建设过程中因挖损、塌陷、压占造成破坏、废弃的土地和自然灾害造成破坏、废弃的土地进行整治，恢复利用的活动
土地开发	是指在保护和改善生态环境、防止水土流失和土地荒漠化的前提下，采用工程、生物等措施，将未利用土地资源开发利用的活动

术　语	释　义
即可恢复	现状非耕地，去除地表物后仍可耕作
工程恢复	现状非耕地，去除地表物后还需要进行耕作层恢复工程、土地培肥、灌溉系统重建等工程才能恢复耕作
河湖岸线	指河流两侧、湖泊周边一定范围内水陆相交的带状区域，它是河流、湖泊自然生态空间的重要组成
岸线边界线	指沿河流走向或湖泊沿岸周边划定的用于界定各类岸线功能区垂向带区范围的边界线，分为临水边界线和外缘边界线
关键生态空间	生态保护重要性极高、以提供生态服务或生态产品为主体功能的国土空间。划定公式为关键生态空间＝(生态保护极重要区－零星图斑)∪生态保护红线
关键农业空间	农业生产适宜性极高、以农业生产为主体功能的国土空间。划定公式为关键农业空间＝(农业生产适宜区∩现状耕地)－零星图斑
城镇建设潜力空间	在关键生态空间和关键农业空间之外，城镇建设适宜性极高的未开发建设的国土空间。划定公式为城镇建设潜力空间＝城镇开发适宜区－关键生态空间－关键农业空间－零星图斑
资源环境承载能力	指基于特定发展阶段、经济技术水平、生产生活方式和生态保护目标，一定地域范围内资源环境要素能够支撑农业生产、城镇建设等人类活动的最大合理规模
国土空间开发适宜性	指在维系生态系统健康和国土安全的前提下，综合考虑资源环境等要素条件，特定国土空间进行农业生产、城镇建设等人类活动的适宜程度
生态保护红线	指在生态空间范围内具有特殊重要生态功能、必须强制性严格保护的区域，是保障和维护国家生态安全的底线和生命线
重点生态功能区	指生态系统十分重要，关系全国或区域生态安全，需要在国土空间开发中限制进行大规模高强度工业化城镇化开发，以保持并提高生态产品供给能力的区域
生态环境敏感脆弱区	指生态系统稳定性差，容易受到外界活动影响而产生生态退化且难以自我修复的区域
非耕地	种植园用地、林地、草地、水域及水利设施用地、湿地、商业服务业用地、工矿用地、住宅用地、公共管理与公共服务用地、特殊用地、交通运输用地、其他土地
可划为永久基本农田的稳定利用耕地	稳定利用耕地减去生态保护红线内耕地、严格管控类的污染耕地、批而未用耕地、经国务院同意已纳入生态退耕规划范围的耕地
成片开发	是指在国土空间规划确定的城镇开发边界内的集中建设区，由县级以上地方人民政府组织的对一定范围的土地进行的综合性开发建设活动
非线性规划的重点项目	确保除运输部门持续运营的铁路和公路网络、能源管道、引水工程等线性项目以外的对整个国民经济的发展起关键作用的建设项目

术　语	释　义
黑土区耕地	黑土区耕地是地球上珍贵的土壤资源，是指拥有黑色或暗黑色腐殖质表土层的土地，是一种性状好、肥力高、适宜农耕的优质土地
调出稳定耕地	在原永久基本农田范围内的稳定耕地未纳入永久基本农田的稳定耕地
未补划稳定耕地	在永久基本农田保护任务未完成时，原永久基本农田范围外的稳定耕地未纳入永久基本农田的稳定耕地
三区三线	"三区"即与"三生"空间基本对应的三类空间，即城镇空间、农业空间、生态空间。"三线"是指生态保护红线，永久基本农田保护线，以及城镇开发边界
永久基本农田保护红线	指为保障国家粮食安全和重要农产品供给，划定的需要实施永久特殊保护的耕地界限
城镇开发边界	指一定时期内指导和约束城镇发展，在其区域内可以进行城镇集中开发建设，重点完善城镇功能的区域边界
约束性指标	指在规划期内不得突破或者必须实现的指标
预期性指标	预期性指标是指按照经济社会发展预期，规划期内要努力实现或不突破的指标
建议性指标	建议性指标目前没有统一解读，本书理解为依据地区实际情况，规划期内建议实现的指标
城区范围	在市辖区和不设区的市，区、市政府驻地的实际建设连接到的居民委员会所辖区域和其他区域，是实际已开发建设、市政公用设施和公共服务设施基本具备的建成区
城区实体地域	城区实际建成的空间范围，是城市实际开发建设、市政公用设施和公共设施基本具备的空间地域，是确定城区范围的依据
城区初始范围	城区实体地域确定过程中的初始区域，通常由基础参考数据或上一期的城区实体地域数据构成
城区最小统计单元	一般是指城区范围确定过程中涉及到的街道办事处(镇)所辖区域。可依据城市统计调查需要，将城区最小统计单元细化至居(村)民居委会所辖区域
图斑	是指地图上被行政区、城镇、村庄等调查界线、土地权属界线、功能界线以及其他特定界线分割的单一地类地块
生态安全底线	在国家或区域尺度上，为了保障生态系统结构合理、功能完善、格局稳定，并能够为人类生存和经济社会发展持续提供生态服务的状态，必须坚守和保护的各类生态要素，是国家和区域生态安全的底线
粮食安全底线	为坚决制止耕地"非农化"防止耕地"非粮化"，为了国家粮食供给数量充足及质量保障，必须守住的包括永久基本农田以及长期利用的稳定耕地在内的各类红线底线
国土安全底线	基于区域国土空间自然和谐与国土空间安全的基础上，需要牢固坚守的水资源底线、安全风险底线等

术　语	释　义
开天窗	对于开天窗的理解，没有官方文件对其进行详细的解释。就大众所接受的开天窗含义来说，主要包含两种理解。一种理解是基于其字面意思，表示在一整块完整的图斑内直接剔除一块空的图斑，使得完整图斑中呈现出镂空的现象。另一种理解是，仍然保留完整的矢量图斑，但是对于图斑内需要特别标注的部分，进行标注。此处所提及的"开天窗"取第二种理解
地质灾害风险区	包括自然因素或者人为活动引发的易发生危害人民生命和财产安全的山体崩塌、滑坡、泥石流、地面塌陷、地裂缝、地面沉降等与地质作用有关的灾害发生的区域
蓄滞洪区	指河堤外洪水临时贮存的低洼地区及湖泊等，其中多数历史上就是江河洪水淹没和蓄洪的场所
重要蓄滞洪区	重要蓄滞洪区是指涉及省际间防洪安全，保护的地区和设施极为重要，运用几率较高，由国务院、国家防汛抗旱总指挥部或流域防汛抗旱总指挥部调度的蓄滞洪区
一般蓄滞洪区	一般蓄滞洪区是指保护局部地区，由流域防汛抗旱总指挥部或省级防汛指挥机构调度的蓄滞洪区
蓄滞洪保留区	蓄滞洪保留区是指运用几率较低但暂时还不能取消的蓄滞洪区
洪涝风险控制线	指为保障防洪排涝系统的完整性和通达性，为雨洪水蓄滞和行泄划定的自然空间和重大调蓄设施用地范围，包括河湖湿地、坑塘农田、绿地洼地、涝水行泄通道等，以及具备雨水蓄排功能的地下调蓄设施和隧道等预留的空间
河湖岸线	河流两侧、湖泊周边，一定范围内的水陆相交的带状区域
地下采空区	指地下矿产资源被采出后残留下的空洞，按照矿产资源被开采的时间先后可将采空区划分为老采区、现采区和未来采区
边界删减	对于面积较小的城镇开发边界闭合线进行剔除处理，此过程称为边界删减
边界规整	对城镇开发边界内可划入要素超出边界线的部分沿着边界线删除，使得边界规则整齐。此过程称之为边界规整
城镇集中建设区	是指根据规划城镇建设用地规模，为满足城镇居民生产生活需要，划定的一定时期内允许开展城镇开发和集中建设的地域空间
城镇弹性发展区	指为应对城镇发展的不确定性，在城镇集中建设区外划定的，在满足特定条件下方可进行城镇开发和集中建设的地域空间
特别用途区	指为完善城镇功能，提升人居环境品质，保持城镇开发边界的完整性，根据规划管理需划入开发边界内的重点地区，主要包括与城镇关联密切的生态涵养、休闲游憩、防护隔离、自然和历史文化保护等地域空间
"五级三类"国土空间规划体系	"五级"是规划的层次，包括国家级、省级、市级、县级、乡镇级。"三类"是指规划的类型，分为总体规划、详细规划、专项规划

注：按出现的先后顺序排列。

附录 F 国家级、部级文件列表

文件名	发文文号/发布日期	发布机构
《自然资源部办公厅关于开展国土空间规划"一张图"建设和现状评估工作的通知》	（自然资办发〔2019〕38号）	自然资源部
《中共中央 国务院关于建立国土空间规划体系并监督实施的若干意见》	中发〔2019〕18号	中共中央国务院
《自然资源部关于全面开展国土空间规划工作的通知》	自然资发〔2019〕87号	自然资源部
《关于加快推进永久基本农田核实整改补足和城镇开发边界划定工作的函》	自然资空间规划函〔2021〕121号	自然资源部国土空间规划局、自然资源部耕地保护监督司
《国土空间规划"一张图"建设指南（试行）》	2019年7月	自然资源部
《市县国土空间规划分区与用途分类指南》	2019年5月	自然资源部
《国土空间调查规划、用途管制用地用海分类指南》（试行，送审稿）	2020年11月	自然资源部
《自然资源部办公厅关于规范和统一市县国土空间规划现状基数的通知》	自然资办涵〔2021〕907号	自然资源部
《不动产登记暂行条例》	国务院令第656号	
《国土资源部关于推进土地节约集约利用的指导意见》	国土资发〔2014〕119号	
《城乡建设用地增减挂钩试点管理办法》	国土资发〔2008〕138号	国土资源部
《中共中央国务院关于构建更加完善的要素市场化配置体制机制的意见》	中发〔2020〕9号	
《中共中央国务院关于打赢脱贫攻坚战的决定》	2015年11月	
《国土资源部关于用好用活增减挂钩政策积极支持扶贫开发及易地扶贫搬迁工作的通知》	国土资规〔2016〕2号	
《国土资源部关于印发〈历史遗留工矿废弃地复垦利用试点管理办法〉的通知》	国土资规〔2015〕1号	
《国土资源部关于印发〈关于深入推进城镇低效用地再开发的指导意见（试行）〉的通知》	国土资发〔2016〕147号	
《中华人民共和国土地管理法（2004修正）》	主席令第28号	

文件名	发文文号/发布日期	发布机构
《河湖岸线保护与利用规划编制指南(试行)》	办河湖函〔2019〕394号	
《关于加强和改进永久基本农田保护工作的通知》	自然资规〔2019〕1号	自然资源部、农业农村部
《关于做好占用永久基本农田重大建设项目用地预审的通知》	自然资规〔2018〕3号	自然资源部
《推进运输结构调整三年行动计划(2018—2020年)的通知》	国办发〔2018〕91号	国务院办公厅
《国家公路网规划(2013—2030年)》	2013年5月	国家发展和改革委员会
《永久基本农田数据库标准(2021版)》(试行)	2021年	自然资源部
《永久基本农田数据库成果汇交要求(2021版)》	2022年	
《第三次全国国土调查技术规程》	TD/T 1055—2019	自然资源部
《第三次全国国土调查县级耕地资源质量分类数据库标准(试行)》	2020年11月	自然资源部国土整治中心
《关于加强蓄滞洪区建设与管理的若干意见》	国务院办公厅以国办发〔2006〕45号转发)	中共中央国务院
《蓄滞洪区安全与建设指导纲要》	国务院以国发〔1988〕74号批转	中共中央国务院
《关于加强城市内涝治理的实施意见》	国办发〔2021〕11号	中共中央国务院
《生态保护红线划定指南》	环办生态〔2017〕48号	环境保护部办公厅、国家发展和改革委员会办公厅
《资源环境承载能力和国土空间开发适宜性评价指南(试行)》	2020年1月	自然资源部
《关于在国土空间规划中统筹划定落实三条控制线的指导意见》	2019年11月	中共中央办公厅 国务院办公厅
《城镇开发边界划定指南(试行,征求意见稿)》	2019年6月	自然资源部
《自然资源部关于2020年土地利用计划管理的通知》	自然资发〔2020〕91号	自然资源部
《城乡用地分类与规划建设用地标准(修订)》(征求意见稿)(GB50137)	2018年5月	住房和城乡建设部

续表

文件名	发文文号/发布日期	发布机构
《城市居民生活用水量标准》(GB/T 50331—2002)	2002 年 9 月	住房和城乡建设部
《地质灾害防治条例》	国务院令第 394 号	中共中央国务院
《自然资源部办公厅关于规范和统一市县国土空间规划现状基数的通知》	自然资办函〔2021〕907 号	自然资源部
《城区范围确定规程(TD/T 1064—2021)》	2021 年 6 月	自然资源部
《市级国土空间总体规划编制指南(试行)》	2020 年 9 月	自然资源部
《关于调整城市规模划分标准的通知》	国发〔2014〕51 号	国务院
《城区范围确定标准》(征求意见稿)	2020 年 10 月	自然资源部
《城区范围确定规程》(报批稿)	2021 年 5 月	自然资源部
《城区范围确定规程》(报批稿)编制说明	2021 年 4 月	同济大学
《关于在国土空间规划中统筹划定落实三条控制线的实施意见》	厅字〔2020〕20 号	中共浙江省委办公厅、浙江省人民政府办公厅
《河湖岸线保护与利用规划编制指南(试行)》	2019 年 3 月	水利部

注:各文件按在正文中出现的先后顺序排列。

附录 G 省级文件列表

文件名	发布日期	发布机构
《省政府办公厅关于促进低效产业用地再开发的意见》	2018 年 1 月	江苏省政府办公厅
《湖北省城镇开发边界划定技术规程》(征求意见稿)	2021 年 4 月	湖北省自然资源厅
《湖南省城镇开发边界划定技术指南》	2019 年 5 月	湖南省自然资源厅
《山东省城镇开发边界划定技术规范》(征求意见稿)	2020 年 12 月	山东省自然资源厅
《广西壮族自治区城镇开发边界划定指导意见》	2021 年 1 月	广西自然资源厅
《城镇开发边界划定成果数据汇交要求(试行)》		各省/自治区/直辖市自然资源厅

注:按出现的先后顺序排列。

附录 H　附件附表列表

附表名称	所在章节(按顺序排列)	附件	所在章节(按顺序排列)
国土空间功能结构调整表	第 4 章	"一对一"转换代码	第 4 章
"一对一"转换的情况	第 4 章	功能分类计算代码	第 4 章
"一对多"转换的情况	第 4 章	"二级类"至"一级类"转换代码	第 4 章
无法通过"三调"地类转换为国土地类一级类的地类	第 4 章	"一级类"及"二级类"合并代码	第 4 章
"三调"工作方案用地分类与土地利用现状分类转换表	第 4 章	"三调地类"至"一级类"转换代码	第 4 章
城镇开发边界划定成果数据质量检查错误分级表	第 14 章	标识码计算代码	第 4 章
		"用地用海分类代码"计算代码	第 4 章

注：代码详见网盘链接：https://pan.baidu.com/s/1egnTjwBaHLrs-Liz4lLM3Q。提取码：p5zx。

附表 1 国土空间功能结构调整表

国土空间功能结构调整表		《国土空间调查、规划、用途管制用地用海分类指南》		
		代码	名称	备注
耕地		01	耕地	
园地		02	园地	
林地		03	林地	
草地		04	草地	
湿地		05	湿地	
农业设施建设用地		0601	乡村道路用地	村庄范围外的村道用地
		0602	种植设施建设用地	
		0603	畜禽养殖设施建设用地	
		0604	水产养殖设施建设用地	
城乡建设用地	城镇用地	07	居住用地	含城中村
		08	公共管理与公共服务用地	
		09	商业服务业用地	
		1001	工业用地	
		11	仓储用地	
		1207	城镇道路用地	
		1208	交通场站用地	
		1209	其他交通设施用地	
		1301—1310, 1313	公用设施用地	包括供水用地等 11 个二级类,不包括干渠和水工设施用地
		14	绿地与开敞空间用地	
		16	留白用地	
		2301	空闲地	
			城市、建制镇范围(201、202)内的其他用地	

国土空间功能结构调整表		《国土空间调查、规划、用途管制用地用海分类指南》		
		代码	名称	备注
城乡建设用地	村庄用地	07	居住用地	
		08	公共管理与公共服务用地	
		09	商业服务业用地	
		1001	工业用地	
		11	仓储用地	
		0601	乡村道路用地	村庄范围内的村庄内部道路用地
		1208	交通场站用地	
		1209	其他交通设施用地	
		1301—1310，1313	公用设施用地	包括供水用地等11个二级类，不包括干渠和水工设施用地
		14	绿地与开敞空间用地	
		16	留白用地	
		2301	空闲地	
			村庄范围(203)内的其他用地	
区域基础设施用地		1201	铁路用地	
		1202	公路用地	
		1203	机场用地	
		1204	港口码头用地	
		1205	管道运输用地	
		1206	城市轨道交通用地	
		1311	干渠	
		1312	水工设施用地	
其他建设用地		15	特殊用地	
		1002	采矿用地	
		1003	盐田	
渔业用海		18	渔业用海	
工矿通信用海		19	工矿通信用海	
交通运输用海		20	交通运输用海	

国土空间功能结构调整表	《国土空间调查、规划、用途管制用地用海分类指南》		
	代码	名称	备注
游憩用海	21	游憩用海	
特殊用海	22	特殊用海	
陆地水域	1701	河流水面	
	1702	湖泊水面	
	1703	水库水面	
	1704	坑塘水面	
	1705	沟渠	
	1706	冰川及常年积雪	
其他土地	2302	田坎	
	2303	田间道	
	2304	盐碱地	
	2305	沙地	
	2306	裸土地	
	2307	裸岩石砾地	
其他海域	24	其他海域	

附表 2 "一对一"转换的情况

三调工作方案用地分类			国土空间调查、规划、用途管制 用地用海分类		转换 类型	转换 方式
一级类	二级类	三级类	二级类	一级类		
00 湿地	0303 红树林地	—	0507 红树 林地	05 湿地	一对一	直接转换
	0304 森林沼泽	—	0501 森林 沼泽		一对一	直接转换
	0306 灌丛沼泽	—	0502 灌丛 沼泽		一对一	直接转换
	0402 沼泽草地	—	0503 沼泽 草地		一对一	直接转换
	0603 盐田	—	1003 盐田	10 工矿用地	一对一	直接转换
	1105 沿海滩涂	—	0505 沿海 滩涂	05 湿地	一对一	直接转换
	1106 内陆滩涂	—	0506 内陆 滩涂		一对一	直接转换
	1108 沼泽地	—	0504 其他 沼泽地		一对一	直接转换
01 耕地	0101 水田	—	0101 水田	01 耕地	一对一	直接转换
	0102 水浇地	—	0102 水浇地		一对一	直接转换
	0103 旱地	—	0103 旱地		一对一	直接转换
02 种植园 用地	0201 果园	—	0201 果园	02 园地	一对一	直接转换
	0202 茶园	—	0202 茶园		一对一	直接转换
	0203 橡胶园	—	0203 橡胶园		一对一	直接转换
	0204 其他园地	—	0204 其他园地		一对一	直接转换

三调工作方案用地分类				国土空间调查、规划、用途管制用地用海分类		转换类型	转换方式
一级类		二级类		三级类	二级类	一级类	
03	林地	0301	乔木林地	—	0301 乔木林地	03 林地	一对一	直接转换
		0302	竹林地	—	0302 竹林地		一对一	直接转换
		0305	灌木林地	—	0303 灌木林地		一对一	直接转换
		0307	其他林地	—	0304 其他林地		一对一	直接转换
04	草地	0401	天然牧草地	—	0401 天然牧草地	04 草地	一对一	直接转换
		0403	人工牧草地	—	0402 人工牧草地		一对一	直接转换
		0404	其他草地	—	0403 其他草地		一对一	直接转换
06	工矿用地	0601	工业用地	100101 一类工业用地	1001 工业用地	10 工矿用地	一对一	直接转换
				100102 二类工业用地				
				100103 三类工业用地				
		0602	采矿用地	—	1002 采矿用地		一对一	直接转换
07	住宅用地	0701	城镇住宅用地	070101 一类城镇住宅用地	0701 城镇住宅用地	07 居住用地	一对一	直接转换
				070102 二类城镇住宅用地				
				070103 三类城镇住宅用地				
		0702	农村宅基地	070301 一类农村宅基地	0703 农村宅基地		一对一	直接转换
				070302 二类农村宅基地				
08	公共管理与公共服务用地	08H1	机关团体新闻出版用地	—	0801 机关团体用地	08 公共管理与公共服务用地	一对一	直接转换

续表

三调工作方案用地分类			国土空间调查、规划、用途管制用地用海分类		转换类型	转换方式
一级类	二级类		三级类	二级类	一级类		
10 交通运输用地	1002 轨道交通用地	—		1206 城市轨道交通用地	12 交通运输用地	一对一	直接转换
	1003 公路用地	—		1202 公路用地		一对一	直接转换
	1007 机场用地	—		1203 机场用地	12 交通运输用地	一对一	直接转换
	1009 管道运输用地	—		1205 管道运输用地		一对一	直接转换
11 水域及水利设施用地	1101 河流水面	—		1701 河流水面	17 陆地水域	一对一	直接转换
	1102 湖泊水面	—		1702 湖泊水面		一对一	直接转换
	1103 水库水面	—		1703 水库水面		一对一	直接转换
	1104 坑塘水面	—		1704 坑塘水面		一对一	直接转换
	1107 沟渠	—		1705 沟渠		一对一	需人工判读
		—		1311 干渠	13 公用设施用地	一对一	需人工判读
	1109 水工建筑用地	—		1312 水工设施用地		一对一	直接转换
	1110 冰川及永久积雪	—		1706 冰川及常年积雪	17 陆地水域	一对一	直接转换
12 其他土地	1203 田坎	—		2302 田坎	23 其他土地	一对一	直接转换
	1204 盐碱地	—		2304 盐碱地		一对一	直接转换
	1205 沙地	—		2305 沙地		一对一	直接转换
	1206 裸土地	—		2306 裸土地		一对一	直接转换
	1207 裸岩石砾地	—		2307 裸岩石砾地		一对一	直接转换

附表3 "一对多"转换的情况

三调工作方案用地分类			国土空间调查、规划、用途管制用地用海分类			转换类型	转换方式
一级类	二级类	三级类	二级类	一级类			
05 商业服务业用地	05H1 商业服务业设施用地	—	0702 城镇社区服务设施用地	07 居住用地		一对多	需人工判读
		—	0704 农村社区服务设施用地			一对多	需人工判读
		090101 零售商业用地	0901 商业用地	09 商业服务业用地		一对多	需人工判读
		090102 批发市场用地					
		090103 餐饮用地					
		090104 旅馆用地					
		090105 公用设施营业网点用地					
		—	0902 商务金融用地			一对多	需人工判读
		090301 娱乐用地	0903 娱乐康体用地			一对多	需人工判读
		090302 康体用地				一对多	需人工判读
	0508 物流仓储用地	—	0904 其他商业服务业用地				
		110101 一类物流仓储用地	1101 物流仓储用地	11 仓储用地		一对多	需人工判读
		110102 二类物流仓储用地					
		110103 三类物流仓储用地					
			1102 储备库用地			一对多	需人工判读

三调工作方案用地分类		国土空间调查、规划、用途管制用地用海分类			转换类型	转换方式
一级类	二级类	三级类	二级类	一级类		
08 公共管理与公共服务用地	08H2 科教文卫用地	—	0802 科研用地	08 公共管理与公共服务用地	一对多	需人工判读
		080301 图书与展览用地	0803 文化用地		一对多	需人工判读
		080302 文化活动用地				需人工判读
		080402 中等职业教育用地	0804 教育用地		一对多	需人工判读
		080403 中小学用地				
		080404 幼儿园用地				
		080405 其他教育用地				
		080501 体育场馆用地	0805 体育用地		一对多	需人工判读
		080502 体育训练用地				
		080601 医院用地	0806 医疗卫生用地		一对多	需人工判读
		080602 基层医疗卫生设施用地				
		080603 公共卫生用地				
		080701 老年人社会福利用地	0807 社会福利用地		一对多	需人工判读
		080702 儿童社会福利用地				
		080703 残疾人社会福利用地				
		080704 其他社会福利用地				
		—	0702 城镇社区服务设施用地	07 居住用地	一对多	需人工判读
		—	0704 农村社区服务设施用地		一对多	需人工判读

三调工作方案用地分类			国土空间调查、规划、用途管制用地用海分类		转换类型	转换方式
一级类	二级类		三级类	二级类	一级类		

一级类	二级类		三级类	二级类	一级类	转换类型	转换方式
08 公共管理与公共服务用地	0809	公用设施用地	—	1301 供水用地	13 公用设施用地	一对多	需人工判读
			—	1302 排水用地		一对多	需人工判读
			—	1303 供电用地		一对多	需人工判读
			—	1304 供燃气用地		一对多	需人工判读
			—	1305 供热用地		一对多	需人工判读
			—	1306 通信用地		一对多	需人工判读
			—	1307 邮政用地		一对多	需人工判读
			—	1308 广播电视设施用地		一对多	需人工判读
			—	1309 环卫用地		一对多	需人工判读
			—	1310 消防用地		一对多	需人工判读
			—	1313 其他公用设施用地		一对多	需人工判读
	0810	公园与绿地	—	1401 公园绿地	14 绿地与开敞空间用地	一对多	需人工判读
			—	1402 防护绿地		一对多	需人工判读
09 特殊用地			—	1501 军事设施用地	15 特殊用地	一对多	需人工判读
			—	1502 使领馆用地		一对多	需人工判读
			—	1503 宗教用地		一对多	需人工判读
			—	1504 文物古迹用地		一对多	需人工判读
			—	1505 监教场所用地		一对多	需人工判读
			—	1506 殡葬用地		一对多	需人工判读
			—	1507 其他特殊用地		一对多	需人工判读

三调工作方案用地分类			国土空间调查、规划、用途管制用地用海分类			转换类型	转换方式
一级类	二级类		三级类	二级类	一级类		
10 交通运输用地	1001	铁路用地	—	1201 铁路用地	12 交通运输用地	一对多	需人工判读
			120801 对外交通场站用地	1208 交通场站用地		一对多	需人工判读
	1004	城镇村道路用地	—	1207 城镇道路用地		一对多	需人工判读
			060102 村庄内部道路用地	0601 乡村道路用地	06 农业设施建设用地	一对多	需人工判读
			120801 对外交通场站用地	1208 交通场站用地	12 交通运输用地	一对多	需人工判读
	1005	交通服务场站用地	120802 公共交通场站用地				
			120803 社会停车场用地				
			—	1209 其他交通设施用地		一对多	需人工判读
	1006	农村道路	060101 村道用地	0601 乡村道路用地	06 农业设施建设用地	一对多	需人工判读
			—	2303 田间道	23 其他土地	一对多	需人工判读
	1008	港口码头用地	—	1204 港口码头用地	12 交通运输用地	一对多	需人工判读
			120801 对外交通场站用地	1208 交通场站用地		一对多	需人工判读
12 其他土地	1202	设施农用地	—	0602 种植设施建设用地	06 农业设施建设用地	一对多	需人工判读
			—	0603 畜禽养殖设施建设用地		一对多	需人工判读
			—	0604 水产养殖设施建设用地		对多	需人工判读

附表 4 无法通过"三调"地类转换为国土地类一级类的地类

三调工作方案用地分类			国土空间调查、规划、用途管制用地用海分类		
一级类		二级类	三级类	二级类	一级类
05 商业服务业用地		05H1 商业服务业设施用地	—	0702 城镇社区服务设施用地	07 居住用地
			—	0704 农村社区服务设施用地	
			090101 零售商业用地	0901 商业用地	09 商业服务业用地
			090102 批发市场用地		
			090103 餐饮用地		
			090104 旅馆用地		
			090105 公用设施营业网点用地		
			—	0902 商务金融用地	
			090301 娱乐用地	0903 娱乐康体用地	
			090302 康体用地		
			—	0904 其他商业服务业用地	
08 公共管理与公共服务用地		08H2 科教文卫用地	—	0802 科研用地	08 公共管理与公共服务用地
			080301 图书与展览用地	0803 文化用地	
			080302 文化活动用地		
			080401 高等教育用地		
			080402 中等职业教育用地		
			080403 中小学用地		
			080404 幼儿园用地	0804 教育用地	
			080405 其他教育用地		

三调工作方案用地分类			国土空间调查、规划、用途管制用地用海分类	
一级类	二级类	三级类	二级类	一级类
08 公共管理与公共服务用地	08H2 科教文卫用地	080501 体育场馆用地	0805 体育用地	
		080502 体育训练用地		
		080601 医院用地	0806 医疗卫生用地	
		080602 基层医疗卫生设施用地		
		080603 公共卫生用地		
		080701 老年人社会福利用地	0807 社会福利用地	
		080702 儿童社会福利用地		
		080703 残疾人社会福利用地		
		080704 其他社会福利用地		
		—	0702 城镇社区服务设施用地	07 居住用地
		—	0704 农村社区服务设施用地	
10 交通运输用地	1004 城镇村道路用地	—	1207 城镇道路用地	12 交通运输用地
		060102 村庄内部道路用地	0601 乡村道路用地	06 农业设施建设用地
	1006 农村道路	060101 村道用地	0601 乡村道路用地	06 农业设施建设用地
		—	2303 田间道	23 其他土地
11 水域及水利设施用地	1107 沟渠	—	1705 沟渠	17 陆地水域
		—	1311 干渠	13 公用设施用地

附表 5 "三调"工作方案用地分类与土地利用现状分类转换表

"三调"工作方案用地分类			土地利用现状分类（2007）				土地利用现状分类（2017）			
一级类	二级类		一级类		二级类		一级类		二级类	
00 湿地	0303	红树林地	03	林地	031	有林地	03	林地	0303	红树林地
	0304	森林沼泽	12	其他土地	125	沼泽地			0304	森林沼泽
	0306	灌丛沼泽			125	沼泽地			0306	灌丛沼泽
	0402	沼泽草地			125	沼泽地	04	草地	0402	沼泽草地
	0603	盐田	06	工矿仓储用地	062	采矿用地	06	工矿仓储用地	0603	盐田
	1105	沿海滩涂	11	水域及水利设施用地	115	沿海滩涂	11	水域及水利设施用地	1105	沿海滩涂
	1106	内陆滩涂			116	内陆滩涂			1106	内陆滩涂
	1108	沼泽地	12	其他土地	125	沼泽地			1108	沼泽地
01 耕地	0101	水田	01	耕地	011	水田	01	耕地	0101	水田
	0102	水浇地			012	水浇地			0102	水浇地
	0103	旱地			013	旱地			0103	旱地
02 种植园用地	0201	果园	02	园地	021	果园	02	园地	0201	果园
	0202	茶园			022	茶园			0202	茶园
	0203	橡胶园			023	其他园地			0203	橡胶园
	0204	其他园地							0204	其他园地

续表

"三调"工作方案用地分类				土地利用现状分类（2007）					土地利用现状分类（2017）			
一级类		二级类		一级类		二级类			一级类		二级类	
03	林地	0301	乔木林地	03	林地	031	有林地		03	林地	0301	乔木林地
		0302	竹林地								0302	竹林地
		0305	灌木林地			032	灌木林地				0305	灌木林地
		0307	其他林地			033	其他林地				0307	其他林地
04	草地	0401	天然牧草地	04	草地	041	天然牧草地		04	草地	0401	天然牧草地
		0403	人工牧草地			042	人工牧草地				0403	人工牧草地
		0404	其他草地			043	其他草地				0404	其他草地
05	商业服务业用地	05H1	商业服务业设施用地	05	商服用地	051	批发零售用地		05	商服用地	0501	零售商业用地
											0502	批发市场用地
						052	住宿餐饮用地				0503	餐饮用地
											0504	旅馆用地
						053	商务金融用地				0505	商务金融用地
		0508	物流仓储用地			054	其他商服用地				0507	其他商服用地
06	工矿用地	0601	工业用地	06	工矿仓储用地	063	仓储用地		06	工矿仓储用地	0604	仓储用地
						061	工业用地				0601	工业用地
		0602	采矿用地			062	采矿用地				0602	采矿用地
07	住宅用地	0701	城镇住宅用地	07	住宅用地	071	城镇住宅用地		07	住宅用地	0701	城镇住宅用地
		0702	农村宅基地			072	农村宅基地				0702	农村宅基地

续表

"三调"工作方案用地分类 一级类	"三调"工作方案用地分类 二级类		土地利用现状分类（2007）一级类	土地利用现状分类（2007）二级类		土地利用现状分类（2017）一级类	土地利用现状分类（2017）二级类	
08 公共管理与公共服务用地	08H1	机关团体新闻出版用地	08 公共管理与公共服务用地	081	机关团体用地	08 公共管理与公共服务用地	0801	机关团体用地
				082	新闻出版用地		0802	新闻出版用地
	08H2	科教文卫用地		083	科教用地		0803	教育用地
							0804	科研用地
				084	医卫慈善用地		0805	医疗卫生用地
							0806	社会福利用地
				085	文体娱乐用地		0807	文化设施用地
							0808	体育用地
						05 商服用地	0506	娱乐用地
	0809	公用设施用地		086	公共设施用地	08 公共管理与公共服务用地	0809	公共设施用地
	0810	公园与绿地		087	公园与绿地		0810	公园与绿地
				088	风景名胜设施用地	09 特殊用地	0906	风景名胜设施用地
09 特殊用地	—		09 特殊用地	091	军事设施用地		0901	军事设施用地
				092	使领馆用地		0902	使领馆用地
				093	监教场所用地		0903	监教场所用地
				094	宗教用地		0904	宗教用地
				095	殡葬用地		0905	殡葬用地

续表

"三调"工作方案用地分类			土地利用现状分类（2007）			土地利用现状分类（2017）		
一级类	二级类		一级类	二级类		一级类	二级类	
10 交通运输用地	1001	铁路用地	10 交通运输用地	101	铁路用地	10 交通运输用地	1001	铁路用地
	1002	轨道交通用地		103	街巷用地		1002	轨道交通用地
	1003	公路用地		102	公路用地		1003	公路用地
	1004	城镇村道路用地		103	街巷用地		1004	城镇村道路用地
	1005	交通服务场站用地		103	街巷用地		1005	交通服务场站用地
	1006	农村道路		104	农村道路		1006	农村道路
	1007	机场用地		105	机场用地		1007	机场用地
	1008	港口码头用地		106	港口码头用地		1008	港口码头用地
	1009	管道运输用地		107	管道运输用地		1009	管道运输用地
11 水域及水利设施用地	1101	河流水面	11 水域及水利设施用地	111	河流水面	11 水域及水利设施用地	1101	河流水面
	1102	湖泊水面		112	湖泊水面		1102	湖泊水面
	1103	水库水面		113	水库水面		1103	水库水面
	1104	坑塘水面		114	坑塘水面		1104	坑塘水面
	1107	沟渠		117	沟渠		1107	沟渠
	1109	水工建筑用地		118	水工建筑用地		1109	水工建筑用地
	1110	冰川及永久积雪		119	冰川及永久积雪		1110	冰川及永久积雪

续表

"三调"工作方案用地分类			土地利用现状分类（2007）			土地利用现状分类（2017）		
一级类	二级类		一级类	二级类		一级类	二级类	
12 其他土地	1201	空闲地	12 其他土地	121	空闲地	12 其他土地	1201	空闲地
	1202	设施农用地		122	设施农用地		1202	设施农用地
	1203	田坎		123	田坎		1203	田坎
	1204	盐碱地		124	盐碱地		1204	盐碱地
	1205	沙地		126	沙地		1205	沙地
	1206	裸土地		127	裸地		1206	裸土地
	1207	裸岩石砾地					1207	裸岩石砾地

附表 6 城镇开发边界划定成果数据质量检查错误分级表

错误级别	检查内容及编号	
一级错误	目录及文件规范性	1101
		1102
	数据格式正确性	1201
	数据基础	2101
		2102
	行政区范围	2201
	图层完整性	3101
		3102
		3103
	属性数据结构一致性	3201
		3202
		3203
		3204
		3205
		3206
	面层间拓扑关系	4201
	表格完整性	5101
		5102
	表格数据结构一致性	5201
		5202
		5203
		5204
		5205
		5206
	图数一致性	6101

错误级别	检查内容及编号	
二级错误	代码一致性	3301
		3302
	数值范围符合性	3401
	编号唯一性	3501
	必填字段不为空	3601
	图层内属性一致性	3701
		3702
	图层间属性一致性	3801
	面层内拓扑关系	4101
	表格数据代码一致性	5301
		5302
	表格数值范围符合性	5401
	表格字段编号唯一性	5402
	表格必填字段不为空	5501
	表间逻辑一致性	5601
		5701
三级错误	碎面检查	4301